교회음악 명곡·명연

김현철(金玄徹)

- 현 계명대학교 의과대학 명예 교수, 대한민국 의학 한림원 정회원
- 전 계명대학교 의과대학 학장, 대한신장학회 회장, 대한이식학회 회장 역임
- 저서 『임상신장학』(제3판), 『신장 이식』, 통합강의를 위한 『신장학』
- 2011년 11월 EBS 명의(신장 분야) 선정

음악 관련 경력

- 현 대구 클래식 아카데미 회장, 한국 르네상스 음악 연구원 이사장, 대구 CBS 혼성 합창단 단장
- 저서 『르네상스 음악의 즐거움』, 『르네상스 음악의 초대』, 『르네상스 음악의 명곡·명반』, 『내가 사랑한 몬테베르디』, 『몬테베르디와 르네상스의 종말(번역서)』

교회음악 명곡·명연
── 바로크 ──

1판 1쇄 발행 2019년 10월 5일

지은이 김현철
펴낸이 김재선

편　집 심영지
디자인 김미경

펴낸곳 예　솔
출판등록 제2002-000080호(2002. 3. 21)
주소 서울시 마포구 양화로6길 9-24 동우빌딩 4층
전화 02)3142-1663(판매부), 335-1662(편집부)
팩스 02)335-1643
홈페이지 www.yesolpress.com
ISBN 978-89-5916-784-5 04670
　　　 978-89-5916-783-8 04670(세트)

이 책은 저작권법에 따라 보호받는 저작물이므로 무단 전재와 무단 복제를 금합니다.
책값은 뒤표지에 표시되어 있습니다.

머리말

　어릴 때부터 시작된 필자의 오랜 음악 사랑 가운데 특별히 교회음악에 관심을 갖게 된 것은 1978년 대구 동산기독병원에서 내과 전문의로 첫 직장 생활을 시작하고부터이다. 당시 병원 일과는 아침 예배를 필두로 시작되었는데, 부임한 지 얼마 지나지 않은 그해 가을 어느 날 원목실(院牧室)로부터 뜻하지 않은 요청이 있었다. 설교 중심의 예배를 떠나 한 달에 한 번 교회음악을 감상하는 '음악예배'의 순서를 맡아 달라는 부탁이었다. 워낙 클래식 음악을 좋아했던 필자는 이를 흔쾌히 수락하였다. 감상할 음악의 선정과 해설 준비를 해야 했고, 기도를 포함한 모든 순서를 30분 이내로 마쳐야 한다는 조건이었다. 예배 시작 직전까지 음악을 듣고 또 들으며 간략히 요약된 해설 내용을 다듬는 데 만전을 기하였다. 이렇게 시작된 음악예배가 2년을 지나던 무렵, 이미 감상했던 음악을 무심코 다시 선곡하는 일이 생기면서 레퍼토리의 빈약함을 스스로 느끼게 되었다. 이때부터 교회음악 레퍼토리의 확장을 위해 부단한 노력을 기울이기 시작하였다. 음악예배는 병원 직원들의 호의적인 반응

속에 20년 이상 지속되어 이 시간을 통해 수많은 걸작 교회음악을 소개하였다. 이것이 계기가 되어 더는 그 순서를 맡지 않게 된 이후에도 교회음악에 관한 사랑과 탐구는 계속되고 있다.

　필자는 지금까지 르네상스 음악에 관한 5권의 저서를 출판한 바 있다. 그 과정에서, 국내외에서 참고할 수 있는 음악 문헌적 자료가 매우 부족하고 더러는 부정확하다는 것을 알게 되었으며, 가장 확실한 일차적 음악 자료는 악보(스코어)임을 깨닫게 되었다. 이후 교회음악의 음반과 악보 구입을 병행하면서 꾸준히 자료를 모으고 확충해 왔다. 40여 년에 걸친 교회음악을 향한 사랑이 결국 서양 교회음악 전반에 걸친 꽤 방대한 작업으로 결실을 보게 되었다. 이제 바로크로부터 낭만파 시대에 이르기까지 작곡된 수많은 서양 교회음악의 명곡을 총망라, 집대성한 책을 여러분 앞에 내놓게 되었다. 르네상스 시대의 교회음악을 포함하지 않은 이유는, 세속음악이 제대로 발달하기 전 르네상스 음악은 그 대부분이 교회음악이며, 이미 출판된 필자의 여러 권의 저서에 그 내용이 비교적 자세히 기술되어 있기 때문이다.

　약 40년에 걸친 이러한 방대한 작업은 오랜 시간과 집중력이 필요한, 꽤 힘든 과정이었음을 솔직히 고백하지 않을 수 없다. 특히 전혀 참고할 자료가 없는 곡의 해설을 쓰는 일은 전문 음악가가 아닌 필자에게는 매우 힘들고 많은 시간을 필요로 하는 일이었다. 스코어를 펴놓고 음악을 들으면서 조금씩 해설을 만들어나가는 작업은 마치 전인미답(前人未踏)의 길을 혼자 걸어가듯 외롭고 힘든 것이었다. 연주 평을 쓰는 것 역시 험준한 산을 넘는 것처럼 어려운 일이었다. 특히 바흐와 헨델, 멘델스존

등의 연주 시간이 2-3시간이 넘는 대작의 수많은 음반들을 스코어를 보면서 몇 번씩 들으며 그 느낌과 연주 평을 써 내려가는 작업은, 마치 신장학자인 필자가 중요한 의학 주제에 대한 한 편의 종설 논문을 쓰는 것과 같은 노작이었지만 마침내 끝냈을 때의 성취감은 그동안의 노고를 충분히 보상할 수 있을 정도로 큰 것이었다.

이러한 필자의 노력에도 불구하고 이 책에는 몇 가지 한계와 제한이 있음을 인정하지 않을 수 없다. 아무리 오랜 시간 교회음악과 함께해 왔지만, 필자가 접근할 수 있는 음원에는 한계가 있을 수밖에 없다. 그리고 지금까지 출시된 모든 음반을 다 듣는다는 것 자체가 불가능한 일이기 때문이다. 하지만 예부터 명연이라 널리 회자(膾炙)된 음반은 가급적 빠짐없이 듣고 참고하였으며, 그러한 음반 중 필자가 접해 보지 못한 것은 외국의 음반 코너에서 구입해 확인하는 수고를 아끼지 않았다. 최근에 출시된 음반 가운데서도 숨어 있는 명연을 찾기 위해 노력하기도 했지만, 필자의 능력과 노력으로 할 수 없는 한계가 있음을 인정한다. 그러나 간혹 숨어 있던 명연을 발굴했을 때와 최근 연주에서 명연을 발견했을 때의 기쁨은 너무도 큰 것이었으며 이러한 수고를 위로하고도 남았다. 또 하나 비교 감상의 어려움은, 새로이 찾아낸 명연주를 이미 기술해 놓은 연주 평과 동일한 조건에서 비교하기가 어렵다는 점이다. 그래서 기존에 기술해 놓았던 연주를 다시 듣고 확인하고 비교하는 수고도 아끼지 않았다.

명연주의 선정은 CD 음원을 기준으로 하였다. 과거 LP로 나왔던 역사적 명연 가운데 CD로 복각되지 않은 것은 일단 선정에서 제외하였으며, 아울러 DVD로 출시된 명연주를 소개하려는 노력도 함께 하였다. CD 음원은 일반적인 명곡의 경우 원칙적으로 3개의 명반만을 선정하였으며 그 순위대로 연주 평을 기술하였다. 그러나 대중적 인기가 높아 수많은 명연주가 이루어진 곡들에 대해서는 5개까지 순위를 선정하고 연주 평을 기술하였다. 특히 교회음악의 걸작으로 널리 잘 알려진 음악들, 즉 바흐의 〈수난곡〉들, 하이든의 〈천지창조〉, 모차르트의 〈레퀴엠〉, 베토벤의 〈장엄 미사〉, 멘델스존의 〈엘리야〉, 브람스의 〈독일 진혼곡〉, 베르디의 〈레퀴엠〉 등의 경우 뛰어난 명연이 너무도 많아 어느 것이 과연 최고의 명연인지를 가리는 것에는 또 다른 험준한 산을 넘는 것 같은 어려움이 있었다. 이 책에서 언급되지 않은 연주는 필자가 구할 수 있는 범위 밖에 있는 음원이거나, 아니면 들어 보았지만 소개할 만한 가치가 없는 것 중의 하나로, 후자였으면 하는 것이 필자의 솔직한 바람이다. 반면에 명곡이 분명하지만 대중적 지명도가 떨어지는 곡은 녹음되어 출시된 음반 자체가 너무 적어 비교 감상이 어려웠던 경우도 드물게 있었다.

  이 책에서는 주요 주제에 대한 악보의 제시는 과감히 생략하였다. 악보를 제시하는 친절보다는 듣는 사람이 많은 상상력을 펼칠 수 있도록 해 주는 것이 더 훌륭한 감상법이 될 수 있다는 필자 나름의 신념이 있기 때문이다.

  모쪼록 이 졸저가 서양 교회음악에 대해 더 알고 싶어 하는 음악 애호가들에게 길잡이 역할을 할 수 있었으면 하는 것이 필자의 소박한 바람이다. 욕심을 더 부린다면 특히 합창이나 교회음악을 전공하는 젊은 음악도에게 약간의 참고 자료가 될 수 있었으면 한다.

초고를 맡아 교정해 주신 필자의 제자이자 동력 의사인 황은아 교수, 음악적 내용을 다듬어 주신 오랜 음악 친구인 KAL의 김태상 선생께 감사드리며, 그리고 이 원고의 출판 제의를 흔쾌히 받아주신 예솔 출판사의 김재선 대표님께도 감사드린다.

오랜 세월 동안 교회음악을 통해 저에게 기쁨과 깊은 감동을 허락해 주시고, 연주를 비교 평가할 수 있는 귀, 그리고 글로써 표현할 수 있는 능력과 교회음악에 대한 열정을 허락하신 주 하나님께, 감사와 영광을 돌립니다.

저자 김현철

목차

머리말 5

바로크 시대의 교회음악   14

몬테베르디 Claudio Monteverdi   21
〈성모 마리아의 저녁기도〉(Vespro della Beata Vergine)   22

쉬츠 Heinrich Schütz   35
쉬츠의 교회음악   37
오라토리오 〈십자가 위의 일곱 말씀〉(Die Sieben Worte Jesu Christi am Kreuz)   40
〈장송 음악〉(Musicalische Exequien) 작품 7   45
〈크리스마스 히스토리아〉(Weihnachtshistorie) SWV 435   54

북스테후데 Dietrich Buxtehude   65
〈우리 예수의 지체〉(Membra Jesu nostri)   66

비버 Heinrich Biber — 85

〈잘츠부르크 미사〉(Missa Salisburgensis) — 86

샤르팡티에 Marc-Antoine Charpentier — 93

샤르팡티에의 교회음악 — 94
〈테 데움〉(Te Deum) — 98
〈자정 미사〉(Messe de Minuit) — 106

캉프라 Andre Campra — 115

〈레퀴엠〉(Messe de Requiem) — 116

쿠프랭 Francois Couperin — 121

쿠프랭의 교회음악 — 122
〈테네브레 미사의 독송〉(Lecons De Tenebres) — 124

비발디 Antonio Vivaldi — 131

- 비발디의 교회음악 — 132
- 〈글로리아 D장조〉(Gloria in D) RV 589 — 135
- 〈글로리아 D장조〉(Gloria in D) RV 588 — 145
- 〈주님이 집을 세우지 않으시면〉(Nisi Dominus) g단조 RV 608 — 149
- 〈마니피카트〉(Magnificat) g단조, 작품 610 — 154
- 〈마니피카트〉(Magnificat) g단조, 작품 611 — 159
- 〈스타바트 마테르〉(Stabat Mater) RV 621 — 162
- 〈이 세상엔 참된 평화 없으리〉(Nulla in mundo pax sincera) RV 630 — 167

바흐 Johann Sebastian Bach — 171

- 바흐의 교회음악 — 173
- 바흐의 칸타타 — 182
- 칸타타 제4번 〈그리스도는 죽음의 사슬에 매여〉(Christ lag in Todesbanden) — 189
- 칸타타 제51번 〈모든 나라에서 하나님을 환호하라〉(Jauchzet Gott in allen Landen) — 196
- 칸타타 제56번 〈나 기꺼이 십자가를 지리〉(Ich will den Kreuzstab gerne tragen) — 201
- 칸타타 제78번 〈예수여, 나의 영혼을〉(Jesus, der du meine Seele) — 206
- 칸타타 제80번 〈내 주는 강한 성〉(Ein feste Burg ist unser Gott) — 212
- 칸타타 제82번 〈나는 만족하도다〉(Ich habe genug) — 219
- 칸타타 제106번 〈하나님의 때〉(Gottes Zeit), (Actus Tragicus) — 225
- 칸타타 제140번 〈눈뜨라고 부르는 소리 있도다〉(Wachet auf, ruft uns die Stimme) — 232
- 칸타타 제147번 〈마음과 입과 행동과 생명으로〉(Herz und Mund und Tat und Leben) — 238
- 〈마니피카트〉(Magnificat) — 247
- 바흐의 수난곡 — 256
- 〈요한 수난곡〉(St. John Passion) — 259
- 〈마태 수난곡〉(St. Mattew Passion) — 287
- 바흐의 모테트 — 328
- 〈새 노래로 여호와께 노래하라〉 BWV 225 (Singet dem Herrn ein neues Lied) — 332
- 〈성령은 우리의 약함을 도우시네〉 BWV 226 (Der Geist hilft unser Schwachheit auf) — 336
- 〈예수, 나의 기쁨〉 BWV 227 (Jesu, meine Freude) — 338

〈두려워 말라〉 BWV 228 (Fürchte dich nicht) 344
〈오소서, 예수여, 오소서〉 BWV 229 (Komm, Jesu, Komm) 347
〈주를 칭송하라, 모든 이방인들아〉 BWV 230 (Lobet den Herrn, alle Heiden) 349
〈b단조 미사〉(Messe en si mineur) BWV 232 359
〈크리스마스 오라토리오〉(Oratorio de Noël) 381

헨델 Georg Frideric Händel 407

헨델의 교회음악 409
오라토리오 〈메시아〉(Messiah) 411
오라토리오 〈유다스 마카베우스〉(Judas Maccabaeus) 436
오라토리오 〈이집트의 이스라엘인〉(Israel in Egypt) 461
〈주께서 말씀하셨다〉(Dixit Dominus) HWV. 232 483
〈대관식 앤섬〉(Coronation Anthem) 492

페르골레시 Giovanni Battista Pergolesi 501

페르골레시의 교회음악 502
〈스타바트 마테르〉(Stabat Mater) 505
〈살베 레지나〉(Salve Regina) 515

참고문헌 518
찾아보기 520

바로크 시대의 교회음악

　16세기 초에 시작된 종교개혁으로 인한 신교와 구교의 갈등과 반목으로 급기야는 전쟁까지 치른 후, 바로크 중기에 인간 정신과 생활 전반을 규제하던 교회의 긴장이 어느 정도 안정되자 두 종교는 독자적인 변화와 발전을 추구하였다. 바로크 시대 음악은 사람들의 문화적 욕구가 발산되면서 양적으로나 질적으로 대단한 발전을 이루게 되었다.

　바로크 시대의 새로운 음악양식인 오페라의 창작은 17세기 음악의 가장 위대한 공헌이었다. 오페라 작곡가들은 가사를 음악으로 표현하는 데 극적인 느낌을 부여하기 위해 열심히 노력한 결과 오케스트라를 위한 악기들이 개발되었고, 그로 말미암아 실내 기악음악, 독주 악기들이 발전하였고 이런 모든 것들이 교회음악에 영향을 미쳤다. 바로크 교회음악으로는 기보법의 발전과 악기의 발달에 힘입어 기악음악이 많이 사용되었다.

　바로크 시대의 음악가들은 다양한 형식으로 많은 양의 작품들을 쏟아내었는데, 세속 칸타타와 오라토리오 등이 나타나고, 오르간 음악이 새로운 방향으로 발전하였다. 교회음악가들은 이런 흐름에 그들의 창작 의욕을 예배와 직접 관련된 순수 교회음악에서 다 표현할 수 없었으므로 종교적 성향의 연주회를 위한 예술음악을 창작하게 되었다. 이 시대의 주요 교회음악으로는 칸타타, 오라토리오, 수난곡, 모테트, 미사 등이 있다.

칸타타(Cantata)는 몇 개의 악장으로 된 바로크 시대의 중요한 성악곡이다. 하나의 연속적인 서술을 가사로 사용하였으며, 아리아, 레치타티보, 이중창, 합창 등으로 노래하였다. 기원은 17세기 초 이탈리아의 모노디에서 생겨난 것으로 아리아, 레치타티보, 중창, 합창 등으로 이루어진 복합적 성악 장르의 한 형식이다. 어원은 이탈리아어 "cantare"(노래하다)에서 유래하였다. 본래 칸타타는 성악곡의 용어로 사용되었으나 그 형식은 시대와 지역에 따라서 무척 달랐다. 칸타타는 또한 작곡가에 따라 전곡이 독창만으로 된 것도 있고, 합창만으로 된 것도 있다.

교회 칸타타는 일요일이나 교회력(曆)의 각 축제일을 위한 예배용 음악으로 작곡된 것이다. 교회 칸타타는 17세기 말부터 18세기에 걸쳐 독일에서 발달하였는데, 코랄 가락이 즐겨 쓰였고 합창이 매우 중요시되었다. 교회 칸타타의 종류로는 코랄 가락이 여러 가지 수법에 의하여 마지막 이외의 악장에 들어 있는 코랄 칸타타, 시편(詩篇)의 가사로 된 시편 칸타타, 성서의 격언으로 시작하는 격언 칸타타 등이 있다. 교회 칸타타의 작곡가로는 북스테후데, 텔레만, 요한 제바스티안 바흐 등이 있다. 특히 바흐의 현존하는 200곡이나 되는 교회 칸타타는 걸작으로 평가받는다. 바흐는 세속 칸타타도 20여 곡을 남겼다. 특히 〈커피 칸타타〉, 〈농민 칸타타〉는 일반에게 잘 알려져 있다.

바흐 시대의 칸타타는 극히 소수의 인원으로 연주되었는데 보통 가수 12명에 악기 주자 13명 정도로, 많아도 40명을 넘는 일은 없었다. 바흐 이후 칸타타는 모차르트, 베토벤, 슈베르트, 슈만, 베버, 브람스 등에 의해서도 작곡되었으나, 이러한 칸타타는 오라토리오와 구별하기 어렵다.

가사의 내용에 따리 교회 칸타타(cantata da chiesa)와 실내 칸타타(cantata da camera)로 나뉜다. 음악은 가사에 맞추어 레치타티보(Recitativo)와 아리아(Aria), 그리고 아리오소(Arioso) 등으로 구성되었고, 독창과 통주저음으로 연주되었다. 연주 시간은 평균 10-15분 정도였고 무대장치나 의상 없이 실내에서 소수의 청중을 대상으로 연주하였다. 교회 칸타타는 그 가사와 소재에 따라 코랄 칸타타, 시편 칸타타, 격언 칸타타, 복음서 칸타타 등으로 나뉜다. 실내 칸타타는 격렬하고 긴장된 표현이 특색이었으며 오페라에 영향을 받았다.

오라토리오(Oratorio)의 기원은 중세 후기의 전례극(典禮劇)이나 14, 15세기의 신비극(神秘劇)에서 볼 수 있다. 어원적으로는 16세기 중엽 네리(St. Philip Neri)가 로마 성당의 기도소(祈禱所, 오라토리오)에서 음악예배를 개최한 데서 유래한다. 이 집회에서는 성서의 낭독과 설교 외에 '라우다'라고 하는 대화형식으로 된 일종의 종교가가 의상, 무대장치와 함께 상연되었다.

근대의 종교적 오라토리오는 17세기 초에 로마에서 생겨났다. 독창, 중창, 합창에 오케스트라나 오르간 반주가 사용되며 매우 극적인 음악이다. 무대장식과 의상을 갖추어 공연하지 않는다는 면에서는 오페라와 상이하지만 오페라의 발전으로부터 많은 영향을 받았다. 라틴어 오라토리오(Oratorio Latino)는 성서에 바탕을 둔 전례적 모테트에서 발원한 것으로 카리시미(Giacomo Carissimi, 1605-1674)는 라틴어 오라토리오를 확립한 고전적 오라토리오의 시조이다. 그는 라틴어 오라토리오를 13작품

이상 작곡하였는데, 그중에서 〈입다〉(Jephta)(1665)는 오늘날에도 연주되고 있다. 그는 텍스트에 포함된 관념을 충분히 파악하여 레치타티보와 아리오소의 대화나 합창으로 극의 발전을 진행시켜 적절하게 감정을 표현하는 감동적인 작품을 남겼다.

독일 오라토리오의 시조는 쉬츠(Heinrich Schutz, 1585-1672)로 그의 〈부활 오라토리오〉(1623)와 〈크리스마스 오라토리오〉(1664), 그리고 쉬츠의 전통을 이어받은 바흐의 〈크리스마스 오라토리오〉, 〈부활절 오라토리오〉 등이 대표적이다.

헨델(Georg Friedrich Händel, 1685-1759)은 영국 오페라의 개척자이자 완성자라 일컬어지고 있으며 영국 오라토리오는 바로크 오라토리오의 절정이었다. 헨델은 모두 오라토리오를 모두 32곡 작곡하였는데, 1708년 〈부활〉(La resurrezione)의 작곡을 시작으로 〈이집트의 이스라엘인〉, 〈유다스 마카베우스〉, 지금까지 사랑받고 있는 〈메시아〉(Messiah)를 작곡한 1742년 전후로는 오라토리오 작곡에 전념하다시피 하여 영국에 영어 오라토리오 작품의 전통을 확립하였다. 헨델의 오라토리오 작품에는 전 유럽의 작품 기법이 모두 융합되어 있는 것을 볼 수 있다. 즉 영국의 앤섬, 이탈리아의 실내악과 오페라, 독일의 교회 칸타타와 수난곡적 오라토리오, 프랑스의 프랑스풍 서곡 등의 발자취를 발견할 수 있다.

수난곡(Passion)은 신약성경 중 4개의 복음서(마태, 마가, 누가, 요한)를 텍스트로 하여 예수님의 수난당하신 일을 음악으로 묘사한 것이다. 복음서에 나타난 예수 그리스도의 수난은 '최후의 만찬, 유다의 배신, 베드로의 예수 부인, 체포, 십자가의 처형'으로 구성된 점에서는 기본적으로 같지만 복음사가들이 수난을 보는 관점에 따라 수난사의 성격과 사건 전개에 다소 차이가 있다. 따라서 어느 복음서를 텍스트로 선택하느냐에 따라 수난곡의 성격도 차이가 나게 된다.

15, 16세기에도 다성 수난곡이 많이 작곡되었지만 예술적 걸작은 프로테스탄트 음악가들에게서 나타났다. 가톨릭교회의 수난곡은 여전히 미사의 일부로 취급되었기 때문에 예술적으로 한계가 많았기 때문이다. 16세기 신교의 등장 후, 특히 루터파 교회에서 프로테스탄트 음악이 크게 발전하였다. 루터는 열렬한 음악 애호가였을 뿐만 아니라 성가대에서 테너 파트를 부르고 작곡도 할 만큼 음악에 조예가 깊었고 당대 유명한 음악가들과 친교가 매우 두터웠다. 루터는 음악이 "하나님의 선물"이었으며 "이 귀중한 선물은 인간에게만 특별히 부여된 것이며, 인간은 신을 찬양하도록 만들어졌다"고 말했다. 이러한 루터의 음악관 때문에 루터의 새로운 교회는 음악을 중시하였다. 바흐를 비롯한 위대한 프로테스탄트 음악가들이 대부분 루터파인 이유도 여기에 있다.

종래의 라틴어 가사에 의한 것이 아닌 최초의 독일어 성경 가사로 된 수난곡은 루터의 친구이자 음악 고문이기도 했던 요한 발터(Johann Walter, 1496-1570)의 〈마태 수난곡〉(1530년)이다. 이 곡은 응창식으로 작곡되었는데 복음사가는 테너가, 그리스도는 베이스, 군중은 4성부의 합창으로, 그 밖의 인물은 알토가 담당하도록 구성되었다. 이 곡은 이후의 수난곡 작곡에 규범이 되어 왔으므로 이와 같은 체계의 수난곡을 발터식 수난곡이라 부른다. 특히 도입과 종결 합창을 가진 발터식 응창 수난곡이 유행했는데 이 형태의 마지막을 장식하는 최고의 걸작이 쉬츠(Heinrich Schutz)에 의해 탄생된다. 쉬츠는 누가, 요한, 마태복음으로 세 개의 수난곡을 80세가 넘는 고령에 작곡했다. 이 수난곡들은 바흐 수난곡 이전의 작품으로는 최고의 걸작으로 평가된다.

발터 이래 루터파의 수난곡은 마태 수난곡이 가장 많고, 그다음이 요한 수난곡이다. 마가와 누가의 수난곡은 거의 없는데 이는 마가와 누가 복음서의 수난사는 너무 짧고, 또한 극적 부분이 많이 생략되어 있기 때문이다.

쉬츠보다 100년 뒤에 독일에서 태어난 바흐는 수난곡을 모두 네 곡 작곡했는데 〈마태 수난곡〉과 〈요한 수난곡〉은 수난곡 중 최고 걸작으로 유명하며, 그 가운데서도 〈마태 수난곡〉은 바흐의 전 작품을 통해서 가장 위대한 작품일 뿐만 아니라 수난곡 가운데 최정상에 있는 작품으로 평가되고 있다. 〈누가 수난곡〉과 〈마가 수난곡〉은 바흐의 작품이 아닌 위작(僞作) 또는 졸작(拙作)으로 알려져 거의 연주되지 않는다.

17세기 바로크 시대에 들어 오페라와 오라토리오라는 새로운 음악 장르가 나타나게 된다. 이때 나타난 것이 오라토리오 수난곡으로, 바로크 시대가 요구하는 극적 표현이 수난곡에 반영된 것이다. 기악 반주가 도입되고 오페라와 비슷한 레치타티보와 아리아가 있다는 점이 그전의 수난곡과는 다른 점이다. 그리고 가사도 복음서를 기본으로 하되 자유시가 삽입되기도 한다. 오라토리오 수난곡은 예배와 직접 관련이 없는 비전례용 음악으로 출발하였으므로 라틴어가 아닌 자국어로 작품을 쓰게 되었다. 오라토리오 수난곡의 걸작은 역시 쉬츠의 〈십자가 위의 일곱 말씀〉으로, 이 곡은 3편의 수난곡에 앞서 1645년에 작곡되었으며 곡은 전통에 따라 도입과 종결 합창을 갖고 있지만 도입 합창 직후와 종결 합창 직전에 명상적인 5성부의 기악 신포니아를 두고 있는 독특한 작품이다. 복음사가는 4명이 각 장면에 어울리는 성부를 맡고 클라이맥스에 사중창을 채택하여 음악적 변화와 긴장감을 유지한다. 예수의 말씀에는 3개의 비올 반주가 따르는데 이는 예수의 신성을 암시하는 '음의 후광'(後光) 역할을 한다. 이 기법은 바흐의 수난곡에도 쓰이고 있는데 〈마태 수난곡〉에서 "엘리 엘리 라막…"은 무반주로 문득 이 음의 후광이 사라지는 수법을 쓰고 있다.

바흐 이후 수난곡은 대체적으로 점차 내리막의 길로 접어들었다. 바흐의 두 아들이 아버지의 뒤를 이어 수난곡을 작곡하였다. 요한 에른스트 바흐(Johann Ernst Bach)는 수난 오라토리오를, C. P. E 바흐(Carl Philipp Emanuel Bach)는 무려 21개의 수난곡을 작곡하였다. 이 숫자는 텔레만의 수난곡 44곡 다음가는 양이지만 대부분은 그의 아버지나 텔레만 작품의 표절이었다.

모테트(Motett)는 어원적으로는 '말'을 뜻하는 'mot'에서 유래하고 'mot가 주어진 성부'라는 의미에서 'motetus'가 생겨났다. 모테트는 중세와 르네상스 시대에는 가톨릭교회의 전례와 밀접한 연관을 맺어 왔다. 가사를 성경에서 선택해야만 하는 미사와는 달리 가사 선택이 보다 자유로워 음악적으로 작곡가들의 창작적 역량이 충분히 발휘되는 장르였다. 모테트는 교회음악과 세속음악의 경계선에 위치하면서 다양한 주제에 의한 다성부 합창곡을 일컫는 용어로 이해하면 될 것이다. 그러나 그 말이 의미하는 내용은 시대에 따라 많은 변화를 거쳐 왔다.

바로크 시대에는 독창이나 기악 반주의 도입으로 새로운 형태의 모테트가 생겨났다. 바로크 모테트의 특징은 통주저음을 수반하는 모노디 양식을 쓴 독창 모테트(solo motet)의 형식과 협주 양식(stile concertato)를 사용한 것이며, 그 대표적 작곡가로는 몬테베르디가 있다.

몬테베르디

Claudio Monteverdi

1567-1643

성모 마리아의 저녁기도

Vespro della Beata Vergine

몬테베르디의 〈성모 마리아의 저녁기도〉는 위대한 바흐의 수난곡 이전에 쓰인 음악 가운데 가장 규모가 크고 눈부신 아름다움을 가진 걸작이다. 또한 이 곡은 그의 오페라 〈오르페오〉, 〈포페아의 대관〉과 더불어 몬테베르디의 3대 걸작으로 꼽는다. 르네상스 후기에 출현한 몬테베르디는 음악에 극적 요소를 가미하여 차분하게 가라앉아 있던 당시의 교회 음악을 생기와 화려함으로 물결치게 하려 했다. 이러한 특성이 가장 빛나게 구현된 작품이 〈성모 마리아의 저녁기도〉이다. 그는 이 음악에 과감한 기악 연주를 도입, 성악 못지않은 역할을 부여하여 음악을 더 다채롭고 활력이 넘치도록 만들었다. 구양식과 신양식, 성악과 기악의 융화를 꾀하는 몬테베르디의 혁신적인 걸작이 〈성모 마리아

의 저녁기도〉이다.

그는 오페라 〈오르페오〉(1607), 〈아리안나〉(1608)의 잇단 성공으로 이미 당대 최고의 작곡가로 인정받고 있었고 창작의 절정기에 있던 1610년, 만토바의 곤차가(Gonzaga) 공작의 궁정악장으로 재직할 때 이 곡이 작곡되었다. 그는 이 곡을 갖고 로마에 올라가 교황에게 헌정하고 장남 프란체스코를 교황청 부속 신학교에 장학생으로 선발되도록 하려고 애썼으나 바티칸에서는 이 작품이 너무 혁신적이라는 이유로 거절당하고 말았다. 1612년 빈센초 공작이 죽자 그의 후계자 프란체스코(Francesco IV)는 당시 만토바의 악장직에 불만을 품고 있던 몬테베르디를 악장에서 해고해 버렸다. 때마침 베네치아의 산마르코 성당에서 악장 마르티넨고(Martinengo)가 세상을 떠나자 후계자를 물색하고 있던 중이었으며, 몬테베르디는 1613년 〈성모 마리아의 저녁기도〉를 산마르코 성당에서 초연하여 실력을 인정받고 참사회의 만장일치 결의로 후임 악장에 선출되었다. 당시 산마르코 성당의 악장은 유럽에서 가장 명망이 높은 지위였다. 이를 계기로 음악사에 빛나는 몬테베르디 후반기 30여 년간의 베네치아 시대가 전개된다.

이 곡은 저녁기도(만과)로 되어 있으나 내용적으로 미사곡과 저녁기도(Vesper)가 합쳐져 있다. 즉 입당송과 5편의 시편송, 콘체르토로 기록된 4곡의 모테트, 2곡의 마리아 찬가(Ave Maris Stella)와 2곡의 마니피카트(Magnificat)로 구성되어 있다. 이 작품이 이렇게 다양한 구조를 보이는 것은 여러 목적을 위해 썼기 때문이며 그때마다 약간씩 조절하여 연주했을 것으로 추측되고 있다.

저녁기도는 중세 때부터 전해내려 온 가톨릭 전례의 하나인 성무일과 중 5개의 정해진 시간에 드리는 기도의 하나로, 성모축일에는 5편의 시편(시편 109, 112, 121, 126, 147)과 찬미가 및 마니피카트가 반드시 포함된다. 이 7부분은 마치 미사 통상문과 같은 지위를 차지하고 있다. 그는 이상의 7부분을 먼저 정해진 전례의 순서대로 배열하고, 5편의 시편송 사이에 한 곡씩 삽입곡을 넣었다. 삽입된 부분은 솔로나 중창의 모노디와 합주 양식을 자유로이 구사하여 변화와 통일을 꾀하고 있다. 이 저녁기도를 위해 몬테베르디는 2곡의 마니피카트를 작곡했다. 특히 6성의 기악 반주와 7성의 마니피카트는 대성당과 같은 연주 조건인 곳에서 연주하도록 작곡된 것으로 이 작품의 백미이다. 또 하나의 마니피카트는 오로지 바소 콘티누오의 반주만으로 연주하게끔 작곡된 6성부의 것으로, 규모가 작은 성가대를 위한 것으로 생각된다.

곡 해설

[제1곡] Deus in adjutorium(주여, 우리를 구원해 주소서)

안티포나 "주여, 우리를 구원해 주소서"에 이어 응창가 "Domine ad adjuvandum"(주여, 나를 도우소서)의 힘찬 합창으로 시작된다. 이 부분은 1607년에 작곡된 그의 오페라 〈오르페오〉의 서주 부분인 토카타로부터 전용된 것으로, 화려한 관악 합주 위에 6성 합창이 불린다. 화려하고 다채로운 기악 반주에 비해 응창가는 실라빅(Syllabic)한 단성의 팔소 보르도네(falso bordone = (불)Fauxbourdon, 포부르동)로, 이런 화성진행은 악절마다 합주와 독주가 주기적으로 반복되는 리토르넬로(Ritornello)에 의해 분할된다. 반면 알렐루야는 자유롭게 쓰였다.

[제2곡] 시편 109편: Dixit Dominus(주께서 말씀하셨다)

첫 번째 시편 "주께서 말씀하셨다"를 그레고리오 성가의 정선율로 하고 6성 합창과 6성 기악 합주, 통주저음으로 이루어진 시편창으로, 마니피카트와 더불어 이 곡 전체에서 가장 중요한 부분이다. 이 첫 시편창은 기악 리토르넬로를 사이에 두고 4개의 부분으로 나누어지는데, 그 각각은 다시 연속되는 세 개의 다른 양식을 보여준다. 즉 단성성가를 기조로 여러 성부들이 펼쳐졌다가, 포부르동에 의한 직접적인 낭창으로 이어지고 다시 풍부한 멜리스마를 포함하는 매우 율동적인 카덴차로 끝나게 되는 것이다. 기악의 리토르넬로는 이 끝부분의 멜리스마를 모방하고 있다. 이런 양식은 마지막 "Gloria Patri"에 가서야 깨진다.

[제3곡] 콘체르토: Nigra Sum(나는 검도다)

시편 109편에 이어지는 첫 번째 모테트인 "Nigra Sum"(나는 검도다)은 아가서(雅歌, Canticum canticorum)에서 가사를 취한 것으로 그 구성은 테너 독창을 통주저음이 받쳐 주는 형식이지만, 풍부한 장식구가 가미된 오페라 아리아에 못지않은 기교적인 멜리스마 창법이 구사되고 있다.

[제4곡] 시편 112편: Laudate Pueri(종들이여, 주님을 칭송하라)

두 번째 시편송 "종들이여, 주님을 칭송하라"가 4성부씩의 2중 합창으로 시작된다. 8개의 성부가 대단히 복잡한 텍스처로 얽혀 나가고 있는데, 독창자들이 장식적인 멜로디로 주위를 돌고 있는 동안 정선율은 한 성부에서 다른 성부로 옮겨진다. 곡은 자유롭고 다채로운 리듬의 변화 속에 진행된다. 관습적인 2중 합창기법은 "Gloria Patri"에 가서 등장한다.

[제5곡] 콘체르토: Pulchra es(아름다워라)

8월 15일 동정녀 마리아가 승천한 대축일 저녁기도의 안티포나에 기초를 둔 2사람의 소프라노와 통주저음의 모테트이다. 아가서에서 텍스트를 취하고 있다. 제1소프라노가 우세적이지만, 제2소프라노는 대위법적인 장식음을 달고 호모포닉한 진행과 다채로운 변화가 전개된다. 짧지만 지극히 아름답고 밝은 곡이다.

[제6곡] 시편 121편: Laudate Sum(나는 기쁨에 찼도다)

세 번째 시편 "Laudate Sum"은 바소 콘티누오의 반주 위에 노래하는 6성부 합창이다. 5개의 시편창 가운데 아마도 가장 늦게 작곡된 것이 아닌가 추정된다. 처음에는 단성으로, 그다음에는 대위법적인 복선율로 진행되는데, 몬테베르디는 이 곡의 첫 부분에서 베이스의 오스티나토를 대단히 특징적으로 사용하고 있다. 테너의 이중창이 호모포닉한 진행 후 일단 종지하면 소프라노 이중창의 화려한 멜리스마가 번갈아 진행되면서, 다른 파트로 옮겨진다. 이윽고 호모포니, 폴리포니, 멜리스마 창법의 모든 것이 함께 힘을 다해 장려하게 끝맺는다. 이 시편창의 성격은 놀라울 정도로 다채로운데, 마지막 "Gloria Patri"에서 그 절정을 이룬다.

[제7곡] 콘체르토: Duo Seraphim(두 사람의 천사가)

2성의 테너와 베이스, 통주저음을 위한 모테트로서 놀랄 만한 멜리스마 창법이 구사되고 있다. 특히 아름다운 트릴의 효과와 에코 용법이 매우 아름답다. 곡의 중반부까지 두 사람의 테너가 천사(세라핌)를 부르고 "3개가 있다"(tres sunt)부터 베이스가 가세하여 3성이 되면서 곡에 깊이를 더한다.

[제8곡] 시편 126편: Nisi Dominus(주님이 집을 세우지 않으시면)

네 번째 시편창으로 이것은 5성부의 2중 합창으로 되어 있는데, 각각의 합창단은 최저음부에 각자의 정선율을 갖고 있다. 서로 실을 엮듯이 다채로운 협주 양식의 음악을 펼치다 그 둘은 결국 클라이맥스에서 하나로 합쳐진다. 몬테베르디는 당시 베네치아악파 작곡가들이 흔히 사용하였던 'Cori spezzati'(분리되어 서로 주고받는 합창) 기법을 사용하고 있다. 두 합창단이 교대로, 또는 합쳐진 10성부가 서로 엉킨 폴리포니에서 다채로움과 강력한 힘이 느껴진다.

[제9곡] 콘체르토: Audi Coelum(하나님이여 들어주소서)

네 번째 모테트로 에코(메아리) 기법에 의해 작곡된 곡이다. 테너의 독창으로 시작되고 이어서 제2테너가 에코 효과를 나타낸다. 솔로 테너는 갖가지 기교의 극치를 보여준다. 이윽고 "많은 사람"(Omnes)이라는 가사가 진행된 후 돌연 다른 5성부가 가담하여 곡의 후반에 음영을 넣는다. 에코 효과는 그림에서의 원근법과 같은 훌륭한 음악적 기법을 보여주고 있다.

[제10곡] 시편 147편: Lauda Jerusalem(예루살렘아, 칭송하라)

베네치아의 "Cori spezzati" 양식을 더욱 심하게 변화시켜 사용하고 있는데, 두 개의 4성부 합창의 장중하고 감동적인 도입부에 이어 곧 활기차고 경묘한 악상으로 바뀌어간다. 그 악곡의 형태도 대단히 독특해, 정선율은 대부분 독창 테너에 놓이고 두 개의 안티포나 합창이 소프라노와 알토, 베이스를 통해서 가세한다. 그리고 'Gloria Patri' 부터는 정선율이 두 소프라노에 옮겨진다.

[제11곡] Sonata sopra Sancta Maria(성모 마리아의 연도에 의한 소나타)

Lauda Jerusalem 뒤에는 콘체르토 대신에 기악의 소나타가 나타난다. 곡은 ABA 3부 형식으로 되어 있으며, 제1부는 기악만의 연주로 화려한 베네치아악파를 이룩한 지오바니 가브리엘리의 음악이 연상되는 부분이다. 제2부는 이 곡의 중심부로서 독창이 부점이 있는 오케스트라 반주로 진행되며 "성모 마리아여 우리를 위하여 비소서"(Sancta Maria ora pro nobis)라는 기도가 11번 반복된다. 제3부는 제1부와 같은 화려한 기악 연주가 짧게 나온 후 후반에 성악 솔로가 같은 가사로 덧붙여지고 있다.

[제12곡] (찬가) Ave maris stella(경사로다. 바다의 별이여)

성모 마리아 찬가와 같은 형태로 기악 리토르넬로(간주)의 2가지 요소가 서로 교대되면서 되풀이되는 형식이다. 합창은 4성부의 2부 합창과 5성의 기악 합주로 이루어진 곡으로, 베네치아악파의 2중 합창과 같이 교대로 연주되는 협주 효과를 발휘하는 것이 아니라 8성부가 함께 대위법적 묘미 속에 부드럽게 움직이고 있다. 내면적이고 소극적인 음악의 취향이 스며 나온다. 가사는 모두 7절로 이루어져 있지만 처음 두 절과 마지막 두 절을 묶어 5개 부분으로 나뉘고 그 사이사이에 5성의 기악 리토르넬로를 배치하고 있다. 대위법적인 것과 단순한 독창이 뒤섞여 다채롭고도 아름다운 음악세계를 펼치고 있다. 곡의 순서는 찬가 제1절과 제2절(합창) - 리토르넬로(현악) - 찬가 제3절(합창) - 리토르넬로(관악) - 찬가 제4절(소프라노) - 리토르넬로(현악) - 찬가 제5절(알토) - 리토르넬로(목관) - 찬가 제6절(바리톤) - 찬가 제7절(합창)이다.

[제13곡] 마니피카트(7성)

이 곡의 꽃이라 할 수 있는 부분으로, 독립된 곡으로 연주될 만큼 장대하다. 예수를 잉태한 마리아가 세례요한의 어머니 엘리자베트를 방문해 하나님을 찬양하는 성모 마리아의 찬가로 누가 복음서 제1장 46-55절까지의 10절에 송사 2절을 보탠 12절을 가사로 사용하고 있다. 가사 "내 영혼이 주를 찬양해"(Magnificat anima mea Dominum)로 시작하여 전곡이 12개 부분으로 구성되어 있다.

이 곡에서 몬테베르디는 자신의 신·구양식 결합을 시도하고 있다. 악곡 전체에 제1작법, 즉 르네상스식 폴리포니 양식에 기조를 둔 정선율이 사용되지만 시작 부분 "내 영혼이…"처럼 바로 낭송되기도 한다. 각각의 절이 독립적이어서 에코 효과 등 다양한 양식이 나타나고 있다. 첫 곡은 7성의 성악과 6성의 기악이 힘차게 곡을 연다. 제2곡은 두 테너가 부점이 있는 노래를 진행하는 동안 위의 알토는 길고 느린 선율로 간절한 기도를 계속해 나간다. 제3절은 기악 전주 후 테너 솔로가 "Quia respexit"를 노래하기 시작한다. 새로운 춤곡에 의한 리토르넬로가 제1작법의 대위법적인 폴리포니와 결합하는가 하면, 제4곡은 2곡과 같은 분위기로 두 베이스의 노래 위에 알토가 노래하며, 제5곡은 매우 신중한 합창이고, 제6곡은 경쾌한 기악이 선행한 후 합창이 당당하게 나아간다. 제7곡은 가브리엘리의 베네치아악파의 전유물인 기악 에코 효과가 인상적이며, 제8곡은 호모포닉한 성악과 기악의 조화가 눈길을 끈다. 제9곡은 구양식의 폴리포니 양식이고, 제10곡의 "Sicut locutus est"에서도 전통 양식으로 회귀하여 과거에 대한 경의를 표하는 듯하다. 11곡은 낭송조의 테너 솔로와 제2테너에 의한 에코 효과, 상성부 소프라노의 청순한 노래, 마지막 12곡의 기악과 합창의 대위법적 진행, 그리고 장려한 아멘으로 끝난다. 실로 다양한 작곡기법과 찬란히 빛나는 음향, 황홀한 음악적 감동, 고귀한 영혼의 기도와 신앙고백이 담겨 있는 이 위대한 음악은 〈성모 마리아의 저녁기도〉의 끝맺음 곡으로 걸맞은 명곡이다. 이 마니피카트가 바흐의 걸작 〈마니피카트〉 이전의 최고 걸작임은 물론이다.

♣ 연주 관행

〈성모 마리아의 저녁기도〉의 레코딩은 최근에 와서 더욱 전성기를 맞이하고 있다. 명곡인 만큼 녹음된 음반도 무수히 많고 명연주도 많다. 이 곡이 연주자마다 조금씩 다른 것은 여러 목적으로 작곡·연주되었기 때문이다. 5곡의 시편가 앞에 그레고리안 성가의 교창(Antiphona)을 포함하는 연주가 많지만 가디너(John Eliot Gardiner)나 알레산드리니(Rinaldo Alessandrini)처럼 교창이 전혀 없는 것도 있다. 그리고 2편의 〈마니피카트〉 중 대부분의 음반에서는 7성의 〈마니피카트〉만을 수록하고 있으나 가디너의 신반은 2곡을 모두 수록하였다. 그리고 합창 부분을 한 성부에 한 사람씩 부르는 최소 편성의 연주도 있다.

♣ 연주와 음반

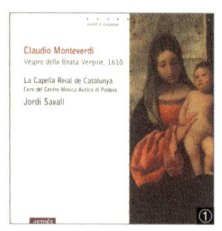

① 조르디 사발(Jordi Savall)이 지휘하는 라 카펠라 레이알 데 카탈루

냐(La Capella Reial de Catalunya)과 파도바 고음악 센터 합창단(Coro del Centro Musica Antica di Padova)의 연주(Astree, 1999년)는 이 곡 최고의 명연이다. 라 카펠라 레이알 기악 주자들의 기량이 뛰어날 뿐만 아니라 고악기의 멋과 매력을 십분 살리면서 다채로운 음색과 효과를 끌어내고 있다. 구조는 5개 시편가 전후에 안티포나를 배치하고 '마니피카트' 전후에도 안티포나를 삽입하여 이 곡의 전례음악으로서의 분위기를 창출하고 있다. 라 카펠라 레이알의 성악 앙상블과 파도바 고음악 센터 합창단은 유연하면서도 풍성한 울림의 소리로 훌륭한 앙상블을 들려주며, 경건한 분위기를 잘 살려내고 있다. 이 연주에서는 무엇보다도 독창자들의 연주가 하나같이 뛰어났는데 특히 소프라노 몽세라 피구에라스(Montserrat Figueras)의 해맑은 목소리와 뛰어난 가창력에다 감정을 실어 부르는 노래, 그리고 알토 마리아 크리스티나 키에르(Maria Cristina Kiehr)의 맑고 기품 있는 목소리와 정감 있는 표현이 일품이며 두 사람의 앙상블은 깊은 감흥을 자아낸다. 곡 중 솔로와 중창으로 종횡 활약하는 테너 게르트 튀르크(Gerd Türk)의 매력적인 음색과 완벽한 가창력은 깊은 감동을 불러일으킨다. 특히 '종들이여 주님을 칭송하라', '아름다워라', '마니피카트'는 다채로운 표현과 풍부한 정감이 달리 비교될 만한 연주가 없을 만큼 독창자들의 진가가 확연히 드러난다. 근년에 발매된 사발의 연주는 균형감과 다채로움, 종교적 경건함이 이상적으로 조화를 이룬 이 곡 최고의 결정판이라 할 수 있다.

② 리날도 알레산드리니(Rinaldo Alessandrini)가 지휘한 콘체르토 이탈리아노(Concerto Italiano)의 연주(Naive, 2004년)는 가장 최근에 녹음된 연주로 사발의 연주와 쌍벽을 이룰 만큼의 명연주이다. 이탈리아 자국

음악가의 작품에 높은 긍지와 애정을 갖고 열정적인 연주를 펼치고 있는 알레산드리니가 이룩한 또 하나의 금자탑이다. 시편가 시작 전에 안티포나를 모두 생략하고 곧바로 연주에 돌입하며, 곡의 마지막에 제1 '마니피카트'에 이어 6성부의 제2 '마니피카트'도 수록하고 있다. 전체적으로 이탈리아적인 밝음이 넘치는 연주이다. '마니피카트'에서처럼 합창 부분을 한 성부에 한 사람씩 부르는 소편성의 연주이지만 선명한 선율 라인과 훌륭한 앙상블로 놀라운 음악적 효과를 만들어 내고 있다. 이 연주는 독창자의 연주가 하나같이 뛰어난데, '아름다워라'에서 소프라노 피치니니(Monica Piccinini)의 뛰어난 가창력과 깊은 감정 표현은 일품이며, 알토와의 앙상블도 훌륭하다. 이 음반이 갖는 최대의 장점은 곡 중 낭송부분이다. 몬테베르디 마드리갈집 연주의 새로운 지평을 연 알레산드리니와 콘체르토 이탈리아노의 연주에서 완벽한 딕션과 절묘한 감정 표현은 다른 연주자들이 따라갈 수 없는 특기인 듯하다. 마지막 곡인 '마니피카트'에서 그들의 모든 연주력을 집중하여 연소시키고 있는데, 최후에 전개되는 폴리포니의 향연은 황홀하기까지 하다.

③ 르네 야콥스(René Jacobs) 지휘에 콘체르토 보칼레(Concerto Vocale), 네덜란드 실내 합창단(Nederlands Kamerkoor)의 연주(Harmonia Mundi France, 1996년)는 이 위대한 음악을 가장 완벽하게 재현한 명연의 하나이다. 구조는 5개 시편가 전후에 안티포나를 배치하고, '마니피카트'의 앞에는 물론 뒤에도 꽤 긴 안티포나를 부르게 함으로써 이 곡에 전례음악으로서의 분위기를 창출하고 있다. 콘체르토 보칼레는 원전악기로 경쾌하고 생동감 넘치는 연주와 단아한 음색을 통해 고음악의 멋과 맛을 제대로 살려내고 있다. 네덜란드 실내 합창단과 독창자들의 가창은 힘과

정열이 넘친다. 합창은 '예루살렘아, 칭송하라'에서 황홀한 아름다움을 보여주고 있다. 이 음반에서 전체적으로 독창자들의 기량이 매우 뛰어난데, 특히 '아름다워라'에서 마리아 크리스티나 키에르의 유연한 목소리와 감정을 가득 실어 뿜어내는 가창력, 바바라 보덴(Barbara Borden)과의 절묘한 이중창은 정말 훌륭하다. 그리고 '두 사람의 천사가'에서 테너들이 펼치는 중창은 높은 기량과 훌륭한 앙상블을 통해 진한 감동을 선사한다.

쉬츠

Heinrich Schütz

1585-1672

쉬츠의 교회음악

하인리히 쉬츠(Heinrich Schütz, 1585-1672)는 바흐보다 100년 전에 태어나 활약한 17세기 독일 최대의 작곡가이다. 그는 폭넓은 인문주의적 교양을 기초로 독일의 전통적인 폴리포니(多聲音樂)에 이탈리아 초기 바로크 음악의 극적이고도 표현적인 양식을 융합하여 많은 감동적인 교회음악을 작곡하였다.

쉬츠는 1585년에 중부 독일 튀링겐 지방의 쾨스트리츠(Köstritz)에서 여관업으로 꽤 부유한 크리스토프 쉬츠의 장남으로 태어났다. 13세(1598년) 소년 시절 그의 음악적 재능이 카셀의 헤센 변경의 영주(領主) 모리츠(Moritz)에 의해 발견되어, 다음 해 모리츠 영주의 성가대원으로 들어가게 된다. 쉬츠는 영주 자녀들의 교육을 위해 세운 콜레기움 마우리치아눔에 입학 허가를 받아 라틴어 등 풍부한 인문주의적 교육을 받았다. 변성이 되자 급비생으로 마부르크(Marburg) 대학에 법률 공부를 위해 보내졌다. 쉬츠는 1609년 오르간과 작곡을 배우라는 영주의 명을 받고 이탈리아의 베네치아에 유학하여 3년간 복합창 양식의 대가인 가브리엘리(Giovanni Gabrielli, 1557-1612)를 사사했다. 가브리엘리는 쉬츠를 특별히 사랑하여 그를 성심껏 가르쳤을 뿐만 아니라 임종 시에 그의 반지를 유품으로 주기도 했다. 이때 새로운 바로크 양식을 습득하였고 귀국 후에는 카셀의 궁정 오르가니스트가 되었다. 1617년에 당시 중부 독일의 최대 군주였던 작센 선제후(選帝侯) 요한 게오르그 1세의 요청으로 드레스덴 궁정악장으로 임명된 그는 그 후 87세로 죽을 때까지 일생의 대부분을 이곳에서 보내게 된다.

쉬츠는 가브리엘리의 가르침을 기념하는 최초의 복합창 양식의 〈다윗 시편곡집〉을 1619년에 출판했다. 1623년 독일 오라토리오의 최초의 명작으로 평가되는 〈부활절 오라토리오〉(작품 3), 다음 해엔 〈신성한 가곡집〉(작품 4)을 잇달아 출판하여 명성을 얻게 되었다. 〈부활절 오라토리오〉, 종교 합창곡집 〈칸초네스 사크레〉(1624년) 등으로 점차 명성을 떨쳤으며, 1628년 두 번째 이탈리아 유학을 떠났다. 이 시절 그는 베네치아의 몬테베르디에게서 극음악의 양식을 배웠다. 즉, 몬테베르디가 창안했던 새로운 표현양식인 "제2작법"(Seconda Practica)을 습득하여, 그의 제2기 작풍을 예고하는 〈신성한 교향곡〉(심포니 사크레)(작품 6, 1629년)을 비롯해 〈교회 협주곡〉, 〈크라이네 가이스트리헤 콘체르테〉(작품 8, 9, 1636-1639), 〈십자가 위의 일곱 말씀〉 등에서 그 성과를 보였다. 이 무렵 독일 전역을 휩쓸고 있던 30년 전쟁(1618-48)의 참회는 독일 음악의 기반을 파괴하였으며 그 여파는 드레스덴 궁정에도 밀려와 궁정악단은 사실상 활동을 중단하게 되었다. 이때 쉬츠는 휴가를 얻어 할레, 함부르크 등지를 떠돌아다녔으며, 드레스덴 궁정과 인척관계에 있던 덴마크 왕궁의 초청을 받아 1633-1635년까지 그곳 악장으로 있었다.

1648년 30년 전쟁이 끝나자 쉬츠는 귀국하여 즉시 드레스덴 궁정악단의 재건에 착수하는 한편, 〈종교합창곡집〉(Geistliche Choromusik, 작품

11)을 작곡하였다. 그는 전통적인 독일 다성합창 작법에 북이탈리아의 모노디 양식과 몬테베르디의 극음악 양식을 더하여 한 차원 높은 교회음악을 선보였다. 이때를 그의 제3기로 분류하게 된다. 이때부터 그의 음악은 보다 단순화되는 경향을 보이게 되는데 세속음악은 더 이상 작곡하지 않았을 뿐만 아니라 순수한 기악음악도 〈십자가 위의 일곱 말씀〉의 짧은 신포니아 외에는 찾아볼 수 없게 된다. 1656년 선제후 게오르크 1세가 서거하고 2세가 뒤를 잇자 쉬츠는 4명의 악장을 거느린 상석 악장에 임명되어 이따금 궁정에 나가는 일 외에는 평소의 의무가 면제되었다. 그러나 70세가 넘은 고령에도 불구하고 독일어에 의한 종교적 레치타티보의 걸작으로 알려진 3편의 수난곡과 색채가 풍부하고 기쁨으로 충만한 〈크리스마스 오라토리오〉(1660년)를 완성했으며 2중 합창의 명암을 구사하여 〈독일 마니피카트〉(1671년)를 작곡하였다. 쉬츠는 1672년 87세를 일기로 세상을 떠나기까지 교회음악만을 작곡한 17세기 독일 프로테스탄트 교회음악의 대표적인 작곡가다.

쉬츠 음악의 중요성은 베네치아에서 전수받은 콘체르타토 양식을 후기 르네상스의 네덜란드 음악에서 전수된 폴리포니 독일 음악에 적용하여 형식과 내용이 완전한 균형을 갖춘 음악으로 만들었다는 점이다. 그리고 이후 도래하는 북독일 오르간악파의 양식이 네덜란드의 스벨링크와 함께 쉬츠로부터 출발한다는 점이다. 무엇보다도 중요한 사실은 100년 후 그의 뒤를 잇는 요한 세바스찬 바흐에 의해 독일 음악이 그 정점에 도달한다는 것이다.

오라토리오 〈십자가 위의 일곱 말씀〉
Die Sieben Worte Jesu Christi am Kreuz

바흐가 태어나기 정확히 100년 전인 1585년 독일 중부 튀링겐 지방의 쾨스트리츠(Köstritz)에서 태어난 쉬츠는 르네상스 말기에서 초기 바로크의 전환기에 활동한 독일 음악가로 음악사상 "새로운 이탈리아 양식을 루터파 교회음악에 접목시켜 독일 음악 전통의 초석을 세운 작곡가"로 평가받는다. 즉 바흐로 인해 전개될 독일 음악의 도도한 전개의 초석을 다진 인물이다. 이런 의미에서 바흐가 음악의 아버지라면 쉬츠는 독일 음악의 아버지로 칭송되어 마땅하다.

🌱 곡 해설

〈십자가 위의 일곱 말씀〉은 음악 장르상 수난 오라토리오에 속하는 곡으로 그가 말년에 작곡한 3편의 수난곡의 작곡 이전인 1650년 전에 작곡한 것으로 추정되고 있다. 이 곡은 그 명상적 성격과 오라토리오적 성격에 의해 극적인 성격을 갖고 있는 그의 수난곡과 구별된다. 원제목에는 〈독창과 5개의 악기와 콘티누오에 의한 우리의 사랑하는 구세주 예수 그리스도가 성스러운 십자가 위에서 말씀하신 일곱 말씀〉으로 되어 있듯이 일반적인 수난곡이나 오라토리오처럼 그 규모가 크지 않은 종교작품이다.

가사는 4복음서에서 발췌했지만 단순한 음악적 묘사가 아니라 복음사가의 레치타티보에조차도 작곡가의 개인적 감정이 강하게 배어 있다. 복음사가의 말은 바소 콘티누오에 의해 반주되나 예수 그리스도의 말씀은 매우 절제된 채 2개의 악기에 의해 보좌되고 있는데, 이것은 100년 뒤 태어날 바흐의 〈마태 수난곡〉의 출현을 예고하고 있다. 이 곡에서 특기할 만한 것은 복음사가가 바흐의 〈마태 수난곡〉에서처럼 한 사람이 아닌 네 사람이라는 점이다. 이러한 4성부의 복음사가의 노래는 "엘리 엘리 라마 사박다니"의 클라이맥스 형성에 결정적 영향을 미치고 있다.

이 곡의 구성은 예수의 일곱 말씀을 축으로 하여 대칭 형태로 되어 있다. 즉 도입부과 종결부는 합창으로 구조적 골격을 유지하고 있으며, 합창 다음에 기악만의 합주로 된 간주곡 성격의 신포니아가 따른다. 복음사가의 해설이 있고 난 뒤 예수의 말씀이 시작되는데 이러한 것이 짧게 7번(일곱 말씀) 반복되고 마지막 해설이 따른다. 최후로 신포니아가 나온 후 종결 합창의 순서로 곡을 끝마친다. 즉 도입부에 등장하는 합창이 종결부에 다시 재연됨으로써 구성적 안정과 통일을 꾀하고 있다.

첫 곡 도입부는 성서에서 따온 가사가 아닌, 중세의 수난 코랄 "예수 십자가에 달려"(Da Jesus an dem Kreuze stund)의 제1절 가사를 사용한 5성부 모테트 합창으로 시작된다. 다음에 이어지는 것은 5성부의 명상적인 신포니아(기악 합주)이다. 신포니아 다음에는 장면마다 성부가 다른 복음사가가 등장하는데 때로는 4명의 복음사가가 모두 등장하기도 하면서 음악적인 변화와 극적인 효과를 창출해 내고 있다. 예수의 말씀은 다른 등장인물과는 여러 면에서 구별된다. 예수의 선율에는 깊은 슬픔과 동시에 위엄이 담겨 있으며, 항상 3중주가 선율을 뒷받침하는데 이는 예수의 신성을 상징하는 후광(後光)을 음화(音畵)적으로 표현한 것으로, 바흐의 〈마태 수난곡〉에서도 똑같은 수법이 사용되고 있다. 쉬츠 작품의 특징 중 하나이기도 한 워드 페인팅(음화적 기법)이 도처에 나타나고 있다. 종결 전에 다시 기악만의 신포니아가 나온다. 종결 합창의 가사는 도입 합창과 마찬가지로 성경이 아닌 중세 코랄 "예수는 십자가에 달려"에서 가져왔다. 가사는 "하나님의 고통을 존중하는 자는 이 십자가 위의 일곱 말씀을 잊지 않을 것이다"(Wer Gottes marter in ehren hat, und oft gedenkt der sieben Wort)이다.

연주와 음반

① 루돌프 마우에르스베르거(Rudolf Mauersberger)가 지휘한 드레스덴 성 십자가 합창단(Dresdner Kreuzchor)의 연주(Berlin Classics, 1966년)는 이 곡의 최고 명연이다. 한마디로 마우에르스베르거라는 위대한 연주가가 그가 존경해 마지않던 위대한 독일 음악가 쉬츠의 교회음악의 정수를 보여주는 감동적인 연주이다. 이 연주는 독일적인 중후함과 엄격함으로 가득 찬 연주로 쉬츠 음악에 대한 열정과 종교적 정화감을 느낄 수 있는 명연이다. 마우에르스베르거는 소프라노의 상성부를 소년 합창이 부르게 함으로써 신비하고도 압도적인 엄숙한 효과를 얻고 있다. 기악만

의 연주 부분인 신포니아에서도 타 연주와는 비교가 안 될 정도의 탁월한 연주를 들려주는데, 비장하면서도 신비한 분위기가 멋지게 표현되고 있다. 복음사가로 명성을 떨친 페터 슈라이어(Peter Schreier)는 이 곡에서 가장 중요한 역할을 하는 예수의 역을 품위를 지키면서도 감동적인 연주로 표현하고 있다. 특히 "라마 사박타니" 부분은 감동적이다. 오른쪽 강도 역의 테오 아담(Theo Adam)도 뛰어난 가창력으로 감동적인 노래를 부른다. 그 외 4명의 복음사가 중 테너를 부르는 복음사가의 연주가 단연 뛰어나다. 소프라노와 알토 복음사가를 소년이 부르는 점은 다른 연주에서는 보기 힘든 관례이지만, 모두 다 그 역을 훌륭하게 소화해 내고 있다.

이 연주는 한마디로 마우에르스베르거라는 위대한 음악가의 쉬츠 음악에 대한 존경과 열정이 당대 최고의 솔리스트의 뛰어난 연주에 의해 그 빛을 발휘하고 있는 최고의 명연으로, 아직도 이를 능가하는 연주는 나오지 않고 있다.

② 볼프강 헬비히(Wolfgang Helbich)가 지휘하는 이 페비아르모니치(I Febiarmonici)와 힘리쉬 칸토라이 앙상블(Die Himlische Cantorey)과 알스펠더 보컬 앙상블(Alsfelder Vokalensemble)의 연주(Naxos, 2001년)는 이 곡의 새로운 명연주로 등장했다. 이 연주는 마우에르스베르거의 연주만큼 느리고 중후한 연주는 아니지만 비교적 템포를 여유 있게 설정하여 장중한 맛을 살린 호연이다.

이 페비아르모니치는 1998년에 결성된 원전악기 연주단체로 이 곡의 에스러움을 잘 드러내는 연주를 들려준다. 알스펠더 보컬 앙상블은 1971년 볼프강 헬비히에 의해 정격연주를 목적으로 결성된 성악 앙상블로 이 곡의 시작과 종결 합창에서 장려한 울림을 만들어 내고 있다. 힘리쉬 칸토라이는 1995년에 결성된 5명의 혼성 보컬 앙상블로, 뛰어난 연주력으로 이미 국제적 명성을 확보한 바 있다. 이 연주에서 4 복음사가와 예수의 역을 훌륭하게 수행하면서 감동적인 연주를 들려주고 있다. 그 가운데서도 예수 역과 테너 복음사가의 연주가 뛰어나다. 초심자에게는 다소 생소한 연주단체들이지만 신선한 충격과 감동으로 우리에게 다가서는 연주를 들려준다.

③ 폴 슈타이니츠(Paul Steinitz)가 지휘하는 콜레기움 사지타리(Collegium Sagittarii)와 런던 바흐 협회 합창단(London Bach Society Choir)의 연주(Cantate, 1975년)는 독일적인 중후함과는 거리가 있는 라틴적인 간결함과 유연함이 돋보이는 명연주이다. 마우에르스베르거에서 느낄 수 있는 중후함에서 탈피한 다소 경쾌한 연주로 마니아가 아닌 쉬츠 음악의 초심자에게는 오히려 이 음반이 추천될 수 있을 정도로 음악적 완성도도 높다. 솔리스트의 이름이 기록되어 있지 않지만 이 가운데 예수 역을 부른 가수는 기품 있는 목소리와 훌륭한 가창력으로 깊은 고뇌의 표현을 훌륭하게 하고 있다. 그러나 다른 솔리스트의 연주는 평범한 수준이라 할 수 있다.

〈장송 음악〉 작품 7
Musicalische Exequien

1636년에 작곡된 이 곡은 통주저음의 반주가 붙은 여러 가지 조합의 독창과 합창을 위한 곡으로, 쉬츠가 1635년 12월 3일에 사망한 그의 친구인 로이스(Reuss) 가문의 하인리히 포스투무스(Heinrich Posthumus, 1572-1635) 백작의 장례를 위해 특별히 작곡한 곡이다. 하인리히 백작은 당시 독일 튀링겐 지역의 군주로 탁월한 정치를 펼쳤을 뿐만 아니라 주도(主都)인 게라(Gera)를 당시 문화의 중심지로 만들었다. 또한 그는 종교적으로 억압받던 플랑드르 지역의 칼빈주의자들에게 은신처를 제공한 인물이기도 했다. 하인리히 백작은 그가 죽기 1년 전에 자신의 유해를 담을 동관(銅管)을 주문하면서 그 관에 직접 선택한 성경 구절과 찬미가의 가사를 새기게 함과 동시에, 그가 선택한 가사로 그의 장례식을 위한 곡을 작곡해 줄 것을 부탁하였다. 그의 가족들은 네덜란드에서 드레스덴 궁정악장으로 부임해 온 쉬츠에게 작곡을 의뢰하여 만들어진 것이 바로 이 〈장송 음악〉이다. 이 곡은 흔히 "독일 진혼곡"으로 의역되기도 한다.

이 음악은 콘체르토, 모테트, 칸티클의 세 부분으로 이루어진 독특한 구성으로 되어 있다. 이 곡의 제목은 '장송 음악'(Musikalische Exequien)으로 로마 가톨릭의 전례인 레퀴엠과는 다른 의미로 붙여졌다. 〈독일 진혼곡〉을 쓴 브람스는 이 곡을 알지 못했으며 이 곡은 독일어로 쓰인 최초의 독일 레퀴엠이 되었다.

    이 곡은 세 부분으로 구성되어 있으며 설교 전에 연주되는 첫 부분은 6성부와 바소 콘티누오로 구성된 콘체르토로서 이 곡에서 가장 긴 부분이며 라틴 미사의 키리에와 글로리아에 해당하는 부분이다. 쉬츠는 백작의 요청에 따라 관 받침대에 새겨진 그 가사로 작곡하였다. 설교에 뒤따르는 두 번째 부분은 설교의 주제와 같은 시편 구절을 가사로 한 이중 합창을 위한 모테트이다. 마지막 부분은 매장 직전에 연주되는 "시므온의 노래"(Nunc dimitis)로서 쉬츠는 여기에다가 요한계시록의 "주 안에서 죽은 자는 복이 있다"라는 구절을 솜씨 있게 엮어 넣고 있다. 쉬츠의 작품으로서는 드물게 이 세 부분 모두에 코랄이 인용되어 있다.

-제1부- 독일 진혼곡 형식의 콘체르토

    제1부는 6성부(소프라노 2, 알토 1, 테너 2, 베이스 1)와 바소 콘티누오로 구성된 콘체르토로서 여기에서 콘체르토란 의미는 기악 반주를 수반한 성악 작품을 일컫는 말이다. 사용된 가사가 22개 이상으로 많아 그만큼 곡의 길이도 길다. 여기에 하나의 통일된 신학적 의미를 부여하여 작곡하는 것이 여간 어려운 일이 아니었을 것이며, 작곡가에게 큰 도전이었음이 분명하다. 쉬츠는 대부분의 가사를 성경 구절과 찬미 가사를 교대로 엮어 작곡하는 방법을 도입하였다. 적은 인원의 독창은 콘티누오의 반

주를 동반한 콘체르토로, 그리고 6명의 솔리스트가 일제히 강조하는 찬미가의 가사는 코랄(카펠라로 기록하고 있음)에 기악을 가담시켜 웅장하게 함으로써 차별화했다. 즉 이 곡에서는 코랄이 곡을 지탱하는 기둥의 역할을 하게 하였다. 그리고 형식적 통일을 위해 처음과 마지막 코랄의 가사를 같은 찬미가 "이제 기뻐하라, 나의 사랑하는 그리스도인이여"(Nun freut euch, lieben Christen g'mein)에서 가져왔다. 이 첫 부분은 진정한 음악적 아름다움과 가사에 맞게 음악을 작곡하는 절묘한 기법의 최상의 예를 보여주고 있다. 이 훌륭한 음악의 디자인은 놀라울 정도로 단순하다. 그만의 작곡형식과 어법으로 코랄을 용접해가는 쉬츠의 능력에 놀라지 않을 수 없다. 쉬츠의 작품에서 찬미가는 단지 부수적인 역할을 함에 비해 코랄은 지극히 개인적인 스타일로 취급하고 있다. 마지막 코랄 "하나님이 너에게 복 주시리"(du bist du selig worden)라는 가사를 힘찬 6성부 합창으로 끝맺는 것도 매우 인상적이다.

키리에를 대신하는 것으로, 곡은 먼저 테너 독창이 "벗은 몸으로 나는 어머니의 사랑에서 나왔네"(Nacket bin ich von Mutterliebe kommen)를 선창한 후 남성 파트가 같은 가사 "벗은 몸으로 나는 어머니의 사랑에서 나왔네"를 호모포닉하게 부른다. 이어 코랄이 라틴 미사의 키리에에 해당하는 "하늘에 계신 주여, 우리를 불쌍히 여기소서"(Herr Gott Vater im Himmel, erbarm dich über uns)를 세 번 반복하면서 키리에의 분위기를 나타낸다. 두 번째 독창 부분은 제2소프라노가 먼저 "나의 삶 되시는 그리스도여"(Christus ist mein Leben)를 시작하면, 이를 제1소프라노가 모방하며 노래하고 마지막에 테너가 "그는 우리의 죄를 짊어지실 하나님의 양이시다"라고 노래한다. 코랄이 다시 "하나님의 아들 예수 그리스도여 우리를 긍휼히 여기소서"라고 노래한다. 다시 솔로로 알토가 먼저 "우리는 주 안에서 살고"(Leben wir, so leben wir dem Herren)를 부른 후 베이스 솔로가 하강하는 선율로 "주 안에서 죽으리"(Sterben wir dem Herren)라고 노래하면 알토가 베이스를 모방하듯 노래해 가고 다시 코랄이 등장해 "거룩한 영이신 주여, 우리를 불쌍히 여기소서"를 다시 부르며 마친다.

반면에 더 큰 부분을 차지하는 라틴 미사의 글로리아에 해당하는 부분인 "하나님이 이 세상을 이처럼 사랑하사(Also hat Gott die Welt geliebt) 독생자를 주셨으니"는 먼저 테너의 선창이 있고 난 뒤 솔로 부분이 "주를 믿는 자마다(Auf das alle, die an ihn gläuben) 멸망치 않고 영생을 얻으리라"를 노래하고, 다시 코랄이 "사랑하는 아들에게 말하시기를 때가 오면(Er sprach zu seinem lieben Sohn, die Zeit ist hie), 하늘을 떠나 나아가 죄에 빠진 우리를 구하실 것"을 부르면, 다시 소프라노 솔로가 "하나님의 아들 예수 그리스도의 피로 우리를 모든 죄악으로부터 깨끗게 하신다"(Das Blut Jesu Christi, des Sohnes Gottes, machet uns rein von allen Sünden)를 간절히 부르면 테너가 이를 모방해 부르며 이중창으로 발전한다. 코랄이 다시 "그를 통해 우리를 용서하신다(Durch ihn ist uns vergeben). 주여, 이 놀라운 선물(Gott, wie grosse Gaben)"이라고 기쁨에 차 힘차게 노래한다. 이어 베이스 솔로가 "우리의 시선이 하늘로 향하여, 그곳에서 우리의 구주를 찾으리라"(Unser Wandel ist im Himmel)를 부르면 이를 제1소프라노가 받아 모방하면서 이중창이 전개된다. 후반은 소프라노가 먼저 나가고 이를 베이스가 받는 형태로 전개된다. 코랄이 다시 "이 세상은 모두 슬픔의 계곡이요, 괴로움만 있나니"(Es ist all hier ein Jamertal, Angst, Not und Trübsal)를 부르면 다시 두 테너의 독창이 "너희들의 죄가 주홍 빛같이 붉더라도(Wenn eure Sünde gleich blut rot wäre), 눈과 같이 희게 되리라(soll sie doch schnee-wiess werden)"를 서로 모방하는 기법으로 전개된다. 이어 다시 코랄이 "예수 그리스도의 성체가 모든 죄악으로부터 우리를 자유케 하리라"(Sein Wort, sein Tauf, sein Nachtmahl dient wieder allen Unfall)가 선포되고, 알토 솔로가 "그에게로 들어가 문을 단단히 잠그고 분노가 사라질 때까지 잠시 피하라"를 부르기 시작하면 이어 소프라노 1, 2, 베이스가 가담해 "의인은 하나님의 손 안에 거하리라"(Der Gerechten Seelen sind in Gottes Hand)를 부르며 베이스를 중심으로 전개해 간다. 다시 코랄이 등장, "그는 모든 인류의 빛(Er ist das Heil und selig Licht). 우리는 그의 불빛에 인도되어 구원에 이르도다"가 힘차게 불린다. 이어 베이스 1, 2의 솔로가 "우리의 수명은 70년에 불과하고, 더하면 80이라, 삶의 기쁨은 잠깐이며, 년수는 수고와 곤경뿐이라"를 주고받으며 전개된다. 이어 다시 코랄이 "오, 이승에서의 삶은 얼마나 비참한가"(Ach, wie elend ist unser Zeit all-hier auf dieser Erden) 하며 장중하게 부른다. 테너 솔로가 "나는 나의 구세주가 살아계심을 아노라(Ich weiss dass mein Erlöser lebt). 부활의 날에 그가 나를 부르리라. 그리고 나는 다시 한번 육체를 입으리라"의 매우 아름다운 노래를 반복해 부른다. 다시 6성부 코랄이 "죽음으로부터 나를 자유케 하셨으니"(Weil du vom Tod erstanden bist)를 복합창으로 장대하게 부른다. 소프라노 1, 2, 베이스의 솔로가 "주여 내가 주에 단단히 붙어 있게 하소서"(Herr ich lasse dich nicht)를 처음은 마드리갈적인 노래로, 나중은 매우 호모포닉하게 마친다. 마지막 코랄 "주께서 나에게 말씀하시기를 단단히 붙어 있으라"(Er sprach zu mir: halt dich an mich)를 6성부로 장려하게 부르는 가운데 끝난다.

-제2부- 모테트: 주여, 당신 외 누구를 취하겠습니까
(Herr, wenn ich nur dich habe)

8성부의 복합창곡으로 쉬츠가 두 번에 걸친 이탈리아 베네치아 유학을 통해 습득한 복합창 기법(두 성가대가 교대로 주고받는 교창)이 전개되는 장려한 분위기의 곡이다. "주여, 내가 당신 외 누구를 취하겠습니까"(Herr, wenn ich nur dich habe)라는 가사로 시작된 합창이 몇 번 교대로 불린 후 "나는 하늘과 땅에게 묻지 않는다"(So frage ich nichts nach Himmel und Erden)의 중간 부분이 전개된다. 이어 "내 육체와 영혼이 점점 쇠약해지고, 그래서 주는"(Wenn mir gleich Leib und Seele verschmacht, so bist du doch Gott, so bist du doch Gott)이 교창으로, "항상 내 마음의 위로가 되시네"(allerzeit meines Herzens Trost and mein Teil)는 두 성가대가 합쳐져 8성부로 장려하게 불린다. 베네치아 산마르코 성당의 복합창을 듣는 듯한 장려한 합창이다.

-제3부- ⟨시므온의 노래⟩: 주여, 이제 당신의 종을 내버려 두소서
(Herr, nun lässest du deinen Diener)

이 마지막 부분은 죽은 자를 매장하기 직전에 연주된 "시므온의 노래"(Nunc dimitis)다. 시므온은 누가복음 2장 25-35절에 나오는 인물로 메시아를 오랜 세월 동안 기다렸던 경건한 노인으로 탄생한 지 8일 된 아기 예수를 예루살렘 성전에서 만나자 "이제 놓아 주시는도다"(Nunc dimitis)라는 기도를 한 인물이다.

마지막 콘체르토는 5성부의 주 합창단과 천사가 부르는 3성부 제2합창단의 극적 대조를 통해 장엄한 분위기를 창출하고 있다. 이 곡에서 쉬츠는 복합창 기법에 더해 각각의 합창단에 별도의 가사와 음악을 부여하여 새로운 광경을 연출하였다. 우선 테너 독창에 의한 선창이 있고 난 뒤 5성부 합창이 "평화 가운데 떠나소서"(In Friede fahren)라고 노래하면, 이를 받아 3명의 독창자(천국의 영을 나타내는 바리톤과 2명의 천사를 나타내는 두 소프라노)가 세미한 음성으로 "죽은 자에게 복이 있을지어다"(Selig sind die Toten)라고 위로하는 노래를 부른다. 다시 5성부 합창이 "주께서 말씀하신대로"(wie du gesagt hast)라고 힘차게 노래하자 천사의 노래가 "죽은 자에게 복이 있을지어다"라고 다시 일러준다. 합창이 다시 "내 눈으로 주의 구원을 보도다"(Denn meinen Augen haven deine Heiland)를 부르자 다시 천사의 위로의 노래가 다시 들린다.

이처럼 쉬츠는 이 마지막 곡에서 육체를 떠나 천사의 안내를 받아 천국으로 올라가는 영혼의 기쁨을 묘사하고 있다. 쉬츠 교회음악의 정수를 보여주는 곡으로 죽은 자의 영혼을 위로하는 참으로 고차원의 신령한 노래라 할 수 있다.

♣ 연주와 음반

① 루돌프 마우에르스베르거(Rudolf Mauersberger)가 지휘하는 드레

스덴 성 십자가 합창단의 연주(Berlin Classics, 1968년)는, 이 악단의 음악감독으로 평생을 보낸 마우에르스베르거라는 위대한 연주가가 드레스덴의 궁정악장으로 후년을 보낸 위대한 독일 음악가 쉬츠에 대한 존경과 열정을 가득 담은 연주로 쉬츠 교회음악의 정수를 보여주는 최고의 명연이다. 이 연주는 한마디로 다소 무겁고 중후한 게르만적 연주이다. 마우에르스베르거는 소프라노의 상성부를 소년 합창이 부르게 함으로써 신선한 감동과 장중한 효과를 동시에 얻고 있다. 이 연주에서는 곡 중 소프라노 1, 2와 알토 독창을 드레스덴 성 십자가 소년 합창단원이 부르며, 테너 1은 페터 슈라이어, 테너 2는 한스 요아힘 로취(Hans-Joachim Rotzsch), 베이스 1은 헤르만 크리스티안 폴스터(Hermann Christian Polster), 베이스 2는 지그프리드 보겔(Siegfried Vogel) 등 구동독의 명가수들이 참가하여 모두 훌륭한 연주를 들려준다.

② 존 엘리엇 가디너(John Eliot Gardiner)가 지휘하는 잉글리시 바로크 솔로이스츠(English Baroque Soloists)와 몬테베르디 합창단(Monteverdi Choir)의 연주(Archiv, 1988년)는 지금까지 이 곡 최고의 명연으로 자리를 굳건히 했던 마우에르스베르거의 연주와는 많은 면에서 비교가 되는 새로운 명연으로 등장했다. 다소 중후하여 게르만적인 마우에르스베르거의 연주에 비해 한마디로 밝고도 색채감 넘치는 라틴적 연주이다. 가디너가 창단한 몬테베르디 합창단은 그 이름에 걸맞게 쉬츠가 유학한 베네치아의 산마르코 악장으로서 쉬츠의 음악에 많은 영향을 끼친 몬테베르디 음악에 열정을 갖고 연주하는 단체로, 이 쉬츠의 음악에서 그 진가를 발휘하고 있다. 이 곡의 음악적 본질이라 할 수 있는 복합창의 색채적인 교창과 관의 장려한 울림이 멋지게 표현된 연주이다. 이 연주에서

는 합창음악의 귀재인 가디너의 탁월한 리더십에 의해 합창이 그 어느 연주보다 뛰어나고 장려하게 펼쳐진다. 또한 선율 라인이 명료하게 잘 드러난 연주로 강약의 대비와 절묘한 앙상블을 통해 놀라운 음악적 감동을 들려준다. 그리고 함께한 솔리스트의 연주력도 뛰어나 이 연주의 완성도에 크게 기여하고 있다. 제2알토를 부르는 카운터테너 마이클 챈스(Michael Chance)의 뛰어난 가창력은 기억될 만하며, 테너를 부르는 프리더 랑의 노래도 매우 뛰어나다.

③ 독일의 음악학자이자 지휘자인 빌헬름 에만(Wilhelm Ehmann)이 창설하고 지휘한 베스트팔렌 칸토라이(Westfälische Kantorei)의 연주(Cantate, 1960년)는 독일적이며 매우 규범적이다. 다소 느린 템포의 연주로 특히 제1부 콘체르토가 약 30분에 달할 정도로 길어 긴장감이 떨어지는 부분도 있지만, 전체적으로는 훌륭한 연주이다. 제2부 모테트 '주여, 당신 외 누구를 취하겠습니까'의 연주가 특히 훌륭한데 복합창의 장려함이 멋지게 포착되어 있다. 이 연주에서는 테너 1과 소프라노 1을 부른 가수의 가창력이 뛰어났으며 이 연주의 완성도에 크게 기여했다. 60년 이상 된 오래된 연주이지만 녹음상태가 훌륭해 감상에는 조금도 지장을 주지 않는다.

〈크리스마스 히스토리아〉 SWV 435
Weihnachtshistorie
하나님과 마리아의 아들 예수 그리스도 탄생에 관한 이야기

　이 쉬츠의 〈크리스마스 히스토리아〉는 그의 인생의 황혼기인 여든 살 무렵인 1660년 말에 바이센펠스에 은거하고 있을 때 첫 번째 간행되어 드레스덴에 있는 작센 영주 요한 게오르크 2세의 궁정예배당에서 초연되었다. 그 후 완전한 형태의 작품은 1664년에 완성되었다. 1664년의 인쇄본을 통해 판단해볼 때 이 곡은 위촉받아 작곡된 곡으로 작센의 영주 요한 게오르크 2세에게 헌정되었다.

　가사는 마르틴 루터의 독일어 번역 성경의 누가와 마태복음의 가사를 전적으로 사용하고 있으며, 서주부와 종결부는 합창으로 되어 있다. 가사는 누가복음 2장 1-21절과 마태복음 2장 1-23절을 전적으로 사용하고 있으며 종결부의 가사는 1545년의 스팡겐베르크(Johann Spangenberg)의 크리스마스 속송 "이제 모두에게 감사하세"(Grates nunc omnes)를 번역한 것이다. 이 곡에서 가장 중요한 역할을 하는 인물은 성경 내용을 해설하는 복음사가이다. 그 외 간주곡(Intermedium)으로 기술된 8부분에서는 천사에서 목동, 동방박사, 제사장과 서기관, 헤롯에 이르는 다양한 인물들이 등장하고 있다.

원제목은 꽤 긴 "하나님과 성모님의 아들이시자 우리의 중재자이시며 구원자이신 예수 그리스도의 은총과 기쁨이 넘치는 예수 그리스도의 탄생에 관한 이야기"이다. 성서에 의한 그리스도의 탄생의 이야기가 독창, 합창, 관현악을 사용하여 오라토리오 형태로 작곡되어 있다. 이 곡은 쉬츠의 수많은 작품 가운데서도 가장 뛰어난 곡으로 평가되며, 교회음악이긴 하지만 그의 중후한 다른 교회음악과는 달리 크리스마스카드 한 장 한 장에다 음악을 담아 넘겨가며 보듯 즐거움에 가득 찬 음악이다. 말년에 작곡된 이 곡은, 젊은 시절에 밝고 유려한 이탈리아풍으로 작곡을 시작했다가 중반에 사색적인 독일 음악의 전통으로 돌아오고, 노년에 이르러서는 단순하고 소박한 음악형식을 추구했던 쉬츠의 작곡 경향을 잘 드러내고 있다.

이 쉬츠의 〈크리스마스 히스토리아〉는 여러 가지 면에서 백 년 뒤에 올 바흐의 〈크리스마스 오라토리오〉와 비교된다. 쉬츠는 누가복음 2장과 마태복음 2장의 예수님 탄생 장면을 중심으로 복음사가, 천사, 헤롯 등의 인물이 등장해 마치 옛날 얘기를 들려주듯 고즈넉하고 아기자기한 어조로 성탄 이야기를 풀어놓는다. 즉 이 쉬츠의 오라토리오는 보다 대중성이 있는 바흐의 〈크리스마스 오라토리오〉에 비해 자기만족적이라 할 수 있다. 여러 축제날을 위해 이미 작곡된 몇 개의 작품을 끌어모은 바흐의 작품과는 달리 쉬츠의 이 음악은 가사의 선택, 상호 연관성, 형식적 구성에 의해 도출되는 특징들이 통일된 개념으로 구성되어 있다. 가사는 바흐가 사용한 시적이나 명상적인 어휘는 아니지만 누가나 마태복음에 기록된 전통적인 이야기에 국한되어 있다. 처음부터 끝까지 평온하고 사랑스럽게 들리면서 단어 하나하나의 뉘앙스를 최대한으로 살리는 작곡방법 때문에 전혀 지루하게 느껴지지 않는다. 이 작품은 두드러지게 극적인 곡은 아니지만 시각적 심상(心想)과 강한 색채감의 묘사가 일품이다.

"거룩한 복음사가들은 우리 주님 예수 그리스도의 탄생을 우리에게 다음과 같이 이야기해 준다" 이렇게 시작되는 〈크리스마스 히스토리아〉에서 복음사가는 '로마 아우구스티누스 황제의 호구조사령 때문에 요셉이 임신 중인 마리아와 함께 자신의 출신지인 베들레헴으로 가 마구간에서 아기를 낳게 된 과정'을 옛날이야기 들려주듯 편안한 가락으로 설명한다.

이 곡 전체에서 가장 많은 부분을 차지하는 것이 복음사가의 해설 부분인데, 쉬츠는 1664년의 출판에서 이 복음사가 역을 위해 작곡한 자신의 레치타티보를 사용할 것을 허용했는데 그만큼 자신의 레치타티보에 자부심을 나타냈던 것으로 보인다. 자칫 지루한 느낌을 줄 수 있는 복음사가의 레치타티보를 쉬츠는 각 단어 및 내용의 뉘앙스를 최대한 살리는 방향으로, 세심하고 조심스럽게 작곡하였으며 레치타티보가 이어지는 다른 곡들과 자연스럽게 연결되게 했다.

🌱 곡 해설

[제1곡] 합창

먼저 기쁨에 가득 찬 합창으로 시작되는데, "하나님과 성모님의 아들이시자 우리의 중재자이시며 구원자이신 예수 그리스도의 은총과 기쁨이 넘치는 예수 그리스도의 탄생에 관한 이야기"라고 기쁨에 넘쳐 소개한다.

[제2곡] 복음사가

"그때 가이사 아구스도가 영을 내려(Es begab sich aber zu derselbigen Zeit) 천하로 다 호적하라 하였으니. 모든 사람이 호적하러 각각 고향으로 돌아가매. 요셉도 다윗의 집 족속인 고로 갈릴리 나사렛 동네에서 유대를 향하여 베들레헴이라 하는 다윗의 동네로 그 정혼한 마리아와 함께 호적하러 올라가니 마리아가 이미 잉태되었더라. 거기 있을 그때 해산할 날이 차서 맏아들을 낳아 강보로 싸서 구유에 뉘었으니 이는 사관에 있을 곳이 없음이더라. 그 지경에 목자들이 밖에서 밤에 자기 양 떼를 지키더니 주의 사자가 곁에 서고 주의 영광이 저희를 두루 비치매 크게 무서워하는지라"

[제3곡] 천사

"무서워 말라(Fürchte euch nicht). 보라, 내가 온 백성에게 미칠 큰 기쁨의 좋은 소식을 너희에게 전하노라. 오늘날 다윗의 동리에 너희를 위하여 구주가 나셨으니 곧 그리스도 주시니라. 너희가 강보에 싸여 구유에 누인 아기를 보리니"(누가복음 2장 12절)

이 부분을 노래하는 '소프라노 천사'의 목소리는 한없이 맑고 기쁨에 차 있으며, 어떤 세속적인 기교도 담고 있지 않다.

[제4곡] 복음사가

"홀연히 허다한 천군이 그 천사와 함께 있어 하나님을 찬송하여 가로되"(Und als bald war da bei dem Engel)(누가복음 2장 13절)

[제5곡] 천사들

"지극히 높은 곳에서는 하나님께 영광이요(Ehre sei Gott in der Höhe). 땅에서는 기뻐하심을 입은 사람들 중에 평화로다"(누가복음 2장 14절)

천사들이 기쁨에 찬 노래를 서로 주고받으며 화답하는 노래가 꼬리 물며 아름답게 불린다.

[제6곡] 복음사가

"천사들이 떠나 하늘로 올라가니"(Und da die Engel von ihren gen Himmel fuhren)

[제7곡] 목자들

"이제 베들레헴까지 가서(Lasset und nun gehen gen Bethlehem). 주께서 우리에게 알리신바 이루어진 일을 보자 하고"(누가복음 2장 15절)

플루트의 빠르고 흥겨운 전주에 이끌려 목자들의 즐거운 노래가 힘차게 불린다. 짧지만 아름답기 그지없는 노래다.

[제8곡] 복음사가

"빨리 가서(Und sie kammen eilen) 마리아와 요셉과 구유에 누인 아기를 찾아서 보고, 천사가 자기들에게 이 아기에 대하여 말한 것들을 놀랍게 여기되, 마리아는 이 모든 말을 마음에 새기어 생각하니라. 목자들은 자기들에게 이르던 바와 같이 듣고 본 그 모든 것으로 인하여 하나님께 영광을 돌리고 찬송하며 돌아가니라. 할례할 팔일이 되매 그 이름을 예수라 하니 곧 수태하기 전에 천사의 일컫던 바더라"(누가복음 2장 16-21절)

[제9곡] 동방박사

"유대인의 왕으로 나신 이가 어디 계시뇨(Wo ist neugeboren König der Juden)? 우리가 동방에서 그의 별을 보고 그에게 경배하러 왔노라"(마태복음 2장 2절)

부점 리듬의 경쾌한 기악 전주에 이끌려 세 사람의 동방박사에 의해 모방풍의 삼중창이 전개되는데, 그 사이사이를 바이올린의 오블리가토가 아름답게 수놓는다.

[제10곡] 복음사가

"헤롯왕과 온 예루살렘이 듣고(Da das König Herodes hörete) 소동한지라. 왕이 모든 대제사장과 백성의 서기관들을 모아 그리스도가 어디서 나겠느뇨 물으니"(마태복음 2장 3-4절)

[제11곡] 대제사장과 서기관

"유대 베들레헴이오니(Zu Bethlehem im jüdischen Landen) 이는 선지자로 이렇게 기록된바 또 유대 땅 베들레헴아 너는 유대 고을 중 가장 작지 아니하도다. 네게서 한 다스리는 자가 나와서 내 백성 이스라엘의 목자가 되리라"(마태복음 2장 5-6절)

관의 나지막한 전주에 이끌려 대제사장의 노래가 시작되고, 사이사이에 관악의 간주가 곁들여져 베네치아악파풍의 화려한 음악이 전개된다.

[제12곡] 복음사가

"헤롯이 가만히 박사들을 불러(Da berief Herodes die Wisen) 별이 나타난 때를 자세히 묻고 베들레헴으로 보내며 이르되"(마태복음 2장 7절)

[제13곡] 헤롯왕

"가서(Ziehet hin) 아기에 대하여 자세히 알아보고 찾거든 내게 고하여 나도 가서 그에게 경배하게 하라"(마태복음 2장 8절). 트럼펫의 전주 후 헤롯이 "가서"(Ziehet hin)를 3번 부르며 시작하여 매우 격렬한 노래를 부른다.

[제14곡] 복음사가

"박사들이 왕의 말을 듣고 갈 새(Als sie nun den König gehöret hatten) 동방에서 보던 그 별이 문득 앞에 인도하여 가다가 아기 있는 곳 위에 머물러 섰는지라. 저희가 별을 보고 가장 크게 기뻐하고 기뻐하더라. 집에 들어가 아기와 그 모친 마리아와 함께 있는 것을 보고 엎드려 아기에게 경배하고 보배 함을 열어 황금과 유향과 몰약을 예물로 드리니라. 꿈에 헤롯에게 돌아가지 말라 지시함을 받아 다른 길로 고국에 돌아가니라"(마태복음 2장 8-12절)

[제15곡] 천사

"요셉 일어나(Stehe auf Joseph) 아기와 그의 모친을 데리고 애굽으로 피하여 내가 네게 이르기까지 거기 있으라 하시니"(마태복음 2장 13절)

천사가 요셉을 재촉하듯 빠르고도 꽤 기교적인 노래를 부른다.

[제16곡] 복음사가

"요셉이 일어나서(Und er stand auf) 밤에 아기와 그의 모친을 데리고 애굽으로 떠나가 헤롯이 죽기까지 거기 있었으니 이는 주께서 선지자로 말씀하신바 애굽에서 내 아들을 불렀다 함을 이루려 하심이니라. 이에 헤롯이 박사들에게 속은 줄 알고 심히 노하여 사람들을 보내어 베들레헴과 그 모든 지경 안에 있는 사내아이를 박사들에게 자세히 알아본 그 때를 표준하여 두 살부터 그 아래로 다 죽이니 이에 선지자 예레미야로 말씀하신바 라마에서 슬퍼하며 크게 통곡하는 소리가 들리니 라헬이 그 자식을 위하여 애곡하는 것이라 그가 자식이 없으므로 위로받기를 거절하였도다 함이 이루어졌느니라."(마태복음 2장 14-19절)

그동안 비교적 단조롭던 복음사가의 레치타티보가 "라마에서 슬퍼하며 크게 통곡하는 소리가 들리니"(viel Klagens, Weinens und Heulens)에서 이례적으로 매우 격정적인 감정을 표현한다.

[제17곡] 천사

"요셉아 일어나(Stehe auf, Joseph) 아기와 그 모친을 데리고 이스라엘 땅으로 가라. 아기의 목숨을 찾던 자들이 죽었느니라 하시니"(마태복음 2장 20절) 아름다운 바이올린의 전주에 이어 앞서 나왔던 빠르고도 꽤 기교적인 천사의 노래가 다시 나온다.

[제18곡] 복음사가

"요셉이 일어나(Und er stand auf). 아기와 그 모친을 데리고 이스라엘 땅으로 들어오니라"(마태복음 2장 21절) "아기가 자라며 강하여지고 지혜가 충족하며 하나님의 은혜가 그 위에 있더라"(누가복음 2장 40절)

[제19곡] 종결 합창

"우리 모두 주께 감사드리자(Danksagen wir alle Gott unsern Herrn Christo). 그의 탄생으로 우리가 깨우침을 얻고, 그의 피로 사탄의 권세로부터 구원받았네. 주의 천사와 함께 소리 높여 주를 찬양하세. 높이 계신 하나님께 찬양을(singen : Preis sei Gott in der Höhe)"

　이 마지막 종결 합창은 주의 태어나심에 대한 기쁨과 우리를 죄에서 구원하신 하나님을 향한 찬양의 마지막을 멋지게 장식하고 있다. 밝고 유려한 이탈리아풍과 독일적인 심각성이 교묘하게 융합된 쉬츠의 독특한 음악세계를 펼쳐 보여주고 있다.

♦ 연주와 음반

　① 한스 크리스토프 라데만(Hans-Christoph Rademann)이 지휘하는 드레스덴 실내 합창단과 드레스덴 바로크 오케스트라(Dresdner Kammerchor & Barockorchester)의 연주(Carus, 2014년)는 가장 최근 연주로, 이 곡 최고의 명연으로 등장했다. 라데만은 자신이 창설한 드레스덴 실내 합창단과 옛 드레스덴 궁정악단의 전통을 이어받기 위해 창설된 드레스덴 바로크 오케스트라와 함께 자국의 위대한 음악가 쉬츠의 이 걸작을 훌륭하게 재현하고 있다. 이탈리아 베네치아악파의 화려한 음악에 독일 고유의 전통을 섞어낸 쉬츠의 위대함은 무엇보다도 〈크리스마스 히스토리아〉에서 빛을 발하는데, 정갈하고 소박한 분위기 속에서 펼쳐지는 성탄의 신비와 즐거움이 라데만의 연주에 의해 잔잔한 감동으로 다가온다. 이 연주에서 가장 중요한 역인 복음사가 토비아스 메트거(Tobias

Mäthger)는 정감 있는 목소리로 시종 차분하게 극의 내용을 사실적으로 전달하지만, 때로는 드라마틱하기도 하다. 16곡 후반에서의 격정적인 감정 표현은 일품으로 이 연주의 완성도에 크게 기여하고 있다. 천사를 부르는 소프라노 이사벨 얀체크(Isabel Jantschek)의 맑은 목소리와 뛰어난 가창력에 의한 깊은 감정 표현이 돋보이며, 헤롯 역도 훌륭한 노래를 들려준다. 이 음반은 우리 시대의 기념비적인 업적으로 기억될 카루스 레이블과 한스-크리스토프 라데만의 하인리히 쉬츠 전집 10집에 수록된 것으로 우리들에게 오래 기억될 명연주이다.

② 볼프강 켈버(Wolfgang Kelber)가 지휘하는 뮌헨 하인리히-쉬츠 앙상블(Heinrich-Schütz- Ensemble München)과 뮌헨 몬테베르디 오케스트라(Monteverdi-Orchestra München)의 연주(Calig, 1994년)도 이 곡 최고의 명연 중 하나이다. 가사에 봉사하는 쉬츠 음악의 본질을 꿰뚫는 섬세하고도 소박한 연주를 들려준다. 합창의 연주는 매우 아름다우며 간간이 등장하는 기악 간주도 기쁨을 전해준다. 복음사가를 부르는 베른하르트 히르트라이터(Bernhard Hirtreiter)는 유연하고도 담백한 가창으로 가슴에 와닿는 감동적인 연주를 들려준다. 바흐의 극적인 복음사가가 아닌, 자기만족적인 쉬츠 곡의 성질에 보다 어울리는 연주를 들려준다. 그러나 천사를 부르는 소프라노는 고음역이 지나치게 날카롭게 들리는 아쉬움이 있다. 뮌헨 최초의 시대악기 연주 앙상블인 몬테베르디 오케스트라의 연주 역시 외향적인 화려함보다는 은은하고도 잔잔히 울려 퍼지는 내면적 감동을 들려준다.

③ 한스 루돌프 죄블리(Hans Rudolf Zöbeley)가 지휘하는 뮌헨 레지

덴츠 오케스트라(Münchener Residenz-orchester)와 뮌헨 모테트 합창단(Münchener Motettenchor)의 연주(Orfeo, 1981년)는 이 곡의 간과하기 어려운 명연이다. 우리에겐 다소 생소한 죄블리는 뮌헨 출신의 루터파 교회음악가로 그가 창설한 뮌헨 모테트 합창단과 40년간 함께하면서 교회음악가와 합창지휘자로 활동했다. 자신의 수족과도 같은 뮌헨 모테트 합창단을 이끌고 이 곡이 갖고 있는 성탄절의 기쁨을 소박하고 멋지게 표현하고 있다. 이 곡을 연주하는 오케스트라와 합창은 성탄절의 기쁨을 바로크 시대로 돌아간 듯 담담하면서도 아름답게 표현하고 있다. 이 곡에서 가장 중요한 역할인 복음사가를 부르는 테너 하이너 호프너(Heiner Hopfner)는 순수하고도 해맑은 목소리로 차분하게 부르면서 감동을 자아낸다. 그러나 천사를 부르는 메조소프라노 레이첼 야카(Rachel Yakar)의 다소 굵은 목소리로 부르는 연주는 복음사가에 비하면 지극히 평범한 편이다.

북스테후데

Dietrich Buxtehude

1637-1707

우리 예수의 지체
Membra Jesu nostri

북스테후데(Dietrich Buxtehude, 1637-1707)는 바흐 이전에 북독일에서 활약한 작곡가이자 오르가니스트로 당대 최고의 명인이었다. 바흐가 20세 때인 아른슈타트 시절 북스테후데의 오르간 연주를 듣기 위해 400km 떨어진 북독일의 뤼베크(Lübeck)를 걸어서 1달 만에 방문하여 거장의 연주에 크게 감명을 받고 돌아온 사실은 너무도 유명한 에피소드로 음악사에 남아 있다. 바흐는 그 일로 인해 아른슈타트 시 당국으로부터 질책을 받았으며 그 후부터 바흐의 오르간 음악에는 새로운 변화가 일어났다.

북스테후데의 오르간 작품들은 표준 오르간 레퍼토리로 정착되어 연주회에서 자주 연주되고 있으며 이외에도 다양한 종류의 성악과 기악 작품을 남겼다. 그의 음악양식은 바흐를 포함한 후대의 작곡가들에게 강한 영향을 미쳤으며, 오늘날 바로크 중기의 독일을 대표하는 중요 작곡가 중 한 사람으로 여겨지고 있다.

북스테후데의 출생지에 관해서는 아직도 학자들 간에 논쟁이 있지만 과거 덴마크(지금은 스웨덴) 영지였던 헬싱보우(Helsingborough)로 여겨지고 있다. 북스테후데는 네덜란드 오르간 거장인 스벨링크(Jan Sweelinck, 1562-1621)의 제자였던 함부르크의 유명한 오르가니스트 샤이데만(Heinrich Scheidemann, 1595-1663)의 제자로 1668년 북부 독일의 한자동맹의 자유도시 뤼베크에 도착했다.

전해 11월 성모 마리아 교회의 오르가니스트이자 북독일 최고의 오르가니스트였던 툰더(Franz Tunder, 1614-1667)가 사망하여 그 자리가 공석인 상태였으며, 이 중요한 자리를 두고 많은 경쟁자들이 몰려들었으나 결국 이 자리는 북스테후데에게 돌아갔다. 1668년 4월에 성모 마리아 교회에 취임하고 그해 6월에 뤼베크의 시민이 되었으며, 전임자 툰더의 딸과 결혼했다. 이 교회의 성능 좋고 큰 오르간으로, 북스테후데는 환상에 가득 찬 장려한 오르간곡을 작곡하였으며, 이 양식은 젊은 바흐에게 큰 영향을 주었다. 그는 또 1673년부터 그의 전임자 툰더에 의해 시작된 일종의 교회 연주회인 '저녁 음악회'(Abendmusik)의 감독을 맡아 이를 더욱 번성케 하였으며, 이것이 뤼베크시의 국제적 명물이 되게 하였다. 사방으로부터 많은 음악가들이 이 도시로 몰려들었으며, 1703년 헨델과 마테손도 북스테후데를 만나기 위해 뤼베크를 방문하였다. 이때 북스테후데가 자신의 자리를 이들에게 양도할 것을 제의했으나 그의 딸과 결혼해야 한다는 조건 때문에 이들이 서둘러 돌아갔다는 일화는 유명하다. 바흐도 이 '저녁음악회'에 참석하기 위해 먼 길을 걸어 1달 만에 이곳을 방문했던 것은 이미 앞에서 언급한 바 있다.

북스테후데는 오르간곡 외에도 약 130여 곡의 성악 작품을 남겼는데, 다수의 칸타타와 미사곡이 있으며, 형식의 다양성과 내면적 정서의

북스테후데가 말년을 보낸 뤼베크의 성모 마리아 교회

북스테후데의 음악을 들으러 온 바흐의 모습

깊이에 있어 중기 바로크의 독일 프로테스탄트 음악을 대표하고 있다. 북스테후데의 칸타타는 대부분 독일어(96개)와 라틴어(33개) 가사이며, 그 외 언어도 몇 곡이 있다. 북스테후데의 중요한 작품 가운데 상당수가 소실 또는 분실되어 음악사에 중요한 연결고리를 잃어버렸다는 아쉬움이 있으나, 그나마 독일계 스웨덴인 구스타프 뒤벤(Gustaf Düben)의 헌신적인 수집 노력에 의해 상당수 작품들이 남게 되어 현재 웁살라대학 도서관에 보관되어 있다.

♣ 곡 해설

북스테후데의 〈우리 예수의 지체〉(Membra Jesu nostri)는 십자가에 달리신 예수의 수난을 몸의 다른 7부위, 즉 발, 무릎, 손, 옆구리, 가슴, 심장, 얼굴로 노래한 7곡의 연작 칸타타로 17세기 북독일의 문화적 깊이를 보여주는 걸작이다. 각 칸타타는 2 소프라노, 알토, 테너, 베이스 등의 5성부와 현으로 작곡되어 있으며, 내용과 음악의 완벽한 결합을 통해 북스테후데는 예수의 고통을 동시대의 정서 속에 담아내었다.

이 작품의 가사는 라틴어로 되어 있는데, 그의 작품으로는 이례적이다. 북스테후데는 불가타 성경과 루뱅의 아르눌프(Arnulf de Louvain, 1200-1250)의 종교시 '세상의 구원자여, 오소서'(Salve mundi salutare)에서 취합해 작곡하였는데, 이 시는 17세기 당시에 라틴어 원전이나 독일어로 번역 또는 번안되어 가톨릭은 물론 신교도들에게도 널리 유행되었다. 북스테후데는 1633년 함부르크에서 출간된 〈Bernardi Oratio rhythmica〉를 이 곡의 가사로 사용했으며, 아르눌프의 시에는 성서 구절이 마지막에 나오는 데 비해, 북스테후데는 성서 구절을 곡의 첫 부분에 두고 그 사이사이에 아르눌프의 시를 삽입하고, 마지막에 성서 구절을 다시 반복하게 만들었다. 즉, 북스테후데는 순환 형식을 통해 예수의 수난의 고통을 음악으로 환원시키려는 시도를 했는데, 실제 이것이 효과를 보고 있다. "십자가 위의 예수"는 서양음악사를 관통하는 주제인데, 이 작품은 북스테후데의 백여 곡에 달하는 칸타타 중에서도 다른 작품들을 압도하는 명곡이며 심오한 음악성과 종교적 명상이 완벽하게 결합한 놀라운 작품이다. 이 곡은 그의 친구였던 구스타프 뒤벤에게 헌정되었으며, 5명의 성악 솔리스트와 2개의 바이올린과 바소 콘티누오로 구성되어 있다.

 1680년에 작곡된 이 곡은 연작 칸타타 형태로서, 예수 그리스도의 발, 무릎, 손, 허리, 가슴, 심장, 얼굴 등 7개의 칸타타로 구성되어 있으며, 7곡이 하나의 유기체처럼 극도로 압축되어 있다. 곡의 구성은 엄격하게 통제되어 있는데, 먼저 기악의 도입부로 시작되고 해당 성경 구절에 곡을 붙인 중창 앙상블 곡으로 시작한다. 이어지는 짧은 독창 아리아 또는 중창을 포함한 3곡이 뒤따르며, 성악곡 사이사이에 짧은 기악 간주곡(리토르넬로)이 삽입되고, 그리고 마지막에 다시 중창 앙상블이 반복하는 구성을 엄격하게 지키고 있다. 각 악장은 90초를 넘지 못하며 어떤 것은 이보다 훨씬 짧다. 특이한 것은 독창 아리아가 모두 각양 운율의 80음절의 가사로 되어 있다는 점이다. 북스테후데는 가사의 거의 대부분에 4마디로 된 음악을 붙였고, 각 소절의 마지막에서 두 번째 음에는 예외 없이 악센트가 있다. 그 결과 음의 진행을 미리 안다는 단점이 있는데 이 부분에서 연주자들의 기량과 음악적 해석의 차이가 난다. 북스테후데가 의도한 것은 아마도 수사학적인 상징성과 관련이 있는 것으로 보인다.

〈우리 예수의 지체〉 곳곳에서는 이탈리아 로마에서 활동하면서 교회음악의 새로운 전통을 열어간 카리시미(Giacomo Carissimi, 1605-74)의 영향을 도처에서 느낄 수 있다. 특히 최후의 "아멘"은 음악적 분위기와 곡의 처리방식에 있어 초기 로마악파의 영향을 강하게 느끼게 한다. 이러한 이탈리아적 영향은 드레스덴의 음악가들을 통해서 북스테후데에게 전해진 것으로 짐작되며, 콘체르토 아리아 칸타타의 구조를 가지고 있는 이 곡은 뤼베크의 '저녁음악회'에서 연주되었을 가능성이 높다. 그러나 북스테후데의 교회음악 작품들이 비록 예배에 사용하기 위한 것이기는 하지만 어떤 작품이 어떤 특별한 이유로 작곡되었는지에 대한 기록이 남아 있지 않기 때문에 아직도 많은 논란이 있다. 오늘날 살아남은 북스테후데의 작품은 전적으로 스웨덴의 궁정 음악가 뒤벤의 노력에 의한 것이다.

뒤벤의 가족은 독일계의 스웨덴인으로 그의 아버지 안드레아스는 그 유명한 네덜란드의 오르가니스트 스벨링크의 제자였다. 뒤벤은 어릴 때부터 아버지의 영향으로 궁정악장과 독일 교회의 오르가니스트로 활약하였으나 작곡가로서의 재능은 두드러지지 못했고, 북스테후데 작품의 수집가로 유명했다. 그는 북스테후데 성악곡의 약 80%와 기악 앙상블의 95%에 달하는 컬렉션을 소유했는데, 이 뒤벤 컬렉션은 지금 웁살라대학 도서관에 소장되어 있다. 뒤벤은 7개의 칸타타 전부를 연주하지 않고 따로따로 연주했을 가능성을 제기했는데, 왜냐하면 그가 사용한 악보에는 7개의 칸타타가 서로 다른 섹션으로 따로 묶여 있었기 때문이다. 이 특별한 작품이 재발견된 것은 그다지 오래된 일이 아니다. 18세기와 19세기에

성모 마리아 교회의 태블러처 악보

는 거의 연주된 적이 없고, 20세기에 와서도 도서관 한 구석의 어둠 속에서 지내야 했으며, 1970년대 들어와서야 독일의 롤프 슈바이처 같은 지휘자에 의해 연주되기 시작했다. 여기에는 몇 가지 이유가 있는데 이 곡의 악보는 일반적인 오선지가 아니라 지금은 특별한 교육을 받은 사람만이 해독할 수 있는 태블러처(tablature)로 되어 있기 때문이었다.

북스테후데의 오르간 음악이 포르켈(Johann Nikolaus Forkel, 1749-1818) 같은 사람에 의해 끊임없이 현대적인 에디션으로 출판되어 널리 알려졌던 것에 비해, 그의 칸타타는 1950년대에 이루어진 브룬스빅(Bruno Brunswick, 1900-1992)의 선구적인 북스테후데 악보 출판집에도 이 곡이 포함되지 않음으로써 20세기 중반까지도 오랜 침묵 속에 잠겨 있어야 했다. 따라서 많은 사람들은 북스테후데를 칸타타 작곡가보다는 위대한 오르가니스트로 기억하며, 〈우리 예수의 지체〉의 악보는 최근에 와

서야 현대적 판본(Carus 판본)의 악보가 출판되었다. 이제 북스테후데의 〈우리 예수의 지체〉는 수난절 기간 중에 연주될 수 있는 새로운 레퍼토리로 각광을 받게 되었다. 너무도 뛰어난 음악성과 종교적 감흥이 겸비된 훌륭한 곡으로, 앞으로 교회에서 많이 불리고 수난절 기간 중 바흐의 수난곡과 함께 사랑받는 새로운 레퍼토리로 자리 잡게 되길 기대해 본다. 매우 고무적인 사실은 이 곡의 국내 초연이 2007년 3월에 김선아가 지휘하는 바흐 솔리스텐 서울과 카메라타 안티콰에 의해 이루어졌다는 사실이다. 이러한 선구자들에 의해 한국 교회음악의 수준이 향상되고 있음은 물론이다. 7곡의 칸타타 모두는 미리 정해진 엄격한 형식에 의해 작곡되고 연주되므로 각 7곡이 갖고 있는 의미를 곱씹을 수 있는 가사로 해설을 대신하기로 한다.

Membra Jesu nostri patientis sanctissima
(십자가에서 고통받으신 예수님의 거룩하신 지체(몸))

칸타타 Ⅰ. 주님의 발(Ad pedes)

[1] 소나타. 각 곡을 시작하는 서로 다른 성격과 분위기의 서주곡과 같은 기악 앙상블이다.

[2] 콘체르토(5성부) : 나훔 1장 15절

Ecce super montes	볼지어다, 산 위를
pedes evangelizantis	화평을 전하는 자의 발
et annunciantis pacem	복된 소식을 전하고

[3] 아리아(소프라노 1)

Salve mundi salutare,	어서 오소서, 세상의 구원자여,
salve Jesu care!	어서 오소서, 사랑하는 예수여!
Cruci tuae me aptare	저도 주님의 십자가에 함께 매달리려오
vellem vere, tu scis quare,	주님은 그런 저의 마음을 아시나이다.
da mihi tui copiam	제게 주님의 강함을 주소서.

[4] 아리아(소프라노 2)

Clavos pedum, plagas duras,	주님의 발에 세게 박히고
et tam graves impressuras	깊은 상처를 남긴 못들,
circumplector cum affectu,	주님의 모습을 보고
tuo pavens in aspectu,	상처를 떠올리니
tuorum memor vulnerum	두려움과 연민에 사로잡힙니다.

[5] 아리아(베이스)

Dulcis Jesu, pie deus,	아름다우신 예수, 자비로우신 하나님이여
Ad te clamo licet reus,	비록 죄가 많으나 주님을 부르나이다.
praebe mihi te benignum,	자비로운 주님의 모습을 보여주소서.
ne repellas me indignum	당신의 거룩한 발길을
de tuis sanctis pedibus	제게서 돌리지 말아 주소서.

[6] 콘체르토 : (제2반복) Ecce super montes

칸타타 II. 주님의 무릎(Ad genua)

[1] 소나타

[2] 콘체르토(5성부) : 이사야 66장 12절

    Ad ubera portabimini,   너희는 그 옆에 안기며
    et super genua blandicentur vobis   그 무릎에서 놀 것이라.

[3] 테너 아리아

    Salve Jesu, rex sanctorum,   어서 오소서, 성인들의 왕이신 예수여,
    spes votiva peccatorum,   죄인들에게 소망이 되시는 분이여,
    crucis ligno tanquam reus,   죄 있는 인간처럼 나무 십자가에 매달리신
    pendens homoverus deus,   진정한 인간이자 하나님이시여,
    caducis nutans genibus   주님 앞에 떨리는 무릎을 꿇나이다.

[4] 알토 아리아

    Quid sum tibi responsurus,   주님께 무어라 대답하리까?
    actu vilis corde durus?   행함에도 무디고, 약한 마음을 지닌 제가
    Quid rependam amatori,   사랑을 어떻게 보답하리오?
    qui elegit pro me mori,   저를 위해 죽음을 택하신 이의
    ne dupla morte morerer?   제가 두 번 죽지 않도록

[5] 아리아(소프라노 1, 2, 베이스)

    Ut te quaeram mente pura,   깨끗한 마음으로 주님을 찾는 것이
    sit haec mea prima cura,   제게 가장 큰 염려 되게 하소서.
    non est labor et gravabor,   그것에 제게 수고스럽거나 짐 되지 아니하고
    sed sanabor et mundabor,   주님을 부둥켜안았을 때에
    cum te complexus fuero   오히려 치료받고 깨끗하게 될 것입니다.

[6] 콘체르토: (2의 반복) Ad ubera portabimini

칸타타 III. 주님의 손(Ad manus)

[1] 소나타

[2] 콘체르토(5성부) : 스가랴 13장 6절

    Quid sunt plagae istae   혹이 그에게 묻기를
    in medio manuum tuarum?   네 두 팔 사이에 상처는 어쩜이냐?

[3] 소프라노 아리아

    Salve Jesu, pastor bone,   선하신 목자, 예수여 오소서.
    fatigatus in agone,   사투에 초주검 되신
    qui per lignum es distractus,   나무 십자가 위에서 찢기시고
    et ad lignum es compactus   나무 십자가에 단단하게
    expansis sanctis manibus   거룩하신 손을 벌려 못질 당하는

[4] 소프라노 아리아

    Manus sanctae, vos amplector,   주님의 거룩한 손을 부여잡고
    et gemendo condelector,   탄식하며 당신으로 인해 기뻐하나이다.
    grates ago plagis tantis,   이 처참한 상처와
    clavis duris guttis sanctis   잔혹한 못으로 인한 거룩하신 피에 감사드리며
    dans lacrymas cum oculis   눈물 속에서 입 맞춥니다.

[5] 아리아 (알토, 테너, 베이스)

    In cruore tuo lotum   주님의 피로 깨끗하게 됨을
    me commendo tibi totum,   온 마음으로 당신을 믿나이다.
    tuae sanctae manus istae   주님의 거룩하신 손으로
    me difendant, Jesu Christe,   저를 지켜주소서, 예수 그리스도시여,
    extremis in periculis   마지막 고통에서

[6] 콘체르토 : (2의 반복) da capo: Quid sunt plagae istae

칸타타 Ⅳ. 주님의 옆구리(Ad latus)

[1] 소나타

[2] 콘체르토(5성부) : 아가 2장 13-14절

Surge, amica mea,	일어나라, 내 사랑,
speciosa mea, et veni,	나의 어여쁜 자야, 함께 가자
columba mea in foraminibus petrae,	바위틈 낭떠러지 은밀한 곳에 있는
in caverna maceriae	나의 비둘기야.

[3] 소프라노 아리아

Salve latus salvatoris,	구원자의 옆구리에 인사드리나이다.
in quo latet mel dulcoris,	그곳에는 달콤한 꿀이 숨겨져 있고
in quo patet vis amoris,	사랑의 힘으로 열려
ex quo scatet fons cruoris,	주님의 피가 터져 나와
qui corda lavat sordida	불결한 마음을 깨끗이 하나이다.

[4] 아리아(알토, 테너, 베이스)

Ecce tibi appropinquo,	보소서, 주님께 가까이 가니
parce, Jesu, si delinquo,	예수여, 비록 저에게 죄가 많아도 용서하시어,
verecunda quidem fronte,	비록 부끄러운 눈길로나마
ad te tamen veni sponte	주님께 다가가서
scrutari tua vulnera	그 상처를 살펴보겠나이다.

[5] 소프라노 아리아

Hora mortis meus flatus	저의 죽음의 순간,
intret Jesu, tuum latus,	영혼이 주님의 옆구리에 들어가게 하소서.
hinc expirans in te vadat,	주님께 서둘러 가서
ne hunc Ieo trux invadat,	사나운 사자가 달려들지 못하게 하고
sed apud te permaneat.	주님 곁에 영원히 거하겠나이다.

[6] 콘체르토 : (2의 반복) Surge amica mea

칸타타 V. 주님의 가슴(Ad pectus)

[1] 소나타

[2] 콘체르토(3성부, 알토, 테너 베이스) : 베드로전서 2장 2-3절

Sicut modo geniti infantes rationabiles,	갓난아이들같이 순전하고,
et sine dolo concupiscite,	신령한 젖을 사모하라
ut in eo crescatis in salutem.	이는 이로 말미암아
Si tamen gustatis, quoniam dulcis est Dominus.	구원에 이르도록 자라게 하려 함이라.

[3] 알토 아리아

Salve, salus mea, deus,	어서 오소서. 나의 구원이신 하나님.
Jesu dulcis, amor meus,	인자하신 예수, 나의 사랑이여,
salve, pectus reverendum,	어서 오소서, 영광스러운 가슴이여,
cum tremore contingendum,	떨리는 손으로
amoris domicilium	축복이 닿는 그곳을 보듬나이다.

[4] 테너 아리아

Pectus mihi confer mundum,	제게 깨끗한 가슴(마음)을 주소서.
ardens, pium, gemebundum,	뜨겁고, 신실하며, 연민이 가득하며
vlountatem abnegatam,	제 의지를 포기하게 하소서.
tibi semper conformatam,	풍성한 선하심 속에 매여
juncta virtutum copia	항상 주님께 속하게 하소서.

[5] 베이스 아리아

Ave, verum templum dei,	어서 오소서, 진정한 성전의 신이시여,
precor miserere mei,	바라건대 저를 불쌍히 여기소서.
tu totius arca boni,	주님, 모든 선함의 방주이시여,
fac electis me apponi,	택함 받은 이들 곁에 서게 하소서.
vas dives deus omnium	고귀한 옹기이신 만물의 하나님이여.

[6] 콘체르토(3성부) : Sicut modo geniti

칸타타 VI. 주님의 심장(Ad cor)

[1] 소나타

[2] 콘체르노(3성부, 소프라노 1, 2, 베이스) : 아가 4장 9절

    Vulnerasti cor meum,   나의 누이여, 나의 신부야,
    soror mea, sponsa.   네가 내 마음을 빼앗았구나.

[3] 소프라노 아리아

    Summi regis cor, aveto,   지극히 높으신 왕의 마음을 원하나이다.
    te saluto corde laeto,   기쁜 마음으로 주님께 인사드리나이다.
    te complecti me delectat   당신을 부둥켜안으니 제게 행복 되나이다.
    et hoc meum cor affectat,   주께서 저를 감화하여 이야기 나누게 되기를
    ut ad re loquar, animes   이 내 마음이 진정 원하나이다.

[4] 소프라노 아리아

    Per medullam cordis mei,   주님의 심장이 찢겨
    peccatoris atque rei,   사랑의 상처로 죽어 가심으로써,
    tuus amor transferatur,   죄와 죄 때문에 고통받는
    quo cor tuum rapiatur   제 마음속 가장 중앙에
    languens amoris vulnere   주님의 사랑을 심으소서.

[5] 베이스 아리아

    Viva cordis voce clamo,   사랑스러운 심장이여, 내 마음의 생명력 있는
    dulce cor, te namque amo,   주님을 사랑하기에 목소리로 부르나이다.
    ad cor meum inclinare,   제 마음에 다가오소서(기대소서).
    ut se possit applicare   황홀하게 주님의 품에
    devoto tibi pectore   기댈 수 있도록.

[6] 콘체르토(3성부, 소프라노 1, 2, 베이스)

칸타타 VII. 주님의 얼굴(Ad faciem)

[1] 소나타

[2] 콘체르노 (5성부) : 시편 31편 16절

Illustra faciem tuam super servum tuum,	주의 얼굴을 주의 종에게 비추시고 주의 인자하심으로 나를 구원하소서.
salvum me fac in misericordia tua	

[3] 아리아(알토, 테너, 베이스)

Salve, caput cruentatum,	어서 오소서, 피가 낭자한 머리,
totum spinis coronatum,	온통 가시 면류관을 쓰시고,
conquassatum, vulneratum.	상처로 짓이겨진,
arundine verberatum	갈대로 채찍질 당하고
facie sputis illita.	침으로 범벅이 되신 얼굴이여,

[4] 알토 아리아

Dum me mori est necesse,	제가 죽음을 맞이할 수밖에 없을 때,
noli mihi tunc deesse,	제게서 떠나지 마시고,
in tremenda mortis hora	두려운 죽음의 순간에
veni, Jesu, absque mora,	예수여, 지체 말고 오셔서
tuere me et libera	저를 지키시고 자유롭게 하소서.

[5] 아리아(5성부)

Cum me jubes emigrare,	내게 떠나라 명하실 때
Jesu care, tunc appare,	사랑하는 예수여, 모습을 보여주소서.
o amator amplectende,	오 부둥켜안고 싶은 사랑이여,
temet ipsum tunc ostende	그때 주님의 모습을 친히 보여 주소서
in cruce salutifera.	구원을 가져다주는 십자가 위에서.

[6] 콘체르토 : 2번 반복(5성부)

마지막 아멘. 곡 전체를 종료하는 매우 활발하고 경쾌한 곡으로 카리시미의 음악적 영향을 강하게 느낄 수 있다.

🌿 연주 관행

이 곡은 독창과 삼중창, 오중창과 기악 앙상블로 되어 있는 까닭에 바흐 작품의 연주에서처럼 각 성부를 한 사람의 솔리스트가 중창과 솔로까지 도맡아 부르는 소위 리프킨 식의 최소 규모 연주 형태, 그리고 투티와 중창을 합창이 맡고 독창은 별도의 솔리스트를 따로 두어 연주하는 형태가 있다. 전자에 속하는 것으로는 르네 야콥스가 지휘하는 콘체르토 보칼레의 연주와 요스 반 벨트호벤이 지휘하는 네덜란드 바흐 협회의 연주 등이 있고, 후자에 속하는 것으로는 가디너가 지휘하는 몬테베르디 합창단과 잉글리시 바로크 솔로이스츠의 연주와 마사아키 스즈키가 지휘하는 바흐 콜레기움 재팬의 연주, 톤 쿠프만이 지휘하는 암스테르담 바로크 오케스트라의 연주가 있다. 그리고 기악 앙상블도 연주자에 따라서 많은 장식음을 부가해 연주하고 있다.

🌿 연주와 음반

① 마사아키 스즈키(Masaaki Suzuki)가 지휘하는 바흐 콜레기움 재팬(Bach Collegium Japan)의 연주(BIS, 1997년)는 수많은 이 곡의 명연주 가운데서 가장 우뚝 선 최고의 명연이다. 바로크 교회음악이지만 전체적으로 감정 표현이 짙게 드리워진 낭만적 연주라 할 수 있다. 다른 연주에 비해 템포가 다소 빠른 편으로 생동감이 넘치며 기악 앙상블 부분의 연

주가 출중하고 아름답기 그지없다. 이 연주는 가디너와 같은 연주 관행을 따라, 즉 곡 중 성악 투티 부분을 독창자들의 앙상블이 아닌 합창이 대신하도록 함으로써 풍성한 음향의 창출, 독창과 합창, 그리고 음색과 음량의 극명한 대비를 통해 평면적인 바로크 음악에 생동감을 불어넣고 있다. 솔리스트들 모두 일정 수준 이상의 훌륭한 연주를 들려주는데, 이 가운데서도 알토를 부르는 카운터테너 요시카즈 메라(Yoshikazu Mera)의 노래가 가장 빛을 발하며 이 연주의 완성도에 크게 기여하고 있다. 스즈키의 연주를 대할 때 항상 느끼는 점은, 동양인이 어떻게 이처럼 서양 교회음악을 물 흐르듯 자연스럽게 연주해 깊은 감동을 줄 수 있나 하는 의문과 감탄이다. 이 연주는 들으면 들을수록 더욱 사랑과 애착이 가는 연주로, 이 곡을 잘 모르는 초심자들이 들어도 깊은 감동과 감흥을 불러일으킬 만하다.

② 존 엘리엇 가디너(John Eliot Gardiner)가 지휘하는 몬테베르디 합창단과 잉글리시 바로크 솔로이스츠의 연주(Archiv, 1988년)도 이 곡 최고의 명연 중 하나이다. 이 연주는 전체적으로 템포를 느리게 잡아 음악적 표현을 심화하고자 시도한 연주로 다소 음악적 긴장감이 떨어지는 부분도 없지 않다. 이 연주는 통상적으로 한 사람의 솔리스트가 중창과 솔로를 도맡아 하는 소위 '최소 규모'의 연주와는 달리 독창 부분을 제외한 성악의 투티 부분과 일부 중창을 합창이 부르게 함으로써 다소 딱딱하고 고풍스러운 바로크 음악에 풍성함과 생기를 불어넣고 있다. 합창음악의 달인답게 가디너는 투티 부분에서 시작하는 선창 부분은 독창이, 이어지는 부분은 합창이 부르게 함으로써 음색과 음량의 뚜렷한 대비를 통해 마치 이탈리아 베네치아악파의 복합창을 듣는 듯한 느낌마저 준다.

특이하게도 이 연주는 한 사람의 독창자가 전곡의 독창과 중창을 모두 부르는 것이 아니라 각 7곡의 칸타타마다 모두 다른 솔리스트가 부르게 하고 있다. 따라서 최상의 솔리스트의 노래를 들려주지는 못하지만 솔리스트들의 연주 모두가 하나같이 일정한 수준을 유지하고 있음은 놀랄 만하다. 이 곡의 최후를 장식하는 "아멘"은 카리시미의 날렵한 움직임보다는 쉬츠의 중후한 걸음을 느끼게 한다.

③ 요스 반 벨트호벤(Jos van Veldhoven)이 지휘하는 네덜란드 바흐 협회(Netherlands Bach Society Choir)의 연주(Channel Classics, 2005년)는 최소 편성의 정통 바로크적 연주로 이 곡의 또 다른 명연 중 하나이다. 전체적으로 템포는 약간 빠른 편이다. 이 연주에서는 5명의 성악 솔리스트 모두 하나같이 뛰어난 노래를 들려주고 있다. 제1소프라노의 앤 그림(Anne Grimm)과 제2소프라노를 부르는 요하네트 조머(Johannette Zomer) 두 사람 모두 뛰어난 가창력으로 깊은 감정 표현을 들려준다. 알토를 부르는 피터 디 그루트(Peter de Groot)는 한때 후엘가스 앙상블(Huelgas Ensemble)의 멤버로 활동하였으며 여기서도 훌륭한 가창력을 들려주고 있다. 테너 앤드류 토티스(Andrew Tortise)는 무난한 가창력이며, 베이스 바스 람세라(Bas Ramselaar)는 선이 굵은 목소리와 훌륭한 가창력으로 깊은 음악적 표현을 하고 있다. 기악 앙상블은 감수성이 매우 예민한 연주로 매우 정치하면서도 리듬감이 넘치며, 극적 표현이 특히 뛰어나다. 이는 벨트호벤의 뛰어난 음악적 감수성과 이 곡에 대한 열정이 그대로 녹아났기 때문으로 생각된다. 이 연주를 듣고 있노라면 마치 후에 나타날 바흐의 수난곡을 미리 듣는 듯한 느낌마저 든다.

DVD

최근에 출시된 르네 야콥스(René Jacobs)와 스콜라 칸토룸 바질리엔시스(Schola Cantorum Basiliensis)의 연주(Harmonia Mundi France, 2005년)는 다양한 영상을 통해 이 심각한 교회음악을 일반인도 다가갈 수 있도록 기획한 훌륭한 영상물이다. 르네 야콥스는 같은 솔리스트와 함께 15년 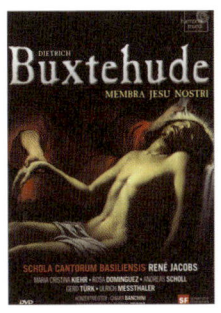 전인 1990년에도 이 곡을 녹음한 적이 있는데 이번에는 콘체르토 보칼레가 아닌 스콜라 칸토룸 바질리엔시스 합주단과의 연주이다.

솔리스트로는 과거 제2소프라노를 맡았던 마리아 크리스티나 키에르가 제1소프라노를, 제2소프라노는 로자 도밍게즈(Rosa Dominguez)가 부르고 나머지 솔리스트들은 알토 안드레아스 숄(Andreas Scholl), 테너 게르트 튀르크, 베이스 울리히 메스탈러(Ulrich Messthaler) 등으로 그전 연주와 동일한 진용이다. 5명의 성악 솔리스트들의 연주가 하나같이 훌륭하며 이들이 펼치는 앙상블도 훌륭하기 그지없다. 그전 연주와 달리 제1소프라노와 제2소프라노의 음색과 호흡이 더욱 잘 맞아 전체적으로 앙상블이 더욱 풍성하고 아름답게 들린다. 전체적인 해석은 그전의 녹음과 그다지 많이 달라지지 않았다. 최소 편성의 연주이지만 신비적이며 명상적인 해석은 더욱 강화되었다. 이 영상물은 르네 야콥스의 지휘와 소프라노 마리아 크리스티나 키에르와 카운터테너 안드레아스 숄의 연주 모습을 보면서 감상할 수 있는 즐거움이 있다. 그뿐만 아니라 한글 가사 자막을 통해 가사의 의미와 내용을 쉽게 이해할 수 있어 더욱 깊은 감상을 가능하게 해주는 큰 장점이 있다. 영상의 화질도 매우 뛰어나다.

비버

Heinrich Ignaz Franz Biber

1644-1704

잘츠부르크 미사

Missa Salisburgensis

바이올린곡 로자리오 소나타(묵주 소나타)로 우리에게 친숙한 하인리히 비버(Heinrich Ignaz Franz Biber, 1644-1704)는 체코 서부 보헤미아 지방의 바르텐베르크 출생으로 바로크 중기 최고의 대표적 작곡가이자 뛰어난 바이올리니스트였다.

비버는 그라츠로부터 시작하여 보헤미아의 크로메리츠, 에겐베르크, 리히텐슈타인 등의 궁정 음악가를 거쳐 마침내 20대 중반인 1670년 잘츠부르크에 입성했다. 30대 초반인 1676년이 되어서야 공식적인 직함을 받았고, 잘츠부르크에서 평생을 보냈다.

당시 비버는 뮌헨과 빈의 황실에까지 알려졌으며 1677년 레오폴트 1세 황제 앞에서 연주하여 귀족의 작위를 받았다. 또한 1679년에는 잘츠부르크 궁정의 부악

장, 1684년에는 황제로부터 궁정악장의 직위를 받았다. 비버는 기악 역사상 가장 중요한 작곡가였으며 그 자신이 17세기에 가장 뛰어난 바이올리니스트로서 바이올린의 모든 기교적 가능성을 개발·탐구하는 데 노력했다. 그의 초기 작품 가운데 가장 유명한 작품으로는 바이올린 독주를 위한 파사칼리아의 기념비적 작품으로 평가되는 〈묵주 소나타(로자리오 소나타)〉가 있다.

그의 걸작인 〈잘츠부르크 미사〉는 53성부로 이루어진 거대한 바로크 양식의 전형(典型)으로, 현존하는 바로크 교회음악 가운데서 가장 규모가 큰 작품이다. 이 작품이 작곡될 당시 잘츠부르크는 대주교가 다스리는 종교도시로서, 지리상 뮌헨과 가깝고 빈과도 멀지 않았으며 이탈리아로도 통하는 교통의 요지이기도 했다. 그런 영향으로 잘츠부르크에는 화려한 궁정문화가 꽃피었고 1622년에는 잘츠부르크 대학이 설립되었다. 대주교 마르쿠스 시티쿠스는 막 태어난 새로운 장르인 오페라를 자기의 궁정에서 적극 상연케 했으며, 여기에 소요되는 막대한 경비는 주변의 광산에서 캐낸 엄청난 양의 소금과 금으로 충당하였다. 당시 유럽의 주변국들이 30년 전쟁의 폐해로 인해 매우 어려운 상황에 있었던 것과는 대조적으로 잘츠부르크는 태평성대(太平聖代)를 누리고 있었다. 1628년에 잘츠부르크 대성당이 완공되면서 본격적인 교회음악의 무대가 마련되었다. 추기경 막스 간돌프(Max Gandolph von Kuenburg)는 1682년 이 대성당의 포교 1,100주년을 기념하는 축제를 위해 이 곡을 만들게 했다.

이 미사곡은 현존하는 바로크 교회음악 가운데서 가장 규모가 큰 미사곡일 뿐더러, 그야말로 바로크 음악의 거상(巨像)과도 같은 작품이다.

이 작품의 원본 필사본은 분실되었다가 1870년대 잘츠부르크의 한 청과물 가게에서 채소를 싸기 위한 포장지로 우연히 발견되었다. 19세기 후반 음악학자 암브로스(August Wilhelm Ambros)와 젤링크(Franz Xavier Jelinck)는 이 곡이 당시 규모가 큰 다중 합창곡을 작곡했던 베네볼리(Orazio Benevoli, 1605-1672)의 작품이며, 1628년에 연주되었을 것으로 주장하였다. 이 작품이 베네볼리의 작품이라는 설은 20세기에 접어들면서 오스트리아 음악학자 아들러(Guido Adler)의 면밀한 양식적 분석에 의해 의심받기 시작했으며, 1970년대 들어서 필사본을 현대적 분석방법으로 조사한 오스트리아 문서학자 힌테마이어(Ernst Hintermaier, 1944-)는 이 작품이 베네볼리의 작품이 아님을 확증했다. 그리고 이 작품이 1682년에 잘츠부르크 대성당의 포교 1,100주년을 기념하기 위해 작곡된 사실도 확증했다. 2015년 힌테마이어는 고증학적 자료와 양식상 분석을 통해 이 작품이 베네볼리와 비버의 동료 중 한 사람이었던 안드리아스 호퍼의 작품도 아니고, 바로 하인리히 비버의 자신의 작품이라고 결론지었다. 오늘날 이 작품은 전 세계적으로 비버의 작품이라고 받아들여지고 있다.

이 작품은 잘츠부르크 대성당의 포교 1,100주년을 기념하기 위한 대규모의 화려한 축전 미사곡으로 6개의 교회 합창단(Choir)이 서로 보이지 않는 곳에 위치하여 광활한 성당에 울려 퍼지는 놀라운 음향적 효과를 선사한다. 8성부의 두 개의 주 성가대는 각각 8명의 솔리스트와 리피에노(ripieno) 가수들이 서로 대조를 이루며 노래를 부르는 한편 2개의 바이올린과 4개의 비올라가 성악을 반주하며, 2개의 코르넷(Cornett), 3개의 트롬본, 이를 중재하는 2개의 솔로 클라리노(Clarino) 등이 가세하

비버의 무덤이 있는 잘츠부르크 성 베드로 묘지

여 찬란한 음악적 효과를 더해준다. 궁정 트럼펫 주자들은 두 그룹으로 나뉘고 각기 4개의 트럼펫과 드럼이 서로 먼 회랑에 위치하여 주교좌의 세속적 힘을 과시하고 있다. 음악적 양식은 같은 선율이 지속적으로 반복하여 나타나며, 성악 부분은 콘체르토(독창자들)와 카펠라(전 합창)가 서로 엉킨 복잡한 16성부로 되어 있다. 그러나 작곡자는 이 장대한 미사 가운데 몇 곡은 모든 성악 성부 수를 과감히 축소시켜 단순한 4성부로도 만들고 있으며, 기악도 특히 코르넷과 트롬본 합주로 만들어 성악 성부와 유니슨으로 사용하고 있다. 곡 전체가 C장조로 되어 있는데 10개의 클라리노 트럼펫을 사용하기 위한 것으로 보인다. 모든 악기군에는 솔로가 있어 항상 처음에는 유니슨으로 시작하지만 두 번째는 리코더와 함께 연주된다. 이 작품은 양식적으로는 자신의 32성부 곡 〈저녁기도〉(Vesperae)와 23성부의 〈주님을 찬양하라〉(Te deum laudamus)와 비슷하다.

바로크 교회음악 89

♣ 연주와 음반

 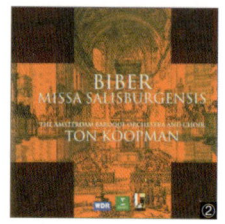 

① 라인하르트 괴벨(Reinhard Goebel)이 지휘하는 무지카 안티콰 쾰른(Musica Antiqua Köln), 폴 매크레시(Paul McCreesh)가 지휘하는 가브리엘리 콘소트와 연주자들(Gabrieli Consort & Players)의 연주(Archiv, 1997년)가 이 곡의 최고 명연이며, 1997년 런던 페스티벌 중 성 바울 대성당에서 행해진 연주이다. 바로크 음악의 두 거장이 협동해 이룩한 놀라운 음악적 성과물로 초연 당시 잘츠부르크 교회의 거대한 종교 축제를 상상케 하는 세속적인 화려함과 호사스러움, 그리고 교회의 권위를 상징하는 장려함을 모두 표현한 매우 뛰어난 연주이다. 관의 화려한 울림과 다중 합창의 복잡한 울림과 솔로 주자들이 주고받으며 진행하는 섬세한 노래는 입체 음향학적으로 거대한 교회의 광활함과 내부 장식의 화려함을 멋지게 표현하고 있다. 이 연주는 더 이상의 좋은 연주가 없을 정도로 탁월하다. 글로리아와 크레도, 크레도와 상투스 사이에 기악 소나타의 연주를 삽입하여 연주의 단조로움을 피하려는 시도를 하고 있으며 맨 마지막 트랙에 비버의 축전 모테트인 54성부 모테트 〈북을 쳐라〉(Plaudite Tympana)의 연주를 배치하였다.

② 톤 쿠프만(Ton Koopman)이 지휘하는 암스테르담 바로크 오케스트라와 합창단(Amsterdam Baroque Orchestra & Choir)의 연주(Erato, 1998년)

도 또 다른 최고의 명연이다. 이 연주는 1998년 잘츠부르크 음악 축제 기간에 잘츠부르크 대성당에서 열린 실황연주이다. 톤 쿠프만의 바로크 음악에 대한 열망과 열정이 잘 표현된 뛰어난 연주로, 바로크 교회음악의 화려함과 장려함, 그리고 섬세함 등을 멋지게 표현한 명연주이다. 라인하르트 괴벨(Reinhard Goebel)과 폴 매크레시의 연주와 거의 유사한 연주를 펼치지만, 관의 울림은 보다 통렬한 맛이 있는 반면 성악 솔리스트들의 노래는 괴벨과 폴 매크레시의 연주보다는 섬세하지 못한 감이 있다. 여기에서도 마찬가지로 곡의 단조로움을 피하기 위해 글로리아와 크레도, 크레도와 상투스 사이에 기악 앙상블을 삽입하였으며 맨 마지막 트랙에 비버의 축전 모테트인 54성부 모테트 〈북을 쳐라〉가 배치되어 있다.

③ 조르디 사발(Jordi Savall)이 지휘하는 에스페리옹 21(Hespèrion XXI), 라 카펠라 레이알 데 카탈루냐, 르 콩세르 데 나시옹(Le Concert Des nations)의 연주(Alia Vox, 2015년)는 당시 혁신적이었던 작곡가 비버의 다채로운 매력을 알리기 위해 사발이 특별히 애정을 갖고 기획한 연주이다. 2002년에 녹음한 〈바탈리아〉(Battalia)를 제외한 나머지 수록곡은 2015년 1월 스페인 카탈루냐의 카르도나성에서 녹음이 이루어졌다. 전체적으로 바로크 교회음악의 화려함과 장려함의 표현, 즉 라틴적 밝음과 통렬함이 앞선 두 연주에 비해 덜하다. 기악 앙상블은 매우 섬세하고 세련된 연주를 통해 바로크 음악의 참맛을 내고 있지만 성악 파트의 연주가 상대적으로 떨어지는 아쉬움이 있는 연주이다.

샤르팡티에

Marc-Antoine Charpentier

1643-1704

샤르팡티에의 교회음악

16세기 중반 전 유럽에 확산된 종교개혁의 물결을 잠재우기 위한 반종교개혁의 일환으로 열린 트렌트 공의회 이후 가톨릭교회 내부에서는 교회 개혁운동이 일어나기 시작했다. 17세기가 되자 이러한 개혁운동이 전 유럽에 팽배해져 갔지만 유독 왕권이 강했던 프랑스에서는 교황의 권위에 굴복하지 않았다. 특히 루이 14세 프랑스 왕은 교황의 정치적 영향의 확대를 우려하여 이런 개혁운동을 달가워하지 않고 반대했다. 프랑스에서는 분명한 정치적 의도로 인해 왕실 예배당에서 전통적으로 불려온 로마 가톨릭의 통상미사보다는 장엄하게 낭송되는 미사가 불리게 되었다. 나중에는 통상미사가 사라지고, 국내 모든 교회에서 베르사유풍의 장엄하고 화려한 예배음악이 빠르게 퍼져나갔다. 이제 미사곡은 변방으로 밀려나 버렸고 16세기 이래로 쭉 내려온 플랑드르악파의 폴리포니 음

악은 비록 고풍스럽게 보였지만, 한편으로는 이 장르가 바로크적인 '콘체르탄테 미사'로 이행되어 가는 시기였음에도 이 오래된 음악적 전통은 쉽게 없어지지 않았다. 캉프라(1660-1744)와 같은 작곡가는 화성적 진행을 도입하여 이 형식을 근대화하기 위해 베르사유풍의 '그랑 모테트'(Grand Motet)를 시도했지만 대중의 이해를 전혀 얻지 못했다. 그 후 기악이 딸린 모테트가 교회음악의 중심으로 자리 잡게 되었다.

샤르팡티에는 1682년 극작가 몰리에르(Molieres)와 함께 작업하였으며, 그가 죽고 나서도 프랑스 연극을 위해 계속적으로 무대음악을 작곡했다. 샤르팡티에는 수많은 교회음악을 작곡했는데, 이는 샤르팡티에의 개인적인 신앙심 내지 경건함에 기인하고 있음이 그의 작품이나 음악적 시도에서 잘 나타나 있다. 샤르팡티에는 후원자 기즈 공작부인의 사후 예수회 교단을 위해 진정한 교회음악으로 여겨지는 작품을 작곡하여 그의 재능을 발휘하고 있다. 그는 가톨릭의 교황권을 제한하고 프랑스 왕권을 강화하려는 '갈리아주의'(Gallicanism) 분위기하에서도 교황의 권위에 부응하는 작품을 작곡했다.

그의 작품은 정형을 뛰어넘는 것으로 양식의 우아함과 과학적 작곡기법으로 인해 17세기뿐만 아니라 이어지는 18세기의 전 미사 작품 가운데서도 홀로 우뚝 선 기념비와 같은 것으로 평가된다. 모로이(Mauray) 경을 위한 미사곡은 1691년경에 쓰인 곡으로 곡의 길이 면에서 가장 긴 것으로 유명할 뿐만 아니라 가장 아름다운 곡이기도 하다.

작곡가이자 본인이 카운터테너이기도 했던 샤르팡티에는 약 551개나 되는 많은 작품을 남겼는데 이 가운데 3/5은 교회음악이다. 11개의 미사곡, 54개의 테네브레 독송, 4개의 테 데움, 35개의 오라토리오, 시편과 교송 성가, 찬송가 등을 작곡했다.

파리에서 태어난 샤르팡티에(Marc-Antoine Charpentier, 1643-1704)는 루이 14세(1638-1715)와 동시대를 살았다. 젊은 시절 약 3년간(1667-1669) 로마에 체류한 적이 있는데 이때 당대 존경의 대상이었던 음악가 카리시미(Carrisimi, 1605-1674)를 만나 그의 제자로 수학하며 이탈리아의 음악 관행에 대해 확고한 지식을 얻었다. 파리에 다시 돌아온 그는 기즈(Guise) 공작부인의 가정 작곡가가 되어 그 후 17년간이나 그녀를 위해 시편, 찬미가, 모테트, 마니피카트, 미사 등 수많은 종교 성악 작품을 작곡했다. 그리고 비전례 라틴어 가사에 곡을 붙인 이탈리아 오라토리오의 전통을 계승했다. 기즈 공작부인의 후원과 보호로 륄리의 전매특허와 같았던 오페라계에서 샤르팡티에가 코미디-발레로 명성을 얻게 되자 륄리는 그에게서 등을 돌리고 만다. 공작부인이 1687년 사망하자 샤르팡티에는 예수회 교회의 음악감독이 되어 그곳에서 약 11년간 봉직했다. 1698년 마지막에는 파리 생트 샤펠(Sante Chapelle) 교회의 음악감독이 되어 1704년 68세로 그가 죽을 때까지 봉직했으며 사망한 후 그곳에 묻혔다.

그는 박식하고도 근면한 작곡가로 오라토리오, 미사, 오페라, 장르를 가르기 어려운 수많은 소품들을 후세에 남겼다. 이들 소품은 대다수 1-2 성부와 기악 앙상블로 구성된 것으로, 이름은 다르지만 당대의 이탈리아 칸타타와 유사하다. 아직도 수많은 그의 작품은 출판되지 못하고 있다. 1950년 이후 샤르팡티에 연구가인 히치콕(Wiley Hitchcock, 1923-2007)에 의해 작곡가 사후 300년이 지나서야 그의 작품목록이 만들어지면서 비로소 세상에 알려지게 되었다. 그의 거의 전 작품이 파리 국립도서관에 '멜랑쥬'(Meslanges)라는 제목의 총 28권에 달하는 필사본 전집으로 보관되어 있는데, 이것은 1727년 샤르팡티에의 조카 에두아르(Jacques Edouard)가 왕립도서관에 팔았던 것들이다.

그가 말년에 작곡한 오라토리오, 칸타타, 시편가들은 유기적인 구성과 광상적인 악상 전개의 양 영역을 동시에 움켜쥐고 있는 곡들이다. 샤르팡티에는 당대에 륄리만큼의 명성을 얻지는 못했으나, 오늘날 프랑스에서 그에 대한 관심은 분명 륄리를 압도하고 있다.

테 데움

Te Deum

주여 당신을 찬미하나이다

테 데움은 밀라노의 주교였던 성 암브로시우스와 주교(主敎)학자였던 성 아우구스티노에게 바치는 초기 교회의 찬미가이다. 프랑스 교회에서는 아침기도와 저녁기도의 끝에 불렀다. 이 찬미가는 29절로 구성되어 있으며, 사제의 선창으로 시작되어 하나 혹은 여러 성부에 의해 불리고, 또한 오르간과 교대로 불리기도 했다. 특히 주교들의 축성이나 영광송 같은 축복과 관련된 행사 때 부르는 찬미가이다.

프랑스에서는 찬양과 추수감사절의 찬미가 연주는 국왕의 칙령으로 규정되었으며, 태양왕 루이 14세의 치하에서는 국왕의 상징으로까지 발전하였다. 프랑스 궁정의 공식적인 의식, 즉 전쟁에서의 승리, 왕실의 생일, 왕의 병에서의 회복, 세례식 등에서 의무적으로 테 데움의 연주가 이루어졌다.

샤르팡티에는 왕실 작곡가는 아니었지만 적어도 6개 정도의 테 데움을 작곡했다. 현존하는 것은 4개이고, 이 가운데서 트럼펫과 팀파니가 함께 연주되는 D장조의 테 데움이 가장 웅장하고 인상적인 곡이다.

특히 트럼펫의 팡파르로 시작하는 첫 곡 전주곡은 '트럼펫의 아리아'로 널리 알려진 론도 형식의 곡으로 화려하고도 박진감 넘치는 곡이다. 이 전주곡은 유로비전을 포함한 전 세계 많은 방송국의 시그널 뮤직으로 사용될 정도로 대중적 인기가 높은 곡이다. 이 작품에서 샤르팡티에는 트럼펫을 사용한 최초의 테 데움인 륄리의 1677년 〈테 데움〉을 모델로 한 것으로 보인다.

샤르팡티에의 〈테 데움〉에 주목해야 할 점은 그 구상력의 풍부한 편성에 있다. 영웅적 장대함이 전곡을 관통하고 있는 데 비하여, 매우 섬세한 악절도 자주 보인다. 샤르팡티에는 온갖 음색의 조합을 창안해 다종다양한 편성을 만들었다.

팡파르가 붙어 있는 장엄한 스케일을 갖고 있는 이 테 데움은 루이 14세의 궁정에서의 어떤 축제를 위해 쓰인 것처럼 생각될 수 있지만 실제로는 그것과는 아무 상관이 없다. 샤르팡티에는 궁정 음악가가 아니었으며, 그가 궁정으로부터 의뢰받은 것은 대부분이 소규모 작품들이었다.

최근 이 작품이 파리 성 루이스에 있는 예수회 수도원의 음악감독으로 있던 시기인 1688-1698년 사이에 작곡되었다는 증거가 많다. 그러나 이 작품이 과연 어떤 행사를 위해 위촉되었는지는 아직 잘 알려지지 않았는데, 1692년 영국과 슈타인키르크(Steinkirk)에서 벌인 전투에서의 프랑스의 승리와 평화조약을 축하하기 위해 1692년 8월에 연주된 것으로 추정된다. 이런 행사의 경우 언제나 그 초연은 하나의 큰 이벤트로 치러졌음이 분명하다. 이 곡은 4성부 합창과 8명의 독창자(파트별 2명씩)와 3대의 트럼펫을 포함한 플루트, 오보에, 바순, 현과 드럼(팀파니)의 장대한 오케스트라 구성을 하고 있다.

Tous(tutti)라고 자필 악보에 지시한 합창 부분은, 별도의 성악 앙상블 또는 8명의 솔리스트 모두로 구성될 수 있다. 기악 합주도 마찬가지로 두 부류로 나뉘는데, 대합창(grand choeur)과 소합창(petit choeur)로 구성된다.

이 곡에서 샤르팡티에는 규격화된 프랑스 음악의 구조 속에서도 자신만의 독특한 음악성이나 창의성을 잃지 않고 합창과 독창 그룹의 대비, 합창과 관현악의 대비와 같은 새로운 시도를 하고 있다. 샤르팡티에는 29절로 된 테 데움의 가사를 하나의 곡으로 연주하기를 원했는데, 그는 세 곳에서만 휴지하기를 지정하고 있다.

[제1곡] 전주곡

곡의 시작은 륄리에 의해 만들어진 프랑스 서곡 형식에 따라서 전체 악기를 모두 사용하는 론도 형식으로 시작된다. 독창과 합창의 소리를 제외한 악기의 편성은 트럼펫과 베이스 트럼펫, 플루트, 오보에, 팀파니, 제1, 제2바이올린, 비올라, 첼로, 오르간의 총주로 되어 있는데 트럼펫의 리드가 매우 인상적이다. 이 주제는 당시의 군대 행진곡처럼 들린다. 형식은 AA-BA-C-AA로 각각 8소절로 되어 있으며, B부분과 C부분은 트럼펫 파트가 빠져 음향적으로 A부분과 대조를 이룬다.

[제2곡] 베이스 독창. Te Deum laudamus(주여, 당신을 찬미하나이다)

베이스 독창이 즐거운 기분으로 주를 찬미하는 노래를 부르는데 2대의 바이올린은 때로는 반주로 때로는 간주로서 성악과 조화를 이루어가는 멋진 곡이다.

[제3곡] 합창. Te aeternum Patrem(영원의 아버지여)

합창과 솔로 그룹이 교대로 연주되는데 이러한 기법은 이전에 사용하지 않았던 새로운 구성이다. 8명의 솔리스트들의 합창과 기악이 모두 함께 "영원의 아버지여"(Te aeternum Patrem)를 장엄하게 부르며 후반은 솔리스트들의 경쾌한 노래가 이어진다. 성악과 기악이 분리되어 "케루빔과 세라핌이 하늘 높은 곳에서 찬미를 선포한다"(Tibi Cherubim et Seraphim in cessabili voce proclamant)를 경쾌하게 부르며 기악과 대화하듯 주고받는다. 오케스트라가 화려하고도 드라마틱한 연주를 펼치고, 합창이 "당신의 영광의 위대함이 하늘과 땅에 가득 찼네"(Pleni sunt caeli et terra majestatis gloriae tuae)를 장중하게 노래한다. 다시 한번 팀파니와 트럼펫의 화려하고도 드라마틱한 연주를 펼치고, 합창이 기악 파트와 서로 주고받으면서 화려하게 전개되며 클라이맥스에 도달한다. 잠시 테너와 소프라노 독창이 나타난 후 화려한 기악과 합창이 함께 어우러져 화려하게 끝난다.

[제4곡] 카운터테너, 테너, 베이스 삼중창. Te per orbem tetrarum(세계 중에 넓게)

테너와 카운터테너와의 서정적인 이중창이 먼저 시작되고, 짧은 간주에 이어서 베이스가 가담해 6명의 솔리스트가 평화스럽게 노래해 나간다.

[제5곡] 합창. Tu devico mortis aculeo(당신은 죽음의 고통을 극복하고)

힘차고 밝은 곡으로 오케스트라가 먼저 경쾌하게 나아가고, 이어 합창이 가세하여 경쾌하고도 즐거운 노래를 부른다. "하나님 우편에 앉으신 당신"(Tu ad dexteram Dei sedes)에서 곡은 느려진다. 오케스트라의 통렬한 질주 후 베이스 솔로가 느리게 "우리를 심판하시러 다시 오심을 믿습니다"(Ju dex crederis es seventrus)를 부르고, 다시 짧은 간주 후 베이스가 같은 가사를 반복하며 마친다.

[제6곡] 소프라노 독창. Te ergo quaesumus(우리들은 당신께 기도합니다)
소프라노가 매우 서정적이고도 아름다운 노래를 간절히 기도하듯 부른다. 오르간과 플루트의 반주와 아름다운 조화를 이룬다.

[제7곡] 합창. Aeterna fac cum Sanctis tuis(모든 성인과 영원의 영광에)
오케스트라와 합창이 투티로 호모포닉하게 힘차게 부르며 시작한다. 짧은 기악 간주 후에 다시 합창이 가담하여 호모포닉하게 노래 부른다. 이어 카운터테너, 테너, 베이스의 솔로가 짧은 패시지를 부르고, 오케스트라와 합창이 다시 힘차게 부르며 나아간다. 이번에는 베이스 대신에 소프라노가 가담하여 삼중창이 되고, 다시 합창과 오케스트라의 투티가 반복되어 나타난다. 이 곡은 합창과 독창 그룹의 대비, 합창과 관현악의 대비와 멋지게 표현된 샤르팡티에의 독창성이 빛나는 부분이다.

[제8곡] 소프라노와 베이스 이중창. Dignare, Domine, die isto sine peccata nos custodire(주여, 오늘 우리들이 죄를 짓지 않게 지켜주소서)
매우 서정적인 이중창으로 먼저 베이스가 노래를 시작하면 소프라노가 이를 받아 처음은 모방풍으로 나아가지만 이내 두 파트가 앙상블을 이룬다. 짧은 플루트 간주가 나온 후 앞의 노래와 유사한 선율과 분위기의 곡이 다시 베이스, 소프라노 순으로 나타나며 앙상블을 이룬다.

이번에는 바이올린의 간주가 있고 난 뒤 잠시 멈춘 후 제9곡으로 넘어간다.

[제9곡] 소프라노 2, 베이스 1. Fiat misericordia tua, Domine super nos(당신의 자비를 우리들에게 베푸소서)

제8곡과 매우 유사한 분위기의 곡으로, 주의하지 않으면 8곡처럼 들린다. 이제는 소프라노 2가 더해져 삼중창이 되어 서정적인 노래를 부른다. 서정적 아름다움이 넘치는 곡이다. 짧은 침묵 후에 제10곡으로 넘어간다.

[제10곡] 합창. In te Domine, speravi non confundar in aeternum(주여, 구하오니. 영원히 나쁜 길로 빠지지 않게 하소서)

활기차고도 찬란한 오케스트라의 전주 후에 합창이 앞서 나온 기악의 선율로 "주여, 구하오니. 영원히 나쁜 길로 빠지지 않게 하소서"를 모방 대위법으로 부르며 가세한 후 유려한 선율을 마음껏 뽐내며 나아간다. 짧은 오케스트라의 간주 후 합창이 앞의 가사로 다시 노래를 부르며, 솔로 파트가 다시 모방 대위법으로 잠시 등장하고, 여기에 다시 합창이 가세하여 위에서부터 아래로 내려가는 모방 대위법으로 "영원히 나쁜 길로 빠지지 않게 하소서"(non confundar in aeternum)를 부르며 나아간다. 후반에는 "빠지지 않게"(non confundar)를 호모포닉하게 몇 번이나 반복해 외치며 곡을 끝맺는다.

❦ 연주와 음반

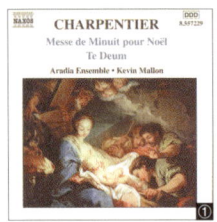 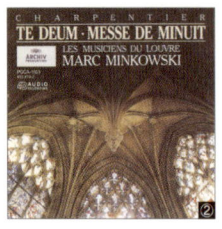 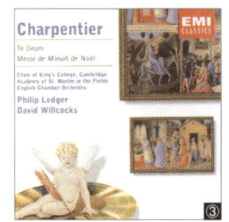

① 케빈 말론(Kevin Mallon)이 지휘하는 아라디아 앙상블(Aradia Ensemble)의 연주(Naxos, 2003년)는 바로크 전문 연주단체에 의한 원전악기 연주로 이 곡의 새로운 명연으로 등극하였다. 이 곡이 갖고 있는 축전적 분위기를 극대화하기 위해 곡의 시작 전에 꽤나 긴 팀파니의 독주로 분위기를 한껏 고조시킨 후 팡파르로 시작되는 화려한 전주곡으로 들어가는 특별한 시도를 하고 있다. 이 연주는 전체적으로 즐겁고도 화려한 분위기를 잘 펼쳐 보이는 훌륭한 연주이다. 오케스트라와 합창의 연주도 매우 뛰어나며, 이들 사이의 앙상블도 매우 훌륭하다. 솔리스트들의 연주도 하나같이 높은 수준의 가창력과 앙상블을 펼치고 있다. 곡 중의 이중창, 삼중창의 앙상블은 특별히 훌륭한데, 이들은 절묘한 프레이징과 뚜렷한 선율 라인을 통해 깊은 감정을 표현했다. 오케스트라, 합창, 솔리스트 모두가 함께 어우러지며 경쾌하고도 신선한 연주를 통해 바로크 음악의 멋과 맛을 제대로 들려주는 명연이다. 염가판 레이블인 낙소스(Naxos)에서 이런 연주를 만나게 된 것은 하나의 축복이다.

② 마크 민코프스키(Marc Minkowski)가 지휘한 루브르 음악가들(Les Musiciens du Louvre) 앙상블·합창단의 연주(Archiv, 1997년)도 이 곡 최고의 명연 중 하나이다. 바로크 전문 연주자 민코프스키와 그의 수족과

도 같은 루브르 음악가들 앙상블·합창단이 함께 이룬 놀라운 연주이다. 전체적으로 빠른 템포를 취해 느림에서 오는 긴장감의 이완을 봉쇄한, 생동감과 박진감이 넘치는 뛰어난 연주이며 팀파니와 금관의 포효가 매우 통렬하여 프랑스 바로크 음악의 특징인 장려한 맛을 멋지게 펼쳐 보여주고 있다. 기악 앙상블의 연주는 때로는 섬세하고, 유려한 표현을 들려주며, 성악과 주고받는 대화도 일품이다. 이 연주는 샤르팡티에가 이 곡에서 새로이 시도한 기악과 성악, 관현악과 합창, 독창자 사이의 대비를 멋지고 절묘하게 표현함으로써 샤르팡티에의 음악세계를 잘 드러내 보여주고 있다. 이 연주에서는 솔리스트들의 연주가 하나같이 훌륭하며, 특별히 소프라노 아니크 마시스(Annick Massis)의 맑은 목소리와 깊은 감정 표현이 돋보인다. 이 연주는 케빈 말론과 아라디아의 연주(Naxos)와 비교해 우열을 가리기 어려운 최고의 명연이다. 하지만 말론의 연주에 비해 다소 빠르고 음악적 표현이 과장되어 있지 않나 하는 아쉬움이 있는 연주이다.

③ 필립 레저(Philip Ledger)가 지휘하는 케임브리지 킹스 칼리지 합창단(Choir of King's College, Cambridge)의 연주(EMI, 1978년)는 약간 복고풍의 연주이지만 장려함이 잘 표현된 명연이다. 이 연주에서는 합창의 연주가 훌륭한데, 보무당당한 연주를 들려주며 상성부를 소년 합창단이 맡아 천상의 소리를 들려주고 있다. 샤르팡티에가 이 곡에서 새롭게 시도하고 있는 오케스트라와 합창, 기악 앙상블과 성악 솔리스트, 이들 사이의 음악적 대비를 잘 살려낸 훌륭한 연주이다. 솔리스트 모두 훌륭한 연주를 들려주는데, 특히 제4곡에서 섬세한 감정 표현을 자유자재로 구사하는 이안 패트리지(Ian Partridge)의 연주가 뛰어나다.

자정 미사
Messe de Minuit

샤르팡티에는 11곡의 미사곡을 우리에게 남겼는데 이 중에서도 이 〈자정 미사〉 곡이 가장 대중적으로 잘 알려진 곡이다. 그러나 이 곡은 동시에 가장 오해되고 있는 양면성을 가진 곡이기도 하다. 전례적으로 〈자정 미사〉는 예술음악과 세속적 오르간 음악이 결합한 형태이다. 이 곡은 중세시대의 크리스마스 민중 캐럴을 차용하고 여기에다 통상미사의 전례가사를 넣은 일종의 패러디(변격) 미사이다. 샤르팡티에가 활동했던 당시의 프랑스에서는 통상미사 5개 악장 중 몇 개의 악장을 엮어 부르거나 한 악장을 오르간과 교대로 연주하는 것이 관행이기도 했다.

〈자정 미사〉곡은 특별한 위치를 점하고 있는데, 여기서 자정이란 12월 24일 밤에서 25일 새벽으로 넘어가는 시간을 말한다. 국내의 경우 명동성당을 비롯한 가톨릭교회에서는 이 시간에 자정 미사를 봉헌한다. 이 곡은 자정 미사의 전례를 위해 쓴 곡으로 작곡자 만년의 원숙미를 엿볼 수 있다.

자정 미사의 예배에서는 장시간의 노엘(캐럴, 즉 크리스마스 노래)을 부르는 것이 인정되어왔기 때문에 후기 중세 이후의 프랑스 작곡가들은 이 매력적인 무곡풍의 선율에 다시 관심을 가지게 되었다. 16세기에 있어서 노엘은 자주 성악곡에 받아들여졌지만 샤르팡티에 시대에는 기악의 편곡으로 사용되는 것이 일반적이었다. 그러나 실제로 미사 전체를 노엘의 선율에 기초하여 쓰겠다는 샤르팡티에의 결심은 당시로는 선례(先例)가 없는 것이었다. 이러한 그의 결의를 예수회는 환영했다고 한다.

샤르팡티에는 이 곡에서 전부 10개의 노엘 선율을 사용하고 있는데, 그 가운데 많은 곡들이 무곡풍이다. 실제로, '요셉은 좋은 아내를 얻었네'(Joseph est bien marié)는 제1'키리에' 첫 부분의 '주여 우리를 불쌍히 여기소서'(Kyrie eleison)와 '크레도'의 '십자가에 달리시어'(Crucifix)에서 다시 사용되고 있지만, 이 부분의 시작은 '크리스마스의 엄숙한 날이 왔네!'(Voicy le jour solennel, de noël)를 사용하고 있다. 그리고 '젊은 처녀'(Une jeune pucelle)의 두 번째 부분 '그리스도여 우리를 불쌍히 여기소서'(Christe eleison)는 프랑스 무곡 부레(Bourre)이다. '즐거운 목자는 어디에 갔나'(Ou s'en vont ces gais bergersa)는 '글로리아'의 '주님 홀로 거룩하시다'(Quoniam tu solus Sanctus)에 사용되며, '크리스마스는 오리!'(A la venue de noël)는 '크레도'의 '또한 성령으로'(Et in Spiritum Sanctum)에, 그리고 '오, 주여 나는 살아 있는 것이 아니니'(O Dieu que n'etais-je en vie)는 '상투스'에 나타나며, 춤곡 가보트이다. 또한 '끊임없이 요구하는 당신은'(Vous qui désirez sans fin)은 '크레도'의 '신 가운데 신'(Deum de Deo)에서 나타나고, '한밤중에 경적을 만들어 놓았지'(A minuit fut fait un réveil)는 마지막 곡 '아뉴스 데이'에 나타나는데, 두 곡 모두 미뉴에트이다. 그러나 반음계 화성을 갖고 있는 감동적인 '우리에게 말해주오, 마리아'(Or nous dites Marie)는 '키리에'의 두 번째 부분 '그리스도여 불쌍히 여기소서'에 나타나며, '샤트르 시민들'(Les bourgeois de Chastre)은 '글로리아'의 '주님을 찬미하나이다'에 나타나는데, 두 곡 모두 무곡은 아니다.

이 미사곡에서 유명한 선율이 많이 나타나는 것은 이 미사곡의 대부분이 '전원풍'의 성격을 더하기 때문이다. 그러나 샤르팡티에는 전례의 가사를 신중하게 취급하여 "우리의 기도를 들으소서"(Suscipe deprecationem nostram), "인간으로 태어나시어"(Et incarnatus), "산 자와 죽은 자를 심판하시러"(Judicare vivos et mortuos) 같은 구절에는 특히 표정이 풍부한 화성을 사용하고 있다. '글로리아'의 개시 부분에는 당시 새로이 발명된 약음기 기법을 사용하고 있으며, "땅에서는 평화"라는 단어를 강조하고 있다.

샤르팡티에 시대에는 노엘을 오르간으로 편곡하는 전통이 이미 확립되어 있었다. 샤르팡티에는 이 미사곡에서 두 번 앞부분에 사용했던 선율을 오르간으로 편곡하여 연주하고 있다. 즉 키리에 2에는 '요셉은 좋은 아내를 얻었네' 선율을 사용하였고, 크리스테 2에는 '젊은 처녀'를 연주하게 지시하고 있다.

샤르팡티에는 오르간 독주곡을 남기지 않았지만, 기악 합주용의 9개의 노엘(이 가운데 6곡을 이 미사곡에 사용하고 있다)을 편곡했다. 이들 노엘은 거의 같은 시기에 작곡된 것으로 샤르팡티에는 그 가운데 하나인 '당신의 육축에게 풀을 뜯게 하소서'(Laissez paitre vos bestes)를 상투스 앞의 봉헌송으로서 연주하는 것이 좋다고 지시하고 있다. 이 곡의 한국 초연은 2009년 11월 1일 서울 세종문화회관 체임버홀에서 바흐 솔리스텐 서울과 바로크 오케스트라 카메라타 안티과 서울의 공동 연주로 이루어졌다.

곡 해설

[제1곡] 키리에(Kyrie)

캐럴 '요셉은 좋은 아내를 얻었노라'(Joseph est bien marié)의 선율을 차용하고 있는데 전통적인 3부분 구성에 세 번씩 되풀이하는 형식을 따르고 있다. 첫 '키리에' 부분은 기악 합주-성악-기악(오르간)의 순으로 되어 있으며, 두 번째 부분 "그리스도여 불쌍히 여기소서", "자, 말해주오, 마리아여"(Or nous dites Marie)가 카운터테너, 테너, 베이스의 앙상블로 노래 불리고, 두 번째 '키리에'는 "한 젊은 동정녀"(Une jeune pucelle)가 기악-성악-기악 순으로 연주된다. 기악 연주 부분의 경쾌한 캐럴 선율은 처음은 현악 합주가 힘차게 이끌며, 후반부는 플루트 독주가 화답한다.

[제2곡] 글로리아(Gloria)

통상적인 시작과 달리 "하늘 높은 곳에서는 주께 영광"이란 부분을 부르지 않고 곧바로 "땅에서는 평화로다"(Et in terra pax)부터 시작하고 있다. 테너로부터 시작되는 푸가 형식으로 합창이 느리게 전개된다. 개시 부분에는 당시 새로이 발명된 약음기 기법을 사용하고 있으며, "땅에서는 평화"라는 단어에 특징을 부여하고 있다. 이어 경쾌한 캐럴 '샤트르 시민들'(Les bourgeois de Chastre)이 "하나님을 찬양하라"(Laudamus te)를 즐겁게 노래해 간다. 경쾌한 기악 간주 후에 제1카운터테너가 "나의 주여"(Domine deus)를 부르고, 이어 테너, 베이스가 받아 이어간다. 제2카운터테너가 등장해 테너, 베이스와 삼중창이 되어 "이 세상 죄를 지고 가시는"(Qui tollis peccata mundi)을 부른다. 전 기악과 성악이 투티로 같은 가사를 반복해 부른다. 분위기가 바뀌어 제2소프라노로부터 시작하는 소프라노 이중창이 캐럴 '즐거운 목자는 어디에 갔나'(Ou s'en vont ces gais bergersa)의 선율로 "주님 홀로 거룩하시다"(Quoniam tu solus Sanctus) 라는 가사를 부르며 전개된 후 "아멘"에서 4부 합창이 되어 끝난다.

[제3곡] 크레도(Credo)

전 현악 합주와 합창이 함께 호모포닉한 화성으로 시작한 '크레도'는 "천지를 창조하심을"(factorem coeli et terra)에서 성부들 간에 모방대위법으로 전개된다. "유일하신 주 예수 그리스도"(Et in unum Dominum)에서 다시 호모포닉하게 가사의 뜻을 강조한다. 경쾌한 리듬의 기악 전주가 있고 난 뒤 미뉴에트풍의 캐럴 '끊임없이 요구하는 당신은'(Vous qui désirez sans fin)의 "신 가운데 신"(Deum de Deo) 가사를 몇 번씩이나 부르며, 사이사이에 경쾌한 기악 간주가 따른다. 2/2 박자의 느린 짧은 경과구를 거쳐 4/4박자의 "모든 사물들이"(omni a facta sunt)로 시작하여 중간에 3/2 박자의 느린 경과구를 거쳐 마지막에 "인간을 만드시고"(et homo factus est)에 이르러 잠시 휴식을 갖는다.

'십자가에 달리시어'(Crucifix) 부분의 시작은 캐럴 '크리스마스의 장엄한 날이 왔네!'(Voicy le jour solennel, de noël)로 제1 '키리에'에서 나온 선율이 다시 등장하고 있다. 전 기악 합주와 합창이 부르는 "하늘에 오르시어"(Et ascendit)는 상승하는 선율을 사용하고 "산 자와 죽은 자를 심판하시고"의 "죽은 자"(mortuous)에서는 예외적인 화성 전환을 통해 감정 표현의 깊이를 더하고 있다. 그리고 캐럴 '크리스마스는 오리!'(A la venue de noël)는 가보트로 두 소프라노가 "또한 성령으로"(Et in Spiritum Sanctum) 가사를 부른다. 이어 카운터테너가 가세하여 삼중창이 되고, 3/2박자로 느리고 장중하게 모든 성부가 함께하는 "하나의 거룩한 가톨릭과 사도 교회를 믿으며"(et unam sactam catholicam et apostolicam Ecclesiam)는 가톨릭 신앙의 유대감과 교회의 통일을 표현하고 있다. 이어 "하나의 세례와 죄를 용서받음"을 믿는다는 고백이 이어지고 카운터테너, 테너, 베이스의 삼중창이 "몸의 부활을 믿으며"(expecto resurrectionem mortuorum)를 노래한다. 마지막의 "또 영세무궁토록, 아멘"(Et vitam venturi saeculi, Amen)은 찬란한 대위법으로 마무리하고 있다.

[제4곡] 노엘 'Laissez paitre vos bestes'(당신의 육축에게 풀을 뜯게 하소서)
키리에 후에 오르간 후주가 뒤따르는 것에 비해 작곡가는 D장조의 바이올린 연주를 하도록 지시하고 있다.

[제5곡] 상투스(Sanctus)
첫 번째 상투스는 캐럴 '오, 주여 나는 살아 있는 것이 아니니'(O Dieu que n'etais-je en vie) 가보트의 가볍고도 차분한 리듬의 기악 전주로 시작된다. 두 번째 상투스는 합창이 "상투스"를 부르고, 세 번째 상투스는 기악의 전주에 이끌려 합창이 "하늘과 땅에 가득 찬 영광"(Pleni sunt coeli et terra gloria)을 부른다. 이어 베네딕투스가 시작되는데 카운터테너, 테너, 베이스의 삼중창으로 "주의 이름으로 오는 자는 복이 있도다"(Benedictus qui veni in nomine Domini)를 차분하게 부른 후 전 현악 합주와 합창이 함께 "하늘 높은 곳에서는 호산나"를 차분하게 외친다.

[제6곡] 아뉴스 데이(Agnus Dei)
첫 번째 아뉴스 데이는 캐럴 '한밤중에 경적을 만들어 놓았지'(A minuit fut fait un réveil)의 경쾌한 미뉴에트 기악 전주로 시작하고, 두 번

째 아뉴스 데이에서는 투티로 시작하고 카운터테너, 테너, 베이스의 짧은 삼중창, 이어 다시 투티로 돌아간다. 이어 앞의 기악 전주가 다시 재현되어 기쁨으로 충만한 가운데 곡을 마친다.

♣ 연주 관행

케빈 말론(Kevin Mallon)이 지휘하는 아라디아 앙상블은 노엘 선율 자체를 연주 전에 기악으로 먼저 들려준 후 본 곡을 시작한다.

♣ 연주와 음반

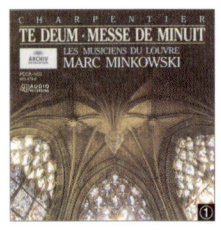

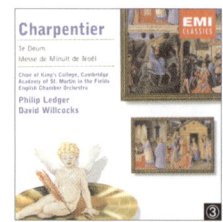

① 마크 민코프스키(Marc Minkowski)가 지휘하는 루브르 음악가들(Le Musiciens du Louvre)의 연주(Archiv, 1997년)는 이 곡 최고의 명연이다. 파리 출생의 민코프스키는 바로크 음악의 전문 연주가로 그의 수족과도 같은 루브르 음악가들과 혼연일체를 이루며 뛰어난 연주를 들려준다. 이 연주에서는 기악 앙상블과 합창의 연주가 뛰어날 뿐만 아니라 함께 어우러져 빛나는 연주를 들려주고 있다. 곡 전체를 통해 생동감과 기쁨이 넘실거리는 연주로, 유려한 합창은 장려하고도 화려한 프랑스 바로크 교회음악의 멋과 맛을 제대로 살려냈다. 타 연주와 달리 원래 작곡자의 의도대로 카운터테너를 사용한 연주와 하나같이 뛰어난 기량을 가진 솔리스트의 앙상블은 이 연주의 완성도에 크게 기여하고 있다. 오르간 후주의 연주

도 훌륭하며, 녹음상태도 뛰어나 음악이 매우 투명하게 들린다.

② 케빈 말론(Kevin Mallon)이 지휘하는 아라디아 앙상블(Aradia Ensemble)의 연주(Naxos, 2003년)는 비교적 최근의 연주이다. 이 연주 단체는 토론토에 베이스를 둔 고음악 전문 연주단체로 원전악기를 사용하는 신예 앙상블이다. 이 연주는 차용한 노엘을 곡 시작 전에 미리 노래하여 듣는 사람의 이해를 돕는 친절한 배려를 하고 있으며, 반면에 곡의 끝에 따라 나오는 기악(오르간) 후주를 생략하고, 솔리스트 가운데 카운터테너 대신에 알토를 사용하고, 마지막 아뉴스 데이의 마지막을 기악 후주로 마치는 대신에 합창을 되풀이하며 마치는 등 몇 가지 새로운 시도를 하고 있다. 합창과 오케스트라의 연주가 뛰어나며, 생동감 넘치면서도 때로는 매우 유려한 연주를 멋지게 펼치고 있다. 이 연주는 독창자의 연주도 훌륭하며, 이 곡의 새로운 명연의 탄생이라 할 만하다.

③ 데이빗 윌콕스(David Wilcox)가 지휘하는 케임브리지 킹스 칼리지 합창단(Choir of King's College, Cambridge)과 잉글리시 체임버 오케스트라의 연주(EMI, 1967년)는 약 50년 전의 오래된 연주이다. 전체적으로 느린 템포로 고전적 스타일이다. 오늘날의 연주에 비해 생동감이 떨어지는 고풍스러운 연주이지만 여기에는 순음악적 아름다움이 있다. 합창의 연주가 훌륭한 편이며, 상성부를 어린이 합창단이 맡아 크리스마스 분위기를 살리고 있지만 전체적으로는 차분한 분위기를 유지하고 있다. 솔리스트 가운데 카운터테너를 부르는 전설적 인물인 제임스 바우만(James Bowman)의 노래를 제외하고는 다른 솔리스트들의 연주는 지극히 평범하다.

캉프라
André Campra

1660-1744

레퀴엠

Messe de Requiem

앙드레 캉프라(André Campra, 1660-1744)는 이탈리아계 프랑스 작곡가로 음악사에서 륄리(Jean-Baptiste Lully, 1632-1687)와 라모(Jean-Phillippe Rameau, 1683-1764) 사이에 위치하는 음악가 가운데 가장 중요한 작곡가이다. 1660년 프랑스 남부지방에서 태어났다. 고향인 엑상프로방스에서 교육을 받은 뒤 아를르, 툴루즈 등의 성당에서 악장직을 맡았고 1694년 파리 노트르담 성당의 음악감독이 되었다. 그러나 그는 젊은 시절 오페라, 발레, 디베르티스망 등 극음악 작곡가로 확고한 명성을 날렸는데,

1697년 그의 형의 이름으로 발표한 오페라-발레 〈우아한 유럽〉(Europe galante)은 큰 성공을 거두었으며, 그 후 이 작품은 당시 새롭고 현대적 궁정 취향을 나타내는 '갈랑트' 양식의 대명사가 되었다. 1722년 왕립 성가대 전속 작곡가로 임명된 후 1744년 84세로 세상을 뜰 때까지 캉프라는

교회음악 작곡에 전념하여 100여 곡이 넘는 교회음악을 남겼다. 규모가 작은 60곡의 모테트, 50곡 이상의 대모테트, 그리고 적어도 4곡의 미사곡이 있다. 륄리의 작풍에 비교하면 캉프라의 작품은 보다 선율적이고 또한 다성적인데 화성적 구조는 변조적이며 결코 이탈리아적 선율을 포기하지 않았다.

◆ 곡 해설

캉프라의 〈레퀴엠〉은 그의 교회음악 가운데서도 매우 특별한 위치를 차지하고 있는데, 불행히도 이 곡의 초연에 대한 어떤 기록도 남아 있지 않아 이 곡이 언제 어떻게 작곡되었는지 확실히 알 수 없다. 18세기에는 레퀴엠의 형식에 약간의 변형이 생겼는데 이 레퀴엠에서도 '분노의 날'(Dies irae)이나 '나를 자유롭게 하소서'(Libera me)가 빠져 있다. 이와 같은 현상은 특히 프랑스 교회음악에서 더욱 흔한 현상으로 그 후의 포레의 〈레퀴엠〉에서도 마찬가지로 이들이 빠져 있다.

이 곡은 레퀴엠의 표준적인 5악장 구성보다 2악장이 많은 전 7악장이며, 영원한 안식(Requiem)을 간구하는 '입당송'(Introitus)부터 시작하여 '주여, 불쌍히 여기소서'(Kyrie), '층계송'(미사 성가), '봉헌송', '거룩하시도다'(Santus), '주의 어린양'(Agnus Dei) 그리고 마지막으로 '후(Post) 영성체송'으로 구성되어 있다.

이 레퀴엠은 캉프라의 독특하게 아름답고 유려한 선율과 세밀한 표현력이 잘 나타나 있는 명곡이다. 하나의 선율에 이어 또 다른 선율이 나타나며, 그 사이사이에 경쾌하고도 기쁨에 찬 기악 반주가 나타나며, 성악 독창이 곡 전체에 산재해 있는데 특히 섬세한 관현악의 색채감이 두드러지며 풍부한 남성 음역과 여성 고음역의 절묘한 어울림이 네 번째 곡인 '층계송'에서 멋지게 나타나고 있다. 흔히 캉프라의 음악적 양식을 프랑스적인 화려한 색채감과 이탈리아의 협주곡 리듬감 및 변화무쌍한 조옮김의 결합이라 말하듯이 이 곡에서는 이러한 그의 독특한 작풍을 쉽게 느낄 수 있다.

이 작품은 4개의 음악 그룹 즉, 대합창, 소합창, 솔리스트 그룹, 그리고 오케스트라로 구성되어 있으며 소합창은 5성부의 대합창 2-3 파트에서 몇 명씩 뽑아서 부르고 있다.

♣ 연주와 음반

  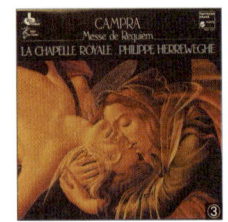

① 귀이 얀센스(Guy Janssens)가 라우단테스 콘소트(Laudantes Consort)를 이끈 최근의 음반(Cypres, 2007년)은 이 곡의 새로운 명연으로 등장했다. 이 음반은 서양음악사의 한 맥을 이루는 레퀴엠 프로젝트의 일환이며, 마쇼의 레퀴엠에 이은 제2탄으로 이 장르에 대한 지휘자의 깊은 이해와 사랑이 빚어낸 하나의 큰 음악적 결실이다. 전체적으로 쾌적한 템포의 설정과 물 흐르듯 흐르는 아름다운 선율미, 솔리스트들의 하나같이 높은 수준의 열정적 연주가 합쳐져 완성도 높은 최고의 명연을 펼치고 있다. 이 연주는 첫 부분 '입당송'의 따뜻하면서도 부드러운 기악 서주 등 그 시작부터 예사롭지 않다. 이어지는 합창의 '레퀴엠'은 프랑스 바로크 교회음악의 특징이기도 한 단순함과 감미로움, 그리고 투명

한 가사에 의해 황홀함과 아름다움을 멋지게 표현하고 있다. 합창의 울림이 아름답고 선율 라인이 잘 드러나는 연주로 완벽한 프레이징, 솔리스트들과 합창, 그리고 전체 합창과 소합창 사이에 주고받는 대화가 절묘하다. 오케스트라의 연주도 애잔함, 경쾌함 등 이 곡에 내포된 다양한 표정을 섬세하고 훌륭하게 표현하고 있다. 솔리스트들 가운데는 특히 테너 이반 구센(Ivan Goossens)의 아름다운 음색과 뛰어난 가창력이 깊은 감동을 자아내고 있지만 베이스의 연주는 평범함에 그치고 있어 매우 아쉽다.

② 존 엘리엇 가디너(John Eliot Gardiner)가 지휘하는 몬테베르디 합창단과 잉글리시 바로크 솔로이스츠의 연주(Erato, 1981년)도 이 곡 최고의 명연이며 한마디로 영국적인 연주라 말할 수 있다. 합창은 선율 라인이 명료하고 매우 역동적인 연주로 힘이 넘치며 오케스트라의 연주도 훌륭하다. 독창자들은 하나같이 뛰어난 가창력을 바탕으로 훌륭한 연주를 펼치면서 이 연주의 완성도를 높이고 있는데, 합창, 오케스트라, 솔리스트 모두가 우열을 가리기 어려울 정도로 훌륭한 연주를 펼치지만 합창의 연주가 압도적이며 극적이다. 솔리스트 중 테너 1의 장 클로드 올리악(Jean-Claude Orliac), 테너 2의 윈포드 에반스(Wynford Evans), 베이스 스테판 로버츠(Stephen Roberts) 모두가 하나같이 아름다운 목소리와 뛰어난 가창력으로 감동과 연주의 완성도를 더하고 있으며, 억지로 흠을 잡더라도 '프랑스 교회음악을 이처럼 밝게 연주해도 될까?'라는 염려 외에는 달리 지적할 것이 없는 출중한 연주이다.

③ 필립 헤레베헤(Philippe Herreweghe)가 지휘하는 라 샤펠레 로얄(La

Chapelle Royale)의 연주(Harmonia Mundi France, 1987년)는 전체적으로 유연한 템포의 프랑스적인 연주이다. 마치 과거 이 곡의 명연주로 명성이 높았던 프랑스 연주가 루이 프레모(Louise Frémaux)의 연주를 떠올리게 하는, 에스프리가 넘치는 연주이다. 합창은 프랑스풍의 유려함이 지배적이지만 오케스트라의 연주는 날렵하고 쾌적한 템포를 유지하고 있다. 솔리스트들은 모두 훌륭한 연주를 펼치고 있으며 다른 연주에서는 약한 베이스의 독창이 이 연주에서는 인상적이다.

쿠프랭
François Couperin

1668-1733

쿠프랭의 교회음악

쿠프랭(Francois Couperin, 1668-1733)은 파리에서 태어나 파리에서 사망한 바로크 시대 프랑스의 작곡가이자 오르간 연주자로서 그의 백부(伯父) 역시 같은 이름 프랑수아였기 때문에 구별하기 위하여 '대(大) 쿠프랭'이라 부른다.

쿠프랭은 10세 때 세상을 떠난 아버지 샤를르로부터 초기 음악교육을 받았으며, 1685년 아버지로부터 이어받아 파리의 생 제르베(Saint Gervais) 교회의 오르가니스트가 되었다. 1693년 쿠프랭은 그의 스승 토믈랭(Thomelin)의 뒤를 이어 왕립 예배당의 오르가니스트가 되었으며, 1717년 궁정 오르가니스트 및 작곡가가 되었다. 그 뒤 부르고뉴 공에게 클라브생과 작곡을 가르친 것을 계기로 왕족 · 귀족의 음악교사가 되었고 나름 루이 왕가의 신임도 두터웠으나 높은 지위에는 오르지 못하였다.

그의 작품은 이탈리아 작곡가 코렐리로부터 많은 영향을 받았으며 코렐리의 트리오 소나타를 프랑스에 도입하기도 했다. 쿠프랭의 트리오 소나타 모음집에는 '코렐리의 신격화'(Le Parnasse ou l'apothéose de Corelli)라는 제목이 붙어 있다. 그의 가장 유명한 저서『하프시코드 연주의 기술』은 1716년에 출판되었으며, 라모, 루이 클로드 다캥(1694-1772)으로 이어지는 소위 베르사유악파 클라브생 음악가의 계보에서 쿠프랭은 우뚝 선 뛰어난 거장이었다. 그는 수십 곡에 이르는 소곡을 모음곡으로 정리하여 출판하였으며, 한 곡 한 곡의 소곡은 문학적 내지 회화적인 표제를 지니며 듣는 사람의 상상력을 무한히 자극한다. 섬세한 울림과 우아한 꾸밈음으로 장식된 유려한 멜로디는 이른바 로코코의 세련된 감각미로 넘쳐흐르나 그 밑바닥에는 깊은 우수가 있으며 기지(機智)와 풍자를 간직하고 있다. 그는 라모와 함께 프랑스 클라브생 음악을 절정으로 쌓아올렸으며, 이성과 감정 사이의 균형은 바흐나 헨델과 같은 다른 나라의 음악가에게도 널리 영향을 미쳤다. 1713, 1717, 1722, 1730년에 출판된 4권의 클라브생곡집에 수록되어 있는 230여 곡은 독주 또는 다른 기악 앙상블에 관해 기술되어 있으며, 이 밖에도 모테토나 종교곡을 주로 하는 성악곡, 오르간을 위한 2개의 미사곡, 코렐리의 영향을 보이며 프랑스와 이탈리아를 종합하려는 듯한 여러 가지 실내악곡 등 어느 작품이나 모두 거장 쿠프랭의 이름에 손색이 없다고 할 수 있다.

테네브레 미사의 독송
Lecons De Tenebres

쿠프랭은 이 곡의 출판 서문에서 작곡 배경에 대해 "수년 전 롱샴 수녀원으로부터 그녀들이 환호하며 부를 3곡의 〈테네브레 미사의 독송〉을 작곡해 달라는 요청을 받았다. 수개월 전에 수요일과 목요일을 위한 독송을 미리 작곡하였기에 해결할 수 있었다."라고 술회하였다. "그러나 첫날을 위해 3곡을 주어버려 지금부터 사순절까지 나머지 6곡을 출판하기에 시간이 너무 촉박하다. 항상 각 날의 첫 번째와 두 번째 독송은 하나의 성부를 위해, 세 번째 독송은 2성부를 위해 써야 했다. 성악 파트는 높은음자리표로 기보해야 하지만 다른 성부는 그들이 노래할 수 있어야 했다. 대중이 좋아한다면 나는 세 작품씩 여섯 작품을 더 쓸 작정이다. 만약 오르간이나 하프시코드를 반주하기 위해서 바소 디 비올이나 바소 디 바이올린을 추가해도 좋을 것이다."라고 서술하고 있다. 이런 서문과 함께 이 작품은 1714년에 출판되었는데 비록 짧은 서문이지만 그의 성악음악 연주에 관해 귀중한 정보를 주고 있다. 왕실 예배당의 오르가니스트로 이미 상당수의 오르간과 성악음악을 출판하였지만 쿠프랭은 이 새로운 작품이 파리의 롱샴 수도원으로부터 좋은 반응을 얻었다는 소식을 접하자 기뻐 어찌할 바를 몰랐다고 한다. 나머지 6곡의 〈테네브레 미사의 독송〉의 출판본은 그 후 작곡하지 않았는데 이는 그가 곧바로 클라브생곡집 『Pieces de Clavecin』 제2권의 작곡에 매달려야 했기 때문으로 생각된다.

테네브레(tenebre)는 그리스도의 수난을 상징하는 '어둠'을 의미하는 말로, 성주간의 저녁기도에 부르는 특별히 엄숙한 미사에서 삼각형의 촛대에 달린 15개의 촛불이 하나씩 꺼지며 마지막에는 깜깜한 암흑 가운데서 예레미야 애가의 내용이 노래 불린다. 이는 원래 심야기도(Matins) 시간에 이루어지는 미사이지만 성도들의 불편을 고려하여 그 전날 오후 시간에 이루어지기도 한다. 예레미야의 애가를 가사로 하여 곡을 붙였으며 성 수요일, 세족 목요일, 성 금요일 아침 기도에서 불렸다. 트렌트 공의회는 칙령을 내려 구약성서 가운데 어느 절은 노래로 부르고 어떤 특별한 절은 탄가조로 부를 것을 명시하고 있다. 제1독송은 선지자 예레미야의 애가로 시작하고 각 독송의 마지막은 "예루살렘, 예루살렘, 주 여호와로 돌아가라"로 끝나게 되어 있으며 첫 3독송의 가사는 예루살렘 성전이 파괴된 여파를 생생하게 그리고 있는데 예레미야 애가 첫 장 14행의 내용을 표현하고 있다.

쿠프랭은 고도로 발달된 엄격한 형식 속에서도 자신만의 소리를 만들어 내고 있으며 여러 면에서 이 곡은 그의 다른 성악곡과는 유(類)를 달리하는 작품으로, 극적 표현이 강한 바흐의 수난곡과는 달리 쿠프랭은 이 곡에서 이탈리아적인 밝음과 프랑스적인 화음이 혼합된 형식을 만들어 내고 있다.

'제1독송'은 독창을 위한 성가의 시작 가사인 "선지자 예레미야의 애가의 시작"(Incipit lamentatio Jeremiah)을 장식음을 달아가며 노래 부른다. 히브리어의 첫 번째 글자 'Aleph'와 뒤이어 나오는 히브리어 글자마다 확장된 멜리스마가 불리는데 이는 하나의 정형을 이루고 있으며, 시작 히브리어의 글자 뒤에 나타나는 시구에 레치타티보와 아리오소가 자유롭게 구사되면서 매우 유동성 있게 붙여졌다. 곡이 갖고 있는 극적 요소는 가사를 절묘하게 취급함으로써 표현하고 있으며, 그의 초기 모테트에서 발견되는 과도한 이탈리아풍의 낭송은 이곳에서는 발견되지 않는다. 두 번째 글자 "Beth"로 시작되는 "그녀는 비탄에 잠겨 밤에 울었네"(Plorans ploravit in nocte)는 특기할 만한 변형된 론도의 드문 예이다. 이 작품 전체를 통해 진정한 애가 스타일이 나타나 있는데, 그것은 감정 표현적인 레치타티보가 장식적인 히브리 글자나 흔히 짧은 휴식(petite pause)이란 표시에 의해 흔히 중단되곤 한다. '전주곡'으로 표시되어 있는 것은 확대된 기악 간주곡의 의미로 '부드럽게'(tendrement)와 '적절하게'(proprement)라는 악상기호가 붙어 있는데, 애가의 끝이라는 표시와 동시에 끝맺음의 "예루살렘아, 여호와께로 돌아가자"를 시작하는 두 가지 목적을 수행하고 있다.

'제2독송' 역시 독창을 위한 곡으로 히브리 문자 "Vav"라는 멜리스마로 시작되는데 여기서 처음이자 유일하게 비올라 다 감바를 위한 독립 파트를 쓰고 있으며, 이것은 제3독송의 2성부를 위한 두 멜로디의 교묘한 교환을 미리 예견케 한다. 부드럽게 연주하라는 악상의 "예루살렘아 기억하라"(Recordata est Jerusalem)의 노래가 끝날 때까지 8마디의 고집저음(Ground bass)이 6번이나 반복되고 있다. 이런 엄격한 화성 진행 안에서 쿠프랭은 "도움을 주는 자"(Auxiliator)에서의 화려한 장식음 처리를 포함한 가사와 선율의 프레이징을 매우 자유롭게 구사하고 있다.

'제3독송'은 히브리어 "Heth"로 시작하는 애가 가사의 10번째 행에서 3번째이자 마지막 독송으로, 2성부를 위한 3번째 독송은 "Yod"의 화려한 이중창의 멜리스마로 시작된다. 계속하여 "Caph", "Lamed", "Mem", "Nun" 등의 히브리 글자로 시작되는 두 성부는 때로는 모방 카논으로, 때로는 유니슨으로 불린다. "Lamed"의 이중창은 특별한 아름다움이 있으며, 가사 "주의하고, 보라"(Attendite, et videte)에서는 가사에 담긴 깊은 슬픔에 대해 특별히 강조하고 있다. 마지막 "예루살렘, 여호와께로 돌아가자"는 이 곡의 마지막을 장식하는 매우 감동적인 곡이다.

♪ 연주와 음반

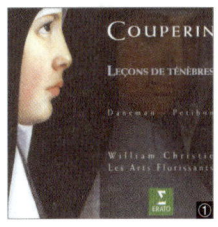 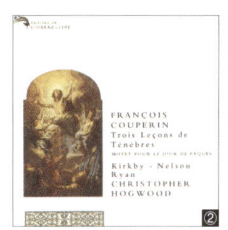 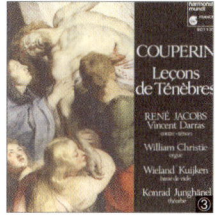

① 윌리엄 크리스티(William Christie)가 지휘하고 연주하는 레 자르 플로리상(Les Arts Florissants)의 연주(Erato, 1997년)는 비교적 근년의 연주로, 종래까지 이 곡 최고의 명연으로 널리 인정받아 왔던 호그우드 지휘와 소프라노 커크비의 연주를 뛰어넘는 놀라운 연주이다. 바로크 음악 전문 연주가인 미국계 프랑스인 윌리엄 크리스티의 지휘와 하프시코드 연주, 그가 창단한 바로크 전문 원전악기 연주 단체인 레 자르 플로리상의 연주는 바로크 음악의 참맛을 느낄 수 있게 해준다. 이 곡의 연주에서 생명이라 할 수 있는 솔리스트 중 제2소프라노의 파트리샤 프티

봉(Patricia Petibon)은 현재 최고의 바로크 소프라노로 성가가 높은데 과연 그 성가를 실감케 하는 뛰어난 기교와 절묘한 감정 표현으로 실력을 유감없이 발휘하고 있다. 제1소프라노의 소피 데인만(Sophie Daneman)도 뛰어난 가창력을 자랑하며 멋진 앙상블을 들려주고 있다. 두 사람이 함께 부르는 제3독송은 앙상블 자체도 최고의 훌륭한 연주이지만 서로 다른 두 사람의 음색이 빚어내는 멜리스마의 아름다움은 정말 황홀하다.

② 크리스토퍼 호그우드(Christopher Hogwood)의 지휘와 오르간 연주(L'Oiseau-Lyre, 1977년)는 오랫동안 그 지위를 유지해온 최고의 명연으로 원전연주가인 호그우드와 두 소프라노 주디스 넬슨(Judith Nelson)과 엠마 커크비(Emma Kirkby)의 훌륭한 가창이 어우러져 멋진 연주를 펼치고 있다. 제2소프라노를 부르는 넬슨은 윌리엄 크리스티 연주의 제2소프라노를 부르는 프티봉에 비해 지나치게 밝은 음색에다 가창력도 떨어진다. 그러나 제2독송을 부르는 소프라노 엠마 커크비의 천상의 목소리와 뛰어난 가창력을 마음껏 펼쳐 보이는 그녀의 노래는 듣는 사람에게 깊은 인상을 남겨 주어 절창이란 단어 외에 달리 표현할 방법이 없을 정도다. 두 솔리스트가 함께 펼치는 멜리스마와 앙상블은 훌륭하지만 두 사람의 음색이 큰 차이가 없어 앙상블의 묘한 맛은 덜하다.

③ 카운터테너 르네 야콥스(René Jacobs), 오르간의 윌리엄 크리스티, 비올의 빌란트 쿠이켄(Wieland Kuijken), 류트의 콘라드 융헤넬(Konrad Junghänel) 등 바로크 음악의 명인들이 함께 가담한 보기 드문 연주(Harmonia Mundi France, 1984년)이다. 이 연주는 솔리스트로 통상의 두 소프라노 대신에 두 카운터테너가 부르는 특이한 연주로, 전체적으로 여

성들의 연주와는 달리 다소 무겁고 어두운 분위기이다. 독창으로 되어 있는 제1 및 제2송을 부르는 르네 야콥스가 호연을 펼치지만 여성들이 부르는 맑고 섬세한 노래에 비해서는 아무래도 감동이 덜하다. 2성부의 제3독송 연주가 가장 완성도가 높으며, 상성부를 부르는 카운터테너 빈센트 다라스(Vincent Darras)의 기품 있는 목소리와 뛰어난 가창력은 큰 감동을 불러일으키며 알토를 부르는 르네 야콥스와 멋진 앙상블을 이루어 훌륭한 연주를 이끌고 있다.

비발디

Antonio Vivaldi

1678-1741

비발디의 교회음악

오늘날 합주 협주곡 〈사계〉의 작곡가로 대중에 널리 알려진 안토니오 비발디(Antonio Vivaldi, 1678-1741)는 협주곡을 주로 작곡한 사람으로 알려져 있다. 각종 악기를 위한 450여 곡에 달하는 협주곡과 75곡의 소나타, 그 외 다수의 심포니 등 그의 기악음악은 18세기 초 음악의 전반적인 발전에 있어 매우 중요한 위치를 차지한다. 기악음악에 비해 비발디의 교회음악 작품은 그의 전체 작품 중 아주 미미한 부분을 차지하고 있으며 현재 65편의 곡만이 확실한 비발디의 것으로 간주되고 있다.

젊은 시절의 비발디

노년의 비발디(캐리커처)

베네치아 산마르코 성당의 바이올린 주자였던 지오바니 바티스타 비발디(Giovanni Battista Vivaldi, 1655-1736)의 9형제 중 장남으로 태어난 안토니오 비발디는 일찍부터 아버지로부터 바이올린을 배웠다. 극장 음악가와 음악교사로서 여러 일거리가 있었음에도 가족의 경제적 안정을 이룰 수가 없었던 아버지는 재능 있지만 병약한 안토니오를 당시 유급 교육과 존경받는 사회적 신분을 보장해주는 성직자의 길로 보내기로 결심한다. 비발디는 15세인 1693년에 삭발하고 하급 성직자의 길로 들어서 25세 때인 1703년 3월에 정식 사제가 되었다. 원래 병약하여 정상적인 사제 업무를 보기 어려웠던 비발디는 그해 9월에 피에타 소녀 구빈원(救貧院, Ospedale della Pieta)의 바이올린 교사로 임명되었다. 그곳에서의 그의 직책은 꽤나 명성이 높았던 보육원의 소녀 오케스트라단을 지도하는 일과 연주할 작품을 작곡해 주는 것이었다. 당시 보육원의 규칙상 교회 성악음악의 작곡과 공연의 책임은 전적으로 합창장(合唱長)에게 있었으며 "바이올린 교사"인 비발디에게는 없었다. 비발디는 1713-1719년 사이와 1739년 피에타 보육원의 합창장 자리가 공석이었던 시기에 합창장 역할을 대신하여 교회음악을 작곡했다. 따라서 비발디의 교회음악은 거의 이 시기에 집중적으로 쓰였으며, 이런 이유로 비발디의 교회음악 작품은 그의 전체 작품 가운데서 미미한 부분을 차지한다.

비발디의 종교 성악 작품은 오라토리오 4곡, 미사의 부분 악장 7곡, 시편가 및 저녁기도 34편, 독창 모테트 26곡, 찬미가 10곡 등 현재 약 65편이 전해지고 있다. 실제로 20세기에 비발디 음악의 부활은 거의 전적으로 이탈리아 작곡가 카셀라(Alfredo Casella, 1883-1947)에 의한 것이다. 오랜 세월 동안 이탈리아 토리노 국립 박물관의 책 더미 속에서 잠자고 있던 〈글로리아〉를 비롯한 비발디의 많은 작품들이 카셀라에 의해 발견되어 다시 세상에 태어나게 되었다. 1939년 그에 의해 결성된 역사적인 '비발디 주간'에 의해 잠자고 있던 비발디의 작품이 다시 태어나게 된 것이다.

비발디의 교회음악 가운데서 〈글로리아〉 작품 589가 비발디의 대표적인 작품으로 가장 유명하다. 그 외 〈마니피카트〉(Magnificat) 작품 610 & 611번, 〈스타바트 마테르〉(Stabat Mater) 작품 621번, 〈복 있는 자〉(Beatus Vir) 작품 598, 〈크레도〉(Credo) 작품 591, 오라토리오 〈유디타의 승리〉(Juditha trumphans) 등이 비발디의 대표적인 교회음악 작품들이다.

바흐의 수난곡이나 모테트에서 표현된 속죄를 위한 겸손, 연민, 탄원 등은 비발디의 교회음악에는 약간의 흔적만이 있을 뿐이다. 그의 교회음악 작품은 기악적인 화려한 반주를 동반한 협주곡풍의 곡들이 대부분을 차지하고 있다. 당시 비발디는 피에타 구빈원의 실질적인 책임자가 된 후 종교적 예배를 위한 음악보다는 당시 유럽에 명성을 떨치던 피에타 보육원생들의 연주 실력을 과시하고 기부금도 모금해야 하는 위치에 있었으므로, 여러 가지 화려한 음악적 기교들을 과시하는 연주회용 음악 작품들을 써야 했던 것으로 생각된다.

〈글로리아 D장조〉 RV 589
Gloria in D

〈글로리아〉 D장조는 비발디 교회음악의 대명사로 알려져 있을 정도로 그의 교회음악 중 가장 유명한 작품이다. 이전에 듀라초 백작(1717-1794)이 구빈원으로부터 수집하였고, 현재는 토리노의 국립 박물관에 소장돼 있는 비발디 작품의 필사본을 조사하던 이탈리아 작곡가 카셀라(Alfredo Casella, 1883-1947)가 우연히 오랜 세월 도서관에서 묻혀 잠자고 있던 이 곡을 발견하였다. 카셀라는 스케치 그대로 남겨진 몇 부분을 보필하고, 1939년 시에나에서 행해진 '비발디 페스티벌'에서 자신의 지휘로 이 곡을 초연하였다. 이 곡은 현재 비발디를 대표하는 교회음악으로 전 세계인의 사랑을 받고 있다. 물론 이 곡의 작곡 연대에 대해서도 알려진 것이 거의 없지만 1715년 구빈원의 회계장부에 전적으로 미사 작품을 쓰는 조건으로 50 두카트의 특별 보너스가 지불된 정황으로 보아 구빈원의 합주장을 맡고 있던 시절에 작곡되었을 것으로 추정되고 있다.

구빈원의 외관과 내부

〈글로리아〉는 원래 가톨릭의 전례음악인 통상미사곡의 2번째 악장에 해당하지만 일부에서는 〈글로리아〉만 독립적으로 작곡되어 독립적으로 연주되기도 한다. 그런데 이 〈글로리아〉는 연주에 30분이나 소요되는 대규모의 것으로 미사의 한 악장으로 작곡한 것이 아님이 명백하며, 또한 예배 용도로 작곡되지 않은 것도 확실하다. 이 곡의 가사 처리에 있어 음악적 효과가 종교적 견지에 우선되고 있는 것으로 보아, 아마 비발디의 개인적 종교 감정에서 글로리아의 거룩한 가사를 통해 한 음악가로서 그것을 개성적으로 표현하는 데 뜻을 둔 것으로 추측된다.

이 작품에는 수백 곡이 넘는 협주곡을 작곡한 기악 작곡가로서의 비발디의 음악적 기량이 그대로 반영되어 있다. 그뿐만 아니라 이 곡은 비발디가 성악 작곡가로서도 뛰어난 음악가임을 엿볼 수 있다. 힘찬 합창과 서정적인 아리아, 호모포닉한 양식과 폴리포닉한 대위법적 기법, 극적인 패시지와 전원풍의 온화한 패시지, 이것들을 교묘히 조화·대비시키면서 풍부한 음악세계를 전개하고 있다. 이탈리아 바로크 성악곡의 전형을 여기에서 볼 수 있다.

비발디는 같은 텍스트로 작품 588과 589, 두 곡의 〈글로리아〉를 남겼는데 이 가운데서 작품 589의 D장조가 더 유명하다. 두 곡은 절반 정도가 흡사한 음악으로 구성되어 있는데, 작품 589는 강렬한 트럼펫과 활달한 현의 울림을 지닌 합창으로 시작하는 데 비해 작품 588은 흥겨운 분위기를 지닌 합창으로 먼저 시작한다. 따라서 작품 588은 예배용 작품의 성격이 강하고 작품 589는 연주회용 작품으로 더 적합하다는 분석이 학자들 사이에 있다. 당시 피에타 구빈원은 이들의 기악과 성악의 협주를 듣기 위해 유럽 각지에서 온 많은 방문객들로 붐볐으며, 유럽에서 많은 사람이 이들의 음악을 듣기 위해 몰렸다고 한다. 따라서 이 곡은 외향적으로 화려하게 작곡할 필요가 있었다. 비발디는 현악기에다 오보에와 트럼펫을 보태고 2명의 소프라노와 알토를 위한 힘찬 관현악 작곡법을 썼다. 구빈원에서는 소녀들만 연주하였기 때문에 남성 파트는 소녀들이 한 옥타브 낮게 불렀다고 한다.

앞과 마지막에 D장조와 힘찬 기악이 포진하는 형태로 된 이 곡에서는, 첫 곡인 '하늘 높은 곳에서는 주께 영광'(Gloria in excelsis Deo)의 옥타브를 오르고 내리는 힘찬 관현악 연주 후에 합창이 나타난다. 바흐 마니피카트의 첫머리에서 보여주는 대위법적인 복잡함과는 거리가 멀게 유려하고도 화려하게 진행된다. "땅에서는 평화로다"(Et in terra paxs)라는 침통한 가사가 분위기를 자아낸다. 이어 협주곡 양식의 소프라노 이중창이 "하나님을 찬양하라"(Laudamus te)라고 명랑하게 노래한다. 이어서 2부 합창의 '감사하나이다'(Gratias)는 다음 곡 푸가 '당신의 크신 영광을 위하여'(Propter magnum glorium tuam)에 대한 전주곡과 같은 기능을 갖는다. 이어 시칠리아풍의 천진한 소프라노 아리아 '주 하나님'(Domine Deus)이 오보에 콘티누오 반주 위에 낭랑하게 불린다. 이 곡에서 합창음악의 정점이라 할 수 있는 곡으로 중간에 위치하는 '하나님의 독생자'(Domine Fili unigenite)는 지속되는 싱코페이션, 확장, 프랑스풍의 점 리듬을 타고 나타난다. 이 곡의 풍요로움은 다음에 오는 알토의 음울한 분위기의 '주 하나님'(Domine Deus), '주의 어린양'(Agnus Dei)과 대조를 이룬다. 이어지는 짧은 합창곡인 '우리의 죄를 지고 가시는'(Qui tollis peccata mudi)은 비발디 화성감의 깊이를 느낄 수 있는 곡이다.

알토의 간절한 기도인 '하나님의 우편에 앉으신 주여'(Qui sedes ad dexteram)는 바흐의 힘찬 〈b단조 미사〉 알토 아리아와 비슷하나 바흐의 것보다 힘차다. 힘찬 기악과 합창인 '주님 홀로 거룩하시다'(Quoniam tu solus Sanctus)에서는 처음 부분 합창의 주 동기를 연상시킨다. 비발디는 바흐와는 달리 엄격한 대위법적 기법을 좋아하지 않은 것 같다.

곡 해설

[제1곡] Gloria in excelsis Deo(하늘 높은 곳에서는 주께 영광)

첫 곡과 마지막에 D장조의 힘찬 기악이 자리 잡고 있는 이 곡의 첫 곡인 '하늘 높은 곳에서는 주께 영광'은 옥타브를 오르내리는 트럼펫과 현의 화려하고 힘찬 전주 후에 "Gloria in excelsis Deo"가 몇 번씩 호모포닉하게 불린다. 사이사이에 기악 반주가 되풀이되며 합창은 같은 가사를 되풀이하며 부른다.

[제2곡] Et in terra pax(땅에서는 평화로다)

밝고 힘찬 첫 곡과 매우 대조적인 악장으로 첫 곡의 D장조의 병행조인 b단조로 매우 서정적이면서 신중한 분위기의 곡이다. "땅에서는 평화로다"라는 가사를 베이스가 먼저 시작하고 다른 성부들이 하나하나씩 선율을 모방하는 대위 선율이 카논풍으로 조용히 노래 불린다.

[제3곡] Laudamus te(하나님을 찬양하라)

G장조의 협주곡 양식 소프라노 이중창으로, 바이올린의 생기 넘치는 전주를 타고 "하나님을 찬양하라"라고 소프라노가 이중창으로 맑게 노래한다. 바이올린의 반복되는 리토르넬로는 성악 사이사이를 누비고 다니며 곡을 아름답게 치장한다. 이중창이 비슷한 노래를 부르기도 하면서 아름다운 앙상블을 만들고 있다.

[제4곡] Gratias agimus tibi(당신께 감사하나이다)

아다지오의 느린 템포의 합창으로 호모포닉한 찬미가이지만 엄숙한 조성을 선택하여 신앙고백을 하고 있다. 다음 제5곡의 전주곡과 같은 기능을 가진다.

[제5곡] Propter magnam gloriam tuam(당신의 크신 영광을 위하여)

본격적인 푸가 곡으로 이 곡의 마지막에 나타나는 푸가와 비교가 되는 곡이다. 따라서 이 곡이 두 곡의 푸가를 중심으로 배치되어 있음을 알 수 있다. 힘차고 빠른 템포로 시작되며 하나님의 광대하심을 찬양하는 내용의 푸가 곡이다.

[제6곡] Domine Deus(주 하나님)

C장조의 느린 목가풍의 시칠리아노 리듬이 쓰인 아름다운 소프라노

아리아이다. 한가로운 목가풍의 선율이 오보에와 소프라노에 의해 노래 불린다. "하늘의 왕 하나님, 전능하신 아버지"라는 가사로 되어 있다.

[제7곡] Domine Fili Unigenite(하나님의 독생자)

알레그로 F장조의 합창곡이다. 이 곡은 프랑스풍의 부점 리듬이 전 곡을 지배하면서 음악에 기쁨과 열정을 더해주는 곡이다. 부점 리듬의 전주를 타고 먼저 알토와 베이스가 "외아들 예수 그리스도"를 부점 리듬의 상승 선율로 시작하고, 이어서 소프라노와 테너가 이에 응답해 간다. 맨 처음 알토에서 시작된 부점 리듬을 가진 선율이 끊임없이 모습을 나타낸다.

[제8곡] Domine Deus, Agnus Dei(주 하나님의 어린양)

아다지오 d단조의 알토 독창과 합창이 서로 화답하고 교창하는 형식의 곡이다. 무겁고 엄숙한 분위기의 첼로의 전주 후 알토가 "하나님 아버지여, 세상 죄를 지고 가신 하나님의 어린양, 우리의 죄를 용서하소서"라는 간구를 노래한다. 알토의 깊은 음색을 살렸으며 종교적 감동이 깊은 곡이다. 첼로의 구슬픈 후주가 나온 후 조용히 끝난다.

[제9곡] Qui tollis peccata mundi(우리의 죄를 지고 가시는)

아다지오로 무거운 분위기의 느린 곡이며 호모포니로 되어 있고, 느리고 호모포닉한 제4곡과 음악적 맥락을 같이한다. 조성은 끊임없이 변하지만 기본은 e단조를 유지한다. 비발디 화성감의 깊이를 느낄 수 있는 곡이다.

[제10곡] Qui sedes ad dexteram(하나님의 우편에 앉으신 주여)

알레그로 b단조의 알토 아리아이며 "하나님 우편에 앉으신 주여"라는 내용으로 땅에 사는 인간의 간절한 기도이다. 비발디는 간결한 서법을 써서 종교적 감동을 직접적으로 표현하고 있다. 제8곡과 비슷한 맥락의 종교적 감동을 불러일으키는 곡이다.

[제11곡] Quoniam tu solus Sanctus(주님 홀로 거룩하시다)

알레그로 D장조의 합창으로 제1곡의 처음 전부 부분과 선율이 다시 나오며 앞부분을 회상케 한다.

[제12곡] Cum Sancto Spiritu(성령과 함께)

D장조의 힘차고 빠른 합창으로 이 곡의 마지막을 장식하기에 걸맞은 장려한 4성 푸가이다. 곡은 전주 없이 곧바로 시작된다. 정선율과 여기에 대한 대선율, 그리고 아멘 합창의 3가지 요소가 장엄하게 어우러져 〈글로리아〉의 마지막을 화려하게 수놓는다. 호흡이 긴 음형이 여러 번 나타나며 빠른 리듬의 선율이 이를 즐겁게 장식한다. 마지막 아멘은 헨델의 아멘 코러스를 예견하게 한다. 베이스, 알토, 소프라노, 테너의 순으로 모방하면서 장대한 푸가를 쌓아가며 클라이맥스에 도달한다. 또한 이 곡은 이탈리아적인 바로크 합창의 대명사라 해도 조금도 부족하지 않은 명곡이다.

🔹 연주와 음반

①-1, ①-2 리날도 알레산드리니(Rinaldo Alessandrini)는 콘체르토 이탈리아노와 함께 이 곡을 두 번 녹음하였는데, 어느 것이나 이 곡 최고의 명연으로 자신 있게 추천한다. 알레산드리니는 같은 연주 단체와 연주한 적이 또 있었는데(Opus 111, 2000년), 충격적인 연주로 이 곡 연주의 새로운 이정표를 세운 바 있다. 두 연주 모두 전체적으로 밝고 경쾌하며 이탈리아 자국의 음악에 정통한 알레산드리니의 음악적 취향과 실력이 그대로 드러난 연주이다. 다른 연주에 비해 빠른 부분의 연주는 전광석화처럼 빠르게 질주하지만 느린 곡에서는 충분히 느리게 연주하면서 멋진 음악을 만들어 내고 있다. 오케스트라는 솜털같이 가볍게 질주하면서도 한 치의 오차가 없는 치밀한 앙상블을 들려준다. 빠른 가운데서도 합창의 선율 라인이 잘 살아나고 있는데 이는 이 연주가 얼마나 탁월한가를 역설적으로 설명해 준다. 독창자로는 2000년 연주 때의 소프라노 데보라 요크(Deborah York)와 알토 사라 민가르도(Sara Mingardo)의 절창을 잊을 수 없다. 2009년의 소프라노 안나 심볼리(Anna Simboli)의 연주

도 훌륭하지만 요크의 절창에 비하면 지극히 평범하게 들린다. 이 곡에서 가장 중요한 역할을 하는 알토는 두 연주 모두 사라 민가르도가 부르는데 매력적인 목소리에 호소력 넘치는 노래가 감동적이다. 2000년에 비해 2009년의 민가르도의 노래에 다소 노쇠함이 엿보이는 듯해 아쉽다.

2000년의 음반에는 〈마니피카트〉 작품 611이 함께 수록되어 있다. 알레산드리니의 2009년(Naive) 연주는 최신 녹음된 연주로, 2000년의 전광석화처럼 빠른 충격적인 연주보다 다소 템포가 느려져 합창 소리가 더욱 명료하게 들리는 차이가 있다. 두 음반 모두 우열을 가리기 쉽지 않을 정도로 명연을 펼쳤으나 필자는 솔리스트의 절창을 들을 수 있는 2000년도의 연주에 더욱 마음이 간다.

② 존 엘리엇 가디너(John Eliot Gardiner)가 지휘하는 잉글리시 바로크 솔로이스츠와 몬테베르디 합창단의 연주(Philips, 1998년)로 알레산드리니에 필적한 명연이다. 원전악기를 사용한 정격연주로 오케스트라와 합창이 생동감 넘치는 쾌연을 펼치고 있다. 전체적으로 템포가 빠른 편이며 합창의 앙상블이 완벽하며 정교하고 치밀하다. 특히 제2곡 '땅에서는 평화로다'(Et in terra pax)의 합창은 훌륭하기 그지없다. 솔리스트 가운데는 해맑은 목소리의 소프라노 캐서린 퓨지(Katharine Fuge)의 노래가 출중하다. 그리고 이 곡에서 중요한 역할인 알토를 부르는 메조소프라노 엘리노어 카터(Elinor Carter)는 차분한 목소리로 깊은 감정 표현을 하고 있다.

③ 비토리오 네그리(Vittorio Negri)가 지휘하는 잉글리시 체임버 오케

스트라와 존 알디스 합창단(John Alldis Choir)의 연주(Philips, 1978년)는 이 곡의 고전적인 명연이다. 오늘날 고악기를 사용하는 원전연주에 비해서 잉글리시 체임버 오케스트라의 연주는 경쾌하지만 음색은 온화하고 부드럽다. 이 음반은 합창의 연주가 압도적으로 뛰어났는데, 성부 간의 앙상블이 훌륭할 뿐만 아니라 선율 라인도 잘 살아난 연주로 순음악적 아름다움이 느껴지는 명연주이다. 이 연주에서는 솔리스트도 특별히 훌륭한데, 메조소프라노 앤 머레이(Anne Murray)와 콘트랄토 비르기트 피닐레(Birgit Finnilä)의 가슴 저미는 노래는 가히 절창이다.

〈글로리아 D장조〉 RV 588

Gloria in D

    필자는 비발디 〈글로리아 D장조〉 RV 589와 RV 588 두 작품이 상당 부분이 비슷하게 겹치는 줄 알고 있었으므로 구태여 걸작인 RV 589 외에 RV 588을 구별해 들을 필요가 있을까 하는 의구심을 갖고 있었다. 그런데 RV 588의 음반을 듣고 나서 나의 선입견은 완전히 잘못된 것이라는 사실을 이내 간파할 수 있었다. 오히려 필자에게는 이 작품이 신선한 충격으로 와 닿았다.

♣ RV 588, 589: 두 작품의 차이

    물론 이 두 작품은 가사와 조성이 같은 곡이고 일부 곡은 동일한 선율을 사용하고 있어 전체적으로 비슷한 점이 있는 것도 사실이다. RV 589는 12곡으로 구성되어 있으나 RV 588은 11곡으로 구성되어 있다. 첫 곡인 '하늘 높은 곳에서는 주께 영광'은 RV 589에서는 옥타브를 오르고 내리는 힘찬 관현악 연주가 있고 난 뒤 합창이 나타나는 데 비해, RV 588의 첫 곡은 원래 RV 639 〈글로리아의 서주〉에서 가져온 것으로 잔물결 리듬(Sonoro modulation)으로 시작하며 알토 솔로에 이어 합창이 등장한다. 두 번째 곡 '땅에서는 평화로다'는 RV 588에서는 4/4박자 라르고의 느린 템포로 베이스로부터 시작하는 하강하는 음형이 파트별로 순차 진행이 특징적인데, RV 589는 3/4박자 안단테로 파트별로 순차적인 것은 비슷하나 선율이 다르고 서정적이다. '하나님을 찬양하라'는 RV 588에서는 세 번째 박자부터 시작하는 소프라노 I&II의 아름다운 3도로 진행되는데, RV 589에서도 두 소프라노가 3도로 진행하는 것으로 보아 두 곡은 쌍둥이처럼 닮은 곡이라 할 수 있다. '당신께 감사하나이다'는 두 작품 모두 G장조의 G음의 같은 단어(bi)에서 페르마타를 하고 있어 정말 같은 작품이라 할 만큼 닮았다. RV 589에서 '당신의 크신 영광을 위하여'는 본격적인 푸가로서 마지막 곡의 대푸가와 비교될 정도로 훌륭하지만, RV 588에서는 '당신께 감사하나이다'의 끝부분에 잠시 나오며 별도의 곡으로 되어 있지 않다. '주 하나님'은 RV 588에서는 테너 독창으로 현악기와 어우러진 섬세한 표현은 하나님을 찬양하는 진정한 영혼의 소리로 들린다. 반면 RV 589에서는 오보에의 독주와 함께 감미롭고 섬세한 표현이 돋보인다. '하나님의 독생자'는 RV 588에서는 2/2박자의 그리 빠르지 않은 알레그로로 기악 반주 없이 테너 파트의 힘찬 출발로 전개된다. RV 589에서는 3/4박자 부점 리듬의 경쾌한 기악 전주의 제시 후 합창이 이를 모방하는 카논 형식으로 작곡되어 있다. '주 하나님의 어린양'의 경우 RV 588에서는 오보에의 반주를 타고 소프라노가 노래되는 데 비해, RV 589에서는 알토 솔로에 합창이 극적으로 개입되어 상당히 묵직하게 불린다. '우리의 죄를 지고 가시는'은 모두 아다지오로 쌍둥이처럼 닮은 곡이나 음악적 표현이 시작부터 다르다. '하나님의 우편에 앉으신 주여'는, RV 588에서는 부드럽고 낮게 울리는 비올라와 베이스의 반주를 타고 알토가 호소력 짙은 표현으로 목가풍으로 부른다. 그러나 RV 589에서는 이와 달리 아주 빠르고 강렬하게, 그러면서도 기교적으로 불린다. '주님 홀로 거룩하시다'는, RV 588의 경우 소프라노 독창은 기교적인 멜리스마가 나오면서도 내면적인 성향을 띠지만, RV 589에서는 첫 곡에서 나온 '하늘 높은 곳에서는 주께 영광'의 합창 선율이 압축되어 나타난다. 마지막에 푸가 '성령과 함께'는, RV 588에서는 첫 마디를 모든 파트가 합창으로 장중하게 시작한다. 웅장하고 화려함으로 마지막을 장식할 것 같으나, 시작 부분이 아다지오로 시작되고 다시 3마디 전 페르마타를 충분히 사용하여 2/2박자로 변박이 되고 템포가 더욱 빨라져 "성령과 함께"라고 극적인 효과를 보인다. 반면 RV 589에서는 성악과 기악을 보다 화려하게 나타내기 위해 당시 베네치아의 지오바니 마리아 루기에리(Giovanni Maria Ruggieri)가 쓴 글로리아의 마지막 푸가를 따서 종결 푸가를 만들었다. 그래서 마지막의 "성령과 함께"에서는 오케스트라가 장대하게 연주하는 것이 특징적이다.

♣ 연주와 음반

① 리날도 알레산드리니(Rinaldo Alessandrini)가 지휘한 콘체르토 이탈리아노의 연주(Naive, 2009년)는 이 곡 최고의 명연이다. 알레산드리니는 같은 연주단체를 이끌고 〈글로리아〉 RV 589의 충격적인 연주로 최고의 명연을 이룩한 바 있다. 〈글로리아〉 RV 588은 〈글로리아〉 RV 589

만큼 규모가 있고 화려한 곡은 아니지만 알레산드리니는 이 곡에서도 생동감 넘치는 연주를 통해 최고의 명연을 만들어 내고 있다. 특히 이 연주에서는 오랫동안 그와 함께 호흡을 맞추어 온, 콘트랄토의 지존이라 할 수 있는 이탈리아의 사라 민가르도가 뛰어난 가창력을 바탕으로 종횡무진 활약하여 최고의 명연을 만들어 내고 있다. 이 음반에는 RV 589의 〈글로리아〉가 함께 수록되어 있다.

② 비토리오 네그리(Vittorio Negri)가 지휘하는 잉글리시 체임버 오케스트라와 존 알디스 합창단의 연주(Philips, 1979년)도 뛰어난 연주의 하나이다. 이 연주는 오케스트라와 합창의 연주가 특별히 뛰어나며 함께하는 솔리스트 가운데는 뛰어난 가창력의 테너 앤소니 롤프 존슨(Anthony Rolfe Johnson)의 연주가 가장 훌륭하다. 두 소프라노의 연주도 훌륭하나 음색의 부조화 때문인지 앙상블은 그다지 빛을 발하지 못한다. 알토 솔로를 부르는 콘트랄토 린다 피니(Linda Finnie)는 뛰어난 기교를 자랑하지만 음색이 지나치게 밝아 민가르도와 같은 깊은 감동을 자아내지는 못하여 아쉽다.

③ 필립 피케트(Philip Pickett)가 지휘하는 뉴 런던 콘소트(New London Consort)의 연주(Decca, 1996년)는 바로크 전문 연주자답게 가볍고 신선한 연주를 펼치나 깊은 음악적 표현이 없다. 그리고 함께한 솔리스트의 연주들이 소프라노 캐서린 보트(Catherine Bott)를 제외하고는 다른 연주에 비하여 지극히 평범하다.

〈주님이 집을 세우지 않으시면〉 g단조 RV 608
Nisi Dominus

비발디는 시편을 가사로 하여 17곡을 작곡하였다. 작품에 붙어있는 시편 126편 번호는 일반 보급용 라틴어 성서(불가타) 번호로서 오늘날 성서의 시편 127편 솔로몬의 시로 성전에 올라가는 노래이다. 가사를 소개하면 "여호와께서 집을 세우지 아니하시면 세우는 자의 수고가 헛되며 여호와께서 성을 지키지 아니하시면 파수꾼의 깨어 있음이 헛되도다. 너희가 일찍이 일어나고 늦게 누우며 수고의 떡을 먹음이 헛되도다. 그러므로 여호와께서 그의 사랑하시는 자에게는 잠을 주시는도다. 보라 자식들은 여호와의 기업이요, 태의 열매는 그의 상급이로다. 젊은 자의 자식은 장사의 수중의 화살 같으니. 이것이 그의 화살 통에 가득한 자는 복되도다. 그들이 성문에서 그들의 원수와 담판할 때에 수치를 당하지 아니하리로다"

1717년에 작곡된 이 곡은 다양한 양식의 9개 악장으로 구성되어 있다. 이 곡은 알토 독창과 오케스트라를 위한 곡으로 원래 피에타 보육원의 여가수가 부르게 만들어졌다.

곡 해설

[제1곡] Nisi Dominus(주님이 집을 세우지 않으시면) g단조 4/4박자

기악 리토르넬로 주제는 솔로 협주곡의 주제를 연상시킨다. 악장 구성은 같은 선율이 자주 반복되는 리토르넬로 형식이다. 노래 부르는 성부는 콜로라투라가 요구된다. 같은 음악이 제8곡에도 사용되어, 악장 전체에 통일감을 준다.

[제2곡] Vanum est vobis(모든 것이 헛되도다) B♭장조 3/4박자

가라앉은 분위기의 상행음계의 점 리듬이 기악 반주와 성악 부분에 동기적으로 사용된다. 감정 풍부한 노래가 시작되는데, 그 선율로는 기악 부분에 나타난 동기가 사용되고 있다.

[제3곡] Surgite(깨어라) B♭장조 4/4박자

현악기가 연주하는 16분음표의 급속한 상승음계 진행은 "깨어라"(Surgite)라는 가사를 묘사하고 있다. "괴로움"(Doloris)에 대응하는 하행 반음계 진행은 극적인 효과를 더한다.

[제4곡] Cum dederit(주실 것이다) g단조 12/8박자

마치 솔로 협주곡의 느린 악장과 같다. 약음기를 낀 저음 현의 리드미컬한 전주가 있고 나서 "주실 것이다"(Cum dederit)라는 가사로 시작된 노래는 "잠"(somnum)이라는 단어를 매우 서정적으로 묘사하며, 시칠리아노풍의 서정적인 아름다운 선율이 감성 풍부하게 불린다.

[제5곡] Sicut sagittae(화살같이) E♭장조 3/8박자

이 곡은 솔로 협주곡의 마침 악장을 연상시킨다. 기악 리토르넬로 주제는 춤곡 지그이다. 구성도 리토르넬로 형식에 의하며 기악으로 연주되는 경쾌한 선율을 성악이 그대로 받아 경쾌하게 노래한다.

[제6곡] Beatus vir(사람은 행복하다) B♭장조 4/4박자

다시 협주곡의 느린 악장처럼 되는데, 반주는 저음악기인 첼로와 비올라, 그리고 통주저음 악기가 담당한다. "사람은 행복하다"(Beatus vir)의 가사로 매우 서정적인 노래가 펼쳐진다.

[제7곡] Gloria Patri(성부께 영광) d단조 4/4박자

서정적인 꽤 긴 기악 전주 후에 "성부께 영광"(Gloria Patri)의 노래가 시작된다. 반주는 비올라 다모레의 독주와 통주저음만으로 이루어진다. 통상적인 들뜬 분위기의 글로리아가 아닌 명상적인 글로리아이다. 성악과 비올라 다모레와의 동기 얽힘은 악장 전개에 긴장감을 더해 준다.

[제8곡] Sicut erat in pricipio(태초로부터 그랬던 것처럼) g단조 4/4박자

제1곡과 같은 힘차고 약동하는 리토르넬로 주제가 다시 사용되고 있다. "세대"(saecula)에서 전개되는 매우 기교적인 노래는 이 곡 전체의 클라이맥스가 된다.

[제9곡] Amen(아멘) g단조 3/8박자

매우 기교적인 "아멘"으로 시작되는 이 곡은 이어지는 바이올린의 반복하는 리듬 패턴이 음악의 흐름을 가속화시킨다. 제1곡의 주제가 이

미 앞의 곡에서 재현되어 있어 작품 전체가 완결되어 버리기 때문에, 이 마지막 아멘 악장의 힘찬 전개는 이 곡의 종결에서 매우 중요하다.

◆ 연주와 음반

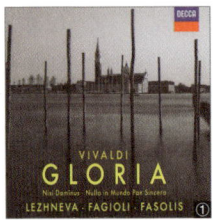 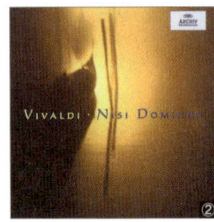 

① 디에고 파졸리스(Diego Fasolis)가 지휘하는 이 바로키스티(I Barocchisti)의 연주(Decca, 2018년)는 이 곡의 최고 명연으로 새로이 등극한 놀라운 연주이다. 이 곡의 가장 최근 연주로, 최근 고음악 전문 연주가로 명성을 날리고 있는 지휘자 파졸리스는 전광석화와 같은 빠른 템포와 신선하고도 충격적인 연주로 놀라운 음악을 창출하고 있다. 이런 뛰어난 오케스트라의 연주를 바탕으로, 이 곡의 솔로를 부르는 캐나다 출신의 카운터테너 프랑코 파지올리(Franco Fagioli)는 자신의 기량을 마음껏 발휘하며 이 연주를 명연으로 이끌고 있다. 파지올리의 연주는 기교적인 빠른 패시지에서보다는 느리고 서정적인 악장에서 더욱 빛을 발한다. 파지올리의 깊은 감정 표현은 일품으로, 듣는 사람의 가슴에 깊은 감동을 각인시켜 준다.

② 트레버 피노크(Trevor Pinnock)가 지휘하는 잉글리시 콘서트(The English Concert)의 연주(Archiv, 1997년)도 이 곡 최고의 명연 중 하나이다. 피노크가 지휘하는 잉글리시 콘서트는 가볍고 경쾌한 연주를 통해 바로

크 음악의 참맛을 멋지게 표현하고 있다. 곡 중 알토 솔로를 부르는 영국의 카운터테너 마이클 챈스는 유연한 템포를 유지하며 뛰어난 가창력을 바탕으로 깊은 감정 표현을 자유자재로 하면서 이 연주를 최고의 명연으로 만들고 있다.

③ 크리스토퍼 호그우드(Christopher Hogwood)가 지휘하는 고음악 아카데미(Academy of Ancient Music)의 연주(L'Oiseau-Lyre, 1989년)는 버리기 어려운 이 곡의 명연이다. 오케스트라의 연주는 음이 다소 날카롭게 들리지만 가볍고 상쾌하기 그지없는 호연을 들려준다. 알토 솔로를 부르는 영국의 전설적인 명카운터테너 제임스 바우만의 절창이 빛을 발하는 연주이지만 오늘날의 연주자에 비하면 노래가 다소 무겁게 들린다.

〈마니피카트〉 g단조, 작품 610
Magnificat

〈마니피카트〉는 신약성서 누가복음 제1장 46-55절에 나오는 마리아의 찬가로, 하나님의 사자에 의해 수태(受胎)를 알게 된 마리아가 친족인 제사장 사가랴의 아내 엘리사벳를 방문하고 기쁨 속에 하나님을 찬미하는 내용에 곡을 붙인 것이다. 그 노래의 가사는 비천한 자기의 몸에서 하나님의 아들을 잉태하게 될 놀라울 일에 대해 하나님께 찬미를 드리는 찬미가로, "내 영혼이 주를 찬양해"(Magnificat anima mea Dominum)로 시작된다. 이러한 〈마니피카트〉는 가톨릭 전례인 성무일도에 있어 가장 중요한 저녁기도(Vesper) 때 장중하게 불렸다.

비발디의 〈마니피카트〉는 1713-19년 사이의 베네치아의 피에타 보육원 시절에 작곡된 것으로 추정되며 당시에는 그의 〈글로리아〉보다 더 성공적인 작품으로, 〈글로리아〉가 베네치아 내에서만 연주된 데 비해 이 곡은 일찍이 전 유럽으로 악보가 퍼져나갔다.

1720년경 비발디는 오보에를 추가하여 합창과 오케스트라에 적절하게 분배하였으며 1739년 초고의 3악장 대신에 5개의 솔로를 위한 악장으로 만들었다. 이 5악장을 보육원의 고참 소녀 5명의 기량에 맞게 작곡한 것이 작품 611의 〈마니피카트〉이다.

곡 해설

[제1곡] Magnificat anima mea(내 영혼이 주를 찬양해)

"내 영혼이 주를 찬양해"를 장중하게 부르고 이것이 반복된 후 곧바로 2곡으로 들어간다.

[제2곡] Et exultavit(기뻐하라)

즐겁고 경쾌한 서주 후 소프라노 솔로가 "내 영혼이 늘 기뻐하며"를 즐거이 부르면 간주 후 알토 솔로가 이를 받아 부른다. 짧은 간주와 합창 후 테너 솔로가 "큰 일 행하신 거룩하신 주"를 부른다.

[제3곡] Et misericorda(주는 긍휼하시다)

무거운 전주 후 알토 파트가 "주의 긍휼하심이 대를 이어"를 차분히 시작하면 베이스 파트가 이를 받아 부른다. 이어 소프라노 파트가 차분하게 따르고 결국 모든 성부가 합쳐 진행된다. 호모포닉한 진행을 거쳐 숭고하게 끝맺는다.

[제4곡] Fecit potentiam(권능 보이시네)

짧고 격렬한 리듬의 하강하는 음형의 전주 후 합창이 "권능 보이시네"를 힘차게 노래한 후 후주가 따르고 곧바로 빠른 템포의 5곡으로 이어진다.

[제5곡] Deposuit(교만한 자 벌 내리시네)

곧바로 합창이 유니슨으로 "교만한 자 벌 내리시네"를 힘차게 부른다. 짧은 곡이지만 전곡을 4성부 모두 유니슨으로 부르는 것은 흔치 않은 일이다.

[제6곡] Esurientes(주린 자 먹이시네)

소프라노가 이를 받아 대화하듯이 주고받다가는 다시 합쳐져 아름다운 이중창을 전개해 간다. 이 곡에서는 중간중간에 멜리스마 양식의 이중창이 아름답게 전개되고 있다.

[제7곡] Suscepit Israel(도우시는 이스라엘)

합창이 장중하게 "주의 종 이스라엘을 도우시네"를 느리게 시작하고 이어 "기억하사"에서 다소 템포가 빨라지는 듯하다 다시 느려져 "불쌍히 보소서"를 부른다.

[제8곡] Sicut Locutus(주의 말씀대로)

오보에와 현의 매우 경쾌한 서주 후에 소프라노 파트가 먼저 "아브라함과 우리 자손에게"라는 가사를 즐겁게 노래하기 시작하면 이어 알토, 베이스가 합쳐진다. 짧은 간주 후 이번에는 베이스가 먼저 앞의 가사를 다시 시작하고 이어 알토, 소프라노가 합쳐져 화려한 대위법적 진행을 한 후 3성부가 제창하듯이 마친다.

[제9곡] Gloria Patri(성부께 영광)

합창이 "성부께 영광"을 느리고 장중하며 호모포닉하게 시작한다. 이어 곡을 마감하기 위한 소영광송 "처음과 같이 이제와 항상 영원히 아멘"이 시작된다. "아멘"을 상성부가 선율을 주도하면서 다른 성부는

"영원히"를 대위법적으로 되풀이해 노래한 후 아멘으로 힘차게 마친다. 전곡을 마감하기에 부족함이 없는 멋진 곡이다.

♣ 연주와 음반

  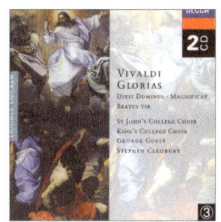

① 로버트 킹(Robert King)이 지휘하는 킹스 콘소트 합창단과 오케스트라(The King's Consort & Choir)의 연주(Hyperion, 1994년)는 이 곡 최고의 명연이다. 이 연주는 오케스트라와 합창의 연주가 특별히 뛰어나다. 경쾌하고 생동감 넘치는 오케스트라의 연주는 비발디 기악음악의 정수를 들려주면서 곡 전체의 분위기와 음악을 리드하고 있다. 합창은 매우 힘차며 여유로운 템포로 아름다운 선율과 멋진 앙상블을 만들었다. 또한 이 연주에서는 곡 중 솔리스트들의 연주가 하나같이 뛰어나 완성도에 크게 기여하였다. 두 소프라노 중 제1소프라노를 부르는 수잔 그리톤(Susan Gritton)은 뛰어난 가창력과 아름다운 목소리로 곡 중 솔로는 물론, 제6곡의 이중창에서도 제2소프라노를 리드해가며 아름다운 앙상블을 들려준다. 그리고 테너 솔로를 부르는 린톤 엣킨슨(Lynton Atkinson)의 노래 또한 훌륭하기 그지없다. 이 연주는 소위 오케스트라, 합창, 솔리스트, 3박자 모두가 뛰어난 연주를 들려주는 보기 드문 경우의 하나이다.

② 비토리오 네그리(Vittorio Negri)가 지휘하는 잉글리시 체임버 오케스트라와 존 알디스 합창단의 연주(Philips, 1979년)는 이 곡의 고전적인 명연 중 하나이다. 오늘날 고악기를 사용하는 연주에 비해서는 온화하고 날이 덜 선 연주처럼 들리지만 합창의 연주와 앙상블이 훌륭하며 음악적 깊이가 느껴진다. 솔리스트는 모두 훌륭한 가창을 펼치고 있으며, 특히 소프라노의 마가렛 마샬(Margaret Marshall)과 테너 앤소니 롤프 존슨의 노래가 뛰어나다.

③ 필립 레저(Philip Ledger)가 지휘하는 케임브리지 킹스 칼리지 합창단과 세인트 마틴 인 더 필즈 아카데미(Academy of St Martin in the Fields)의 연주(Decca, 1976년)도 있는데, 이 연주는 세련되고 아름다운 선율을 뽑아내는 오케스트라의 연주와 합창단의 연주가 모두 훌륭하다. 이 연주에서는 소프라노 성부를 소년이 불러 신비로움과 신선함을 더해주는 긍정적 측면이 있지만 제6곡에서처럼 성숙한 성악가의 감동적인 앙상블을 들을 수 없다는 아쉬움이 있다.

〈마니피카트〉 g단조, 작품 611
Magnificat

비발디의 〈마니피카트〉 작품 611은 그의 작품 610과 거의 동일한 곡이나 제2곡, 제6곡과 제8곡이 다른 곡으로 되어 있다. 특히 작품 611번에서는 노래를 부를 당시 보육원의 소녀들 이름이 명기되어 있는데, 비발디가 그 소녀들의 음역과 기량을 고려하여 작곡한 것으로 생각된다.

제2곡 '기뻐하라'(Et exultavit)는 소프라노 아폴로니아(Apollonia)를 위한 곡으로 경쾌한 리듬의 전주 후에 소프라노 솔로에 의한 꽤 기교적인 노래가 화려하게 전개되고 있다. 제3곡 '우리 주께서 돌보셨음이라'(Qui Respexit)는 소프라노 볼로네사(Bolognesa)를 위한 곡으로 셋잇단음표의 경쾌한 전주를 타고 "우리 주께서 돌보셨음이라"(Qui Respexit)라고 기쁘게 노래한다. 이어지는 '큰일을 내게 하셨음이요'(Quia fecit mihi magna)는 소프라노 키아레타(Chiaretta)를 위한 것으로 약동하며 도약하는 전주를 타고 "큰일을 내게 하셨음이요"라는 가사의 기교적이면서 아름다운 노래를 부른다. 제6곡 '주린 자 먹이시네'(Esurientes)는 콘트랄토 암브로시나(Ambrosina)를 위한 곡으로 경쾌하면서도 멜리스마 양식이 자주 등장하는 매우 기교적인 곡이다. 제8곡 '주의 말씀대로'(Sicut

Locutus)는 콘트랄토 알베타(Albetta)를 위한 것으로 매우 온화한 분위기의 서정적인 곡이다. 셋잇단음표가 자주 등장하면서 곡의 분위기를 생동감 있게 만들어 주고 있다.

♪ 연주와 음반

 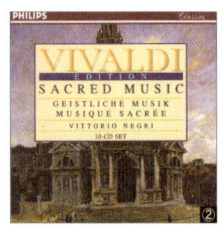 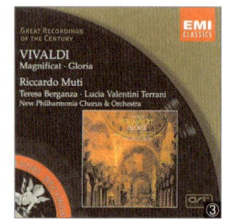

① 리날도 알레산드리니(Rinaldo Alessandrini)가 지휘하는 아카데미아 앙상블(Akademie Vocal Ensemble)과 콘체르토 이탈리아노의 연주(Opus 111, 2000년)는 이 버전 최고의 명연이다. 전체적으로 템포가 전광석화처럼 빠르고 이탈리아적인 밝고 신선하며 빛나는 느낌을 주며, 알레산드리니의 자국 작곡가에 대한 긍지와 자신감이 넘치는 연주이다. 관현악과 합창의 연주가 생동감이 넘치며 섬세하면서도 정교하다. 솔리스트들의 연주가 하나같이 훌륭하며 특히 콘트랄토 사라 민가르도의 윤기 있는 음색으로 깊은 감정을 담아 부르는 가창이 특별히 가슴에 와닿는다.

② 비토리오 네그리(Vittorio Negri)가 지휘하는 잉글리시 체임버 오케스트라와 존 알디스 합창단의 연주(Philips, 1979년)의 연주는 이 곡의 고전적인 명연 중 하나이다. 이 연주는 비발디의 교회음악 전곡을 10개의 CD로 집대성한 이탈리아 지휘자이자 음반 프로듀서, 음악학자였던 네그리의 자국 음악가 비발디 음악에 대한 사랑과 열정을 엿볼 수 있는 명

연의 하나이다. 오케스트라의 연주가 신선하고 경쾌하기 그지없고 존 알디스 합창단의 연주와 앙상블이 훌륭하며 음악적 깊이가 느껴진다. 솔리스트들의 연주도 모두 훌륭한데, 그 가운데서도 소프라노 마가렛 마샬의 여유 있는 가창과 알토를 부르는 린다 피니의 깊은 감정 표현이 매우 훌륭하다.

③ 리카르도 무티(Riccardo Muti)가 지휘하는 필하모니아 오케스트라와 합창단(Philharmonia Orchestra & Chorus)의 연주(EMI, 1977년)는 원전연주가 보편화된 오늘날의 견지에서 보면 다소 고풍스럽지만, 무티가 지휘하는 오케스트라는 이탈리아적 밝음과 신선함이 넘치는 연주를 들려주고 있다. 합창은 대규모 합창단의 참가로 음량이 풍성하며 힘차고 웅장한 느낌을 준다. 그러나 음량이 지나치게 커서 전체적으로 합창이 투명하게 들리지 않으며 마지막 합창 '성부께 영광'(Gloria patri)은 지나치게 격정적이어서 바로크 음악의 참맛을 오히려 떨어뜨리는 아쉬움이 있다. 거기에 비해 솔리스트로는 메조소프라노 테레자 베르간자(Teresa Berganza)와 콘트랄토 루치아 발렌티니 테라니(Lucia Valentini Terrani)의 매력적인 음색과 호소력 넘치는 가창은 듣는 사람의 귀를 사로잡는다.

비발디 〈스타바트 마테르〉 RV 621
Stabat Mater

〈스타바트 마테르〉는 "십자가 곁에 서 계신 성모"라는 뜻의 라틴어로 시작되는 가톨릭 성가로, 십자가에 달린 아들 예수 그리스도를 바라보는 성모 마리아의 슬픔을 그린 음악이다. 가사는 13세기 이탈리아 수도사 야코포네 다 토디(Jacopone da Todi, 1230-1306)가 만들었다고 알려져 있다. 종교개혁 이후 가톨릭의 반종교개혁을 논의하기 위해 개최된 트렌트 공의회에서는 〈스타바트 마테르〉를 가톨릭 예배에 사용하는 것을 금지했다. 그 후 교황 베네딕투스 13세가 1727년에 사용할 수 있게 다시 허용했다.

이 곡은 비발디의 약 50개의 교회음악 가운데 가장 마지막에 작곡된 것이다. 이 곡은 1712년 3월 18일에 있었던 동정녀 마리아의 일곱 수난 축제를 위해 쓰인 곡으로, 브레시아(Brescia) 교회의 오라토리오 형식으로 작곡되었다. 그런데 브레시아는 롬바르디아주 북부에 있는 도시로 당시 베네치아 지배하에 있었다. 그 전해에 비발디와 그의 아버지는 이 도시를 방문하였다.

〈스타바트 마테르〉는 4-6번의 곡이 가사는 다르지만 1-3곡의 노래들을 반복하고 있다는 점에서는 브레시아 형식에 충실하다고 볼 수 있다. 그러나 제7번과 8번의 노래 및 마지막 아멘은 모두 푸가 형식을 취하고 있는데, 이 곡들은 완전히 독립적인 곡이다. 〈스타바트 마테르〉 원시는 20절로 이루어져 있고, 각 절은 3행시로 되어있다. 비발디는 20절 가운데 전반 10절만 가지고 작곡하였고, 마지막에 '아멘'을 추가했다.

자필 악보는 이탈리아 토리노 국립도서관에 소장되어 있다. 자필 악보에서는 제4-6악장에 성악 파트만 있고, 제1-3악장의 음악을 반복하라고 지시되어 있다. 이처럼 동일한 음악이 사용되고 있고 악상이 f단조로 되어 있는 등 작품은 통일성을 가지고 있다. 이 곡은 알토 솔로와 현악을 위한 곡이지만, 당시 남성들에 의해 불렸던 것에는 의심이 없다.

🌱 곡 해설

[제1곡] Stabat mater doloros(십자가 곁에 성모 서서 비통하게 우시네) f단조 3/4박자

서주는 도약 음정이 있는 선율을 모방하며 시작한다. 베이스 성부는 반음계적으로 하행하는 선율을 노래하며 f단조의 분위기와 어울리는 독특한 정서를 만들어 낸다. 서주부의 선율은 곡의 중간과 마지막에 서주부의 전반과 전체가 재현되며, 리토르넬로(ritornello) 주제와 같은 움직임을 보인다. "십자가에 달리셨도다"(dum pendebat)의 선율이 조바꿈되면서 나타나는 바이올린 성부와 알토 성부의 반복진행이 매우 인상적이다.

[제2곡] Cujus animam(아들의 영혼을) c단조 4/4박자
현악 반주가 있는 레치타티보로 마지막에 "칼에"(gladius)가 강조된다.

[제3곡] O quam tristis(오, 너무도 슬프게) f단조 3/8박자
느리게 시작되는 서주 후반부에 제1바이올린과 제2바이올린이 서로 모방하면서 동기를 반복한다. 제1곡의 경우와 마찬가지로 노래가 불리는 중간과 마지막에 재현된다. "괴로움"(poenas)에서는 점32분음표 부점 리듬형이 6마디에 걸쳐 전개된다.

[제4곡] Quis est homo(울지 않는 자는 누구인가) f단조 3/4박자
음악은 제1곡과 동일하다. 가사 관계로 인해 성악 파트가 다소 변경되고 있을 뿐이다. 이 악장에서는 "이토록"(tanto)이 강조된다.

[제5곡] Quis non posset(삼갈 수 있을까) c단조 4/4박자
음악은 제2곡과 동일하다. 반음계와 불협화음의 사용으로 깊은 슬픔을 표현하고 있다. 여기에서는 마지막 "슬픔"(dolentem)이 강조되고 있다.

[제6곡] Pro peccatis(죄 때문에) f단조 3/8박자
음악은 제3곡과 동일하다. 점32분음표의 점 리듬의 반복은 두 마디로 단축되며, "버림받았다"(desolatum)가 강조된다.

[제7곡] Eja, mater, fons amoris(사랑의 샘인 성모여) c단조 4/4박자
이 곡은 협주곡의 느린 악장처럼, 악장 전체에서 점32분음표의 점 리

듬이 반복되며 가사에 있는 "사랑의 샘"(fons amoris)을 연상시킨다. 자필 악보엔 "바이올린과 비올 파트만으로, 비올이 없을 경우 바이올린으로 연주하도록"이라고 지시되어 있다.

[제8곡] Fac ut ardeat cor meum(내 마음에 불타게 하소서) f단조 12/8박자

음악은 시칠리아노 양식이다. 제1, 제2바이올린은 유니슨으로 악장 전체에서 셋잇단음표 음형이 반복된다.

[제9곡] Amen(아멘) f단조 3/8박자

알토가 먼저 아멘을 시작하면 제1바이올린이 알토의 노래를 모방한다. 그리고 같은 음을 반복하는 16분음표 음형의 연주로 악장의 흐름은 빨라지고 마치는 느낌도 커진다.

♪ 연주와 음반

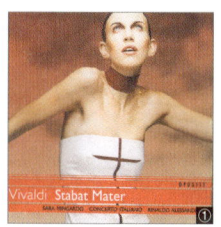 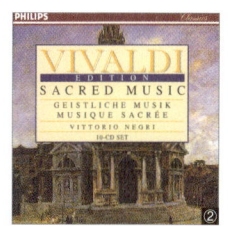 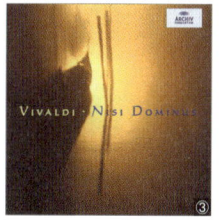

① 리날도 알레산드리니(Rinaldo Alessandrini)가 지휘하는 콘체르토 이탈리아노의 연주(Opus 111, 1999년)는 이 곡 최고의 명연으로 자신 있게 추천한다. 알레산드리니의 생동감 넘치는 연주로 이 곡 연주의 새로운 이정표를 세웠다. 독창자로는 콘트랄토 사라 민가르도의 매력적인 저음의 목소리와 완벽한 가창력에 기인하는 호소력 넘치는 노래가 달리 비

교할 만한 사람이 없을 정도로 절창이라 할 만하다.

② 비토리오 네그리(Vittorio Negri)가 지휘하는 콘세르트허바우 체임버 오케스트라(Concertgebouw Chamber Orchestra)의 연주(Philips, 1990년)는 이 곡 최고 명연 중 하나이다. 이 연주는 전체적으로 템포를 약간 느리게 잡아 지극한 슬픔을 표현하고 있다. 오케스트라의 음색도 밝지 않게 유지함으로써 슬픔을 표현하고 있다. 이 연주도 비발디 음악에 깊은 열정을 갖고 그의 교회음악 전곡을 녹음한 네그리의 연주가 그 빛을 발한다. 이 곡에서 가장 중요한 역할인 솔로를 부르는 독일의 메조(알토) 카운터테너 요헨 코왈스키(Jochen Kowalski)의 품위 있는 목소리와 뛰어난 가창력을 바탕으로 한 깊은 감정 표현이 시너지효과를 이루며 명연을 만들어냈다.

③ 트레버 피노크(Trevor Pinnock)가 지휘하는 잉글리시 콘서트의 연주(Archiv, 1997년)도 명연이다. 원전악기 연주로 현의 소리가 다소 날카롭게 들리지만 바로크 음악의 멋과 맛을 느끼게 하는 훌륭한 연주를 들려준다. 그리고 알토 솔로를 부르는 영국의 카운터테너 마이클 챈스는 뛰어난 가창력을 들려주지만 사라 민가르도나 요헨 코왈스키처럼 자연스럽지 못한 점이 매우 아쉽다.

〈이 세상엔 참된 평화 없으리〉 RV 630
Nulla in mundo pax sincera

　비발디는 각종 악기를 위한 수많은 협주곡을 쓴 사람으로 알려져 있지만 100편 가까운 오페라와 오라토리오를 비롯하여 수많은 성악곡을 남겼다. 비발디는 가톨릭 사제로서 독창과 합창이 등장하는 미사곡을 많이 썼다. 하지만 그는 성스러운 것만 고집한 사람은 아니었던 것 같으며 그의 오페라 중 지금까지 전해지는 19편은 세속적 사랑을 그린 작품들이다. 그런 면에서 비발디는 하나의 틀로 다 설명할 수 없는 인물이었던 것으로 생각된다.

　이 곡은 비발디가 1735년에 익명의 라틴어 가사에 곡을 붙인 종교 모테트이다. E장조로 쓰인 이 곡은 이탈리아 바로크 양식의 서정성이 빛나는 곡이다. 소프라노 솔로와 2대의 바이올린과 비올라, 바소 콘티누오를 위한 곡으로, 보통은 첼로나 건반 악기가 바소 콘티누오를 연주하나 흔히 오르간이 대신하기도 한다. 가사의 뜻은 '이 세상에는 악과 죄가 가득하여 평화가 없고 평화와 구원을 주시는 예수를 찬양한다'라는 내용이다. 비발디의 독창 모테트 중 가장 아름다운 곡으로 알려진 이 모테트는 아리아-레치타티보-아리아의 세 부분으로 되어 있고, 마지막에 "알렐루야"가 따라 나온다. 전체 연주 시간은 약 13분 정도 걸린다.

아리아

Nulla in mundo pax sincera	이 세상에는 고통 없는 참된 평화가 없어라.
sine felle, pura et verea,	순수하고 진실하고 평화롭고 다정하신
dulcis Jesu, est in te	주님이 네 안에 있으니.

Inter poenas et tormenta 형벌과 고통 속에서도
vivit anima contenta 영혼은 만족하고 살아가네.
casti amoris sola spe 유일한 희망은 순결한 사랑뿐이어라.

레치타티보

Blando colore oculos mundus 이 세상은 겉모양의 아름다움으로 눈을 속이
decepit at occulto vulnere 네. 그러나 숨겨진 상처로 곪아가네.
corda conficit; fugiamus 우리에게 미소 짓는 것에서 도망쳐 우리를
ridentem, vitemus sequentem, 따라오지 못하게 피하자. 그 즐거움으로 우
nam delicias ostentando arte 리를 교묘히 속인다. 이 세상은 거짓으로 가
secura vellet ludendo superare 득 차 있네.

아리아

Spirat anguis 독사는 그 독을 쉬익 감추고
inter flores et colores 꽃과 아름다움 가운데
explicando tegit fel. 그 꼬리를 풀듯이
Sed occulto factus ore 그러나 그 입술의 은밀한 접촉으로
homo demens in amore 사람은 사랑에 마비되고
saepe lambit quasi mel 마치 그 꿀을 핥듯이 자주 입 맞추네.

🌸 연주와 음반

  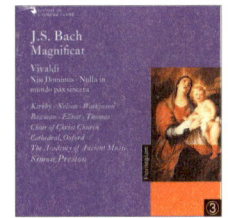

① 크리스토퍼 호그우드(Christopher Hogwood)가 지휘하는 고음악 아카데미의 연주와 소프라노 엠마 커크비의 노래(Decca, 1999년)가 이 곡 최고의 명연으로 확고한 자리를 차지하고 있다. 호그우드의 원전악기 연주에 의한 참신한 연주도 훌륭하기 그지없지만, 역시 영국이 자랑하는 바로크 스페셜리스트 엠마 커크비의 절창이 빛을 발하는 최고의 명연이다. 커크비는 바이브레이션이 없는 해맑은 목소리로 뛰어난 발성법과 가창력을 통해 자유자재의 절창을 들려준다. 고음에서 빠르게 움직이는 스케일의 연주는 마치 숙련된 악기처럼 정확하다. 그리고 반복되는 다 카포 아리아에서는 심한 변주를 마음대로 구사하는 놀라운 가창력을 과시하고 있다. 물 만난 고기처럼 자유자재의 절창을 들려주는데, 이런 연주를 천의무봉(天衣無縫)의 연주로 비유해도 좋을 것 같다.

② 디에고 파졸리스(Diego Fasolis)가 지휘하는 이 바로키스티의 연주와 소프라노 율리아 레즈네바(Julia Lezhneva)의 연주(Decca, 2018년)는 이 곡 최고의 명연에 새로이 등극한 놀라운 연주이다. 이 곡의 가장 최신 연주로 녹음상태도 매우 뛰어나다. 최근 고음악 전문 연주가로 명성을 날리고 있는 지휘자 파졸리스는 빠른 템포와 신선하고도 충격적인 연주로 바로크 음악의 참맛을 제대로 살려내고 있다. 이런 뛰어난 오케스트

라의 연주를 바탕으로 이 곡의 솔로를 부르는 신에 레즈네바는 충격적으로 놀라운 가창력을 들려준다. 러시아 사할린 태생으로 소프라노와 콜로라투라 메조소프라노를 겸하면서 현재 눈부신 활동을 펼치고 있는 레즈네바는, 마치 엠마 커크비의 재래를 듣는 것처럼 바이브레이션 없는 목소리의 뛰어난 발성법과 가창력을 통해 자유자재의 절창을 들려준다. 커크비와 마찬가지로 반복되는 다 카포 아리아에서 심한 변주를 구사하는 놀라운 가창력도 뽐내고 있다. 모든 면에서 커크비를 연상하는 놀라운 연주를 들려주는데, 그녀의 목소리는 커크비보다 굵고 다소 무거운 편이다.

③ 사이먼 프레스턴(Simon Preston)이 지휘하는 고음악 아카데미의 연주와 소프라노 엠마 커크비의 연주(L'Oiseau-Lyre, 1976?)도 이 곡 최고의 명연이다. 1970년대 중반에 커크비가 이 곡을 처음 녹음한 것으로, 모든 면에서 데카(Decca)에서 출시된 1999년의 명연주와 거의 동일하다. 미세한 차이라면 커크비의 젊었을 때 목소리로 더 힘 있고 중음이 아름답지만, 오케스트라는 호그우드의 연주 때처럼 참신한 맛이 적은 점이 아쉽다.

바흐

Johann Sebastian Bach

1685-1750

바흐의 교회음악

바흐의 가계(家系)

바흐의 가계는 200년에 걸쳐 50명 이상의 음악가를 배출한 것으로 유명하다. 요한 제바스티안 바흐 이전, 최대의 바흐로 불리는 인물은 부친의 사촌 형인 요한 크리스토프(1642-1703)이다. 그는 아이제나흐(Eisenach) 교회의 오르가니스트로 활약하였으며 작곡가로서 많은 작품도 남겼는데, 동생 요한 미하엘(1648-1694)도 형에 못지않은 음악가로 그의 막내딸 마리아 바르바라는 훗날 육촌 간인 제바스티안의 첫 아내가 된다.

요한 제바스티안 바흐(Johann Sebastian Bach)는 1685년 3월 21일 독일 아이제나흐에서 요한 크리스토프의 사촌 동생인 요한 암브로시우스(1645-1695)의 막내아들로 태어나 1750년 7월 28일 라이프치히에서 생을 마감하였다.

학습 시대

아이제나흐 성(聖) 게오르크 교회의 옛 문서에는 1685년 3월 23일 요한 제바스티안 바흐가 세례를 받았다고 기록되어 있으며, 바흐가 태어난 날은 3월 21일로 추정하고 있다.

　바흐의 어린 시절에 관해서는 상세히 알려져 있지 않으며, 부친에게서 바이올린을 배우고 부친의 사촌 형인 요한 크리스토프가 연주하는 오르간에 귀를 기울이며 자랐다고 한다. 7세 혹은 그 이듬해에 성 게오르크 교회의 부속 라틴어 학교에 입학하여 집안 살림을 돕기 위해 성가대원으로서 일했으며, 9세에 어머니를, 10세에 아버지를 잃고 맏형 요한 크리스토프(1671-1721)가 살던 오르도르프로 이주한다.

　맏형인 요한 크리스토프는 바로크 시대의 대작곡가인 요한 파헬벨의 제자로서, 그는 프로베르거, 케를, 북스테후데, 뵘 등의 작품 사본을 많이 소장하고 있어 어린 제바스티안은 남몰래 맏형의 악보들을 필사하여 공부했다고 전해진다. 또한 오르도르프의 학교에서 라틴어와 루터의 정통파 신학을 배운 것도 장래의 바흐에게 있어서 중요한 일이었다.

　형의 가족이 늘어나자 자활하지 않을 수 없었던 바흐는 1700년 봄에 북독일의 한자 동맹 가입 도시인 뤼네부르크로 옮겼으며 그곳 고등학교에 급비생으로서 입학했다. 여기서 그는 북독일 학파의 다채로운 음악을 접했고, 이곳 교회의 오르가니스트였던 대가 게오르크 뵘도 개인적으로 알게 되었다. 또한 1701년에는 함부르크를 방문하여 북독일 오르간악파의 노대가인 라인켄의 음악을 듣고 큰 감명을 받았으며, 이웃 고장인 첼레의 궁정악단 연주를 듣고 프랑스악파의 양식을 알게 되었다는 점도 바흐의 음악적인 성장에 중요한 의미를 지니게 된다.

아른슈타트-뮐하우젠 시대(1703-1708)

　아마도 1702년 뤼네부르크의 고등학교를 졸업한 바흐는 1703년 4월 바이마르 궁정악단 바이올리니스트로 취직하였다. 겨우 3개월의 짧은 기간이었지만 그는 이곳에서 바이올린 연주의 경험을 쌓을 수 있었는데 이것은 후일 뛰어난 무반주 바이올린 작품들을 작곡하는 기초가 되었다.

1703년 8월 아른슈타트 교회의 오르가니스트로 취임한 바흐는 1705년 10월 1개월의 휴가를 얻어 북독일의 소도시 뤼베크를 방문하였는데 그곳에서 당대 최고의 음악가 중 한 사람이었던 북스테후데의 연주를 듣게 되었다. 그의 장려한 오르간곡과 칸타타에 완전히 매료되어 4개월이나 지난 후에야 아른슈타트로 돌아왔다. 시(市) 성직회의에서는 그의 무책임함을 엄격하게 질책했으며, 오르간 코랄 연주에 별로 들어보지 못하던 악구를 많이 혼입시켰다는 점과 성가대의 훈련을 게을리한 점을 들어 바흐를 비난했다. 이 시대는 바흐가 오르간 연주와 작곡의 기초를 굳혀, 서서히 자기 양식을 형성하고 있던 시대로서, 전주곡과 푸가, 혹은 토카타와 푸가에 북스테후데의 영향이 뚜렷이 나타나며 유명한 〈토카타와 푸가 d단조〉 BWV 565도 그 가운데 하나이다. 클라비어 작품으로는 1704년에 쓴 카프리치오 〈사랑하는 형의 여행에 즈음하여〉 BWV 992가 유명하다.

아른슈타트의 성직회의와 충돌한 바흐는 1707년 6월 중부 독일의 소도시 뮐하우젠의 성 블라지우스 교회 오르가니스트로서 새 직장을 얻었으며, 그해 10월 육촌 누이동생인 바르바라와 결혼했다. 훗날 이 두 사람 사이에 태어난 일곱 자녀 가운데에서 장남인 빌헬름 프리데만과 차남 칼 필립 엠마누엘은 특히 뛰어난 음악가로 성장했다.

뮐하우젠에서 바흐는 오르가니스트로 활약하면서 교회 칸타타의 작곡에도 힘을 기울였다. 〈주여, 깊은 심연에서 당신을 부르나이다〉 (Aus der Tiefen rufe ich, Herr, zu dir. 1707) BWV 131와 〈애도 행사〉(Actus tragicus)라는 이름으로 널리 알려진 〈하나님의 세상은 최상의 세상이로다)(Gottes Zeit ist die allerbeste Zeit. 1707) BWV 106도 이 시대의 명작으로 손꼽힌다.

바이마르 시대(1708-1717)

1708년 7월 바흐는 바이마르 궁정의 오르가니스트로 채용되었고 오르가니스트로서의 명성이 날로 높아졌다. 그러한 의미에서 바이마르 시대를 그의 '오르간곡 시대'라고 부르기도 하는데 그렇다고 해서 그의 관심이 오르간 연주와 작곡에만 있었던 것은 아니었다.

칸타타는 레치타티보와 다 카포 아리아를 기조로 하는 새로운 방향으로 나가게 되었으며, 바이마르 시대를 통해 바흐는 비발디를 중심으로 하는 이탈리아 협주곡을 익히 알게 되었는데 이는 특별히 훗날 바흐의 음악에서 중요한 의미를 띠게 된다.

이 시대의 생활에서는 여행이 잦았다. 마이닝겐, 카셀, 드레스덴, 라이프치히를 여행한 것 외에도 1713년에는 헨델의 탄생지로 유명한 할레까지 갔었는데, 그 이유는 그곳 성모교회의 오르가니스트로 채용되기를 희망했기 때문으로 추측된다. 그의 오르간 연주와 칸타타 곡에 감탄한 할레 사람들은 기꺼이 바흐를 맞이하려고 했으나, 봉급 문제로 바흐와 의견이 맞지 않아 끝내 이 취업은 실현되지 못하고 만다.

하지만 바흐를 놓치고 싶지 않았던 바이마르의 영주는 그의 봉급을 올려 주었고, 1714년 3월 그를 궁정악단의 콘서트마스터로 임명하였다. 이로써 매월 한 곡의 칸타타를 작곡하여 연주하는 일이 바흐의 새로운 직무가 되었으며, 1714년 이후 바흐의 활동은 칸타타에만 집중된 것으로 보인다.

이 시기에 신학자이자 시인이었던 노이마이스터(Erdmann Neumeister,

1671-1756)와 프랑크의 가사에 의한 〈자, 오라 이교도의 구세주여〉(Nun komm, der Heiden Heiland) BWV 61, 〈하늘은 웃고 땅은 환호하도다〉(Der Himmel lacht! die Erde jubilieret) BWV 31, 〈오라, 그대 달콤한 죽음이여〉 (Komm, du süße Todesstunde) BWV 161 등의 명작이 태어났다.

쾨텐 시대(1717-1723)

1717년 연말 바흐는 쾨텐의 궁정악장으로 부임하였는데, 당시 궁정악장은 음악가로서는 가장 좋은 지위였다. 쾨텐의 궁정악단은 17명의 뛰어난 음악가들로 이루어져 있었으며, 바흐의 주요한 직무는 이 궁정악단을 위해 합주곡을 쓰고 영주의 방에서 열리는 연주를 위해 실내악곡을 작곡하는 일이었다.

이 시기에 바흐는 수십 곡의 세속 합주곡을 작곡하였다고 추정되지만 아쉽게도 그 대부분이 없어지고 말았는데, 다만 3개의 〈바이올린 협주곡〉, 각각 6곡의 〈브란덴부르크 협주곡〉, 〈무반주 바이올린 소나타와 파르티타〉, 〈무반주 첼로 모음곡〉 등 빼어난 곡들이 남아서 분실된 다른 작품들의 면모를 추측할 수 있을 따름이며, 대부분 이 시대의 풍요한 환경과 즐거운 생활을 반영하듯 밝고 즐거운 기분으로 가득 차 있다.

1721년 12월 36세의 바흐는 16세 아래의 재능 있는 소프라노 막달레나와 재혼하였다. 막달레나는 많은 바흐의 작품을 사보, 정서하였는데, 그 필적이 바흐의 것으로 착각할 만큼 흡사하다. 두 사람 사이에 태어난 자녀는 무려 13명이나 되었으며 특히 막내 요한 크리스티안은 후일 유명한 음악가가 되었다.

1722년과 1725년 바흐는 젊은 아내의 애정에 보답하기 위하여 2권으로 엮은 『안나 막달레나 바흐를 위한 클라비어 소곡집』을 썼으며, 이 곡집에는 〈프랑스 모음곡〉과 사랑스러운 아리아들이 포함되어 있다.

바흐는 교육 목적으로 1723년 〈인벤션〉, 1722년 〈평균율 클라비어 곡집〉 제1권을 완성했으며, 〈프랑스 모음곡〉과 〈영국 모음곡〉 또한 쾨텐 시대에 정리되었다. 이 시기에 바흐는 협주곡, 실내악곡과 더불어 클라비어곡을 많이 작곡하였는데 〈브란덴부르크 협주곡 제5번〉과 〈반음계적 환상곡과 푸가 d단조〉는 이 악기에 자극받아 작곡된 곡으로 추정된다.

쾨텐 궁정은 칼뱅파였기 때문에 교회음악을 별로 소중히 여기지 않았으나, 그래도 영주의 탄생일과 새해에는 칸타타가 한 곡씩 연주되었다. 이를 위한 칸타타의 작곡이 바흐의 중요한 직무였으므로 상당수의 작품이 있었을 것으로 추정되나 거의 유실되어 현재 남은 것은 세 곡의 세속 칸타타뿐이며, 그 가운데에서 〈결혼 칸타타〉가 가장 유명하다.

라이프치히 시대(1723-1750)

1722년 6월 라이프치히 성 토마스 교회의 칸토르로 있었던 유명한 작곡가 요한 쿠나우가 별세하여 시 참사회는 그의 후임자를 찾고 있었으며, 당시 텔레만과 그라우프너가 후보 물망에 올랐으나 두 사람 모두 사양하였다. 시 참사회는 마지막으로 바흐를 선택하였다.

바흐가 맡은 칸토르는 정확하게 말해 교회 부속학교의 음악 교사였으나, 그 직무가 음악 교육에만 머무는 것이 아니라 그 도시의 교회음악을 작곡하고 연주할 책임자이기도 했다. 성 토마스와 성 니콜라이의 2대 교회에서는 일요일마다 교회 칸타타가 연주되었고, 성 금요일에는 대규모의 수난곡이 연주되었기 때문에 바흐의 생활은 몹시 다망하였으며, 1723-1729년 사이 140곡 이상의 교회 칸타타를 비롯하여 〈마태 수난곡〉(1729) BWV 244, 〈마니피카트〉 BWV 243 등 수많은 작품을 작곡하였다.

이 라이프치히 시대 초기의 칸타타에는 〈나 기꺼이 십자가를 지리〉(Ich will den Kreuzstab gerne tragen, 1726) BWV 56, 〈예수여, 내 영혼을〉(Jesu, der du meine Seele. 1724) BWV 78, 〈우리의 하나님은 견고한 성벽이로다〉(Ein feste Burg ist unser Gott. 1727-1731) BWV 80을 비롯한 수많은 걸작들이 포함되어 있다.

그러나 이와 같은 많은 작품들이 결코 혜택받은 환경에서 나온 작품들은 아니었다. 우선 바흐는 라이프치히 전체의 음악 책임자였으나 상사가 시 참사회, 성직회의, 대학당국 등 세 분야에 각각 따로 있어서, 이 3자가 자주 반목하고 충돌하는 것이 바흐의 활동에 커다란 장애가 되었다. 또한 봉급도 그가 기대했던 것보다 훨씬 적었고, 합창단의 능력은 떨어지며 규율도 갖추어지지 않은 환경이었으며, 게다가 바흐의 완고한 성격으로 인해 상사와의 충돌이 자주 초래되었다. 이러한 악조건하에 바흐는 교회음악에 대한 정열을 차차 잃게 되었으며, 그 증거로 1730년 전후부터 교회음악의 작곡이 급격히 줄어든 것을 들 수 있다.

1730년 8월 시 참사회는 바흐의 직무 태만을 비난하며 감봉 처분을 결정하였고, 바흐가 시 참사회에 제출한 교회음악의 개선안은 완전히 무시당하는 일이 발생하였다. 그해 10월 바흐는 젊은 시절의 친구인 에르트만에게 편지를 보내어 자신의 딱한 처지를 호소하며 다른 고장에서의 취직을 부탁하였는데, 이 편지는 '에르트만 서간'이라고 불리며 바흐 연구의 중요한 자료가 되고 있다. 하지만 결국 바흐의 희망은 실현되지 못했으며 그는 다른 방면으로 현 상태의 타결을 모색하였다.

우선 바흐는 1729년부터 1742년까지 대학생 연주 단체인 '콜레기움 무지쿰'(Collegium Musicum)의 지휘를 맡았으며, 이 악단을 위해 많은 세속 칸타타와 클라비어 협주곡을 작곡하였다. 이 곡들은 대학의 행사 때 연주되었을 뿐만 아니라 매주 금요일 저녁에 거리의 커피숍에서도 연주되었는데, 유명한 〈커피 칸타타〉 BWV 211도 커피숍을 위해 쓴 곡 중의 하나이다.

바흐가 눈길을 돌린 또 하나의 타개책은 드레스덴에 있는 작센 선제후의 궁정작곡가 칭호를 받고 그 위력으로 상사의 압력을 배제하려고 했던 것이다. 드레스덴은 당시의 대음악도시로서, 바흐는 자주 그곳을 방문하여 유명한 작곡가 하세의 오페라를 듣거나 교회에서 오르간의 연주를 보여주곤 하였으며, 기회가 있을 때마다 작센 선제후에 충성을 표시하기 시작했다. 1733년 7월에는 〈b단조 미사〉 BWV 232의 첫 부분을 장식하는 키리에와 글로리아를 헌정한 일 말고도 선제후, 제후비의 탄생 축하나 즉위 기념행사 등을 위하여 수많은 칸타타를 작곡하였다. 이러한 노력의 보람으로 1736년 바흐에게 '폴란드 왕 작센 선제후의 궁정작곡가'라는 칭호가 부여되었다. 라이프치히의 당국자들에게 이러한 일들이 효과가 있었는지 이후 바흐에 대한 노골적인 방해는 줄어들었으나, 교회음악에 대한 바흐의 정열은 다시금 타오르지 않았던 것 같으며, 교회 칸타타를 작곡해야 할 직무에 있으면서도 그의 작품은 거의 자취를 감추고 말았다. 1734년에 쓴 대작 〈크리스마스 오라토리오〉 BWV 248도 순수 창작곡이 아니고 대부분이 이전에 쓴 곡들의 패러디였다.

18세기 중엽은 음악 분야에서도 크게 양식이 바뀌기 시작한 때였다. 인간의 이성을 믿고, 자연감정을 추구한 계몽사상은 음악관에도 영향을 미치고, 사람들의 관심은 복잡한 대위법적인 음악으로부터 단순 명쾌한 호모포니로, 그리고 교회음악도 보편적인 양식에서 주관적인 감정 표현

바흐의 동상　　　　　　　성 토마스 교회 내의 바흐 무덤

을 구하는 '다감양식'으로 급속히 옮겨가고 있었다.

　1747년 5월 바흐는 프로이센 왕 프리드리히 2세의 쳄발로 주자로 근무하던 2남 엠마누엘의 중개로 이 계몽군주의 유명한 포츠담 궁정을 방문하였다. 바흐는 왕이 제시한 주제를 바탕으로 하여 즉흥연주를 들려주었는데, 이를 동기로 태어난 곡이 〈음악의 헌정〉 BWV 1079이며, 그리고 다음 해인 1748년부터 1749년 초에 걸쳐 마지막 대작 〈푸가의 기법〉 BWV 1080을 작곡하고 있었다고 추측된다.

　1746년경부터는 몸과 시력이 쇠퇴하고 있었으며 특히 1749년 5월 뇌일혈 발작과 함께 그의 시력은 더욱 급속하게 감퇴하여 더 이상 곡을 쓰는 것이 불가능하게 되었으며 〈푸가의 기법〉은 미완성인 채로 남겨지게 된다.

　1750년 7월 28일 바흐는 사랑하는 이들이 지켜보는 가운데 조용히 세상을 떠났다. 그의 유해는 현재 성 토마스 교회에 안장되어 있다.

바흐의 칸타타

칸타타는 기악 반주를 동반한 독창 혹은 합창으로 구성된 음악 장르로서 바흐 성악 작품의 중심을 이루고 있으며, 루터파 교회의 예배식에서 설교 음악으로 사용되는 '교회 칸타타'와 귀족과 시민의 축하 음악으로 사용되는 '세속 칸타타'로 구분된다.

오페라에서 본보기를 취한 아리아와 레치타티보를 중심으로 대규모 합창과 프로테스탄트의 찬미가인 코랄 등으로 구성되는데, 편성은 독창 칸타타로부터, 이중창, 삼중창, 여기에다 합창을 섞은 것까지 다양하다. 기악 반주도 통주저음 수준의 간단한 편성으로부터 몇 개의 독주 악기가 가담하는 실내악 편성, 이를 넘어서 비교적 대규모의 관현악까지 그 목적과 내용, 상황에 따라 여러 가지이다. 가사는 레치타티보와 아리아를 위해 창작된 마드리갈풍의 자유가사 외에 합창에는 주로 성서의 구절과 코랄의 시절이 이용되는 경우가 많으며, 교회 칸타타는 교회력의 특정 축제일을 기리기 위한 목적으로 작곡·상연되었다.

♪ 바흐의 창작에서 칸타타의 위치

현재 알려진 바흐의 칸타타 가운데 가장 오래된 것은 뮐하우젠 시대의 성 블라지우스 교회 오르가니스트 시절(1707-1708)에 작곡·상연된 작품이다.

취직 시험 연주가 있었던 1707년 4월 24일 부활절에 초연되었을 가능성이 있는 〈그리스도는 죽음의 사슬에 매여〉(Christ lag in Todesbanden) BWV 4를 시작으로, 유명한 장송 칸타타 〈신의 때는 최상의 때이다〉(Gottes Zeit ist die allerbeste Zeit) BWV 106, 시 참사회원 교대식을 위한 〈하나님은 나의 왕〉(Gott ist mein Konig) BWV 71 등 걸작이 많으며, 이들은 노이마이스터의 신양식을 채용하기 전 북스테후데풍의 '초기 칸타타' 유형에 속하는 것으로서 합창, 독창, 코랄 편곡 등을 나열하는 구성이 그 특징이다.

바이마르 시대, 1708-1717

1708년 7월 중순, 바흐는 오르가니스트 겸 궁정악사로서 바이마르 궁정에 부임하였고, 1717년 12월까지 9년 반가량의 바이마르 시대가 시작된다.

1713년 2월 23일, 인근에 있는 작센의 바이젠펠스 공작 크리스티안의 탄생일에 초연된 〈사냥만이 나의 기쁨〉(Was mir behagt, ist nur muntre Jagd), 일명 〈사냥 칸타타〉 BWV 208은 바흐의 작품으로서 현존하는 가장 오래된 세속 칸타타이다.

1714년 3월 2일, 바흐는 바이마르 궁정악단의 악장으로 승진하였고, 매월 의무적으로 1곡의 교회 칸타타를 작곡, 상연해야 한다는 것이 새로운 과제로 부과되었으며 이를 통해 바이마르 시대에 많은 명작이 태어났다. 바이마르 궁정 법률가인 동시에 시인이었던 잘로몬 프랑크 (Salomon Franck, 1659-1725)는 2년 치의 칸타타 대본을 출판한 사람으로 노이마이스터의 영향을 받아 레치타티보와 아리아를 교대하는 방식의,

당시로써는 새로운 유형의 칸타타 가사를 썼으며 이와 함께 바흐도 작품도 새로운 창작의 단계로 돌입하게 된다.

1714년 프랑크의 가사에 곡을 붙인 것으로 생각되는 작품은 다음과 같다. 〈흐느끼고, 탄식하고, 염려하고, 떠는〉(Weinen, Klagen, Sorgen, Zagen) BWV 12, 〈나의 마음에는 근심이 많아〉(Ich hatte viel Bekümmernis) BWV 21, 또한 노이마이스터 작사에 의한 〈오소서, 이교도의 구주여〉(Nun komm, der Heiden Heiland) BWV 61 등 불후의 명작이 태어났으며, 더욱이 1715년에는 역시 프랑크 작사에 의한 〈오소서, 감미로운 죽음이여〉(Komm, du süße Todestunde) BWV 161을 필두로 실내악풍의 우수한 작품들이 다수 작곡되었다.

1716년에 이르러 거의 1년간 바흐의 펜이 멈추게 되지만, 그해 12월 돌연 3곡의 대규모 칸타타를 매주 작곡하였는데, 그의 최후를 장식하는 작품이며 유명한 〈마음과 입과 행동과 생명으로〉(Herz und Mund und Tat und Leben) BWV 147은 라이프치히 시대의 개정판 중에 나오는 아름다운 코랄 〈예수 인류의 소망과 기쁨 되시는〉 BWV 147로 잘 알려져 있다.

쾨텐 궁정악장 시대, 1717-1723

군주가 칼빈교 신자였던 쾨텐에서는 루터교 신자였던 바흐에게 예배 음악에 대한 의무는 없었다. 이 시기의 바흐의 창작 활동은 세속음악 작곡에 집중되었기 때문에 칸타타 분야에서 주목할 만한 것이 없는데, 그가 라이프치히에 오디션용으로 제출한 BWV 22, 23 정도를 꼽을 수 있다. 〈결혼 칸타타〉로 잘 알려진 〈물러가라, 슬픈 그림자여〉(Weichnet nur, betrubte Schatten) BWV 202가 이 시기의 작품으로 추정되고 있다.

라이프치히 시대, 1723-1750

1723년 5월 5일 바흐는 라이프치히 성 토마스 교회 칸토르로 취임하였다. 그가 죽기까지 27년간 교회음악의 책임자로서 많은 수의 칸타타를 작곡·상연하였다.

- **[1기]** (1723-1724)

바흐는 1723년 5월 22일의 삼위일체절 후 제1일요일에 니콜라이 교회에서 상연된 〈가난한 자는 먹어야 하리〉(Die Elenden sollen essen) BWV 75부터 시작하여 이듬해인 1724년 6월 4일 삼위일체절의 〈더할 수 없이 바라는 축연의 잔치〉(Höchsterwünschtes Frendenfest) BWV 194까지 합하여 59일의 일요 축일을 자작의 칸타타(성 금요일은 수난곡)로 장식했으며, 바이마르 시대에 쓴 작품의 재연과 쾨텐 시대의 세속 칸타타에 기초하여 패러디한 것도 있다.

바흐는 성탄절, 부활절, 성령감림절 등 3대 축일을 각각 3일간 연속으로 기리기 위해 각각의 3곡의 칸타타를 준비하는 등 놀랍도록 힘든 스케줄을 소화해야 했으며, 위의 작품들 외에도 아름다운 장례 모테트인 〈예수, 나의 기쁨〉(Jesu, meine Freude) BWV 227과 크리스마스의 저녁 기도를 위한 〈마니피카트〉 제1고(稿) BWV 243a, 성 금요일 예배를 위한 〈요한 수난곡〉 BWV 245 등, 어쨌든 칸토르 취임 1년 차에 걸맞은 역작을 다수 작곡하였다.

- **[2기]** (1724-1725)

바흐는 칸토르로서의 제2년 차를 놀랍게도 거의 신작 칸타타로 장식하였다. 특히 1724년 6월 11일의 삼위일체절 후 제1일요일에 공연된 〈오

영원히, 천둥 같은 말씀〉(O Ewigkeit, du Donnerwort) BWV 20부터 이듬해 1725년 3월 25일의 마리아 수태고지 축일을 위한 〈샛별이 얼마나 아름답게 빛나는가!〉(Wie schon leuchtet der Morgenstern!) BWV 1에 이르는 40곡은 특정 코랄에 기초를 둔 가사로 구성된 음악으로 소위 '코랄 칸타타'의 신작이 계속되었으며, 〈예수여, 나의 영혼을〉(Jesu, der meine Seele) BWV 78과 〈아! 얼마나 세월이 덧없고 공허한가!〉(Ach wie flüchtig, ach wie nichtig!) BWV 26 등 명작이 많다.

이처럼 바흐가 칸토르로 취임한 첫 2년간은 매 일요 축일에서 칸타타를 연주한 자취를 많이 더듬어 볼 수 있다.

- **[3기]** (1725-1727)

칸토르 취임 3년째에 들어서면 매주 상연한 칸타타의 자취를 정확하게 더듬는 것이 점점 더 어려워진다. 1726년에는 마이닝겐의 친척인 요한 루트비히 바흐의 작품을 다수 연주하였고, 아른슈타트 시대에 쓴 것으로 추정되는 〈당신이여, 제 영혼을 지옥으로 보내지 마소서〉(Denn du wirst meine Seele nicht in der Hölle lassen) BWV 15도 이들 중 하나인 것으로 알려졌다. 1726-1727년에는 불후의 명작인 〈나 기꺼이 십자가를 지리〉(Ich will denn Kreuzstab gerne tragen) BWV 56으로 대표되는 일련의 독창 칸타타가 태어났으며, 1726년의 칸타타에는 오르간 독주가 많이 사용된 예도 적지 않다.

이 해에는 16세가 된 아들 빌헬름 프리드만 바흐에 대한 현장 교육의 흔적이 보이며, 1727년 4월 11일 성 금요일에는 〈마태 수난곡〉 BWV 244가 초연되었지만, 그 후 작센 선제후를 위해 쓴 축하 칸타타와 선제후의 비(妃) 에바 할디네의 죽음을 추모하는 추도식(10월 17일)을 위해 쓴 애도송가 〈제후비여, 다시 빛을〉(Laß Fürstin, laß noch einen Strahl) BWV 198 같은 세속 칸타타가 작곡된 점이 주목할 만한 특징이다.

- **[4기]** (1728-1729)

이 시기에 초연되었다고 확인된 교회 칸타타는 극히 적지만, 그 가운데 9곡이 라이프치히의 칸타타 시집 『일요일과 축일 칸타타집』 가운데 수록되어 있는 점에 주목할 가치가 있다. 오늘날 시집에 포함된 다른 가사에 붙인 칸타타가 남아 있지 않지만 그들이 바흐의 작품일 가능성은 대단히 크다. 1729년에 작곡·상연된 세속 칸타타 〈아폴론과 판의 전쟁〉 (Der Streit zwischen phoebus und Pan) BWV 201은 이해 3월부터 바흐가 지도를 시작한 학생 연주단체 '콜레기움 무지쿰'의 연주회를 위해 작곡되었다.

- **[5기]** (1730-1750)

바흐의 라이프치히 시대 최후 20년간 초연된 교회 칸타타는 그 이전의 다작 방식에 비해 극히 적으며, 그동안 쌓였던 레퍼토리를 재상연하고 타인의 작품을 상연하기도 하며 일상의 과제를 충족시키는 일을 했을 뿐이었다.

이 시기에 작곡된 교회 칸타타는 비록 그 수량이 적지만 원숙한 경지에서 나온 작품으로 어느 것이나 역작이다. 1730년에 작곡된 소프라노 독창과 트럼펫의 오케스트라를 동반한 화려한 칸타타 〈모든 땅이여 주를 환호하라〉(Jauchzet Gott in allen Landen) BWV 51, 1731년에 쓴 유명한 코랄 칸타타 〈깨어 있으라 부르는 소리 있어〉(Wachet auf, ruft uns die Stimme) BWV 140, 1734-1735년의 크리스마스 기간에 주로 기존에 작곡한 6곡의 세속 칸타타로부터 차용하여 작곡한 〈크리스마스 오라토리오〉 등이 그 예이다.

다른 한편으로 세속 칸타타 작곡에서도 눈부신 성과를 이루었는데, 작센 선제후 가문을 위한 일련의 축하 칸타타에 더하여 1734년 중반 콜레기움 무지쿰 연주회에서 초연된 〈커피 칸타타〉 BWV 211과 1742년 여름 라이프치히 근교에서 초연된 〈농부 칸타타〉 BWV 212와 같은 즐거운 작품들을 만들었다.

만년인 1748-1749년, 바흐는 이미 1733년 작센 선제후에게 헌정된 키리에와 글로리아를 토대로 전대미문의 큰 규모를 가진 〈b단조 미사〉 BWV 232를 완성하여 교회음악가로서 교회음악사에 일대 획을 긋는 대기념비를 세우게 되었다.

칸타타 제4번 〈그리스도는 죽음의 사슬에 매여〉
Christ lag in Todesbanden

    바흐 칸타타의 대표적인 작품으로 강한 표현력과 독특한 매력으로 인해 부활 시기 중 〈부활절 오라토리오〉와 함께 자주 연주되고 사랑받는 칸타타이다.

    전 악장이 코랄에 기초한 옛 양식의 칸타타이지만 바흐의 청년 시대 작품으로 생각된다. 바흐는 종교 개혁자 마르틴 루터(Martin Luther, 1483-1546)가 작사한 코랄의 7절을 각 7개 악장에 할당하여, 이를 모두 동일한 코랄의 선율로 한 장대한 코랄 변주곡을 만들었다. 이 곡은 17세기 코랄 변주곡의 전통을 따르고 있는데, 바흐에게 큰 영향을 준 남독일악파의 거장 파헬벨(Johann Pachelbel, 1653-1706)에게도 같은 이름을 가진 부활절 칸타타가 있어 바흐의 모델이 되었을 가능성을 배제할 수 없다.

    칸타타 제4번은 현재 라이프치히 시대의 초고 악보만이 남아 있기 때문에 작곡 연대에 관한 한 라이프치히 시대의 작품으로 알려져 왔다. 그러나 첫 곡이 신포니아로 시작하는 점, 기타 여러 양식상의 특징을 미루어 보아 아마도 뮐하우젠 시대나 바이마르 시대의 극히 초기에 해당하는 1708년 혹은 1714년에 작곡된 것으로 생각된다. 하지만 실제로 이 곡이 재현된 해는 초기 라이프치히 시대인 1724-1725년으로 부활절 예배를 위한 것이었다.

이 칸타타는 서곡과 함께 7곡의 성악곡으로 구성되어 있으며, 각 악장에 모두 동일한 코랄 〈그리스도는 죽음의 사슬에 매여〉의 선율을 사용하여 다양한 수법으로 전개해 나가고 있다. 주제나 조성은 모든 악곡에 공통적이지만, 각각의 곡에 특징 있는 감정 표현을 부여하여 변화를 도모하고 있는 바흐의 수법은 그저 놀라울 뿐이다. 곡 전체에 깔린 비통하고도 신비주의적인 분위기는 이 곡을 수많은 바흐의 칸타타 가운데 가장 뛰어난 것 중의 하나로 만들고 있다.

곡 해설

[서곡]

14마디에 달하는 17세기 베네치아악파풍의 짧은 도입 악장으로 현악만의 5성에 의해 연주된다. 코랄 선율의 첫머리를 각인하는 하행 동기에 의한 4마디의 도입부에 이어 코랄 선율이 제1바이올린에 의해 도입되고, 신비스러운 화성을 거쳐 장중한 종지에 도달한다.

[제1곡]

음악적으로 이 칸타타의 핵심을 이루는 장대한 코랄 환상곡이다. 먼저 소프라노 파트가 코랄의 제1절 "그리스도는 죽음의 사슬에 매여"를 정선율로 한 2분음표의 느리고 장중한 멜로디를 불러 나가면, 다른 3성부는 그 선율을 동기적 소재로 하여 축소 또는 확대하면서 환상곡풍으로 자유로이 모방하면서 전개된다. 한편 현악 반주부는 멜로디 라인의 윤곽을 세분화시켜 높은 현의 움직임과 낮은 현의 생생하고도 장엄한 걸음을 시종 움직여 가며 전곡을 지탱하면서 그리스도의 죽음을 애도하는 비창하고도 장엄, 웅대한 합창곡을 전개해 간다. "그리스도는 우리들의 죄를 위하여 죽음의 사슬에 매이시도다. 하나님께 감사하라. 할렐루야를 불러라"가 한 구절씩 같은 구성으로 전개하며, 68마디에서부터 기악 부분은 멈추고 곡은 2/2박자(Alla breve)로 급박하게 변하여 "할렐루야" 가사로만 된 27마디에 달하는 긴 부분이 계속된다. 이어 "할렐루야"라는 날카로운 리듬으로써 긴장감을 조성하여 높은 클라이맥스를 형성한 후 곡을 끝맺는다.

[제2곡] 이중창

소프라노와 알토의 이중창인 코랄의 제2절 "죽음을 누구에게도 강요할 수 없다"(Den Tod Niemand zwingen kannt)는 소프라노가 먼저 "죽음"(Den Tod)이라는 고통에 찬 반음계의 하행 동기를 노래하며 알토는 3도 아래서 그것을 받아 모방하는 대선율을 붙인다. 이어 소프라노 파트가 "모든 것이 우리의 죄이니"(Das macht alles unser Sund)를 노래하면 이를 알토가 다시 모방하는 대선율을 전개해 간다. 다시 소프라노가 "죄를 범한 자 죽음을 이기는 자가 없도다"를 통렬하게 불러 나가고 마지막에 "할렐루야"를 부르며 조용히 마친다. 전체 곡은 끊임없이 되풀이되는 오스티나토의 통주저음을 타고 비통하면서도 신비스럽게 불린다.

[제3곡] 아리아

테너 독창이 16분음표에 의한 급속한 움직임의 바이올린이 8분음표의 움직임을 주로 한 낮은 현의 반주를 타고 동일한 코랄 "하나님의 아들 예수 그리스도여 우리를 대신하여 오시어 우리의 죄를 갚아 주시도다"를 아무런 변화의 가감 없이 빠르게 노래해 간다. "죽음"(Den Tod)이라는 말에서 곡은 잠시 느려진 후 다시 알레그로로 돌아가 장식 악구에 의한 "할렐루야, 할렐루야"를 환희에 가득 차 노래하며 힘차게 마친다.

[제4곡] 사중창

코랄의 제4절 "그것은 이상한 싸움이었다"(Es was ein wunderlicher Krieg)가 정선율로서 알토 파트에 의해 조금 늦게 등장하고 다른 성부들은 코랄의 동기를 모방기법으로 발전, 전개해 나가는 모테트풍의 곡이다. 서주 없이 먼저 테너가 "기묘한 싸움이 있었으니, 죽음과 생명의 싸움" 코랄 선율을 8분음표의 동일한 리듬으로 노래하면, 이에 대해 알토가 4분음표에 의한 코랄 원멜로디를 당당하게 불러나간다. 이 곡은 제1곡과 같은 정선율에 의한 기법으로 되어 있지만 이번에는 소프라노가 아닌 알토 성부가 정선율을 맡고 있으며 기악의 화려한 장식이 빠지고 음가는 축소되었다.

[제5곡] 베이스 아리아

이 코랄의 제5절 "여기에 있는 것은 참다운 유월절 어린양"(Hier ist das recht Osterlamm)이 각 행에서 우선 베이스로 노래 불리고 다시 제1바이올린으로 반복된다. 3박자 리듬에 의한 유월절의 제사가 감동적으로 표현되고 있으며, 다시 "그 피는 우리에게 문을 보여 주며"(das Blut zeichnet unser Thür), "믿음의 피로 인하여 죽음을 멈추게 한다"를 부른다. 후반부에서 베이스가 힘차게 D음을 지속하면 바이올린은 16분음표의 빠른 도약 음형을 연주하는데, 가사는 "교살자는 더 이상 우리를 해치지 못한다"(der Würger kann uns nicht schaden)이며, 마지막에 "할렐루야"가 도약음형으로 되풀이 연주된 후 끝난다. 전곡 가운데 유일한 3박자 곡으로 앞 곡에서 제외되었던 악기들이 모두 가세하고 베이스가 깊고 낮은 노래를 모방하며 나아가는 곡이다. 차분한 분위기로 시작된 전반부, 후반부는 분위기 바뀌어 "죽음에 이기리라"와 "죽음으로부터 승리하심"을 "할렐루야"로 힘차게 외치면서 음악적 감흥과 함께 참으로 깊은 종교적 감동을 불러일으키고 있다.

[제6곡] 이중창

소프라노와 테너의 이중창으로 부활의 기쁨을 노래하는 밝은 분위기의 경쾌한 곡이다. 먼저 소프라노가 코랄의 제6절 "이제 축하하리 이 거룩한 축제를"(So feiern wir das hohe Fest)을 노래하면 테너가 이를 받아 4도 아래의 카논을 시작하고, 나중에는 병행 6도로 셋잇단음표의 움직임에 반주부와 교묘한 대비를 이룬다. 낮은 성부는 부점 리듬을 시종 일관되게 되풀이하며, 이어서 테너가 "우리에게 주가 나타나신 이 제사"를 부르면 소프라노가 5도 위에서 대답한다. 이와 같은 전개 끝에 "죄의 밤은 사라져 가도다 할렐루야"가 셋잇단음표의 패시지에 높은 클라이맥스를 형성하며 끝맺는다.

[제7곡] 코랄

이 칸타타의 마지막을 장식하는 4성부의 장중한 찬송가풍의 코랄이다. 코랄 특유의 1음표 대 1음표의 충실한 화성 조직 속에 제7절 "우리들은 주의 몸으로 만든 떡을 먹으며 가신 길을 따르리라"(Wir essen und leben wohl)가 4성부로 노래 불리고, "할렐루야"의 찬미 소리가 가슴을 적시며 전곡을 끝맺는다.

♪ 연주와 음반

① 칼 리히터(Karl Richter)가 지휘하는 뮌헨 바흐 합창단과 오케스트라(Münchener Bach-Chor & Orchester)의 연주(Archiv, 1960년)가 한마디로 이 곡 최고의 명연이다. 바흐 음악의 최고 권위자로 일세를 풍미했던 칼 리히터의 집중력 넘치는 완벽한 연주가 깊은 감동을 불러일으킨다. 리히터에 이끌린 오케스트라와 합창이 혼연일체가 되어 놀라운 반응을 보이며 이 곡이 가진 비장감과 감동을 멋지게 표현하고 있다. 이 연주는 특별히 합창의 연주가 빼어나며 바흐 음악의 건축적 구성미를 멋지게 살리면서도 비장감과 깊은 감동을 들려준다. 이 연주에서는 제5곡 베이스 독창을 제외하고 모든 곡을 합창이 맡아 부른다. 그러나 제5곡 '여기에 있는 것은 참다운 유월절 어린양'(Hier ist das recht Osterlamm) 아리아를 부르는 베이스 디트리히 피셔 디스카우(Dietrich Fischer-Dieskau)의 노래는 절창이라는 말밖에는 달리 표현할 방법이 없을 정도로 듣는 사람의 가슴에 깊은 감동을 준다. 이 연주가 행해진 지 50년이 넘었지만 아직도 이 연주를 뛰어넘는 연주가 없으며 앞으로도 당분간 이런 연주를 만나기 힘들 것 같다.

② 헬무트 릴링(Helmuth Rilling)이 지휘하는 바흐 앙상블(Bach Ensemble)과 게힝거 칸토라이 합창단(Gaechinger Cantorey)의 연주(hänssler, 1979년)도 주목할 만한 명연이다. 이 연주는 무엇보다도 합창의 연주가 훌륭하며 솔리스트로는 소프라노 에디트 빈스(Edith Wiens), 알토 캐롤린 왓킨슨(Carolyn Watkinson), 테너 페터 슈라이어, 베이스 볼프강 쇠네(Wolfgang Schöne) 등 모두가 하나같이 일정 수준 이상의 뛰어난 가창력을 들려준다. 테너 슈라이어의 독창이 매우 훌륭하나, 5곡을 부르는 베이스 쇠네는 칼 리히터 지휘와 함께한 피셔 디스카우의 절창에 비하면 지극히 평범한 가창을 들려줄 뿐이다. 그러나 이 연주에서는 제2곡의 이중창을 부르는 소프라노 빈스와 알토 왓킨슨의 뛰어난 가창력이 절묘한 앙상블을 만들며 깊은 감동을 이끌어내고 있다. 전체적으로 이 연주는 비장감과는 다소 거리가 있는 라틴적 밝음으로 일관하고 있다는 점이 불만스럽다.

③ 프리츠 레만(Fritz Lehmann)이 지휘하는 1950년 바흐 축제 오케스트라(Bach Festival Orchestra)와 프랑크푸르트 국립 고등학교 합창단(Frankfurt Music School Chorus)의 연주(Archiv, 1951년)는 비록 오래된 녹음이지만 바흐 음악의 숭고한 아름다움이 표현된 명연주이다. 전체적으로 템포를 늦게 잡아서 연주가 다소 힘 빠지는 감이 있지만, 합창은 절도 있으면서도 단정한 연주를 보인다. 제6곡에서는 절도 있는 가운데 한없이 아름다운 합창을 놀랍게 전개해 나간다. 여기에서도 베이스 피셔 디스카우의 절창이 다시 빛을 발하며, 바흐 수난곡의 복음사가로 명성을 날렸던 테너 헬무트 크렙스(Helmut Krebs)의 힘차고 뛰어난 가창도 들을 수 있다. 그러나 녹음상태가 좋지 못하다는 물리적 아쉬움이 있다.

칸타타 제51번
〈모든 나라에서 하나님을 환호하라〉

Jauchzet Gott in allen Landen

바흐 학자인 스피터(Philip Spitta)에 의하면 이 칸타타는 1728-1736년 사이에, 보다 구체적으로는 1731년 또는 그 이듬해에 작곡되었으며, 삼위일체절 이후 제15일요일을 위한 작품이라고 되어 있지만 가사의 내용을 보아 원래 신년의 어떤 시기를 위한 것이리라 추정하고 있다. 가사는 아마 바흐 자신이 작사한 것으로 생각되나 확실한 것은 알 수 없다.

이 칸타타의 특징으로는 합창이 없다는 점, 소프라노 독창이 화려하고 풍부한 장식을 갖는 거장적인 곡이라는 점, 제1곡과 제4곡에서 트럼펫이 협주곡풍으로 화려하게 전개된다는 점, *p*와 *f*의 강약 대비가 현저한 점 등을 들 수 있다.

🌱 곡 해설

[제1곡] 아리아 C장조
트럼펫이 주도하는 4/4박자의 즐거운 관현악 전주 후에 3부 형식

의 아리아가 전개되는데, 소프라노가 "모든 나라에서 하나님을 환호하라"(Jauchzet Gott in allen Landen)라는 가사로 시작하여 이것이 몇 번이나 트럼펫의 풍부한 장식을 통해 되풀이된다. 관현악의 간주 뒤에 "창조된 자를 위해서 천지를 가득 채우신 하나님, 모든 이는 하나님의 영광을 높여야 하리"라고 부른 후 다시 처음 부분으로 돌아와 같은 가사를 즐겁게 부른 후 마친다.

[제2곡] 레치타티보

아리오소라고도 할 수 있을 정도로 아름다운 선율의 움직임을 갖고 있다. 현과 바소 콘티누오 반주 위에서 "우리는 사원에서 기도하리(Wir beten zu dem Tempel an), 그곳에 하나님의 영광이 있고, 그 진실은 날마다 새로이 소리 높은 기도로서 보답 되도다"를 노래한다. 곡은 안단테가 되어 바소 콘티누오만의 반주 위에서 "연약한 입이 하나님의 기적을 노래하면, 소박한 찬송가도 마음에 드시리"를 노래한다.

[제3곡] 아리아

바소 콘티누오만의 반주 위에서 아름답게 부르는 세도막형식의 아리아이다. "지극히 높은 곳에 계시는 이여 그대의 보물을 아침마다 새롭게 하소서"(Hochster, mache deine Gute)의 중간 부분을 거쳐 다시 처음 부분으로 돌아와 부른다.

[제4곡] 코랄 C장조

두 부분으로 이루어져 있다. 제1과 제2독주 바이올린을 대위법적으로 연주시켜, 그것과 바소 콘티누오 사이를 누비는 가운데 합창이 아닌 소프라노 솔로가 장중하게 코랄 "성부, 성자, 성령을 우러러 찬미하리"(Sei Lob und Preis mit Ehren)를 불러 나간다. 이 소프라노의 멜로디는 16세기의 쿠겔만(Johann Kugelmann)의 곡에서, 가사는 그라만(Johann Gramann)의 코랄에서 각각 취해진 것이라 한다. 이 곡은 소위 코랄 환상곡이라고 불러야 할 것으로, 몇 번에 걸쳐 푸가풍의 간주를 거쳐 계속 노래 불린다.

[제5곡] 아리아 '알렐루야'

제4곡에 이어 독창이 "알렐루야"를 시작하면 곧이어 트럼펫이 가담하여 같은 선율을 부르며 곡은 생기를 더해간다. 독창과 관현악이 푸가풍으로 나아가 독창은 "알렐루야"를 몇 번이나 되풀이하는 가운데 하나님을 찬양하며 즐겁게 곡을 맺는다.

🌱 연주와 음반

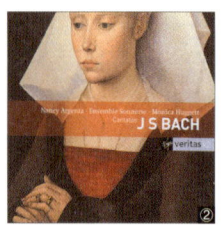
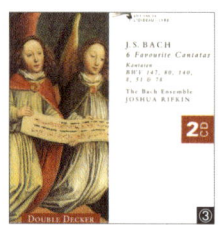

① 존 엘리엇 가디너(John Eliot Gardiner)가 지휘하는 잉글리시 바로크 솔로이스츠와 소프라노 엠마 커크비가 함께한 연주(Philips, 1983년)는 이 곡의 최고 명연이다. 소프라노 독창을 위한 칸타타로 볼 수 있는 이 곡의 특성상 독창자의 역량에 연주의 모든 것이 달려 있다고 해도 과언이 아니다. 이런 점에서 영국이 자랑하는 소프라노 엠마 커크비의 청순하

고 아름다운 목소리와 뛰어난 노래가 빛을 발하는 최고의 연주이다. 첫 곡의 축전적인 트럼펫의 연주와 주고받으며 즐겁게 시작한 커크비는 곡 중의 매우 기교적인 노래를 별로 힘들이지 않고 한 치의 오차도 없이 깔끔하게, 그리고 완벽하게 부른다. 3번째 곡의 아리아와 이어지는 4번째 곡 코랄마저도 멋지게 마무리한 후 마지막 매우 기교적인 "알렐루야"에 돌입한다. 돌입하자마자 커크비는 더욱 템포를 빠르게 당기면서 마치 악기와도 같은 정확한 음정과 완벽한 프레이징의 구사를 통해 놀라운 노래를 들려준다. 이 연주는 커크비의 놀라운 절창과 더불어 가디너의 생동감 넘치는 오케스트라 연주가 서로 시너지를 발휘하며 연주의 완성도를 극대화하고 있다. 정말 최고의 명연이다.

② 모니카 휴게트(Monica Huggett)가 지휘하는 앙상블 소네리(Ensemble Sonnerie)와 소프라노 아르젠타(Nancy Argenta)의 연주(EMI/Vergin Classics, 1993년)는 이 곡의 새로운 명연주로 등장했다. 이 곡의 연주 성패는 당연히 소프라노의 가창력에 달려 있다고 말할 수 있는데, 이 연주에서 아르젠타는 뛰어난 가창력으로 이 연주를 명반의 반열로 올려놓았다. 티 없이 맑은 고음과 깨끗한 음색에 더하여 완벽한 기교의 빼어난 가창력을 통해 감정 표현을 자유자재로 구사하며 더할 수 없는 절창을 들려준다.

4번째 곡 코랄에서도 감정을 듬뿍 담아 가사의 내용을 훌륭하게 전달해 주는 명연을 펼치고 있다. 마지막 곡 "알렐루야"에서도 속도를 더해가며 거침없는 절창을 들려준다. 휴게트가 지휘하는 앙상블 소네리도 경쾌하고도 신선한 연주를 통해 이 연주의 완성도에 크게 공헌하였다.

③ 조슈아 리프킨(Joshua Rifkin)이 지휘하는 바흐 앙상블과 소프라노 줄리안 베어드(Julianne Baird)의 연주(L'Oiseau-Lyre, 1986년)는 이 곡의 또 다른 명연 중 하나이다. 소프라노 독창의 칸타타와 같은 밝은 이 곡을 부른 베어드는 뛰어난 가창력에 맑고 매력적인 목소리의 소유자로, 절묘한 프레이징과 아티큘레이션을 통한 거침없는 질주로 놀라운 성과를 거두고 있다. 지휘를 맡은 리프킨은 바흐 음악의 연주에서 최소 편성의 연주를 주창한 사람답게 성악의 역할에 비해 기악의 파트가 상대적으로 간결한 연주를 보여준다. 신선함이 넘치는 연주로 색다른 맛이 느껴진다.

칸타타 제56번 〈나 기꺼이 십자가를 지리〉
Ich will den Kreuzstab gerne tragen

이 곡은 일명 〈십자가 칸타타〉라고 불리는 곡으로 바흐의 교회 칸타타 가운데서도 명곡 중 하나로 꼽히고 있다. 바흐는 이 곡을 성령 강림절 후의 제19일요일 예배를 위해 1731년 또는 1732년에 라이프치히에서 작곡했다. 곡 전체는 베이스(또는 바리톤) 독창으로 되어 있으며 마지막 곡 코랄에서만 합창이 들어가는 비교적 단순한 형태를 취하고 있다. 가사의 작사자는 알려지지 않았으며 대개 바흐 자신이라고 추측하고 있다. 곡 전체에 예수 수난의 통절한 감정이 넘쳐흐르며 독창 부분에서는 꽤 까다로운 기교가 요구된다.

곡 해설

[제1곡] 아리아

비통한 분위기를 나타내는 곡이다. 대위법적인 비통한 느낌의 긴 전주 후에 베이스 독창이 단호하게 "나 기꺼이 십자가를 지리"(Ich will den Kreuzstab gerne tragen)를 노래 부르기 시작하여 진행된 후 중간 부분, "그

것은 나의 괴로움 뒤에, 하나님께 축복된 나라에 인도되리"(Der führet mich nach meinen Plagen zu Gott, in das gelobte Land)에 이어 "여기에 나는 슬픔을 단번에 무덤에 장사지내고, 주는 나의 눈물 닦아 주시리라"라는 가사를 매우 간절한 심정으로 노래한다. 다시 처음의 오케스트라 전주 부분으로 돌아가서 마치는 A-B-A 형식이 된 후 후주가 따른다.

[제2곡] 레치타티보

첼로와 바소 콘티누오 반주 위에서 격정적으로 부르는 베이스의 레치타티보로 "나의 이 세상의 변화는 배의 항해와 같아, 비탄도 십자가도 물결처럼 덮쳐 오고, 날마다 죽음의 위협을 받도다"라고 노래한다.

[제3곡] 아리아

전곡 가운데 가장 아름다운 곡의 하나로 세도막형식의 아리아이다. 경쾌하면서도 박진감이 넘치는 곡이다. 먼저 경쾌한 오보에의 전주 후에 베이스 독창이 "마침내 내 고민은 사라지도다"(Endlich, wird mein Joch wieder von mir weichen müssen)라고 부르기 시작한다. 오보에의 독주가 노래 사이사이에 간주로 나타나면서 성악과 기악 간주가 몇 번이나 반복된 후 "그것은 내 주의 힘을 얻고, 독수리의 성질을 가졌기 때문이리"를 부른다. 다시 첫 부분의 "마침내 내 고민은 사라지도다"로 돌아가 되풀이되는 전형적인 다 카포 아리아이다. 독창 부분은 까다로운 기교를 필요로 한다.

[제4곡] 레치타티보와 아리오소

바소 콘티누오의 반주 위에서 "나는 지복의 유물을 예수의 손에서

받을 준비 되었도다"라고 부른다. 곡은 이어 아리오소가 되고 여기에 현이 더하며 "여기에 나는 슬픔을 장사지내고"라고 노래한다.

[제5곡] 코랄

이 곡은 요한 프랑크(Johann Frank, 1641-1696)의 코랄 "그대, 오 아름다운 세상의 모습"(Du, schones Welt-gebaude)의 6절에서 따온 것으로, "오라, 오 죽음이여, 그대 잠의 형제여, 와서 나를 그곳에 인도하라"(Komm, o Tod, du Schlafes Bruder, komm, und führe mich nur fort)라는 가사를 합창이 매우 조용하면서도 신중하게 노래한다. 후반부는 확신을 찾은 듯 점점 더 힘주어 장대하게 끝마친다.

♦ 연주와 음반

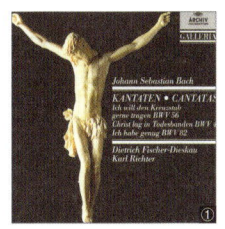  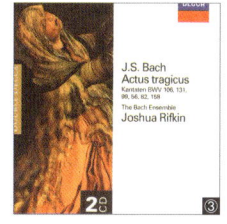

① 칼 리히터(Karl Richter)가 지휘하는 뮌헨 바흐 합창단과 관현악단, 바리톤 피셔 디스카우가 연주한 이 음반(Archiv, 1968년)은 바흐 음악에 정통한 칼 리히터의 곡 해석과 전곡을 누비는 디트리히 피셔 디스카우의 놀라운 절창을 들을 수 있는 최고의 명연주이다. 첫 번째 곡의 베이스 아리아를 부르는 강하고 힘찬 표현과 함께 기교적으로 어려운 부분을 강약을 통해 자유자재로 부르는 피셔 디스카우의 가창력에 경탄하지 않을 수 없다. 이 곡 중 가장 유명한 세 번째 곡의 아리아를 부르는 피셔

디스카우의 노래도 일품이지만 시종 전곡을 누비며 오블리가토를 부는 오보이스트 만프레드 클레멘트(Manfred Clement)의 명연주도 기억해야 할 만큼 깊은 인상을 더해 준다.

② 칼 리스텐파트(Karl Ristenpart)가 지휘하는 칼 리스텐파트 실내 오케스트라(Karl Ristenpart Chamber Orchestra)의 연주(Archiv, 1952년)는 칼 리히터의 연주와 우열을 가리기 힘든 또 하나의 역사적 명연이다. 칼 리스텐파트(1926-1981)는 2차 대전 이후 독일 베를린을 중심으로 활약했던 바로크 음악 전문의 명지휘자로 그의 음악은 감정 표현이 깊고 인간적인 따뜻한 정서가 넘친다는 평을 얻었다. 이 음반에서도 그러한 그의 음악적 성향이 잘 나타나 있다. 바리톤 솔로는 역시 피셔 디스카우로 칼 리히터와의 연주보다 감정 표현이 깊고 목소리는 더욱더 힘차다. 따라서 바리톤 솔로 칸타타와도 같은 이 음악의 연주에서 이 리스텐파트의 음반이 더욱 명반이라 할 수도 있겠으나 오래된 모노 녹음이라 음질이나 음향에 아쉬움이 있고 3번째 곡의 베이스 아리아에서 오보에의 오블리가토는 리히터 음반에서처럼 감미롭지 못하다. 그러나 이 음반에서는 젊은 시절 피셔 디스카우의 절창을 들을 수 있는 기쁨이 있다.

③ 조슈아 리프킨(Joshua Rifkin)이 지휘하는 정격음악 연주단체 바흐 앙상블의 연주(Decca, 1989년)는 베이스 얀 오팔라흐(Jan Opalach)의 호연으로 또 하나의 명연을 만들었다. 바흐 칸타타 연주사에 새로운 획을 그은 것으로 평가되는 리프킨의 주장에 의하면 당시 라이프치히 성 토마스 교회의 연주는 합창의 한 파트를 한 사람의 솔로가 담당하였으며 독창도 겸하였다는 것이다. 그의 주장대로 관현악 연주도 소수 인원의 원

전악기로 연주되며 독창자는 4명으로 합창을 따로 두지 않고 독창자들이 각 파트 1인을 겸하고 있는 특이한 연주이다. 따라서 이 연주는 애초부터 장중함과는 거리가 멀고, 간결하면서도 음악적으로 충실하다. 이 음반에서 거의 솔로와 같은 중요한 역할을 하는 베이스 오팔라흐는 견고한 목소리와 뛰어난 가창력으로 훌륭한 연주를 들려주고 있다. 특히 이 곡 중 가장 유명한 3번째 곡의 아리아에서 탁월한 연주력을 마음껏 과시하고 있다.

칸타타 제78번 〈예수여, 나의 영혼을〉
Jesus, der du meine Seele

　삼위일체절 이후 제14번째 일요일을 위해서 만들어진 이 칸타타는 요한 리스트의 같은 제목의 코랄(1641)을 주로 하여 만들어진, 이른바 〈코랄 칸타타〉 중 대표적인 작품이다. 누가복음 17장 11절 이하의 치료받은 10명의 문둥병자 이야기를 바탕으로 하고 있다. 12절로 된 코랄 시는 1절과 마지막 절만이 각각 칸타타의 제1곡과 마지막 제7곡에 사용하고, 그 밖의 부분은 아마 피칸더의 시에 의한 것으로 생각된다. 이 작품의 초연은 1724년 9월 10일의 삼위일체절 후 14번째 일요일에 이루어졌으며, 그 직전에 작곡되었다고 추측된다.

　이 칸타타의 특성은 바흐 음악의 아름다운 서정성에 있다. 제1곡 장대한 샤콘느 형식의 합창곡, 제2곡 소프라노와 알토의 매력적인 이중창, 제4, 6곡 우아한 아리아, 표정 풍부한 레치타티보 등이 이 곡의 성가를 높이고 있을 뿐만 아니라 대중의 사랑을 듬뿍 받게 한다. 이 곡의 작곡 연대는 1735년에서 1744년까지로 되어 있으며, 악기 구성은 플루트, 오보에 2, 여기에 현악 합주와 바소 콘티누오 악기 반주 등 간단한 편이다.

🌿 곡 해설

[제1곡] 합창

장대한 코랄 환상곡으로 전 관현악이 부점 있는 전주를 먼저 시작한다. 저성부의 반복음(오스티나토 베이스)은 4마디의 반음계적으로 내려가는 악구이며, 그 후의 기악부와 성악부의 상성부 또는 중성부에서 자주 취급되는 중요한 악구로 악곡 전체가 샤콘느 형식을 이루게 하는 초석이 되고 있다.

성악은 "예수여, 나의 영혼을"(Jesus, der du meine Seele)이라는 가사로 알토, 테너, 베이스의 순서로 반음계적으로 내려가기 악구를 모방하여 부르기 시작한다. 이어 "악마의 어두운 심연에서부터 구해주셔서"(aus des Teufels finstrer Hole)의 코랄 원선율이 알토로부터 시작되고 그 사이에는 표정적인 기악 간주가 삽입된다. 곡의 중간 부분에서 알토에 의해 "나에게 알려 주소서"(und mich Solches lassen wissen)라는 생동감 있는 새로운 동기가 나타나고 기악 간주 후 "당신의 오묘한 말씀을 통해"(durch dein angenehmes Wort)가 대위법적으로 발전한다. "오 하나님이시여, 나의 피난처가 되소서"(o Gott, mein Hort)에서 클라이맥스를 형성한 후 곡을 마친다.

이 곡은 코랄을 정선율로 하여 반음계적 아래 가기 악구를 샤콘느의 오스티나토 베이스로 하는 매우 복잡한 음의 건축물이다.

[제2곡] 이중창

소프라노와 알토의 아름다운 이중창이다. 건반악기와 저음 현악기의 생동감 넘치는 전주를 타고 소프라노, 알토의 순서로 모방하면서

"우리들 연약해도 지치지 않는 발걸음으로 서두르리. 오 예수여, 오 주여 당신의 도움 주소서!"(Wir eilen mit schwachen, doch emsigen Schritten, o Jesus, o Meister, zu helfen zu dir!)의 노래를 부른다. 선율은 단순하나 한없이 아름답고 매력에 넘쳐 있다. 중간 부분은 단조가 되어 "그대는 병든 자 방황하는 자를 구하시도다. 오! 들으소서"(Du suchest die Kranken und Irreuden treulich, Ach! höre)를 부른 후 곡은 다시 첫머리로 돌아가 아름다운 선율이 반복되면서 끝난다. 참으로 매력적인 곡이다.

[제3곡] 레치타티보

테너가 "아! 나는 죄의 아들"(Ach! ich bin ein Kinder Sünden), "나는 방황하도다"로 인간의 죄성(罪性)을 고백하고 마지막에는 "주여 노하지 마소서"라고 감정을 넣어 간구한다.

[제4곡] 아리아(테너)

플루트의 부드러운 전주에 인도되어 테너가 "당신의 피는 나의 죄를 없애고, 나의 마음을 가볍게 그리고 자유롭게 하였도다"(Dein Blut, so meine Schuld durchstreicht, macht mir das Herze wieder leicht und spricht mich frei)를 부른다. 사이사이에 플루트의 오블리가토가 종횡무진 움직이는 가운데 노래가 계속된다. 플루트 독주가 곡 첫머리로 다시 돌아가 반복 연주된 후 마친다.

[제5곡] 레치타티보

베이스가 "주의 십자가에 남은 상처나, 못, 관, 무덤 등 지금은 구원의 표적이 되도다"(Die Wunden, Nägel, Kron und Grab, die Schläge, so man dort dem Heiland gab)라고 말하고, 짧은 비바체 부분에서는 나팔 소리를 암시하는 셋잇단음표의 예민한 리듬을 보이며, 아다지오가 되어 "뒤바뀌어 축복이 되도다"라고 말한다. 다시 안단테가 되어 "슬픔으로 가득 찬 나의 마음은 당신의 십자가에서 흘린 귀한 보혈로 씻어졌네, 주 예수 그리스도께 나의 몸을 바치리라"를 부른다.

[제6곡] 아리아(베이스)

아름답고 경쾌한 오보에의 전주에 인도되어 베이스가 "이제 나의 양심을 깨끗하게 하여 주소서"(Nun, du wirst mein Gewissen stillen)라고 노래를 시작한다. 노래 사이사이를 물 흐르듯 아름답게 흐르는 오보에의 오블리가토는 성악과 멋지게 어우러져 놀라운 음악적 감흥을 불러일으키고 있다.

[제7곡] 합창

이 곡을 끝맺는 장엄한 코랄이다. 1음표 대 1음표의 충실한 단음악 형식의 코랄 원형을 잘 보여주고 있다. 이 칸타타 구성의 중심인 코랄 "예수여, 나의 영혼을"의 원곡 가사를 바꾸어 "주여 내가 믿나이다. 약한 나를 도와주시고, 절망에 빠지지 않게 하여 주소서"(Herr! ich glaube, hilf mir Schwachen, lass mich ja verzagen nicht)라고 힘차게 노래하고 최후에 "주 예수여, 싸움 뒤에 영원히 당신을 우러러보리라"라며 장중하게 마친다.

❧ 연주와 음반

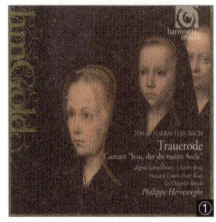  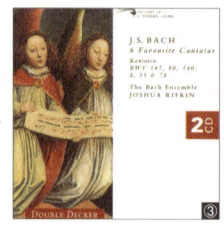

① 필립 헤레베헤(Philippe Herreweghe)가 지휘하는 라 샤펠레 로얄 오케스트라의 연주(Harmonia Mundi, 1990년)는 이 곡의 새로운 명연으로 등장했다. 이 연주는 가디너의 연주와 우열을 가리기 어려울 정도의 명연이다. 헤레베헤의 오케스트라는 전체적으로 섬세하면서도 온화함이 느껴지는 소박한 음악적 표현을 통해 바흐 음악이 가지고 있는 파토스를 멋지게 표현하고 있다. 합창의 연주 역시 신선하면서도 선율 라인이 잘 드러난 훌륭한 연주를 펼친다. 이 연주는 솔리스트들 모두가 하나같이 일정 수준 이상의 훌륭한 가창력을 들려주고 있다. 이 곡의 백미라 할 수 있는 제2곡의 이중창을 부르는 소프라노 잉그리드 슈미트뷰센(Ingrid Schmitbüsen)과 알토 찰스 브렛(Charles Brett)의 뛰어난 가창력과 멋진 앙상블은 깊은 음악적 감흥을 자아낸다. 베이스의 피터 쿠이(Peter Kooy)도 품위 있는 목소리로 훌륭한 노래를 들려준다.

② 존 엘리엇 가디너(John Eliot Gardiner)가 지휘하는 몬테베르디 합창단과 잉글리시 바로크 솔로이스츠의 연주(Soli Deo Gloria, 2000년)는 이 곡의 또 다른 명연주이다. 오케스트라는 경쾌하면서도 투명한 음색의 연주를 들려주며 합창도 경쾌하면서 명료한 연주를 들려준다. 이 연주에서는 솔리스트들이 하나같이 뛰어난 연주로 완성도를 높이고 있다.

제2곡의 유명한 이중창을 부르는 소프라노 말린 하르텔리우스(Malin Hartelius)와 알토 로빈 타이슨(Robin Tyson)은 절묘한 앙상블의 열창을 들려준다. 테너 길크리스트(James Gilchrist)도 깨끗한 목소리로 뛰어난 가창력을 들려주며, 베이스의 피터 하베이(Peter Harvey)도 기품 있는 목소리로 뛰어난 가창을 들려준다.

③ 조슈아 리프킨(Joshua Rifkin)이 지휘하는 바흐 앙상블의 연주(L'Oiseau-Lyre, 1988년)는 그의 주장대로 관현악 연주도 소수 인원의 원전악기로 연주되며 독창자는 4명으로 합창을 따로 두지 않고 독창자들이 각 파트 1인을 겸하고 있는 특이한 연주이다. 첫 곡의 합창은 규모가 큰 코랄 환상곡으로, 각 파트에 한 사람의 독창으로는 아무래도 음악적 감흥을 제대로 끌어내지 못하는 한계가 있다. 그 외의 곡은 규모가 크지 않지 않아 리프킨의 해석도 나름대로 설득력을 얻고 있다. 특히 2번째 곡의 소프라노와 알토 이중창은 이 음반의 백미인데 두 사람의 묘한 음색 차이도 그렇지만 완벽한 호흡과 앙상블은 깊은 감동을 자아낸다.

칸타타 제80번 〈내 주는 강한 성〉

Ein feste Burg ist unser Gott

이 곡은 10월 31일의 종교개혁일을 기념하는 칸타타로서 루터 자신이 직접 작곡했다는 코랄 〈내 주는 강한 성〉을 중심으로 바흐가 작곡한 코랄 칸타타 형식의 작품이다. 루터의 코랄은 종교개혁 당시 사면초가와도 같은 상태를 극복하고 매진해 나가기 위해 만들어진 것으로서 오늘날의 운동권 가요와 같이 격렬하고 용맹한 표현을 담고 있다. 이 곡은 수많은 바흐의 교회 칸타타 가운데서도 가장 유명한 작품이다. 하지만 실제 이 작품의 원형은 1716년경 바이마르에서 작곡된 칸타타 〈하나님에 의해서 태어난 모든 것〉이었으며, 1730년 아우크스부르크 제국 국회 200년 기념제를 위하여 새로이 제1, 5곡의 합창을 추가하여 개작한 것이다.

악기 편성은 트럼펫 3, 오보에 2, 오보에 다모레 2, 오보에 다 카치아 2, 팀파니, 현악 합주, 여기에 바소 콘티누오를 써서 투지에 넘치는 강한 표현을 시도했음을 엿볼 수 있다.

🌿 곡 해설

[제1곡] 합창

코랄 〈내 주는 강한 성〉에 바탕을 둔 웅대하고도 장려한 코랄 환상곡이다. 곡은 전주 없이 곧바로 테너 파트가 "내 주는 강한 성"(Ein feste Burg ist unser Gott)을 부르기 시작하고, 이어 알토-소프라노-베이스 성부가 차례로 이를 받아 장대한 푸가를 전개해 간다. 60마디부터 코랄의 제2부분은 "하나님은 닥쳐오는 고통으로부터 우리들을 구하시도다"(er hilft uns frei aus aller Noth) 그리고 114마디부터 제3부분은 "옛날부터 적이었던 저 사탄"(alte Bose Feind)이라는 가사를 푸가로 전개시키고, 그 뒤를 반주 관현악부가 원선율을 변형 없이 그대로 확대하며 불러나간다. 158마디부터 제4부분 "힘과 간교한 지혜야말로 그의 무기이니"(Macht und viel' List sein' grausam' Rüstung) 그리고 194마디부터 5부분 "지상에서 그를 대적할 자 없도다"(ist nicht sein's Gleichen) 등 모두가 푸가로 진행된다. 이처럼 성악부의 푸가와 반주부의 폭넓은 코랄 선율의 제시를 통해, 코랄 선율이 힘차게 혹은 빠르고 폭넓은 힘으로, 변형하거나 또는 원형 그대로 각 성부에 모방되어 가는 효과는 듣는 사람에게 한없는 감동과 상상력을 불어넣어 준다. 마치 음으로 구축하는 고딕 건축과도 같은 놀라운 바흐의 음악적 구성력을 보여주고 있다.

[제2곡] 이중창

소프라노와 베이스의 이중창으로 경쾌한 바이올린의 서주에 인도되어 먼저 베이스가 "우리들의 힘으로는 악마에게 이길 수 없어(Mit unser Macht ist nichts gethan) 머지않아 패하리. 다만 하나님을 따르는 자, 우리를 위해 싸우리"를 노래하기 시작하면 이어 소프라노가 뒤따른다.

소프라노가 코랄 선율을 2분, 4분음표로 길게 노래하는 반면, 베이스는 시종 빠른 16분음표로 "하나님에 의해서 태어난 자 모두 이기리라"(Alles, was von Gott geboren ist zum Siegen aus erkoren)를 장식적인 노래로 응답하는, 소위 '응답체 코랄'의 구성을 보인다.

[제3곡] 서창

베이스가 "하나님의 아들이여, 생각하라, 예수가 피를 흘려버리신 위대한 사랑을"이라 말하면, 이어 다소 선율적인 아리오소로 들어가 "원컨대, 그리스도의 마음, 그대와 굳게 맺어질 것을"(dass Christi Geist mit dir sich fest verbinde)이라고 부른다.

[제4곡] 아리아

소프라노의 서정적인 아리아. 바소 콘티누오에 의한 특징 있는 음형의 전주 후 소프라노가 "나의 마음에 임하소서. 주 예수여, 내가 구하는 이여!"(Komm in mein Herzenshaus, Herr Jesus, mein Verlangen!)를 부르기 시작한다. 중간 부분에서 "가라, 가라, 저주스러운 악마의 공포"(weg, weg!, schnoder Sunde Graus)로 약간 고조된 후 처음의 선율로 다시 돌아간다.

[제5곡] 코랄

장중한 코랄. 음폭이 넓은 현과 오보에의 유니슨으로 시작된 관현악은 경쾌하면서도 격렬하게 움직이고, 그 사이사이에 합창이 유니슨으로 "만일에 세상이 모두 악마로 가득 차고, 우리를 삼키려 해도 나는 두렵지 않으리"라는 코랄을 확신에 찬 목소리로 장대하게 부른다.

[제6곡] 서창

테너가 "이리하여 그리스도의 피로 물들여진 깃발 아래 서서"라고 말한 후 아리오소로 들어가 "그대의 구세주는 지금도 의지하는 곳이라"라는 굳은 결심을 노래한다.

[제7곡] 알토와 테너 이중창

오보에 다 카치아(보다 저음의 코르 앙글레)와 바이올린의 애절한 조주 위에 "하나님을 입으로 기도하는 자는 축복받을 것이로다"(Wie selig sind doch die, die Gott im munde tragen)라고 노래한다. 이 곡에서는 앞의 격렬한 분위기와는 달리 투쟁이 없는 평온한 안식을 노래하며, 후반부는 분위기가 다소 고조되어 가다가 마지막은 "죽음을 이길 때, 승리는 오리라"를 확신에 차서 부른다. 곡은 다시 앞부분으로 돌아가 오보에와 바이올린의 애절한 선율로 조용하게 마친다.

[제8곡] 코랄

1음표 대 1음표의 단 음악적 구성으로 합창이 먼저 "악마들은 하나님의 말씀을 훔칠지라도 얻을 것이 없으리. 하나님은 그 마음과 은혜로써 항상 우리 편을 드시도다"라고 노래한다. 곡은 밝고 희망찬 D장조로 "내 주는 강한 성"이라는 가사의 코랄 원래의 노래를 힘차게 부르며 끝맺음으로써, 프로테스탄트 교회 신앙을 확립한 날을 축하하는 이 유명한 곡을 장엄하게 마친다.

🌱 연주와 음반

 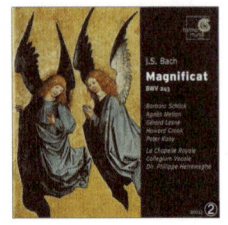 

① 칼 리히터(Karl Richter)가 지휘하는 뮌헨 바흐 합창단과 오케스트라의 연주(DG, 1979년)는 이 곡 최고의 명연이다. 이 연주는 한마디로 바흐 음악에 대한 칼 리히터의 존경과 열정이 투영된 연주로 바흐 교회음악의 숭고한 아름다움을 느낄 수 있는 명연주이다. 당분간 이 연주를 뛰어넘는 명연주를 만나기가 쉽지 않을 것으로 생각되는 그런 연주이다. 여기에서도 칼 리히터는 바흐 음악의 최고의 권위자답게 확신에 찬 연주를 펼치고 있는데 그의 수족과도 같이 일사불란하게 반응하는 뮌헨 바흐 합창단과 오케스트라는 혼연일체가 되어 놀라운 연주력을 보여주고 있다. 합창은 힘차며 선율 라인이 명료하게 드러나는 연주로, 바흐 음악의 특징이기도 한 음악적 구성이 멋지게 드러나도록 장중한 맛이 나게 연주하고 있다. 오케스트라의 연주도 매우 뛰어난데 리히터의 리더십에 일사불란하게 움직이며 합창을 멋지게 지지하면서 음악적 완성도를 높이고 있다. 중간중간 상성부의 선율을 장식하는 트럼펫의 울림은 다른 연주에서는 좀처럼 맛볼 수 없는 것으로, 통렬하면서도 찬란한 빛을 발하며 곡의 분위기를 한껏 고조시키고 있다.

이 연주에서는 특히 솔리스트들의 연주가 하나같이 뛰어나 이 연주의 완성도를 크게 높이고 있다. 소프라노 에디트 마티스(Edith Mathis)는 맑고 강인한 목소리의 뛰어난 가창력을 들려주며, 베이스의 디트리히 피셔 디스카우와 테너의 페터 슈라이어는 뛰어난 가창력과 감정 표현을 통해 최고의 연주를 들려주고 있다. 가장 역할이 적은 알토의 트루데리세 슈미트(Trudeliese Schmidt)도 품위 있는 목소리와 가창으로 자신의 존재감을 드러내고 있다. 이 연주는 과거 LP로 국내에 출시되었으나 어쩐 일인지 단독 CD로 복각되지 않아 구하기가 어렵다. 필자는 칼 리히터의 바흐 칸타타 전집 CD 가운데서 구할 수 있었다.

② 필립 헤레베헤(Philippe Herreweghe)가 지휘하는 라 샤펠레 로얄 오케스트라와 콜레기움 보칼레 겐트(Collegium Vocale Gent)의 연주(Harmonia Mundi France, 1990년)는 전체적으로 조금도 무겁지 않은 신선한 느낌의 연주로, 상성부의 선율 라인이 멋지게 살아난 섬세한 연주로서 합창의 순음악적 아름다움이 느껴지는 명연주이다.

소프라노 바바라 슐릭(Barbara Schlick)의 뛰어난 가창력이 빛을 발하여, 독창에서는 절창으로 청중을 사로잡고 이중창에서는 멋진 조화를 이루고 있다. 베이스 피터 쿠이는 뛰어난 가창력으로 완벽한 기교를 통해 매우 인상 깊은 연주를 들려주고 있으며, 소프라노 슐릭과의 이중창에서도 멋진 앙상블과 호흡을 보여주고 있다. 알토를 부르는 카운터테너 하워드 크룩(Howard Crook)의 연주는 무난한 편이다. 이 연주에서 라 샤펠레 로얄 오케스트라의 연주가 훌륭한데 지휘자와 혼연일체가 되어 일사불란한 연주를 통해 이 연주의 완성도를 높여 주고 있다.

③ 헬무트 릴링(Helmuth Rilling)이 지휘하는 게힝거 칸토라이 합창단과 슈투트가르트 바흐 콜레기움(Bach Collegium Stuttgart) 오케스트라의 연주(hänssler, 1983년)는 전체적으로 약간 무겁고 격렬하게 들리는 연주

로서 합창 성부 간의 연주가 독립적이고도 대등한 위치에서 전개되어 다소 투쟁적으로 들리기도 한다. 합창 자체는 매우 정확하게 일사불란하게 전개되며 코랄은 장려한 맛이 난다. 소프라노 아를린 오제(Arleen Auger)는 깨끗한 목소리로 자신의 소리의 강약을 마음대로 조절하는 뛰어난 가창력을 들려준다. 테너 루츠 마이클 하더(Lutz-Michael Harder) 또한 힘찬 목소리로 뛰어난 가창력을 들려주며, 특히 알토 가브리엘 슈레켄바흐(Gabriele Schreckenbach)와의 이중창에서 뛰어난 가창력을 바탕으로 주도적으로 리드하면서 아름다운 이중창을 만들어 가고 있다. 제3곡의 이중창을 부르는 베이스도 훌륭한 가창력을 들려준다.

> ※ 참고
>
> 성 토마스 교회의 칸토르였던 에르하르트 마우에르스베르거(Erhard Mauersberger)가 지휘하는 라이프치히 성 토마스 합창단(Thomanerchor Leipzig)의 연주(Archiv, 1966년)는 이 곡의 역사적인 명연일 뿐만 아니라 아직까지도 최고의 명연으로 굳건하게 그 자리를 유지하고 있는 연주이다. 바흐는 1723년 성 토마스 교회의 칸토르로 부임, 그가 죽기까지 27년간 이곳에서 봉직했는데, 이 연주는 바흐가 봉직했던 성 토마스 합창단과 칸토르로서 전설적인 명연을 많이 남긴 위대한 음악가 마우에르스베르거가 연주한 잊을 수 없는 명연의 하나이다. 이 음반은 과거 60년대 후반에 LP로 국내에 출반되었으나 폐반된 후 아직 CD로 복각되어 나오지 않아 비교 감상할 수 없다는 점이 매우 아쉽다.

칸타타 제82번 〈나는 만족하도다〉
Ich habe genug

바흐의 교회 칸타타는 대부분 독창, 중창, 합창이 서로 어우러진 것이지만 몇 곡의 순수 독창만을 위한 작품들도 있는데, 칸타타 제82번(BWV 82)은 제56번 〈기꺼이 내 십자가를 지겠노라〉와 함께 베이스 독창용으로 만들어진 칸타타 중 가장 훌륭한 작품 중 하나이다.

오보에, 현, 통주저음을 동반하는 베이스가 아리아와 레치타티보를 교대로 노래하면서, 그리스도의 구원에 의해 평안한 죽음의 길로 나아가는 기분을 표현하고 있다. 칸타타 제56번의 무거운 분위기에 비해 이 곡은 영원하고 평안한 죽음을 동경하는 감미로운 정서와 분위기가 지배적이다. 작사자는 불명이나 그 내용은 누가복음 제2장 제25절 이하와 깊은 관계가 있다. 제2곡의 레치타티보와 제3곡의 유명한 아리아는 바흐의 두 번째 부인인 안나 막달레나 바흐를 위한 〈클라비어 소곡집 제2권〉(1725년 이후에 작곡됨)에 소프라노용의 형태를 띤 흔적을 찾아볼 수 있는데, 이것이 원작이라고 주장하는 슈피타(Philipp Spitta)의 주장은 최근 폰 다델센(Georg von Dadelsen)의 연구에 의해 명백히 부정되었다.

이 곡은 라이프치히 시대인 1727년에 작곡되어 그해 2월 2일에 있었던 성모축일에 초연되었으며, 따라서 이 곡이 1730-1732년에 작곡되었다는 슈피타의 설은 잘못된 듯하다. 알프레트 뒤르(Alfred Dürr)의 연구에 의하면 그 이후, 적어도 1731년경(e단조 소프라노용)과 1735년(c단조, 메조소프라노용)에 각각 편곡되어 바흐 생전 라이프치히에서 재연되었다고 한다.

♩ 곡 해설

[제1곡] 아리아 c단조 3/8박자

독주 오보에가 미리 주제 선율을 연주하는 꽤 긴 기악의 서주가 나온 후 베이스가 "나는 만족하도다"(Ich have genug)라고 노래하기 시작하면 오보에가 오블리가토로 이것을 아름답게 장식한다. 곡은 'A-B-B' 형태를 취하여 "구세주 예수를 가슴에 품고, 고요히 이 세상을 떠나자"(Ich hab'ihner blick, mein Glaube hat Jesum an's Herze gedrückt)라는 가사가 불린다.

[제2곡] 레치타티보

통주저음만을 동반하는 레치타티보 세코로서, 중간에 안단테의 짧은 아리오소를 삽입하면서 예수에 대한 동경을 이야기한다.

[제3곡] 아리아 E♭장조 4/4박자

매우 유명한 아리아이다. 이번에는 오보에를 제외한 기악 서주에 이어 베이스가 "자, 잠들어라 피곤한 눈이여"(Schlummert ein, ihn matter Augen), "이 세상의 불행으로부터 떠나 저 세상의 감미로운 평화와 평안한 휴식을 열망한다"(Hier muss ich das Elend bauen, aber dort, dort werd ich schauen. Süssen Friede, stille Rüh)를 조용히 부른 후 다시 곡 첫머리로 돌아가 노래하는 확대된 다 카포 형식의 아리아이다.

[제4곡] 레치타티보

"하나님이시여. 아름다운 죽음의 때는 언제 오나이까?"(Mein Got! wann kommt das schöne?)라고 호소하고, 후반은 느린 아리오소가 되어 "속세여! 안녕"(Welt!, gute Nacht)이라고 끝맺는데 이 부분의 표현 효과는 특별하다.

[제5곡] 아리아 c단조, 3/8박자

또다시 반주에 오보에가 가담하여 오케스트라의 경쾌한 서주에 이어 "나는 죽음을 기쁘게 기다린다"(Ich freue mich auf meinen Tod)라는 죽음에의 기대가 즐겁게 표현된다. 자유로운 형식으로 작곡되어 있으나 기교적으로는 매우 어려운 부분이다. 곡의 중간중간에 기악만의 리토르넬로를 동반하여 협주곡풍의 구성을 취하고 있다.

♣ 연주 관행

원래 이 곡은 베이스 독창을 위한 곡이나 근년에 와서는 테너, 심지어는 다미엥 기용(Damien Guillon)과 같은 카운터테너가 노래한 음반도 있다.

♦ 연주와 음반

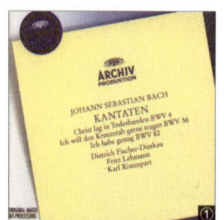
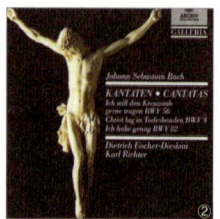

① 칼 리스텐파트(Karl Ristenpart)가 칼 리스텐파트 실내 오케스트라를 지휘한 음반(Archiv 1953년)은 이 곡의 최고이자 불후의 명연이다. 이 연주를 통해 바흐 스페셜리스트로 명성을 떨쳤던 칼 리스텐파트의 음악적 성향을 확인할 수 있다. 즉 그의 오케스트라는 강약의 변화와 절묘한 프레이징에 의한 감정 표현으로 깊고 인간적인 따뜻한 정서가 넘치고 있다. 원래 이 곡은 베이스 독창을 위한 칸타타인 만큼 이 곡의 연주 성패는 베이스 독창자의 기량에 달려 있다고 볼 수 있다. 강하고 힘찬 표현과 함께 기교적으로 어려운 부분을 강약을 통해 자유자재로 부르는 젊은 시절 피셔 디스카우의 절창에 경탄하지 않을 수 없다. 60년이 지난 비록 오래된 모노 녹음이지만 28세 젊은 시절의 디트리히 피셔 디스카우의 힘찬 목소리와 절창을 들을 수 있는 명반이다. 그리고 바흐 스페셜리스트로 명성을 떨쳤던 칼 리스텐파트의 흔치 않은 바흐 칸타타 연주를 만날 수 있는 즐거움과 함께 바흐 음악에 대한 그의 애정과 열정을 느낄 수 있는 역사적인 명연이다.

② 칼 리히터(Karl Richter)가 지휘하는 뮌헨 바흐 합창단과 오케스트의 연주(Archiv, 1968년)는 한마디로 칼 리스텐파트의 연주와 우열을 가리기 어려운 이 곡 최고의 명연이다. 이 음반 역시 바흐 음악의 최고 권위자로 일세를 풍미했던 칼 리히터의 집중력 넘치는 연주로 오케스트라는 무겁지 않고 세련된 소리를 들려주고 있다. 이 곡의 연주 성패는 베이스 독창자의 기량에 달려 있다고 볼 수 있는데, 이 연주를 할 당시 피셔 디스카우의 나이는 리스텐파트와의 연주 후 15년이 지나 43세로 연령적으로 최고의 전성기에 도달해 있었다. 따라서 그의 연주는 젊은 시절에 비해 힘은 다소 덜해졌으나, 대신 더욱 원숙해진 기교로 세련된 절창을 들려주고 있다. 여전히 기교적으로 어려운 부분을 완벽한 호흡법을 통해 자유자재로 부르는 피셔 디스카우의 절창에는 감탄하지 않을 수 없다. 구태여 미묘한 차이를 찾아본다면, 필자 개인적으로는 마지막 5번째 곡의 아리아에서 후반부 멜리스마의 노래가 젊은 시절처럼 자연스럽지 못하다는 느낌이 든다.

③ 안소니 버나드(Anthony Bernard)가 지휘하고 필라델피아 오케스트라와 전설적인 베이스 한스 호터(Hans Hotter)가 노래하는 연주(EMI, 1950)는 이 곡의 또 다른 역사적 명연이다. 한스 호터는 1950년대 전성기를 누린 전설적인 베이스로 독일 음악, 특히 바그너 가수로 일세를 풍미한 명가수이며 원래 베이스 독창을 위한 이 칸타타에서 그 진가를 발휘하고 있다. 이 연주는 전체적으로 템포를 충분히 잡은 다소 느린 연주로 감정 표현을 더욱 깊게 하기 위한 의도로 생각되는데, 그 목적을 충분히 달성한 연주이다. 깊은 저음에서 우러나오는 호터의 물 흐르는 듯한 노래는 영혼의 밑바닥을 건드리며 종교적 깊이를 느끼게 한다. 이 연주를

바리톤 피셔 디스카우의 연주와 음반에 비교한다면, 녹음상태가 다소 열악하고 오케스트라의 연주가 피셔 디스카우의 리스텐파트나 칼 리히터에 비해 떨어진다는 점이 아쉽다.

④ 로저 노링턴(Roger Norrington) 경이 지휘하는 잘츠부르크 카메라타 아카데미카(Camerata Academica Salzburg)의 연주(Decca, 1999년)는 이 곡의 새로운 명연으로 등장했다. 이 곡은 바리톤 솔로를 위한 칸타타인 만큼의 연주의 성패 역시 솔리스트의 기량에 많이 의존할 수밖에 없다. 불세출의 명가수 피셔 디스카우의 눈부신 절창에 눌려 새로운 명연주의 등장이 좀처럼 어려운 현 상황에서 오랜만에 햇빛처럼 등장한 명연이다. 현재 최고의 리릭 바리톤 가수로 왕성한 활동과 명성이 자자한 마티아스 괴르네(Matthias Görne)는 디스카우와는 다른 매우 유연한 목소리와 뛰어난 가창력으로 감정 표현을 자유자재로 하면서 감동적인 연주를 들려준다. 오케스트라는 바로크 전문 지휘자 로저 노링턴의 지휘에 의해 훌륭한 앙상블과 절제된 연주를 들려준다. 이 곡에 매우 중요한 역할을 하는 오보에 오블리가토는 베를린 필의 수석 알브레히트 마이어(Albrecht Mayer)가 멋지게 불며 연주의 완성도에 기여하고 있다.

칸타타 제106번 〈하나님의 때〉
(Gottes Zeit) (Actus Tragicus)

"추모행사"(Actus Tragicus)라고도 불리는 이 칸타타는 바흐의 20대 초반 뮐하우젠 시대(1707-1708)의 성 블라지우스 교회의 오르가니스트로 활동하고 있던 1707년경에 작곡된 초기 칸타타이다. '관습으로서의 죽음'을 이야기한 구약성서와 '구원으로서의 죽음'을 이야기한 신약성서의 인용을 미묘하게 대치시켜 교회의 상징인 코랄로 삼위일체를 찬미하면서 끝나는 가사로 보아, 어떤 특정한 인물의 장례식을 위해 작곡된 곡으로 볼 수 있다. 작사자는 누군지 확실히 밝혀져 있지 않지만, 바흐 자신이라는 설과 성모 마리아 교회의 목사였던 게오르크 크리스티안 아이르마라는 설도 있다. 그리고 칸타타가 헌정된 장례식의 주인공에 대해서는 뮐하우젠 시대 외숙부 비아스 렘멜르히르트이라는 바흐 학자 피로타의 주장과 1711년 바이마르 시대에 어떤 학교장의 조의를 표하기 위해 작곡했다는 슈피타의 주장이 있는데, 아직 확실한 근거는 없다. 어쨌든 바흐가 젊은 시절에 고인의 명복을 빌기 위해 쓴 슬픔의 칸타타임에는 이론이 없다.

바흐의 교회 칸타타는 대부분 일요일의 축일 예배를 위한 것인데 이 곡은 개인의 장례를 위한 곡이라 그런지 다른 칸타타처럼 일정한 코랄을 사용하지 않고, 마지막 곡도 합창 코랄이 아닌 장대한 2중 자유 푸가로 끝맺고 있다. 또한 곡의 구성도 독창 및 합창의 각 성부가 대화나 문답 형식으로 작곡되어 있으며, 곡이 매우 극적이고 복잡하여 별명을 "추모행사"(Actus Tragicus)라고 한다. 가사는 사도행전, 시편, 누가복음에서 인용하였으며, 내세의 낙원에 대한 확신으로 넘치는 밝은 곡이다.

♣ 곡 해설

[제1곡] 소나티나

서주로 2개의 플루트와 2개의 비올라 다 감바, 그리고 바소 콘티누오가 가담하는 기악만으로 이루어지며 슬프고 어두운 분위기의 신포니아가 느리게 연주된다.

[제2a곡] 합창

먼저 소프라노 파트가 "하나님의 때가 가장 좋은 때로다"(Gottes Zeit ist die allerbeste Zeit)를 부르기 시작하고 반화성적인 4성부 합창이 얼마 전개되지 않아 갑자기 템포가 빨라지면서 중간부인 "그 안에서 우리는 살고, 움직이고 존재하도다"(In him leben, werden und sind wir)라는 가사가 모방 대위법으로 화려하게 전개된다. 곡은 다시 느린 제3부 아다지오로 돌아가 "하나님이 정한 때에 우리는 죽으리라"(In him sterben wir zu rechter Zeit)를 엄숙하게 부른다.

[제2b곡] 독창, 중창, 합창

다시 더 느린 렌토가 되어 테너의 아리오소 "아 주여, 죽음을 생각하는 것을 가르쳐 주소"(Ach Herr, lehre uns bedenken)라고 노래하기 시작하는데 이 부분의 바소 콘티누오가 샤콘느적인 특징으로 들린다. "우리는 죽어야만 하리"(dass wir sterben müssen)라고 비슷한 유형의 노래를 이어간다.

[제2c곡]

이어 베이스가 3/8박자로 "너는 죽어야 하므로 너희 집을 정돈하라"(Bestelle dein Haus, denn du wirst sterben)를 부른다. 이 부분은 2대의 플루트의 오블리가토가 계속되면서 엄숙한 분위기를 형성해 나간다.

[제2d곡]

마침내 합창이 "사람이 죽는 것은, 오랜 계율이요"(Es ist der alte Bund, Mensch du musst sterben)를 테너, 알토, 베이스, 소프라노의 순서로 느릿하게 노래해 간다. 이 중간 부분에서 아름다운 소프라노의 노래가 끼어들며 분위기를 고조시키는데 "예수여 오소서"(Ja, komm, Herr Jesu)라고 기쁨에 찬 노래를 부른다. 노래 사이사이에 플루트가 코랄 "나의 일은 하나님께 맡기리"(Ich habe mein Sach Gott heimgestellt)를 불러 나가는데 대위법적으로 얽혀가는 이 부분은 매우 인상적이다. 다시 "사람이 죽는 것은 예부터의 계율이요"가 반복된다.

[제3a곡] 알토 아리아

상승하는 음계로 시작하는 현(또는 오르간)의 연주에 이어 먼저 알토가 "당신의 손에 내 영혼을 맡기나이다"(In deine Hände, befehl'ich meinen Geist)를 노래한다. 아리아지만 아리오소라 할 만큼 짧다. 반주는 통주저음에만 의존하고 있다.

[제3b곡]
베이스(예수) 아리오소가 "오늘 그대 나와 함께 낙원에 있으리"(Heute, heute wirst du mit mir im Paradies sein)라는 감동적인 노래를 부른다. 다시 알토가 등장하여 "평화와 기쁨을 갖고, 나 그곳으로 가리"(Mit Fried' und Freud' ich fahr' dahin. In Gottes Willen)라는 코랄 가사를 2분음표로 느리고 장중하게 부르는 데 비해, 베이스는 빠른 보폭으로 "오늘 나와 함께 낙원에 있으리"를 반복하여 부른다. 이 부분에서 바흐의 장기인 코랄 패러프레이즈를 맛볼 수 있다.

[제4곡] 합창
짧은 기악 전주 후에 합창이 "영광, 찬미, 영예, 존경, 하나님께 있으라"(Gloria, Lob, Ehr' und Herrlichkeit)라는 가사를 코랄 "주여, 나 그대에게 바라도다"의 선율에 의하여 4성부로 부른다. 합창 사이사이에 기악은 장식음으로 대답하는 형태로 진행되며, 곧 알레그로 템포가 되어 "예수, 그리스도를 통해"(durch Jesum Christum)라는 동기와 "아멘" 동기에 의해 화려한 2중 푸가가 전개된다. 확대와 모방 기법을 기교적으로 발전시켜 힘차게 "아멘"을 부르며 마친다.

🌱 연주와 음반

① 존 엘리엇 가디너(John Eliot Gardiner)가 지휘하는 몬테베르디 합창단과 잉글리시 바로크 솔로이스츠의 연주(Archiv, 1990년)가 이 곡 최고의 명연이다. 가디너는 자신의 수족과도 같은 몬테베르디 합창단과 잉글리시 바로크 솔로이스츠를 이끌며 완성도 높은 연주를 펼치고 있다. 바소 콘티누오는 오르간이 맡고 있으며, 전체적으로 합창과 오케스트라는 매우 신선한 느낌의 명연이다. 마지막 곡의 이중 푸가에서는 한 치의 오차도 없는 완벽한 앙상블과 연주력을 들려준다.

기악만의 연주로 시작하는 첫 곡 소나티나부터 듣는 사람의 귀를 사로잡으며, 솔리스트들의 뛰어난 노래가 계속된다. 이 연주에서 솔리스트들의 연주가 하나같이 뛰어난데, 특히 소프라노 낸시 아르젠타(Nancy Argenta)의 깨끗하고 아름다운 목소리와 뛰어난 가창력은 듣는 사람에게 커다란 감동을 준다. 테너 앤소니 롤프 존슨의 뛰어난 감정 표현도 일품이며, 베이스 스티븐 바코(Stephen Varcoe)의 품위 있는 노래도 좋다. 알토를 부르는 카운터테너 마이클 챈스도 나쁘지 않지만 자신의 존재감을 크게 부각하지는 못하고 있다.

② 톤 쿠프만(Ton Koopman)이 지휘하는 암스테르담 바로크 오케스트라와 합창단의 연주(Erato, 1994년)는 이 곡의 최고의 명연 중 하나이

다. 원전악기 연주의 선두주자이자 오르간, 하프시코드 등의 명인인 톤 쿠프만은 자신이 창설한 악단을 이끌고 완성도가 매우 높은 연주를 펼치고 있다. 자신이 직접 하프시코드를 연주하며 바로크 음악의 맛과 멋, 바흐 음악의 진정한 아름다움을 제대로 표현한 명연주를 들려준다. 전체적으로 쾌적한 템포의 설정과 섬세하고도 미묘한 뉘앙스를 잘 살린 명연주이다. 합창은 매우 섬세하며 앙상블은 매우 정교하며 일사불란하다. 소프라노 바바라 슐릭의 뛰어난 가창력, 알토 카이 베셀(Kai Wessel)의 매력적인 노래, 테너 반 데르 린덴(Gilles Van Der Linden)의 뛰어난 가창력과 감정 표현, 베이스 클라우스 메르텐스(Klaus Mertens)의 유연한 가창이 하나같이 뛰어나다. 솔리스트들 모두가 최상의 뛰어난 연주를 펼침으로써 이 곡의 완성도에 크게 기여하고 있다.

③ 일본의 마사아키 스즈키(Masaaki Suzuki)가 지휘한 바흐 콜레기움 재팬의 연주(BIS, 1995년)도 뛰어난 명연의 하나이다. 스즈키는 세계적인 바흐 음악 전문가이자 바흐 칸타타 전곡 녹음을 달성한 최초의 동양인으로, 바흐 음악에서 그의 깊은 음악성은 이미 정평이 나 있다. 이 연주는 전체적으로 템포를 다소 느리게 잡고 있어 시작 첫 곡의 기악곡 소나티나는 다소 지루한 감이 있으나 다른 곳은 쾌적한 템포를 유지한다. 합창과 오케스트라 모두 연주가 훌륭하며 솔리스트들의 연주도 하나같이 훌륭하다. 테너의 게르트 튀르크, 베이스의 피터 쿠이 등의 훌륭한 가창력은 물론, 일본인 소프라노 미도리 스즈키(Midori Suzuki), 알토 아키 야나기사와(Aki Yanagisawa) 등도 매우 세련된 노래를 들려주고 있어 우리로서는 놀라울 뿐이다.

DVD

톤 쿠프만(Ton Koopman)이 지휘하고 또 자신이 바소 콘티누오로 하프시코드를 직접 연주한 암스테르담 바로크 오케스트라와 합창단의 연주(Kultur, 1997년)는 바로크 원전악기를 사용한 연주로 그 규모는 결코 크지 않다. 합창의 한 파트에 4-5명씩 배치하고 오케스트라도 최소 인원을 동원하고 있다. 전체적으로 잔잔한 가운데 간결한 음악적 표현을 하는 연주이나, 테너와 소프라노의 노래가 설득력 있게 들린다. 마지막 제4곡 합창의 연주가 전곡 중 압권이다.

칸타타 제140번 〈눈뜨라고 부르는 소리 있도다〉
Wachet auf, ruft uns die Stimme

바흐의 칸타타 중 가장 유명한 칸타타의 하나로 성령강림절 후 제27일요일을 위해 작곡된 곡이었다. 하지만 실제로 이러한 일요일이 가능한 경우는 매우 드물고 다만 부활절이 매우 빠르게 있을 때 한해서만 존재하며, 바흐가 라이프치히에 있는 동안 겨우 두 번(1731년, 1742년)밖에 없었다. 따라서 이 칸타타는 1731년 11월 25일의 상연을 위해 작곡되어 아마도 1742년에 재연되었을 것이다. 초연은 성 니콜라이 교회에서 행해졌다.

　이 작품은 코랄 칸타타의 양식으로 작곡되었다. 전 7곡 가운데 제1, 4, 7곡의 가사는 교회 목사이자 시인이며 또한 음악가였던 니콜라이(Philip Nicolai, 1556-1608)가 작사한 시에서 취했으며, 다른 나머지 곡의 출처는 미상이다. 특히 제7곡의 코랄은 니콜라이가 1599년에 작사, 작곡한 코랄 '눈뜨라고 부르는 소리 있도다'를 차용하고 있는데 가사의 내용은 마태복음 제25장 제1절-3절에 이르는 열 처녀의 천국 비유이다. 즉 신랑을 맞이하는 5명의 어리석은 여자와 5명의 지혜로운 여자의 이야기에서 제재를 취해, 그리스도를 신랑에, 신앙심 깊은 신도의 영혼을 신부에 비유하고 있다. 깨어 있어서 등(燈)과 기름을 준비한 다섯 신부는 밤중에 도착한 신랑을 맞이했지만, 기름을 준비하지 못한 미련한 다섯 처녀는 신랑을 맞이하지 못했다는 마태복음의 천국 비유를 가사로 하고 있으며, 전곡 7곡을 차례대로 살펴보면 다음과 같다.

곡 해설

[제1곡] 합창. 코랄 '눈뜨라고 부르는 소리 있도다'

경쾌한 부점 리듬으로 시작되는 오케스트라의 전주에 이어, 소프라노에 의해 "눈뜨라고 부르는 소리 있도다"(Wachet auf, ruft uns die Stimme)의 코랄 정선율이 등장한다. 이 소프라노의 코랄 정선율은 곡 내내 느리고 장중하게 불리는 데 반해, 나머지 3성부는 대위법적 대선율을 숨 가쁘게 진행하면서 묘한 대조를 이루는 형태로 되어 있다. 성악 사이사이에 오케스트라는 경쾌한 부점의 리듬을 연주하고, 마지막에 소프라노가 곡을 마감하는 알렐루야를 대위법적으로 진행시킨 후 오케스트라는 다시 처음으로 돌아가 부점 리듬의 전주를 다시 연주한 뒤 조용하게 곡을 마친다.

[제2곡] 레치타티보(테너) '신랑이 온다'

"그가 온다. 신랑이 온다. 시온의 처녀들이여 나오라!"(Er kommt, der Bräutigam kommt!)라고 테너에 의해 노래되는 짧은 레치타티보 세코이다.

[제3곡] 아리아(소프라노와 베이스의 이중창) '나의 구세주여 언제 오시나이까?'

아다지오 6/8박자 c단조. 통주저음과 비올리노 피콜로에 반주된 자유로운 다 카포 형식의 이중창이다. 바소 콘티누오 위에서 비올리노 피콜로(소형 바이올린으로 보통 악기보다 4도 높다)가 조주를 하고, 소프라노가 교회의 역할, 베이스가 그리스도의 역으로 이중창을 전개한다. 비올리노 피콜로의 아름다운 전주에 이어, 소프라노가 "나의 구세주여, 언제 오시나이까?"를 노래하면 베이스(예수)가 "나는 왔도다. 그대의 분신으로서"라고 대답한다. 이중창은 대위법적으로 한참 동안 전개해 나가며, "하늘의 잔치를 위하여 문을 열도다"를 부르고, 곡은 다시 최초의 바이올린의 조주로 다시 돌아가 조용히 마친다. 이중창 사이사이에 아름다운 비올리노 피콜로의 오블리가토가 강한 인상을 남기는 곡이다.

[제4곡] 코랄

바이올린과 비올라의 매우 아름다운 전주가 나온 후에 테너 독창이 코랄의 제2절 "시온이 파수꾼의 노래를 듣고 혼과 마음에 기쁨이 넘치네"(Zion hört die Wächter singen, Das Herz tut ihr Freuden springen)를 낭랑하게 부른다. 현의 아름다운 간주에 이어 테너가 다시 "사랑스러운 벗은 하늘로부터 빛 가운데 내려오네. 은총을 강함으로, 진리를 힘으로서"를 부른 후에 현의 후주로 마감한다. 바흐는 이 곡을 자신의 〈슈블러 코랄집〉의 제1곡(BWV 645)으로 편곡하여 훌륭한 오르간 독주 작품으로도 남겼다.

[제5곡] 레치타티보

통주저음과 그것을 보조하는 현악 합주에 받쳐진 베이스가 독창으로 "자 내게로 오라. 나의 선택된 신부여!"(So geh herein zu mir, Du mir erwählte Braut!)라고 노래한다.

[제6곡] 아리아(소프라노와 베이스 이중창)

다 카포 형식에 의한 소프라노와 베이스의 이중창. 바소 콘티누오 위에 실린 오보에의 아름다운 독주가 경쾌한 리토르넬로(ritornello)를 이루며, 소프라노와 베이스가 "내 친구는 나의 것. 나는 그대의 것!"(Mein Freund ist mein! Und ich bin dein!)이라는 가사의 매우 기교적인 노래를 서로 주고받는다. 성악 사이사이에 오보에의 간주와 후주가 따르며 이 곡을 더욱 멋있고 흥겹게 만든다.

[제7곡] 코랄 '그대에게 영광이 노래되리'

4성부 합창이 니콜라이의 코랄 제3절 "그대에게 영광이 노래되리. 사람과 천사의 혓바닥으로"(Gloria sei dir gesungen, mit Menschen und englischen Zungen)를 장중하게 부른다. 바흐는 운율적으로 움직이는 큰 니콜라이의 선율을 2분음표를 기초로 하는 규칙적인 흐름으로 정돈하여 전반과 후반으로 배치하였다.

♪ 연주와 음반

 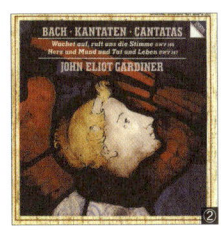 

① 칼 리히터(Karl Richter)가 지휘하는 뮌헨 바흐 합창단과 오케스트라의 연주(DG, 1978년)는 이 곡의 최고 명연이다. 바흐 음악에 일생을 바쳤던 리히터가 깊이 있는 해석으로 바흐의 지고한 정신세계를 가슴 저

리게 표현한 연주이다. 바흐 음악의 전문가답게 그의 손발과도 같은 뮌헨 바흐 합창단과 오케스트라를 완전하게 장악하여 자신의 음악세계를 완벽하게 표출하고 있다. 전체적으로 템포를 느리고 충분하게 잡아 바흐 음악의 장려함을 멋지게 표현한 명연주이다.

솔리스트로는 소프라노 에디트 마티스, 테너 페터 슈라이어, 베이스 디트리히 피셔 디스카우로 당대 최고의 솔리스트들이 열연을 펼치고 있다. 제2곡의 레치타티보와 제4곡 테너 독창의 코랄을 부르는 젊은 시절 페터 슈라이어의 절창은 정말 힘이 넘치면서도 가슴이 저리도록 아름답다. 바리톤 피셔 디스카우는 이 음반에서 소프라노 에디트 마티스와 두 번의 이중창을 부르는데 두 사람 모두가 뛰어난 기교와 가창력에다 절묘한 호흡 등을 통해 놀라운 앙상블을 들려준다. 그러나 단연 디스카우의 노래가 마티스의 노래를 압도하고 리드하고 있다. 디스카우의 이러한 노래는 절창이라고밖에 달리 표현하기가 어려울 지경이다.

② 존 엘리엇 가디너(John Eliot Gardiner)가 지휘하는 잉글리시 바로크 솔로이스츠와 몬테베르디 합창단의 연주(Archiv, 1992년)는 원전악기에 의한 개성 넘치는 연주이다. 따라서 이 연주는 전체적으로 빠른 템포의 경쾌한 연주로 리히터의 연주에 비해 약 10분 정도 연주 시간이 짧다. 숭고한 바흐의 음악적 세계를 추구하였던 리히터와는 완전히 다른, 지극히 현대적인 느낌의 연주이다. 관현악은 리듬감이 넘치고 군더더기가 전혀 없는 깔끔한 연주를 들려주고 있다. 합창은 투명한 울림의 정교한 노래를 펼친다. 솔리스트 가운데는 소프라노 루스 홀튼(Ruth Holton)의 맑은 소리와 정교한 가창력이 돋보이며, 이중창을 함께 부르는 베이스 스티븐 바코의 가창력과 앙상블 모두 훌륭하다. 여기에서는 소프라

노의 가창력이 베이스를 리드하고 있어, 칼 리히터의 음반에서 피셔 디스카우의 노래가 소프라노 에디트 마티스를 압도하는 것과는 대조를 이룬다. 테너 앤소니 롤프 존슨은 별다른 존재감을 나타내지 못하고 있다.

③ 조슈아 리프킨(Joshua Rifkin)이 지휘하는 바흐 앙상블의 연주(L'Oiseau-Lyre, 1986년)는 바흐 칸타타 연주사에 새로운 획을 그은 리프킨이 직접 감독한 연주이다. 그의 주장대로 당시 합창 파트를 한 사람의 솔로로 대체하고 독창도 겸하고 있으며, 관현악 연주도 소수 인원의 원전악기로 연주하고 있다. 따라서 장중한 음악적 맛은 기대할 수 없지만 신선함과 활기가 넘치며 기악에 비해 성악 파트가 상대적으로 두드러지는 연주로 색다른 멋과 맛이 느껴지는 연주이다. 첫 곡의 코랄 부분을 소프라노 파트 합창이 아닌 소프라노 솔로로 부르는데 색다른 효과와 맛이 난다. 소프라노에 줄리안 베어드, 카운터테너 드류 민터(Drew Minter), 테너에 제프리 토마스(Jeffrey Thomas), 베이스에 얀 오팔라흐가 부르고 있으며 모두가 뛰어난 가창력과 훌륭한 앙상블을 들려준다. 소프라노 베어드와 베이스 오팔라흐의 가창력이 특별히 뛰어나며, 이들이 함께 부르는 제3곡과 제6곡의 이중창 모두에서 뛰어난 앙상블로 깊은 인상을 남긴다.

칸타타 제147번 〈마음과 입과 행동과 생명으로〉

Herz und Mund und Tat und Leben

칸타타 제147번 〈마음과 입과 행동과 생명으로〉는 1723년 성모 마리아 방문 축일인 7월 2일에 초연된 작품으로, 원래 이 곡은 1716년 바흐의 바이마르 시절 성령강림절의 제4일요일에 빌헬름 에른스트(Wilhelm Ernst) 공작의 궁정 예배당에서 공작이 참석한 가운데 드릴 예배에서 사용할 목적으로 작곡되었다.

당시 궁정악장이었던 요한 사무엘 드레제(Johann Samuel Dreese)가 몸이 불편하자 1716년 바흐가 대신 칸타타의 작곡을 맡게 되어 바이마르에서 강림절 후 4번째 일요일 예배를 위해 작곡을 시작했지만, 은근히 드레제의 후계자로 궁정악장이 되고 싶어 했던 바흐는 그 자리를 결국 다른 사람에게 빼앗기자 이에 크게 낙심하여 중간에 작곡을 그만두고 말았다.

바흐는 1723년 라이프치히 성 토마스 교회의 칸토르로 부임하자마자 이 곡을 완성시키기로 마음먹었다. 그러나 라이프치히에서는 성령강림절에 칸타타를 연주하지 않는 관습으로 인해 성모 마리아의 방문축일 (7월 2일, 성모 마리아가 세례요한을 잉태한 엘리사벳을 방문한 날)을 위한 것으로 바꾸고, 몇 곡의 코랄을 새로이 추가 또는 개작하여 1723년 7월 완성하였으며 라이프치히의 청중에게 최초로 제공하였다.

바이마르 시대의 악보는 현재 남아 있지 않지만 당시 대본은 출판되어 남아 있다. 대본은 바이마르의 궁정 시인 잘로몬 프랑크(Salomon Franck, 1659-1725)가 1717년에 출판한 시집 『복음파의 주일 축일의 기도』에서 취하였다.

전체는 2부로 나누어져 있으며 트럼펫의 오블리가토(조주)를 가진 C장조, 현란한 곡 첫머리의 합창과 베이스의 '나는 예수의 기적을 노래 부르리', 알토의 레치타티보 '지극히 높은 만능의 오묘한 손' 등 뛰어난 곡들이 많은데, 전곡 중 특히 제6곡과 제10곡에 등장하는 코랄 '예수는 만인의 기쁨'은 이 칸타타의 백미로 이 곡만 따로 분리되어 합창 또는 피아노, 오르간으로 연주되며 대중의 큰 사랑을 받는 명곡이 되었다.

🌱 곡 해설

-제1부-

[제1곡] 합창 '마음과 입과 행동과 생명으로'

축제적인 분위기를 나타내는 트럼펫의 명쾌한 독주로 곡이 시작되면 오케스트라의 리토르넬로(칸타타에서 노래의 전주-간주-후주로 반복되는 기악적 부분)가 전개된 후 소프라노가 "마음과 입과 행동과 생명으로"(Herz und Mund und Tat und Leben)라는 가사를 생동감 있게 노래하기 시작한다.

이 주제를 알토, 테너, 베이스 순으로 자유롭게 모방하면서 곡은 매우 화려한 푸가풍으로 전개된다. 이어 제2부에 해당하는 기악의 리토르넬로 주제가 시작되고 마지막으로 기악 리토르넬로가 다시 한번 재현되면서 곡이 마무리된다.

[제2곡] 레치타티보(테너)

현악 합주가 받쳐진 통주저음을 반주로 테너가 "축복받은 입이여!"(Gebenedeiter Mund!)라고 노래한다. '축복받은'이란 뜻의 독일어 'gebenedeit'는 루터가 라틴어 'benedicta'를 독일어로 옮긴 단어이다. 즉 "Benedicta tu in mulieribus"(당신은 여자 중 축복받은 자)라는 문장을 번역한 것이다. 후반에 들어 인류에게 "오 인류여 사탄과 죄의 종에서부터 해방되어"라고 호소한다.

[제3곡] 아리아(알토)

오보에 다모레의 독주와 통주저음에 의한 차분한 리토르넬로 후에 알토가 "오! 영혼이여 부끄러워하지 말지어다"(Schäme dich, o Seele, nicht)를 노래하기 시작한다. 간주를 거쳐 "그러나 지상에서 구주를 거부하는 것을 부끄러워하지 않는 자는"(Doch wer ihn auf dieser Erden Zu verleugnen sich nicht scheut)이 d단조로 노래된 후 리토르넬로가 다시 등장하여 차분하게 곡을 마친다.

[제4곡] 레치타티보(베이스)

이 레치타티보는 베이스를 반주하는 통주저음이 거친 불협화음을 구사하면서 묘사적 표현을 하고 있는 것이 특징적이다. 후반부에 이르러서 곡은 다분히 아리오소적인 성격을 띠면서 분위기가 밝아진다.

[제5곡] 아리아(소프라노)

바이올린 독주와 통주저음에 의한 경건한 분위기의 꽤 긴 리토르넬로에 인도되어 소프라노가 "예수여, 이제 길을 만드소서"(Bereite dir, Jesu, noch itzo die Bahn)라고 노래하기 시작하는 아리아는, 셋잇단음을 기조로 하는 바이올린의 음형에 의하여 장식되며, 다시 리토르넬로가 회귀하여 곡을 마친다. 바이올린의 간주가 따르고 다시 소프라노가 "우리에게 당신의 자비를 베푸소서"라고 간절하게 노래한 뒤 기악의 후주로 곡을 마친다.

[제6곡] 코랄 합창 '예수를 가진 나의 기쁨'

마르틴 얀(Martin Jahn)의 코랄 '예수, 내 영혼의 기쁨'(Jesus, meiner Seelen Wonne)의 제6절에 해당하는 가사이다. 제10곡의 코랄 '예수는 만인의 기쁨'과 똑같은 선율로 기악에 의한 차분한 분위기의 셋잇단음표 리토르넬로에 이어 합창이 "예수를 가진, 나는 행복하네"(Wohl mir, dass ich Jesum habe)라는 가사를 한 행 한 행 간결하게 4성부로 노래하며 마지막에 관현악의 후주가 나온다.

라이프치히에서 새로이 작곡된 이 곡은 20세기에 이르러 영국의 여류 피아니스트 마이라 헤스(Myra Hess)에 의해 〈주여, 인간의 소망 기쁨되시는〉이라는 타이틀의 독주곡으로 편곡되어 우리에게 널리 알려지게 되었으며 그 후 많은 악기로 편곡되어 대중적 인기를 차지하게 되었다.

-제2부-

[제7곡] 아리아(테너)

통주저음의 반주에 의해 노래된다. 첼로에 의한 셋잇단음표의 음형이 특징적이며, 테너 또한 "불타는"(brenne)이라는 가사를 셋잇단음표로 장식하고 있다. 통주저음에 의해 제시되는 첫머리 동기를 테너가 그대로 받아 "도와주소서 예수여"(Hilf, Jesu, daß ich auch dich bekenne)를 시작한다. 아리아가 불리는 동안 셋잇단음표의 연속에 의한 기악 리토르넬로는 끊임없이 전곡에서 종횡으로 움직이며 오스티나토적으로 사용되고 있다.

[제8곡] 레치타티보(알토)

2개의 오보에 다 카치아와 통주저음의 반주에 의해 알토가 "전능하신 자의 기적의 손은"(Der höchsten Allmacht Wunderhand)을 노래한다. 가사의 내용은 성서 가운데 마리아가 엘리사벳을 방문한 이야기로 엘리사벳의 뱃속 아기가 춤춘 기적을 신비롭게 노래하며 이야기하는 것이다.

[제9곡] 아리아(베이스)

트럼펫이 인도하는 오케스트라의 화려한 리토르넬로에 이어 베이스가 "나는 예수의 불가사의한 작업을 노래하리"(Ich will von Jesu Wundern singen)를 활기차고 긍정적으로 노래한다. 오케스트라의 화려한 후주가 따른다. 마치 〈마니피카트〉의 찬미가를 듣는 듯하다.

[제10곡] 코랄 합창 '예수가 머무심은 나의 기쁨'

제6곡이 그대로 노래된다. 가사는 얀의 코랄 가운데 제16절(또는 제17절)에서 취한 것이다. 셋잇단음표의 리토르넬로의 주제는 반주로서, 때로는 간주로서 장중한 코랄의 합창 사이사이에 등장한다. 이 곡은 유례가 드문 아름다운 명곡으로, 단독으로 합창 또는 여러 종류의 기악으로 편곡되어 연주되며 대중의 큰 사랑을 받고 있다.

◆ 연주와 음반

① 게랭 존스(Geraint Jones)가 지휘하는 게랭 존스 싱어즈와 오케스트라(Geraint Jones Singers & Orchestra)의 연주(EMI, 1967년)는 비록 50년이 지난 오래된 녹음이지만 최고의 훌륭한 명연주를 들려준다. 전체적으로 쾌적한 템포를 유지하며, 오늘날의 관점에서 합창이 다소 무겁게 들리지만 앙상블이 훌륭하고 선율 라인은 잘 살아나 있다. 이 연주는 합창보다는 솔리스트들이 월등히 뛰어난 연주를 펼치고 있다. 솔리스트로는 소프라노 조안 서덜랜드(Joan Sutherland), 알토 헬렌 왓츠(Helen Watts), 테너 윌프레드 브라운(Wilfred Brown), 베이스 토마스 헴슬리(Thomas Hemsley) 등 당대 최고 가수들이 총망라된 호화 진용이다. 역시 그들의 명성대로 모두 훌륭한 연주를 통해 이 음반의 음악적 완성도를 크게 높이고 있다. 테너 윌프레드 브라운은 맑은 목소리와 뛰어난 가창력으로

음악적 감정 표현을 멋지게 하며, 베이스 토마스 헴슬리는 밝고 힘찬 목소리로 훌륭한 연주를 들려준다. 제5곡의 애절한 전주 후에 부르는 젊은 시절 소프라노 조안 서덜랜드의 해맑은 목소리도 주의 깊게 경청해 볼 만하다. 솔리스트 중에는 제3곡의 아리아를 부르는 기품 있는 목소리의 알토 헬렌 왓츠의 표현력 깊고 호소력 넘치는 연주가 단연 최고로, 듣는 사람에게 깊은 인상을 남겨준다. 그리고 곡 중 기악 주자의 리토르넬로 연주도 하나같이 매력적으로 들리며 곡의 분위기와 연주에 감흥을 더해 주고 있다.

② 칼 리히터(Karl Richter)가 지휘하는 뮌헨 바흐 합창단과 오케스트라의 연주(DG, 1961년)는 이 곡의 명연 중 하나이다. 바흐 음악의 전문가다운 리히터의 확신에 찬 연주와 그의 지휘하에 혼연일치로 화답하는 뮌헨 바흐 합창단과 오케스트라가 한데 어우러져 훌륭한 연주를 들려준다. 이 연주에서는 합창이 특히 뛰어났다. 템포를 약간 여유롭게 잡아서 바흐 음악의 아름다움과 장려함과 건축적 구성미를 느끼게 해주어 훌륭하며, 힘이 느껴질 뿐만 아니라 각 파트의 균형도 좋다.

솔리스트들 가운데서는 개성미 넘치는 목소리의 콘트랄토 헤르타 퇴퍼(Hertha Töpper)의 뛰어난 가창력과 깊은 감정 표현이 일품이다. 베이스 키트 엥겐(Kieth Engen)도 호소력 넘치는 뛰어난 가창을 들려주며, 테너 욘 반 케스테렌(John van Kesteren)은 깔끔한 목소리로 훌륭한 가창력을 들려준다. 그러나 소프라노 우어술라 부켈(Ursula Buckel)은 고음에서 음정이 불안정해지는 등 가창력이 떨어지며 감정 표현도 밋밋한 점이 매우 아쉽다.

③ 존 엘리엇 가디너(John Eliot Gardiner)가 지휘하는 몬테베르디 합창단과 잉글리시 바로크 솔로이스트(Archiv, 1992년)도 매우 훌륭한 연주를 펼치고 있다. 이 연주는 가디너의 일반적인 특성대로 빠른 템포에 경쾌하고 군더더기 없는 깨끗한 연주이다. 잉글리시 바로크 솔로이스트의 간결한 연주와 함께 경쾌하면서도 생동감 넘치는 몬테베르디 합창단의 합창이 일품이다.

이 연주에서 솔리스트들은 모두 훌륭한 연주를 들려주고 있다. 청순한 목소리로 뛰어난 가창력을 들려주는 소프라노 루스 홀튼의 연주가 가장 돋보인다. 소프라노에 비교해 카운터테너 마이클 챈스, 테너 앤소니 롤프 존슨, 베이스 스티븐 바코 등은 모두 훌륭한 노래를 들려주나 다른 연주와 비교해 최상의 연주라 보기는 어렵다.

DVD

톤 쿠프만(Ton Koopman)이 지휘하는 암스테르담 바로크 오케스트라와 합창단의 연주(Kultur, 1997년)는 이 곡의 새로운 명연주로 등장하였다. 바로크 원전악기를 사용하고 있는 이 연주는 대규모 합창단이 아닌 한 파트에 4명 정도로 이루어진 총 16명의 합창단과 그와 비슷한 규모의 오케스트라가 협연하고 있다. 전체적으로 합창과 오케스트라와의 협연이 매우 자연스

럽고 훌륭하다. 합창의 대비와 앙상블이 매우 뛰어나고 또한 신선하며, 솔리스트의 연주가 모두 수준 이상의 호연을 펼치고 있는데 특히 테너인 오디니우스(Lothar Odinius)의 가창이 매우 설득력을 지니고 있다. 알

토, 베이스도 수준 이상의 가창을 들려주고 있으나 소프라노는 가창력이 다소 떨어지는 느낌이다. 바로크 전문 연주자와 연주단체답게 바로크 음악의 진수를 들려주는 명연이다.

마니피카트
Magnificat

바흐의 수많은 종교 합창곡 가운데서 곡의 길이가 길지 않고 이해하기도 쉬워 대중의 많은 사랑을 받는 명곡이다. 바흐가 1723년 성 토마스 교회 합창장으로 부임한 그해 크리스마스를 위해 작곡된 곡으로서 새로 부임한 라이프치히에서의 첫 크리스마스였던 만큼 고용주를 의식하여 열과 성의를 갖고 이 곡을 작곡했음이 분명하다.

〈마니피카트〉는 그리스도의 탄생에 관한 가장 정확한 기록인 누가복음 제1장 46-55절의 내용을 바탕으로 만들어진 교회음악이다. 성경에서는 성령으로 잉태하리라는 예언, 즉 수태고지(受胎告知)를 받은 마리아가 친척인 엘리사벳과 그녀의 남편인 제사장 사가랴의 집을 방문하여 엘리사벳으로부터 "여자 중에 네가 복이 있으며 네 태중의 아이도 복이 있도다. 주께서 하신 말씀이 반드시 이루어지리라고 믿는 그 여자에게 복이 있도다"라는 축복의 말을 듣고 이에 마리아가 화답하여 하나님을 찬양한 노래이다. 성모 마리아의 고백 "내 영혼이 주를 찬양해"(Magnificat anima mea Dominum)라고 시작하는 라틴어 성경 본문에서 그 첫 단어 마니피카트(Magnificat)를 취한 것이다. 이후 〈마니피카트〉는 이 가사에 곡을 붙인 특정한 성악곡을 가르키게 되었으며, 〈마니피카트〉는 예부터 가톨릭의 수도원에서 행해졌던 성무일과 중 만과(저녁기도) 또는 영국 국교회의 경우 저녁기도(Evening Prayer)에서 보편적으로 불려 왔다. 그리고 영국 국교회와 루터교, 가톨릭 예배의 경우 〈마니피카트〉는 전통적인 영광송인 글로리아 파트리(Gloria Patri)로 끝난다.

독일의 루터에 의해 시작된 종교개혁은 가톨릭교회와의 연관성을 차단하기 위하여 라틴어 사용을 금하고 모국어 사용을 강력히 주장하였다. 이에 따라 프로테스탄트 지역에서 미사의 모든 기도문이 독일어로 번역되었고 성무일도는 수도원과 더불어 차차 자취를 감추게 되었다. 그래도 저녁기도는 남았고 지금도 독일에서는 저녁기도를 바친다. 그 저녁기도에 마리아의 노래가 남아 있는데, 루터는 성탄절 저녁기도에서 만은 마리아의 찬가를 라틴어로 바치는 것을 예외적으로 허용했다. 그래서 탄생한 것이 라틴어 가사를 가진 바흐의 〈마니피카트〉이다.

르네상스 시대로부터 현대에 이르기까지 수많은 〈마니피카트〉가 작곡되어 왔는데, 음악사에서 가장 잘 알려진 것은 몬테베르디(1567-1643), 바흐(1685-1750), 비발디(1678-1741), 근현대에 들어서는 영국의 스탠포드(Charles villers Stanford, 1852-1924), 하웰스(Herbert Howells, 1892-1983), 페르트(Arvo Part, 1935-), 태버너(John Taverner, 1944-), 존 루터(John Rutter, 1945-) 등 수많은 작곡가들이 〈마니피카트〉를 작곡했다. 이들 가운데서도 바흐의 〈마니피카트〉는 고금을 통해 가장 위대한 걸작으로 평가되고 있다.

이 곡이 1723년 작곡될 당시 원래 E♭장조였던 것이 7년 뒤 원곡에서 몇 곡을 빼고 새로운 곡을 삽입하면서 곡의 축전적인 분위기를 고조시키기 위해 D장조로 개작되었으며, 독창과 합창, 그리고 꽤 규모가 있는 오케스트라를 위한 곡 등 모두 12곡으로 이루어져 있다. 음악 자체는 "화려함과 행복함이 가득 찬" 것으로 평가되고 있으며, "모든 세대"(omnes generationes)에서의 힘찬 합창과 "내치시고"(Deposuit)에서의 빠른 하강 등 '가사 그리기'(Word painting) 기법이 풍부하게 사용되고 있다. 첫 시작과 중간의 "큰 힘을 펼쳐 보이시며"(Fecit potentiam), 마지막 글로리아의 3개의 기둥이 되는 힘찬 합창 사이에, 성악 솔로 내지 중창이 자리 잡고 있는 구성이다. 특히 첫 시작 곡은 바흐 전 작품 가운데 가장 화려한 음악의 하나로 평가되며, 그 외 유연하게 흘러내리는 독창, 중창이 어우러져 축전적 성격의 걸작을 만들어내고 있다. 곡의 이해를 돕기 위해 아래에 가사를 소개한다.

마리아의 노래

1. Magnificat anima mea Dominum.
2. Et exultavit spiritus meus in Deo salutari meo.
3. Quia respexit humilitatem ancillae suae:
   ecce enim ex hoc beatam me dicent omnes generationes.
4. Quia fecit mihi magna qui potens est : et sanctum nomen ejus.
5. Et misericordia ejus a progenie in progenies timentibus eum.

1. 내 영혼이 주를 찬양해
2. 나를 구하신 하나님께 내 마음 기뻐 뛰노나니.
3. 당신 종의 비천함을 돌보셨음이로다. 이제로부터 과연 만세가 나를 복되다 일컬으리니
4. 능하신 분이 큰일을 내게 하셨음이요, 그 이름은 "거룩하신 분"이시로다.
5. 그 인자하심은 세세 대대로 당신을 두리는 이들에게 미치리라.

6. Fecit potentiam in brachio suo: despersit superbos mente cordis sui.
7. Deposuit potentes de sede, et exaltavit humiles.
8. Esurientes implevit bonis : et divites dimisit inanes.
9. Suscepit Israel puerum suum, recordatus misericordiae suae.
10. Sicut locutus est ad patres nostros, Abraham et semini ejus in saecula.
11. Gloria Patri, et Filio et Spiritui Sancto
12. Sicut erat in principio, et nunc, et semper, et in saecula saeculorum. Amen

6. 당신 팔의 큰 힘을 떨쳐 보이시어 마음이 교만한 자들을 흩으셨도다.
7. 권세 있는 자를 자리에서 내치시고 미천한 이를 끌어올리셨도다.
8. 주리는 이를 은혜로 채워주시고 부요한 자를 빈손으로 보내셨도다.
9. 자비하심을 아니 잊으시어 당신 종 이스라엘을 돌보셨으니
10. 이미 아브라함과 그 후손을 위하여 영원히 우리 조상들에게 언약하신 바로다
11. 영광이 성부와 성자와 성령께
12. 처음과 같이 이제와 항상 영원히 아멘.

곡 해설

[제1곡] Magnificat

먼저 관현악에 의해 화려한 전주가 시작되고, 여기에 트럼펫이 가담하면서 곡은 더욱 화려하고도 축제적 분위기를 나타낸다. 소프라노에 의해 "Magnificat"라는 말이 나타나면서 대위법적으로 진행되면서 강조되며, 관현악도 대위법적으로 화려하게 전개된다.

[제2곡] 기뻐 뛰노나니(Ex exultavit)

밝고 우아한 소프라노 아리아로 하나님을 찬양하고 기뻐하는 인간

의 마음을 상행 도약하는 음형을 많이 사용하여 나타내고 있다.

[제3곡] 돌보셨음이라(Quia respexit)

매우 느린 소프라노 아리아로 겸손함과 기품이 어우러진 작품이다. 오보에 다모레의 목가적인 분위기와 독창이 아름답게 조화를 이루고 있다.

[제4곡] 만세에 이르도록(Omnes generationes)

"비천한 여종에게 은총을 베푸사 이후로 만세에 이르도록 복 있다 하리라"라는 가사 중 "만세에 이르도록"(Omnes generationes)을 연속하는 반복과 멜리스마로 표현한 5성부의 경쾌하면서도 장대한 대합창곡이다.

[제5곡] 큰일을 내게 하셨음이요(Quia fecit mihi magna)

베이스의 독창으로 "능하신 이가 내게 큰일을 하셨으니, 그 이름이 거룩하신 분이시로다"라는 가사를 확신에 차 단호하게 노래한다.

[제6곡] 그 인자하심은(Et misereccordia)

알토와 테너 이중창곡으로 성탄절 음악에 상징적으로 나타나는 목가적 분위기의 파스토랄이다. 마치 예수 탄생하신 밤들의 정경을 표현하듯 플루트와 약음기를 낀 현이 감미롭고 신비스러운 연주를 한다.

[제7곡] 큰 힘을 보이사(Fecit potentiam)

매우 당당하고 도전적인 느낌을 주는 꽤 장대한 합창곡이다. 도약이 많고 비트가 강하며 멜리스마도 도약하는 형태를 많이 사용하고 있다. 마지막에는 템포를 늦추어 "마음의 생각이 교만한 자들을"을 장대하게 노래한다.

[제8곡] 권세 있는 자를 내치시고(Deposiut potentes)
테너 아리아로 "권세 있는 자를 그 위에서 내리치셨으며 비천한 자들을 높이셨다"를 격정적으로 노래한다.

[제9곡] 주리는 자를 은혜로 채워 주시고(Esurientes implevit bonis)
알토의 아리아이며, 간결하고 소박한 느낌의 같은 선율을 연주하는 플루트와 알토가 가사의 악센트와 뉘앙스를 완벽하게 표현하고 있다. "주리는 자를 좋은 것으로 배불리셨으며, 부요한 자를 빈손으로 보내셨다"를 간절히 노래한다. 마지막에 전주에 나왔던 플루트의 후주가 따른다.

[제10곡] 이스라엘을 돌보셨으니(Suscepit Israel)
여성 삼중창으로 카논풍의 매우 정갈한 하모니로서 기도하는 분위기의 곡이다. "이스라엘을 도우사 긍휼히 여기시고"가 서로 모방해 가는 카논풍으로 진행된다.

[제11곡] 우리 조상에게 약속하신 바로다(Sicut locutus est)
바소 콘티누오와 5성부 합창으로만 이루어진 무반주 합창곡에 가까운 곡이다. "우리 조상에게 말씀하신 것과 같이 아브라함과 및 그 자손에게 영원히 하시도다"라는 가사의 합창이 장엄하게 불린다.

[제12곡] 성부께 영광(Gloria Patri)
이 곡의 마지막을 장식하기에 걸맞은 화려한 대합창이다. 호모포닉한 양식과 모방 대위법이 반복되어 나타나며, 모두(冒頭)에 전 합창과 기악이 "글로리아!"를 외친 후 베이스로부터 천천히 상승하는 글로리아의 모방 대위법이 시작되고 곧이어 소프라노부터 시작하는 모방 대위법이 두 번 더 나타난 후 잠시 숨을 고르고, 템포가 급하게 바뀌며 합창이 질주하듯 각 성부에 의한 모방 대위법을 진행한다. 후반에는 제7곡 "큰 힘을 보이사"(Fecit potentiam) 이후 잠잠했던 트럼펫과 드럼이 다시 등장하여 첫 곡에 나왔던 화려한 관현곡이 힘차게 변주되어 클라이맥스에 도달하며 곡을 끝맺는다. 바흐의 뛰어난 예술성과 음악성이 여기에서 그대로 표출되고 있다.

♪ 연주와 음반

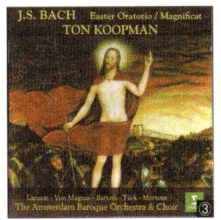

① 칼 리히터(Karl Richter)가 지휘하는 뮌헨 바흐 합창단과 뮌헨 바흐 오케스트라의 연주(DG, 1961년)는 오래된 칼 리히터의 전성기 녹음으로, 이 곡 최고의 명연이다. 바흐 음악의 전문가로 한 시대를 풍미했던 칼 리히터의 바흐 음악에 대한 열정과 오랜 세월 그와 함께한 뮌헨 바흐 오케스트라와 합창단이 혼연일체가 되어 이루어 낸 놀라운 연주이다. 오케스트라의 기쁨과 생동감에 넘치는 연주는 물론, 힘찬 가운데서도 살아 움직이듯 생동하며 절묘한 밸런스를 이루는 합창의 연주력은 그저 놀라울 뿐으로 감탄이 절로 나온다. 오케스트라는 소위 바흐 트럼펫을

사용하여 시작 첫 곡과 5곡의 마지막 부분에 찬란하고도 통렬한 연주를 통해 이 음악이 띠는 축전적인 성격을 유감없이 발휘하고 있다. 또한 이 연주에서는 합창, 오케스트라뿐만 아니라 솔리스트들의 연주도 하나같이 뛰어나 이 연주의 완성도와 명성에 크게 기여하고 있다. 당대 최고의 가수들이 대거 등장한 이 음반에는 소프라노 마리아 슈타더(Maria Stader)의 유연한 노래, 알토 헤르타 퇴퍼의 매력적인 음색의 훌륭한 가창, 테너 에른스트 헤플리거(Ernst Haefliger)와 바리톤 디트리히 피셔 디스카우의 절창과 이들이 빚어내는 절묘한 앙상블을 감상할 수 있는 기쁨도 있다. 이 연주에서는 10곡을 삼중창이 아닌 3성부 합창으로 부르고 있다. 이 연주는 지금까지 역사적인 명연으로 남아 있을 뿐만 아니라, 당분간 이 연주를 능가할 음반을 만나기가 어려울 것 같다.

② 존 엘리엇 가디너(John Eliot Gardiner)가 지휘하는 몬테베르디 합창단과 잉글리시 바로크 솔로이스츠의 연주(Philips, 1983년)는 전체적으로 빠른 템포의 경쾌한 연주로 이 곡이 가진 축전적 성격을 잘 살려낸 명연주이다. 솔리스트들의 연주가 하나같이 훌륭할 뿐만 아니라 이들이 펼치는 중창의 앙상블도 매우 훌륭하다. 솔리스트 가운데 제2곡 "기뻐 뛰노나니"(Ex exultavit)를 부르는 소프라노 파트리지아 크웰라(Patrizia Kwella)는 매력적인 목소리로 감정을 듬뿍 실어 아름답고 우아한 노래를 부른다. 제3곡 아다지오의 느린 아리아를 부르는 소프라노 낸시 아르젠타도 해맑은 목소리와 뛰어난 가창력으로 이 연주의 완성도를 높이고 있다. 제5곡 베이스 아리아를 부르는 데이비드 토마스(David Thomas)의 안정되고 나무랄 데 없이 훌륭한 노래도 주목할 만하다. 제6곡 "그 인자하심은"(Et misereccordia)을 부르는 테너 앤소니 롤프 존슨과 알토 찰스 브렛의 이중

창은 앙상블이 매우 절묘하여, 여기에 멋진 기악 반주가 더해져 이 곡이 가진 신비스러운 분위기를 멋지게 표출해 내고 있다. 제8곡에서 테너 앤소니 롤프 존슨은 거침없는 멋진 노래를 들려주고 있으며, 제9곡의 알토 아리아를 부르는 찰스 브렛의 기품 넘치는 목소리와 뛰어난 가창은 듣는 사람의 마음에 깊은 인상을 각인시켜 준다. 합창은 전체적으로 빠르고 경쾌한 연주로 오케스트라의 찬란한 연주와 더불어 화려한 축전적 분위기를 멋지게 표출하는 명연을 펼치고 있다. 한마디로 이 연주는 칼 리히터의 연주를 의식한 것으로, 찬란히 빛나는 리히터의 연주를 생각나게 하는 또 하나의 명연으로 생각된다. 그러나 제7곡의 합창은 템포가 지나치게 빨라 성부 간의 앙상블이 다소 무너지는 아쉬움이 있다.

③ 톤 쿠프만(Ton Koopman) 지휘의 암스테르담 바로크 오케스트라와 합창단의 연주(Erato, 1998년)는 전체적으로 바로크 전문 연주자답게 매우 경쾌하고도 정확하다. 솔리스트로는 제2곡을 부르는 소프라노 엘리자베스 폰 마그누스(Elisabeth von Magnus)가 매우 차분하고 서정적인 연주를 들려주고 있으며, 제3곡의 소프라노 리사 라르손(Lisa Larsson)은 맑고 투명한 목소리와 뛰어난 가창력을 바탕으로 감정을 자유롭게 표현하는 수연을 들려준다. 제5곡의 베이스 메르텐스는 기품 있는 소리와 뛰어난 가창력으로 여유롭게 부르며, 제8곡의 테너 게르트 튀르크 또한 멋진 소리와 가창력으로 훌륭한 노래를 불러주고 있다. 제9곡의 알토 보나 바르토스즈(Bogna Bartosz)는 다소 밝은 음색이지만 그 가창력은 놀랍다. 이 연주에서 솔리스트들의 연주는 하나같이 훌륭하지만 10곡의 중창은 긴장감이 떨어져 아쉽다. 합창은 전체적으로 완성도가 높지만, 이 곡이 가지고 있는 환희의 축전적 분위기를 크게 살리지는 못하고 있다.

바흐의 수난곡

전기(傳記)에 의하면 바흐는 5개의 수난곡을 작곡했다고 한다. 그러나 그중 한 곡은 완전히 소실되어 버렸고 〈마가 수난곡〉은 가사밖에 남아 있지 않으며, 또한 〈누가 수난곡〉은 바흐의 작품으로 보기에는 너무나 단순하고 빈약한 음악으로 그 후 위작으로 밝혀졌다. 결국 완전한 형태로 남는 것은 〈요한 수난곡〉과 〈마태 수난곡〉인데, 이 두 작품은 수많은 바흐 작품 가운데서도 가장 뛰어난 작품으로 모든 시대의 수난곡 가운데 최정점을 이루는 위대한 작품으로 평가되고 있다. 〈요한 수난곡〉은 1723년에 라이프치히 성 니콜라이 교회에서, 〈마태 수난곡〉은 1729년 라이프치히의 성 토마스 교회의 성 금요일에 초연되었다. 두 곡 모두 복음서를 충실히 전개한 오라토리오 수난곡과 수난 오라토리아의 중간적 성격을 지니고 있다.

수난곡은 루터의 종교개혁에 의해 탄생된 프로테스탄트 음악가들에 의해 크게 발전하였다. 루터의 음악적 후원자였던 요한 발터는 최초로 독일어 가사를 사용하여 〈마태 수난곡〉을 작곡했으며, 이 곡에서 복음사가는 테너, 그리스도는 베이스, 군중은 4성부 합창, 그 밖의 인물은 알토가 담당하도록 했다. 이러한 전통을 계승한 쉬츠(Heinrich Schütz, 1585-1672)는 예수의 말씀에 3개의 비올 반주를 항상 사용함으로써 예수의 신성을 암시하는 '음(音)의 후광(後光)'을 사용하였는데 바흐는 자신의 〈마태 수난곡〉에서 이를 절묘하게 표현하고 있다.

수난곡 가운데 전체의 구성상 가장 중요한 것은 수난의 성구를 이야기하는 복음사가(Evangelist)의 레치타티보의 부분이다. 불과 몇 마디의 육성 선율과 그것을 보조하며 지탱하는 하프시코드(또는 오르간)의 단순한 리듬, 풍부한 화성적 반주부, 등장인물의 개성, 특히 그리스도의 신성(神性)과 그 장면의 분위기 등을 명확하게 파악, 표현해가는 바흐의 천재성은 정말 놀라우며 아무도 근접할 수 없는 높이와 깊이를 갖고 있다. 군중(또는 대제사장들)의 집단적인 말은 합창으로 이야기하는데 단순하면서도 극적인 박력에 넘친다. 합창은 대체적으로 호모포닉한 구성의 짧고 단순한 것이 많지만 푸가의 구성을 나타내는 악곡도 있다.

복음사가 외에 중요치 않은 인물의 말은 전적으로 복음서에 근거하며 매우 표현이 풍부한 레치타티보로 노래되는 반면, 예수의 말씀은 4개의 현악기가 반주하는데 이는 음의 후광을 암시한다.

아리아는 대부분 자유시에 곡을 붙인 것으로 이탈리아에서 유행하던 다 카포 아리아 형식이다. 그럼에도 불구하고 놀라운 것은 전혀 오페라처럼 들리지 않는다는 점이다. 또 하나의 뛰어난 기법으로는 도입 레치타티보의 사용인데, 레치타티보의 선율이 그대로 그다음의 아리아나 합창에 자연스럽게 발전되어 독특한 효과를 거두고 있다는 점이다.

줄거리 도중에 삽입되는 합창의 코랄은 수난을 대하는 사람의 주관적인 심정을 피력한 의미로서 매우 중요하다. 코랄은 원래 독일 프로테스탄트 교회 특유의 민요적인 찬송가로서 예배 때 회중 전체가 일제히 노래하는 민중적 성향을 가진 것으로의 바흐는 이야기의 전개에 따라 각각 알맞은 곳에 코랄을 삽입하여 일반 민중이 수난곡과 쉽게 친숙해지도록 하고 있을 뿐 아니라, 구세주 수난의 광경에 대한 민중의 심정을 대변하고 전 그리스도 교도의 마음으로부터의 기도에까지 차원을 높여 객관화하고 있는 것이다. 코랄의 구성에는 다음과 같은 많은 특징이 있다. 대략 2마디 정도의 악절이 6개 내지 8개(12 내지 16마디)로 이루어지고 악절마다 긴 페르마타가 삽입되어 있으며, 화성은 1음표 대 1음표의 극히 충실하고 중후한 형식을 취하여 전체적으로 움직임은 소박한 가운데서도 남성적인 장중한 표현을 하고 있다

곡 중 나타나는 아리아는 성구와 직접 관련 없이 주관적 감정을 서정적으로 표현한 종교시를 쓰고 있다. 〈마태 수난곡〉과 〈요한 수난곡〉의 시작과 마지막에는 항상 대규모의 장대한 합창곡이 붙어 있는데 〈요한 수난곡〉은 최후의 바로 직전에, 〈마태 수난곡〉은 최후에 이들 위대한 수난곡의 마지막을 장식하기에 걸맞은 최고의 웅대한 합창을 배치하고 있다. 인류가 남긴 수많은 음악 중 이 두 수난곡만큼 심오한 정서를 표현한 걸작은 달리 비교할 만한 것을 찾아볼 수 없다. 합창은 매우 풍부한 하모니를 이루는데 성서 구절은 짧은 합창으로 노래하고 자유시나 코랄은 긴 장중한 합창으로 불린다. 합창에서 특이한 것은 동일한 코랄 선율이 여러 번 반복 사용된다는 점이다. 이것은 곡의 전체에 통일을 주기 위한 것으로 〈요한 수난곡〉에서는 제3곡의 합창이 가사와 조성을 달리하여 5번 반복하고, 〈마태 수난곡〉에서도 제21곡의 유명한 코랄이 다섯 번 반복된다.

요한 수난곡
St. John Passion

　작곡 연대는 쾨텐 시대 말기인 1722-1723년에 걸쳐 완성된 것으로 추정하고 있으며, 이 곡의 초연은 바흐가 라이프치히 성 토마스 교회의 칸토르로 취임한 그다음 해인 1724년 성 니콜라이 교회에서 있었다. 바흐는 1723년 5월 말 라이프치히로 부임하였는데 원래 바흐는 이 곡을 성 토마스 교회에서 연주할 작정이었다. 그러나 니콜라이 교회와 격년제로 번갈아 연주해야 한다는 시의 규정에 의해 1724년 4월 7일 라이프치히의 성 니콜라이 교회에서 성 금요일에 초연되었다. 바흐의 생존 시 두 번째 공연은 1725년, 세 번째는 1730년, 네 번째 연주는 그의 가장 말년인 1749년에 있었는데, 바흐는 공연 때마다 공연의 성격에 따라 곡을 수정해서 올렸기 때문에〈요한 수난곡〉은 4개의 상이한 판본이 있다.

　이 곡은 바흐의 사후 1780년까지는 성 토마스 교회에서 연주되었으나 그 후 완전히 잊혀 버렸다. 하지만〈마태 수난곡〉은 초연된 지 100년이 지난 1829년 멘델스존에 의해 부활되면서 바흐의 음악이 재인식되었고, 이〈요한 수난곡〉도 함께 부활되는 계기를 맞아 1833년 2월 베를린 징 아카데미에 의하여 재연되었다. 그 후 이 곡도 불후의 명작으로서 각지에서 연주되게 되었다. 이 곡에는 바흐의 신앙심과 바로크 음악양식에서 나타나는 당시 미학 개념인 '감정이론'(Affektenlehre), 즉 슬픔, 분노, 기쁨, 공포와 같은 희로애락의 인간 감정이 적절하게 표현되어 있다.

〈요한 수난곡〉 전체는 크게 두 부분으로 나뉘는데, 당시에는 이 두 부분 사이에 설교가 행해졌다고 한다. 제1부는 '배반과 예수의 체포'라는 요한복음 18장 1-14절까지의 내용을, 제2부는 요한복음 18장 28-40절까지의 내용과 19장의 일부 내용을 다루고 있다. 두 곳, 즉 제34곡의 레치타티보(마태복음)와 제14곡 합창 부분(누가복음)은 다른 곳에서 인용하고 있는데 이것은 요한복음에는 기록되지 않은 중요한 내용을 극적 표현을 위해 의식적으로 차용한 것으로 보인다. 성구에 의하지 않는 아리아나 합창의 가사는 함부르크 시의회 의원 브로케스(Barthold Heinrich Brockes, 1680-1747)의 유명한 수난시(詩)와 기타 시에 의하고 있다. 바흐는 이 곡에 번호를 붙이지 않았는데 하우프트만(Moritz Hauptmann, 1792-1868)이 제창하여 1851년부터 출간된『구 바흐 전집』에는 68곡으로 번호가 매겨져 있지만, 1954년부터 출간된『신 바흐 전집』에서는 40곡으로 되어 있다.

〈요한 수난곡〉은 그 규모와 구상의 크기에 있어서 〈마태 수난곡〉에 뒤진다는 것은 부정할 수 없다. 그러나 내성적인 깊이, 경건한 신앙의 확신, 격렬한 극적 효과, 박력 넘치는 음악적 표현 등에 있어서 독자적인 세계를 획득하고 있으며, 〈마태 수난곡〉과 나란히 고금의 교회음악 작품 가운데서 최고의 지위를 차지하는 위대한 걸작이다.

-제1부-

1. [제1곡] 합창

이 수난곡의 도입부라고 할 수 있는 장대한 합창곡이다. 제법 긴 기악 전주가 연주된다. 현의 저음에서의 섬세한 흔들림이 지속되고, 그 위에서 목관의 길게 끄는 폭넓은 움직임이 서로 맞서 전체적으로 불투명하고 비통한 표정을 전하고 있다. 마침내 합창이 날카롭게 "주여"(Herr)를 세 번 크게 부르며, "우리들의 통치자(Herr, unser Herrscher), 주의 영광 땅 위에 넘치네"를 긴 꾸밈 악구로 부른다. 이 음형과 제33마디부터 시작되는 베이스부터 상승하는 같은 가사의 "주여, 우리들의 통치자"의 악구를 중심으로 하여 대위법적으로 극적 전개가 이루어진다. 제58마디부터 시작되는 중간부도 다시 이 두 개 동기의 모방에 의한 전개 처리 위에 형성되고 있다. "하나님의 참아들이신 당신이 수난을 통해, 영원히 찬미될 것을 우리에게 보여주소서"(Zeig' uns durch deine Passion)로 발전하고 힘차게 마무리된다. 곡은 다시 곡 첫머리로 돌아가 다시 되풀이되고 "주의 영광은 땅 위에 넘치네"라고 노래 부르며 끝난다.

2a. [제2곡] 레치타티보(복음사가와 예수)

"예수께서 이 말씀을 하시고 제자들과 함께 기드론 시내 저 편으로 나가시니 그곳에 동산이 있는데, 제자들과 함께 들어가시다"라고 테너가 말하고, 예수의 역을 맡은 베이스가 "누구를 찾느냐?"라고 말하면,

2b. [제3곡] 합창

민중의 합창이 "나사렛 예수"라고 힘차게 절규한다.

2c. [제4곡] 레치타티보(복음사가와 예수)

예수는 그들에게 "내가 그 사람이다"라고 대답하시고, 복음사가가 "그를 파는 유다도 그들과 함께 섰다" 예수께서 그들에게 "내가 그 사람이다" 예수께서 다시 "너희가 누구를 찾느냐?"라고 물으시자,

2d. [제5곡] 합창

"나사렛 예수"라고 다시 절규한다.

2e. [제6곡] 레치타티보(복음사가와 예수)

예수께서 "너희에게 내가 그니라 하였으니, 나를 찾거든 이 사람들의 가는 것을 용납하라" 하시니

3. [제7곡] 코랄

여기서는 줄거리와 관계없는 코랄이 삽입된다. 자기 혼자만 붙잡히려 하는 예수의 태도에 대해 "오 큰 사랑이여(O grosse Lieb), 비할 데 없는 사랑이여, 나는 세상의 욕망과 쾌락 속에 살았는데 당신은 고난을 당하셔야만 한다니!" 매우 비통하면서도 장중한 합창이다.

4. [제8곡] 레치타티보 (복음사가와 예수)

복음사가가 이는 "아버지께서 내게 주신 자 중에서 하나도 잃지 아니하였습니다" 하신 그 말씀을 이루려고 하심이라. 시몬 베드로가 칼을 가졌는데, 이것을 빼어 대제사장의 종 말고라는 자의 오른편 귀를 베어버리자 예수께서 베드로에게 이르시되 "칼을 칼집에 꽂으라. 아버지께서 주신 잔을 내가 마시지 아니하겠느냐?" 하시느니라.

5. [제9곡] 코랄

"주의 뜻은 하늘에서 이루어지듯 땅에서도 이루어지도다. 고난을 받을 때 인내하게 하시고, 삶과 고통 속에서 순종하게 하소서" d단조의 힘찬 짧은 코랄이지만 이 속에 희망에 넘치는 열정이 담겨져 있다.

6. [제10곡] 레치타티보(복음사가)

"이에 군대와 천부장과 유대인의 아랫사람들이 예수를 잡아 결박하여, 먼저 안나스에게로 끌고 가니 안나스는 그해의 대제사장인 가야바의 장인이었다"라고 복음사가의 설명이 있고 난 뒤,

7. [제11곡] 알토 아리아

두 대의 오보에 전주에 이어 "내 죄의 사슬로부터 나를 풀어주시려고(Von den Stricken meiner Sünden mich zu entbinden), 나의 구주께서 묶이시네. 내 독한 종기를 완전히 치료하시려고 그가 상처를 입으시네"라며 d단조의 비통한 아리아를 부른다. 대위법적인 오보에의 연주와 성악과의 협주는 한없이 아름다우며 깊은 인상을 준다. g단조의 중간부를 거쳐 다시 d단조의 주제가 재현된다.

8. [제12곡] 레치타티보(복음사가)

"시몬 베드로와 또 다른 제자 하나가 예수를 따랐다"

9. [제13곡] 소프라노 아리아

이 곡은 수난곡으로는 예외적으로 밝은 분위기의 곡이다. 먼저 플루트의 전주가 나온 후 소프라노가 "저는 한결같이 당신을 기꺼이 따르리

(Ich folge dir gleichfalls). 당신을 버리지 아니하리다. 나의 생명, 나의 빛이 시여" 가사를 부른다. 이 곡은 플루트의 오블리가토에 의해 지탱될 정도로 플루트가 곡 내내 눈부신 활약을 한다.

10. [제14곡] 레치타티보(복음사가와 예수)

"이 제자는 대제사장과 아는 사람이었고 예수와 함께 대제사장의 집 뜰에 들어갔다. 그러나 베드로는 문 밖에 서 있었다. 대제사장을 아는 그 다른 제자가 나가서 문 지키는 여자에게 말하여 베드로를 데리고 들어왔다. 그러자 문 지키는 그 여종이 베드로에게 말하였다. '당신도 이 사람의 제자 중 하나가 아니오?' 하니, 그가 말하되 '나는 아니오'(그 때가 추워서) 종과 아랫사람들이 불을 피우고 서서 쬐었는데 베드로도 그들 곁에 함께 서서 쬐었다. 대제사장이 예수에게 그의 제자들과 그의 가르침에 대하여 물었다. 이에 예수께서 '내가 드러내 놓고 세상에 말하였노라. 모든 유대인들의 모이는 회당과 성전에서 항상 가르쳤고 은밀하게는 아무 것도 말하지 아니하였는데 어찌하여 내게 묻느냐? 내가 무슨 말을 하였는지 들은 자들에게 물어보라. 그들이 내게 하던 말을 아노라' 곁에 섰던 아랫사람 하나가 손으로 예수를 치며 말했다. '네가 대제사장에게 이같이 대답하느냐?' 예수께서 대답하시되, '내가 말을 잘못 하였으면 그 잘못한 것을 증언하라. 바른 말을 하였으면 네가 어찌하여 나를 치느냐?' 하시더라"

매우 긴 대화인데, 성구의 의미와 독일어 억양을 완전히 살린 레치타티보의 처리는 청중을 끝까지 이끌어가는 독특한 매력과 힘을 갖고 있다.

11. [제15곡] 코랄

"누가 당신을 그렇게 때렸습니까? 나의 구주여, 누가 당신에게 그같이 악랄하게 고통을 가했습니까?"라는 확신에 찬 신비스럽고 소박한 코랄이 가사를 바꿔 되풀이된다.

12a. [제16곡] 레치타티보(복음사가)

"안나스가 예수를 결박한 그대로 대제사장 가야바에게 보내었다. 시몬 베드로가 불을 쬐고 섰는데 사람들이 물었다"

12b. [제17곡] 합창

유대 백성들이 "당신도 그 제자 중 하나가 아니오?"(Bist du nicht?)라고 급박하게 다그쳐 노래한다. 매우 자유로운 형식의 푸가이다

12c. [제18곡] 레치타티보(복음사가, 베드로, 하속)

베드로가 부인하며 말했다. 베드로가 "나는 아니오" 하니 대제사장의 종 하나는 베드로에게 귀를 잘린 사람의 친척이었는데 그가 말했다. "내가 동산에서 그의 곁에 있는 당신을 보았잖소?" 이에 베드로가 또 부인하니, 곧 닭이 울더라. 이에 베드로가 예수의 말씀이 생각나서 밖에 나가 심히 통곡하였다. 베드로의 후회가 아다지오로 매우 서정적으로 이야기된다.

13. [제19곡] 테너 아리아

"아 내 마음이여, 마침내 어디를 가려는가? 어디에서 위안을 구할 수 있을까?" 세 번이나 주를 부인한 후 스스로 뉘우치는 베드로의 통한의

심정을 노래하고 있다.

14. [제20곡] 코랄

상기하지 못한 베드로는 자기 하나님을 부인하나 예수의 엄연한 눈길에 비통하게 운다. "제가 뉘우치려고 하지 않을 때 예수여, 저도 보아 주소서"라고 합창이 매우 통절한 마음으로 노래한다. 마지막에 "제가 악한 짓을 저질렀을 때 내 마음을 움직여 주소서"라고 결심을 노래하며 제1부를 마감한다.

-제2부-

15. [제21곡] 코랄

"우리를 복되게 하시는 그리스도(Christus, der uns selig macht). 아무런 악한 일도 행하지 않으신 그분이 그날 밤 우리를 위해 마치 도둑처럼 잡히셔서 끌려가셨으며, 무고당하시고, 조롱받으시고, 멸시를 당하셨으니"라는 장중한 코랄로 제2부가 시작된다.

16a. [제22곡] 레치타티보(복음사가, 빌라도)

"사람들이 예수를 가야바의 집에서 공관으로 끌고 갔다. 이른 아침이었다. 그들은 부정하지 않은 유월절 음식을 먹고자 하여 공관 안에는 들어가지 않았다. 빌라도가 그들에게 나와서 물었다. '이 사람을 무슨 일로 고소하는가?'

16b. [제23곡] 합창

"이 자가 범죄자가 아니라면(Wäre dieser nicht ein Übelthater) 우리가 총독에게 넘기지 않았을 것이요"라고 절규한다. 각 성부의 음울하고도 불안한 반음계적 진행을 특징으로 하는 힘찬 합창곡이다.

16c. [제24곡] 레치타티보(복음사가)

"빌라도가 '그를 데리고 가서 너희 법대로 재판하라'라고 말하니, 유대 사람들이 그에게 대답하였다"

16d. [제25곡] 합창

"우리는 사람을 죽일 권한이 없소"(Wir dürfen niemand töten) 제23곡(16b)과 비슷한 반음계적 진행을 특징으로 하는 살기등등한 분위기를 잘 나타내고 있다.

16e. [제26곡] 레치타티보(복음사가, 빌라도, 예수)

이렇게 하여, 예수께서 자기가 어떠한 죽음을 당할 것인가 암시하신 말씀이 이루어졌다. 빌라도가 다시 공관 안으로 들어가 예수를 불러내서 물었다. "네가 유대인의 왕이냐?" 예수께서 대답하셨다. "이는 네가 스스로 하는 말이냐? 다른 사람들이 나에 대하여 네게 한 말이냐?" 빌라도가 대답하였다. "내가 유대인이냐? 네 동족과 대제사장들이 너를 내게 넘겼으니 네가 무엇을 하였느냐?" 예수께서 대답하셨다. "내 나라는 이 세상에 속한 것이 아니니라. 만일 내 나라가 이 세상에 속한 것이었더라면 내 종들이 싸워 나를 유대인들에게 넘겨지지 않게 했을 것이다. 이제 내 나라는 이 세상에 속한 것이 아니니라"

17. [제27곡] 코랄

합창이 "아 위대하신 왕(Ach, grosser König), 언제나 위대하신 왕. 이 충심을 어떻게 다 보여 드릴 수 있을까요?"를 장중하게 부른다. 이 선율은 이미 제7곡 "오 큰 사랑이여"라는 코랄에서 사용된 것으로 가사를 달리하여 두 번 되풀이하여 불린다.

18a. [제28곡] 레치타티보(복음사가, 빌라도, 예수)

빌라도가 "그러면 네가 왕이 아니냐?" 예수께서 대답하셨다. "네 말과 같이 나는 왕이다. 나는 진리를 증언하려고 세상에 태어났으며, 세상에 왔다. 진리에 속한 사람은, 누구나 내가 하는 말을 듣는다" 빌라도가 예수께 물었다. "진리가 무엇이냐?" 빌라도는 이 말을 하고, 다시 유대인들에게 나가서 말했다. "나는 그에게서 아무 죄도 찾지 못하였노라. 유월절이면 내가 너희에게 죄수 하나를 풀어주는 관례가 있는데 내가 유대인의 왕을 너희에게 놓아주기를 원하느냐?" 하니 그들이 또 소리 지르고 외치며 말했다.

18b. [제29곡] 합창

"그 사람이 아니라 바라바를 놓아주시오"(Nicht diesen, sondern Baraba)라고 격렬히 부르짖는다.

18c. [제30곡] 레치타티보(복음사가)

바라바는 강도였다. 그때 빌라도는 예수를 데려다가 채찍질하더라. "그자 말고 바라바를 놓아주시오"라는 민중의 외침은 4마디만의 짧은 합창으로, 참담한 기분에 차 있으며, 또 "예수를 채찍으로 쳤다"의 부분은 통곡하는 곡조로 절규하고 있다.

19. [제31곡] 베이스 아리오소

베이스 독창이 "내 혼아, 근심 어린 만족으로, 쓰라린 기쁨과 답답한 마음으로, 예수의 고통 속에서 네 최상의 복을 바라보라. 전율과 괴로움으로 아프도다"를 슬프게 노래한다. 변형된 낭송적인 멜로디인데, 이것을 지탱하는 현의 오블리가토, 펼침 화음에 의한 류트 반주는 가벼우면서도 매우 효과적이다.

20. [제32곡] 테너 아리아

다 카포 아리아로 비올라 다모레의 사랑스러운 전주에 이끌려 테너가 "생각하라, 그의 피로 물든 몸은 온통 하늘과도 같아서(Erwäge, wie sein blut gefärbter Rücken in allen Stücken den Himmel gleiche geht). 거기에 우리의 죄의 물결이 소용돌이친 후 하나님의 은혜의 표징 가장 아름다운 무지개가 서도다"라고 노래하고 곡 첫머리로 다시 돌아가 반복한다.

21a. [제33곡] 레치타티보(복음사가)

"군인들이 가시나무로 관을 엮어 예수의 머리에 씌우고, 자색 옷을 입힌 뒤에 소리쳤다"

21b. [제34곡] 합창

"유대인의 왕이여 평안할지어다!"(Sei gegrüßet, lieber Jüdenkönig!)라는 가사의 힘찬 합창으로, 전형적인 푸가로 되어 있다.

21c. [제35곡] 레치타티보(복음사가와 빌라도)

"그리고 손바닥으로 그의 얼굴을 때렸다. 그때 빌라도가 다시 바깥에 나가 말하되 '보라, 나가 그에게서 아무 죄도 찾지 못하였다' 예수께서 가시관을 쓰고, 자색 옷을 입고 나오시니, 빌라도가 그들에게 말하되 '보라, 이 사람이다' 하매 대제사장들과 아랫사람들이 예수를 보고 외쳤다"

21d. [제36곡] 합창

"십자가에 못 박으시오! 십자가에 못 박으시오!"(Kreuzige!) 이 합창은 살기에 가득 찬 군중의 심경을 그린 합창으로 폭넓은 2분음표 또는 4분음표와 날카로운 8분음표 또는 16분음표의 움직임이 대비되는 특이한 분위기를 창출해 내고 있다.

21e. [제37곡] 레치타티보(복음사가와 빌라도)

"빌라도가 그들에게 '너희가 친히 데려다가 십자가에 못 박으라. 나는 그에게서 죄를 찾지 못하였다' 유대인들이 그에게 대답하였다"

21f. [제38곡] 합창

"우리에게 법이 있으니, 그 법대로 하면 그가 당연히 죽을 것은 그가 자기를 하나님 아들이라 하였기 때문이오" 이 합창은 베이스에 나타나는 주제에 바탕을 두어 4/4박자 F장조의 느린 푸가로서 폭넓게 전개된다.

21g. [제39곡] 레치타티보(복음사가와 빌라도)

"빌라도가 이 말을 듣고 더욱 두려워하여 다시 관정에 들어가서 예수께 물었다. '너는 어디로부터냐?' 하되 예수께서 대답하지 않으시니 빌라도가 말하였다. '내게 말하지 않느냐? 내가 너를 놓을 권한도 있고, 십자가에 못 박을 권한도 있는 줄 알지 못하느냐?' 예수께서 대답하시되 '위에서 주지 않으셨더라면, 나를 해할 권한이 없었으리니, 그러므로 나를 네게 넘겨준 자의 죄는 더 크다' 하시니, 이 말에 빌라도는 예수를 놓아주려고 힘썼으나"

22. [제40곡] 코랄

"하나님의 아들이여, 당신이 갇히심으로 우리는 자유를 얻습니다. 당신의 감옥은 은혜의 보좌이오며 경건한 이들의 피난처입니다. 당신이 종이 되지 아니하셨더라면 우리는 영원히 종일 수밖에 없습니다" 전체적으로 대위법적인 소박한 합창이나 감정 표현은 깊다.

23a. [제41곡] 레치타티보(복음사가, 빌라도, 예수)

"유대인들이 소리 질러 외쳤다"

23b. [제42곡] 코랄

"이 사람을 놓아주면(Lässest du diesen los), 당신은 가이사의 충신이 아니오. 자기를 가리켜 왕이라고 하는 자는 가이사에게 반역하는 것이니이다" 이 합창은 제34번(21b)의 합창과 같은 악상에서 나온 것이며, 베이스에 제시되는 주제에 바탕을 둔 꽤 장대한 푸가이다.

23c. [제43곡] 레치타티보(복음사가, 빌라도)

"빌라도는 이 말을 듣고, 예수를 끌고 나가서 돌을 깐 뜰(히브리말로

가바다)에 있는 재판석에 앉았다. 이날은 유월절의 준비일이고, 때는 낮 열두 시쯤이었다. 빌라도가 유대인들에게 말하였다. '보라 너희의 왕이다!' 그들은 다시 소리 지르되"

23d. [제44곡] 합창
"없애 버리시오! 없애 버리시오! 그를 십자가에 못 박으시오"(Weg, weg mit dem, kreuzige ihn) '없애 버리시오'의 부분 이외에는 제36곡(21d)과 거의 동일한 악상에서 나온 것이다.

23e. [제45곡] 레치타티보 (복음사가와 빌라도)
"너희 왕을 십자가에 못 박으란 말이냐?"(빌라도) 대제사장들이 대답하되

23f. [제46곡] 합창
"가이사 외에는 우리에게 왕이 없나이다"(Wir haben keinen König) 이 곡도 군중의 살기등등한 합창이다.

23g. [제47곡] (복음사가) 레치타티보
"그리하여 빌라도는 예수를 십자가에 못 박도록 그들에게 넘겨주니라. 그들이 예수를 맡으매 예수께서 자기의 십자가를 메고 '해골(히브리 말로 골고다)'이라 하는 곳에 나가시니"

24. [제48곡] 합창과 베이스 아리아
현의 전주에 이끌려 "서둘러라 괴로운 영혼들아. 고통의 동굴에서

나가라. 서둘러라! (어디로?) 골고다로! 번민하는 마음이여"라고 매우 기교적인 노래를 부르기 시작한다. 16분음표의 레가토 패시지와 8분음표의 "서둘러라, 서둘러라"의 스타카토 대비는 특징적이다. 이것에 대하여 합창은 "어디에?"(Wohin?)라고 묻고, 베이스는 "골고다"라고 답한다. 중간 부분에 "신앙의 날개를 붙들어라"(Nehmet an des Glaubens Flügel) "날아가라"(flieht), "어디로?"(wohin?), "십자가 언덕으로. 너희의 행복은 모두 거기에 피어 있다"라고 부른다. 확신에 찬 아리아로 동기적으로 동일한 음형을 밀고 나가며 독창과 합창이 서로 대화를 전개해 간다.

25a. [제49곡] 레치타티보(복음사가)

그들이 거기서 예수를 십자가에 못 박을 새 다른 두 사람도 그와 함께 좌우편에 못 박으니 예수는 가운데 있더라. 빌라도는 패를 써서 십자가 위에 붙이니 "나사렛 예수 유대인의 왕"이라고 썼다. 예수께서 못 박히신 곳이 성에서 가까운 곳이므로 많은 유대인이 이 패를 읽는데 히브리와 로마와 헬라 말로 기록되었다. 유대인의 대제사장들이 빌라도에게 말했다.

25b. [제50곡] 합창

"유대인의 왕이라 쓰지 말고(Schreibe nicht), 자칭 유대인의 왕이라 쓰시오" 짧지만 매우 조소적인 합창이다.

25c. [제51곡] 레치타티보(복음사가와 빌라도)

빌라도가 대답하되 "나는 내가 쓸 바를 썼을 뿐이다"

26. [제52곡] 코랄

"내 마음의 밑바탕에는 속에는 당신의 이름과 십자가만이 언제나 빛나고 있사오니 그로 인해 저는 기뻐하옵니다" 반복되는 소박하면서도 결단적인 심정을 나타내는 합창으로 코랄의 가장 전형적인 아름다움과 형태를 보여주고 있다.

27a. [제53곡] 레치타티보(복음사가)

군인들이 예수를 십자가에 못 박고, 그의 옷을 취하여 네 깃에 나눠 각각 한 깃씩 얻고 속옷도 취하니 이 속옷은 위에서부터 아래까지 통째로 짠 것이라. 군인들이 서로 말하기를

27b. [제54곡] 합창

"이것을 찢지 말고(Lasset uns den nicht zerteilen), 누가 얻나 제비 뽑자" 빠르면서도 매우 격렬한 합창이 미끄러지듯 질주한다. 전곡 가운데 가장 훌륭한 합창의 하나로 합창음악의 묘미를 느낄 수 있는 멋진 곡이다.

27c. [제55곡] 레치타티보(복음사가와 예수)

"이는 성경에 '그들이 내 옷을 나누고 내 옷을 제비 뽑았다' 한 것을 응하게 하려는 것이었다. 예수의 십자가 곁에는 그 어머니와 이모와 글로바의 아내 마리아와 막달라 마리아가 서 있었다. 예수께서 자기의 어머니와 사랑하시는 제자가 곁에 서 있는 것을 보시고, 자기 어머니께 말씀하시되, '여인이여, 보소서. 당신의 아들이니이다' 하시고, 또 제자에게 이르시되, '보라, 네 어머니시다' 하시니" 이 부분은 특히 예수의 인간적 애정이 느껴지게 처리되어 있다.

28. [제56곡] 코랄

"그는 마지막까지 모두 신중하게 잘하셨나니, 그의 어머니를 위해 보호자를 세우네. 오 사람아, 바르게 행하라. 하나님과 사람을 사랑하라. 그리하면 평안히 죽으리니 슬픔이 없으리라" 이 코랄은 비통한 심경이 장중하면서도 결연하게 불린다.

29. [제57곡] 레치타티보

복음사가가 "그때부터 그 제자가 자기 집에 모시니라. 그 후에 예수께서 모든 일이 이미 이루어진 줄 아시고, 성경을 응하게 하려 하사 이르시되 '내가 목마르다' 하시니 거기 신 포도주가 가득히 담긴 그릇이 있는지라, 사람들이 신 포도주를 적신 해면을 우슬초에 매어 예수의 입에 대니, 예수께서 신 포도주를 받으신 후에 이르시되, '다 이루었다!'(Es ist vollbracht!)" 이 부분에서 음악은 예수의 후광(後光)이 사라지는 정적이 잠시 흐른다.

30. [제58곡] 알토 아리아

비올라 다 감바의 표정적인 오블리가토에 지탱되어서 알토가 "다 이루었다!"(Es ist vollbracht!), "오, 상처 입은 영혼의 위안이여!"(O Trost für gekrankten Seelen!)라고 부르기 시작한다. 가장 비통한 심경이 가장 아름다운 선율로 승화된 음악으로 바흐 아니고는 어느 누구도 쓸 수 없는 그런 음악이다. 계속되는 f단조의 노래 "이 슬픈 밤, 이제 최후의 때가 되었도다"와 비올의 처절한 후주가 나온 후, 곡은 밝은 D장조의 빠른 템포로 급변하여 "유대의 왕, 권능으로 승리하고 싸움을 마치셨도다"라는 확신에 넘치는 노래를 힘차게 부른다. 다시 곡은 처음의 비올라 다 감바의 느린 아다지오로 돌아와 "다 이루었다!"를 반복한 후 마친다.

31. [제59곡] 레치타티보(복음사가)

복음사가가 "머리를 숙이니 영혼이 떠나가시니라"라고 통절하게 말한다. (잠시 침묵이 흐른다)

32. [제60곡] 합창과 베이스 아리아

짧은 기악 전주 후 베이스가 "우리의 존귀하신 구세주, 여쭈오니" 하자, 합창이 "죽임당하신 예수여"로 응답한다. 다시 베이스가 "십자가에 못 박히시고, '다 이루었다'라고 말씀하셨으니", 합창이 "지금도 영원토록 살아 계셔서, 제가 죽음으로부터 자유롭게 되었습니까? 제가 당신의 고통과 죽음을 통해 천국을 상속받았습니까? 거기에 온 세상의 해방이 있습니까?" 합창은 코랄로 "그대 돌아가신 예수, 지금 무한히 살으시다"를 두 배로 길게 부드럽게 노래해 간다. 도약하는 선율의 베이스 독창과 느리고 장중하게 진행되는 합창, 그리고 현이 주도하는 낮은 음의 기악 반주가 만들어내는 합주 효과는 아름답고도 매력이 넘친다.

33. [제61곡] 레치타티보(복음사가)

마태복음 27장 51-52절을 빌려서 "이에 성소 휘장이 위로부터 아래까지 찢어져 둘이 되고 땅이 진동하며 바위가 터지고, 무덤들이 열리며 자던 성도의 몸이 많이 일어나되"라고 격렬히 설명한다. 하강하는 트레몰로의 반주부는 매우 격렬하고 불안한 정황을 멋지게 표현하고 있다.

34. [제62곡] 테너 아리오소

현의 불길한 반주를 타고 테너가 "나의 마음이여. 온 세상이 예수의 수난을 마음 아파하도다. 해는 비탄에 잠겨 탄식하고"를 간절히 부른다.

35. [제63곡] 소프라노 아리아

"나의 마음, 가장 높으신 그분의 영광을 위하여 눈물의 강이 되어 흘러라"(Zerfließe, mein Herze, in Fluten der Zähren)라는 가사의 이 곡은 플루트의 오블리가토에 의해 유지되며 비통한 심정을 표정 풍부한 선율에 담아 부른다. 중간 부분에서 "네 슬픔을 세상과 하늘에 알려라. 네 예수께서 죽으셨다"라고 애타게 노래하다 안정을 찾아 다시 처음에 나왔던 f단조의 "나의 마음"을 재현한다.

36. [제64곡] 레치타티보(복음사가)

"이날은 유월절 예비일이라, 유대 사람들은 안식일에 시체를 십자가에 두지 않으려고 빌라도에게 그들의 다리를 꺾어 시체를 치워 달라 하니, 군병들이 가서 예수와 함께 못 박힌 첫째 사람과 또 다른 사람의 다리를 꺾고 나서, 예수께 이르러서는 이미 죽은 것을 보고 다리를 꺾지 아니하고, 그중 한 군인이 창으로 옆구리를 찌르니, 곧 피와 물이 나왔다. 이 사실은 목격자가 본 대로 증언한 것이기 때문에 그 증언은 참되다. 그가 자기의 말하는 것이 참인 줄 알고 너희로 믿게 하려 함이니라. 이 일이 일어난 것은 '그의 뼈가 하나도 꺾이지 아니하리라' 한 성경을 응하게 하려 함이라"

37. [제65곡] 코랄

"오 하나님의 아들이신 그리스도여. 도우소서(O hilf, Christe, Gottes Sohn). 당신의 고난을 통하여 저희가 늘 당신을 섬겨 모든 악습을 버리고, 당신의 죽으심과 그 이유를 진지하게 숙고하며, 비록 가난하고 연약하오나 당신에게 감사의 예물을 드리게 하소서"라고 부르는 장중하면서도 비통한 코랄이다.

38. [제66곡] 레치타티보(복음사가)

복음사가가 "아리마대 사람 요셉은 예수의 제자이나 유대인이 두려워 그것을 숨기더니 이 일 후에 빌라도에게 예수의 시체를 가져가기를 구하매 빌라도가 허락하는지라, 이에 가서 예수의 시체를 가져가니라. 일찍이 예수께 밤에 찾아왔던 니고데모도 몰약과 침향 섞은 것을 백 리트리쯤 가지고 온지라, 이에 예수의 시체를 가져다가 유대인의 장례법대로 그 약품과 함께 세마포로 쌌더라. 예수께서 십자가에 못 박히신 곳에 동산 안에 아직 사람을 장사한 일이 없는 새 무덤이 있는지라, 이날은 유대인의 준비일이요, 또 무덤이 가까운 고로 예수를 거기 두니라" 여기서 이 수난 이야기의 서술은 끝나며, 마지막은 유해의 안식을 빌고 인간의 구제를 원하는 두 개의 위대한 합창곡이 불린다.

39. [제67곡] 합창

관현악의 전주에 이끌려 합창은 "편히 쉬소서 거룩한 해골들이여(Ruht wohl, heiligen Gebeine), 나 이제 탄식을 그치리니, 편히 쉬소서"라고 장엄하게 불린다. 두터운 화성 가운데에 엮어지는 각 성부의 역동적인 선율의 움직임은 한없이 아름답고, 숭고하면서도 서정적이다. 제61

마디부터의 시작되는 중간부도 앞부분의 변형으로 동일한 음형에 의한다. 곡은 다시 곡 처음의 "편히 쉬소서"를 c단조로 재현한다. 이 합창곡은 〈요한 수난곡〉의 대미를 장식하기에 걸맞은 곡으로 여러 점에서 〈마태 수난곡〉의 마지막 합창과 유사한 분위기와 중요성을 함께 갖고 있는 장대한 합창이다.

40. [제68곡] 코랄

"오, 주여, 나의 마지막 순간에 당신이 사랑하는 천사를 보내어(Ach Herr, lass dein lieb Engelein am letzten End) 내 영혼을 천국에 나르게 하시고, 심판의 날까지 그대의 부드러운 잠자리에 두게 하소서. 그날이 오면 우리들을 부활시켜, 기쁜 눈으로써 당신을 우러러보게 하소서. 하나님의 아들, 나의 구원자, 주 예수 그리스도여, 들으소서. 제가 당신을 영원히 찬양하리이다" 코랄 특유한 한 음표 대 한 음표의 화성 진행과 힘찬 선율의 움직임은 이 수난곡의 마지막을 장식하기에 걸맞은 긴장된 분위기와 신앙의 확신을 표현하고 있다.

♪ 연주사 및 연주 관행

바흐 학자 크리스토프 볼프(Christoph Wolff)에 따르면 〈요한 수난곡〉은 1724년 라이프치히 성 니콜라스 교회에서 초연되었으며 이듬해인 1725년 성 토마스 교회에서 연주되었다. 이때 바흐는 도입 합창과 3개의 아리아를 완전히 새것으로 교체하였으며, 마지막 종결 합창은 1723년 발표한 〈칸타타 23번〉의 마지막 악장으로 대체되었으나 3년 뒤인 1728년 성 니콜라스 교회에서 열린 연주회에서는 대부분 처음으로 되돌려 놓았다. 그리고 바흐가 죽기 전해인 1749년의 마지막 연주에서는 콘트라바순이 첨가되었고, 부분적인 손질이 있었는데 역시 초연 때 악보를 바탕으로 삼았다. 따라서 이 곡에는 네 가지 버전의 악보가 있다. 오늘날 연주는 대부분 초연의 판본을 사용하지만 필립 헤레베헤의 연주(Harmonia Mundi, 2001년)는 1725년 성 토마스 교회 버전을 사용하고 있다.

〈마태 수난곡〉의 연주사와 마찬가지로 1960년 이후부터 약 20년간 소위 바흐 연주의 거장들이 등장하여 명연을 쏟아냈다. 이 시기는 역사적인 연주방식으로 웅대한 낭만적 연주가 고조되던 시기로 프리츠 베르너(Fritz Werner)에서 시작하여 칼 리히터에서 정점을 이루었으며 한스 요아힘 로취로 막을 내렸다. 아르농쿠르(Nikolaus Harnoncourt)가 지휘한 빈 소년 합창단과 빈 콘첸투스 무지쿠스(Concentus Musicus Wien)의 연주(Teldec, 1965년)는 바흐 당시의 악기를 사용한 최초의 원전(정격) 연주였다. 그 후 영국의 가디너(Archiv, 1986년)에 의해 훌륭한 정격연주가 나온 후 오늘날은 정격연주가 〈요한 수난곡〉의 주류를 이루고 있다. 그뿐만 아니라 최근 몇몇 연주는 복음사가도 전통적인 독일계 테너에서 비독일 테너, 심지어는 카운터테너가 부르기도 하며, 곡 중 알토 아리아도 요즘은 여성이 아닌 카운터테너가 부르는 경우가 흔해졌다. 연주 규모도 과거 대규모 합창단과 오케스트라를 기용했던 낭만적 연주에서 요즈음은 규모를 크게 줄인 실내악적 분위기의 수난곡 연주(Sony Classical, 1984년)도 헬무트 릴링에 의해 행해진 바 있다. 1990년 폴 매크레시는 태버너 콘소트와 연주자들과 함께한 성악가가 합창의 한 성부와 독창을 도맡아 하는 소위 "최소 규모 연주"를 최초로 시행한 음반(EMI)을 냈다. 음량이 작은 "최소 규모 연주"에서 한 성부를 두 사람의 독창자가 부르게 하는 실내악적 분위기의 명상적이며 서정적인 아리아가 많은 〈마태 수난곡〉

과는 달리 극적이고 합창이 많은 〈요한 수난곡〉에서는 원전연주에서도 훌륭한 연주가 많이 탄생되고 있는데 이런 사실로 미루어 보아서도 〈요한 수난곡〉과 〈마태 수난곡〉은 분명 그 음악적 성격상 차이가 있음을 알 수 있다.

♪ 연주와 음반

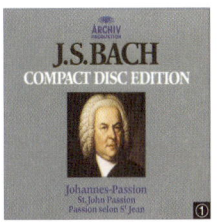
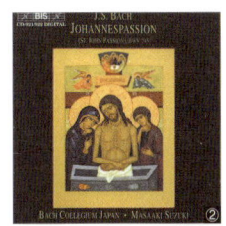

① 칼 리히터(Karl Richter) 지휘에 뮌헨 바흐 합창단과 오케스트라의 이 역사적 연주(Archiv, 1964년)는 평생 바흐 음악의 연구와 연주에 헌신한 바흐 음악의 스페셜리스트인 칼 리히터의 열정이 그대로 녹아 있는 최고의 명연이라 할 수 있다. 전체적으로 템포를 충분히 여유롭게 잡아 바흐 교회음악의 장중함과 엄숙함을 잘 표현하고 있다. 이 연주에서는 합창과 오케스트라의 연주가 특별히 빼어났는데, 이는 칼 리히터 자신의 수족과도 같이 움직이는 뮌헨 바흐 합창단과 오케스트라의 놀라운 연주력과 그의 리더십에 의한 것으로 생각된다. 또한 이 연주에서는 가장 중요한 역할인 복음사가와 곡 중 테너를 부르는 헤플리거의 완벽

한 딕션과 가사의 내용을 절묘하게, 때로는 격정적으로 표현하는 그의 뛰어난 가창력은 놀랍기만 하다. 예수의 역의 헤르만 프라이(Hermann Prey)의 연주도 매우 훌륭하다. 알토 헤르타 퇴퍼의 품위와 깊이가 있는 노래도 훌륭하며, 베이스 키트 엥겐은 가창력과 감정 표현 모두 훌륭하다. 그러나 소프라노 에블린 레어(Evelyn Lear)는 고음이 불안정하고 다른 솔리스트에 비해 가창력도 떨어져 이 연주의 유일한 흠이 되었으므로 매우 아쉽다.

② 마사아키 스즈키(Masaaki Suzuki)가 지휘하는 바흐 콜레기움 재팬의 연주(BIS, 1998년)는 〈요한 수난곡〉의 4개의 버전 중 최후의 것인 1749년 판본에 의한 연주이다. 그러나 이 음반에는 1724년 판본이 연주된 후 1725년 판본에 추가된 3곡의 아리아가 뒷부분에 따로 녹음되어 있어 듣는 사람에게 혼란을 주지는 않는다. 판본을 떠나서 이 연주는 전체적으로 담백한 절제된 표현과 명상적인 분위기의 해석으로 이 곡이 갖는 종교적 본질에 매우 근접해 있다. 동양인으로서 서양음악의 거대한 봉우리라 할 수 있는 바흐 교회음악의 최고봉에 도전하여 이처럼 훌륭하고 감동적인 연주를 펼친 스즈키의 연주에 같은 동양인으로서 깊은 경의를 표하지 않을 수 없다. 이 연주는 균형 잡힌 합창, 오케스트라의 극적 표현, 솔리스트들의 호연 등이 스즈키라는 위대한 지휘자의 통솔 아래 혼연일체를 이루며 매우 완성도 높은 놀라운 연주를 들려주고 있다. 그리고 곡 중 솔리스트의 절반 이상을 일본 연주자를 기용하고 있음에도 불구하고 이 연주는 동양인의 연주라는 생각을 전혀 할 수 없을 정도로 완전한 바흐 음악을 훌륭하게 재연하고 있다.

가장 중요한 역할을 하는 복음사가 역의 게르트 튀르크는 유연하고도 섬세한 연주를 통해 이 곡이 갖고 있는 극적인 심리적 묘사를 섬세하고도 멋지게 표현하고 있다. 이 음반에서 가장 하이라이트는 카운터테너 요시카즈 메라의 노래로서, 매력적인 목소리와 완벽한 가창력으로 부르는 아리아는 깊은 감동을 불러일으킨다. 제7번 아리아 "내 죄의 사슬로부터 나를 풀어주시려고"(Von den Stricken meiner Sünden)와 제30번 아리아 "다 이루었다!"(Es ist vollbracht!)에서 그가 부르는 노래는 한마디로 절창이라 할 수밖에 없는 뛰어난 연주이다. 또한 소프라노 잉그리드 슈미트센(Ingrid Schmithüsen)도 해맑은 목소리의 매우 뛰어난 가창력으로 제13곡 "저는 한결같이 당신을 기꺼이 따르리"를 자유자재로 부르며 이 연주의 완성도에 기여하고 있다. 그 외 빌라도를 부르는 피터 쿠이도 힘차고 굵직한 목소리로 뛰어난 가창력을 들려주며, 테너 마코토 사쿠라다(Makoto Sakurada)의 노래도 훌륭하다. 그러나 예수 역의 치유키 우라노(Chiyuki Urano)는 다른 연주자들의 뛰어난 연주력에 비해 다소 힘이 없는 유약한 연주에 그치고 있어 아쉽다.

③ 존 엘리엇 가디너(John Eliot Gardiner)가 지휘하는 잉글리시 바로크 솔로이스츠와 몬테베르디 합창단의 연주(Archiv, 1986년)는 고악기를 사용한 정격연주로 새로운 명연주로 등장했다. 종래의 해석에서 벗어나 수난곡이지만 비장감보다는 간결하면서도 서정적인 느낌의 연주를 들려주는 새로운 명연주다. 전체적으로 이 연주는 합창의 연주가 빼어났는데, 템포가 빠르지만 선율 라인이 잘 살아나 있으며 힘차고 때로는 투명한 느낌이 드는 섬세한 연주를 들려준다. 이 연주에선 가장 중요한 복음사가 역을 영국인 테너 앤소니 롤프-존슨이 담당하고 있는데, 종래의 독일계 복음사가들의 격정적인 연주와는 사뭇 달리 매우 서정적인 연주

로 별다른 맛을 느끼게 해준다. 예수 역을 맡은 스티븐 바코는 다소 유약한 연주를 들려주고 있다. 이 연주에서는 솔리스트들의 연주가 하나같이 훌륭하다. 알토를 부르는 카운터테너 마이클 챈스의 뛰어난 가창력과 호소력 넘치는 호연, 해맑은 목소리의 소프라노 낸시 아르젠타의 뛰어난 가창력이 특별히 돋보인다. 그 밖에 테너와 베이스도 나름대로 훌륭한 가창력을 들려주고 있다.

④ 지기스발트 쿠이켄(Sigiswald Kuijken)이 지휘하는 라 프티트 방드 오케스트라와 합창단(La Petite Bande Orchestra & Chorus)의 연주(Deutsche Harmonia Mundi, 1988년)는 당시 악기를 사용한 원전악기 연주로 대규모 합창단이 아닌 한 성부에 4명씩의 솔리스트가 연주하는 실내악적 분위기의 연주이다. 전체적으로 합창은 웅혼한 합창의 맛은 기대할 수 없지만 멜로디 라인이 명확히 잘 드러나는 장점이 있다.

복음사가로는 바로크 전문 테너로 오늘날 그 성가(聲價)가 높은 크리스토프 프리가디언(Christophe Prégardien)은 강인한 목소리와 뛰어난 가창력을 바탕으로 깊은 감정 표현을 자유자재로 구사하면서 놀라운 연주를 보이고 있다. 과거 복음사가로 명성이 높았던 헤플리거의 연주를 연상케 한다. 예수 역의 해리 반 데르 캠프(Harry van der Kamp)는 무게 있는 목소리와 뛰어난 가창력을 들려준다. 그리고 알토를 부르는 카운터테너 르네 야콥스 또한 뛰어난 가창력을 바탕으로 깊은 감정 표현을 하고 있다. 그 외 솔리스트들도 하나같이 높은 수준의 가창력을 들려준다. 그 가운데서도 맑고 아름다운 목소리와 뛰어난 가창력을 자랑하는 소프라노 바바라 슐릭의 노래가 빼어났다. 그 외 경질의 목소리의 테너 니코 반 데르 밀(Nico van der Meel)과 베이스 막스 반 에그몬트(Max van

Egmond) 등도 모두 훌륭한 가창력을 보이고 있다.

⑤ 필립 헤레베헤(Philippe Herreweghe)가 지휘하는 콜레기움 보칼레의 연주(Harmonia Mundi, 2001년)는 이 곡의 두 번째 연주로 1725년 버전을 사용한 보기 드문 연주이다. 1725년의 버전은 첫 시작 도입 합창과 마지막 합창이 모두 다르며, 그 유명한 도입 합창 "우리들의 통치자(Herr, unser Herrscher), 주의 영광 땅 위에 넘치네" 대신에 〈마태 수난곡〉의 코랄 "오 인간들이여, 그대들의 커다란 죄를 느끼고 애통하라"의 수수하고 단순한 곡이 연주되며, 제일 마지막 종결 합창도 "하나님의 어린양, 그리스도"로 바뀌어 있다. 그 외에도 베이스 아리아 1개와 테너 아리아 두 곡이 들어간 대신에 베이스의 아리오소와 몇 곡이 빠지는 등 상당한 차이가 있다. 헤레베헤의 연주는 장대한 숭고한 아름다움을 추구하기보다는 이 곡의 순음악적 아름다움을 추구한 연주이며, 전체적으로 합창이 훌륭한데 합창이 유연하고 세련되어 표현이 매우 섬세하고 정교하다. 솔리스트로는 복음사가 역의 마크 파드모어(Mark Padmore)가 기품 있는 소리로 절제된 가운데서도 깊은 감정을 토로하고 있으며, 예수 역의 마이클 볼레(Michael Volle)도 품위 있는 노래를 들려준다. 솔로 아리아를 부르는 카운터테너 안드레아스 숄과 소프라노 시빌라 루벤스(Sibylla Rubens) 두 사람 모두 아름다운 소리와 훌륭한 가창력을 들려주는데, 특히 숄은 알토 아리아 "다 이루었다!"(Es ist vollbracht!)에서 뛰어난 가창력으로 매우 감동적인 노래를 들려주고 있다. 이 음반은 전체적으로 연주도 훌륭하지만 1725년 버전의 드문 녹음으로 음악문헌학적 가치가 있으며 마니아들에게는 적극 권장할 만한 연주이다.

DVD

칼 리히터(Karl Richter)가 지휘하는 뮌헨 바흐 합창단과 오케스트라의 연주(DG, 1970년)는 암머세의 디센 수도원 교회에서 녹화한 영상물로 칼 리히터의 열연과 지금은 만나기 어려운 명연주가들의 얼굴을 만날 수 있는 특별한 즐거움이 있다. 이 영상물의 연주는 바흐 스페셜리스트로서 칼 리히터의 바흐에 대한 존경과 열정이 그  대로 담긴 역사적 명연주이자 최고의 명연이다. 1964년 칼 리히터가 같은 연주 단체와 연주한 CD(Archiv, 1964년)의 연주와는 근본적인 의미에서는 비슷한 연주로 볼 수도 있지만 여러 면에서 다를 뿐만 아니라 이 영상물의 연주가 최고의 명연이다. 가장 큰 차이는 가장 중요한 역할을 하는 복음사가는 페터 슈라이어로 젊은 시절 그의 힘찬 연주는 백미로서 최고 수준의 복음사가임을 보여준다. 흔히 최고의 복음사가로 지칭되는 에른스트 헤플리거와는 또 다른 그만의 격정적인 열창을 들을 수 있다. 알토 율리아 하마리(Julia Hamari)의 진솔한 가창도 인상적이며, 소프라노 헬렌 도나트(Helen Donath)는 맑고 깨끗한 음성과 훌륭한 가창을 들려준다. 수난곡의 성질상 가사의 중요성을 생각할 때 자막과 함께 코랄의 가사가 자막으로 소개되어 한층 듣는 사람의 이해를 도와주고 있다. 따라서 특별한 마니아 외에는 이 DVD를 이 곡 최고의 명반으로 생각해도 될 것 같다.

마태 수난곡
St. Mattew Passion

    음악 역사상 그 전례가 없는 대규모 교회음악 드라마인 〈마태 수난곡〉은 기악을 포함한 바흐의 전 작품을 대표하는 걸작일 뿐만 아니라 고금을 통해 수난곡의 최정상에 있는 위대한 작품이다. 전곡은 모두 78곡(신판은 68곡), 연주 시간만 해도 약 3시간이 조금 넘는 초대형의 기념비적 작품이다.

    〈마태 수난곡〉은 1726년에 착수하여 바흐의 나이 44세 때인 1729년에 완성하였으며, 그해 성 금요일인 4월 15일 성 토마스 교회에서 초연되었는데, 초연 당시 〈마태 수난곡〉의 제1부와 제2부 사이에는 성 금요일의 설교가 있었다고 한다.

    텍스트로는 마태복음 중 예수의 수난을 다룬 26, 27장이 주로 사용되며, 예수가 체포되기까지의 이야기인 마태복음 26장 1절-56절까지가 1부, 나머지 57절부터 27장의 끝까지가 2부로 되어있다. 곡의 대본은 바흐의 라이프치히 교회 칸타타의 협력자였고 피칸더(Picander)라는 필명(筆名)으로 잘 알려진 헨리치(Christian Fridrich Henrici)가 썼다. 피칸더의 대본은 비록 문학적으로 그리 뛰어난 것은 아니지만 다분히 감정적인 것으로 복음사가의 역할이 매우 강하게 부각되고 있는데, 이는 바흐 자신의 의도와 잘 맞아 〈마태 수난곡〉에서는 복음사가의 역할이 특히 두드러진다.

초연 당시 연주에 참가한 인원은 독창과 합창을 포함 24명, 거기에 오케스트라 30명이 가담하였다고 한다. 이 위대한 작품은 바흐 생존 중인 1742년에 한 번 더 연주되었으며, 바흐 사후에는 성주간에 연주되어왔지만 언젠가부터 완전히 잊혀버리고 말았다. 그 후 베를린 도서관에 깊이 잠자고 있던 이 곡은 초연된 지 100년이 지난 1829년 3월 11일에 당시 20세였던 멘델스존에 의해 베를린 징 아카데미(Sing Academy) 합창단과 라이프치히 게반트하우스 오케스트라(Leipzig Gewandhaus Orchestra)의 연주로 다시 부활하게 되었다. 이 역사적 연주는 바흐의 교회음악뿐만 아니라 바흐 음악이 부활되는 계기가 되었다. 당시 멘델스존은 원래 악보의 상당 부분을 줄이고 또다시 편곡하여 연주하였다고 한다.

〈마태 수난곡〉에 등장하는 곡들은 크게 세 부류로 구별할 수 있는데, 첫째는 마태복음 26-27장에 나오는 예수 수난사의 줄거리를 불러주는 복음사가의 레치타티보, 둘째는 피칸더가 작사한 자유로운 신앙시를 바탕으로 하는 레치타티보와 11곡의 아리아, 그리고 매 장면의 단락에서 불리는 16곡의 루터파 코랄이 바로 그것이다.

〈마태 수난곡〉의 근본적인 음악적 특성은 첫째, 레치타티보(낭송)적 요소이다. 즉 복음사가(테너)의 레치타티보는 낭송인데 반해, 예수(베이스)의 말씀은 항상 현악기 반주의 의한 레치타티보로 표현되고 있는데, 이는 음의 표현을 통한 성자의 후광(後光)을 의미하며, "엘리 엘리 라마 사박다니"에서는 반주(후광)가 사라진 정적이 극적으로 표현되어 있다.

둘째, 이 곡에 흐르고 있는 서정성이다. 이 곡에 등장하는 많은 아리아에는 서정성이 넘쳐흐르고 있다. 셋째, 〈요한 수난곡〉이 동적인 데 반해 이 곡은 명상적이다. 이것은 이 곡에 등장하는 많은 코랄, 회중 등에 의해 잘 나타나고 있다. 마지막으로 합창의 압도적인 역할인데, 어떤 사실과 그 의미를 강조하기 위해 놀랄 정도의 극적인 힘을 실어 합창을 사용하고 있다. 2부의 마지막 클라이맥스에 불리는 "이는 진실로 하나님의 아들이었도다"(Warlich, dieser ist Gottes Sohn gewesen)에서 연주되는 합창은 기독교 신앙의 압도적인 재확인이라고 할 수 있다. 바흐의 수난곡이 걸작인 이유는 레치타티보의 주제가 아리아나 합창으로 자연스럽게 발전하여 독특한 효과를 거두고 있다는 점이며, 그리고 16번 등장하는 코랄은 장면마다 요소요소에 배치되어 신학적인 안내 역할 뿐만 아니라 〈마태 수난곡〉이라는 웅대한 음악을 만드는 주춧돌과 기둥의 역할을 하고 있다는 점이다.

-제1부-

[제1곡] 도입 합창(코랄을 동반한 합창)

전통적으로 도입 합창은 수난곡에서 가장 중요한 부분으로 대체로 규모가 큰 합창곡으로 불린다. 다른 수난곡과 달리 바흐의 〈마태 수난곡〉에서는 2개의 합창대와 2개의 오케스트라 그리고 소년 합창단이 가담하여 웅혼한 효과를 나타내고 있다. 통주저음의 규칙적이고 유연한 리듬 위에 관현악의 느릿하게 진행되는 꽤 긴 전주가 나온 후 제1합창대가 "딸들아, 와서 함께 슬퍼하자"(Kommt, ihr Töchter, helft mir klagen)라고 슬픔의 노래를 부르면, 제2합창대는 그 사이로 짧게 "누구를?"하고 물으면서 대화를 나눈다. 제30소절 째부터는 소년 합창이 코랄 "오, 죄 없는 하나님의 어린양이여"(O Lamm Gottes unschuldig)를 드높이 부르며 두 개의 합창단과 오케스트라, 소년 합창이 어우러져 웅혼한 분위기를 만든다. 이때까지 따로 문답을 나누던 두 합창대는 제73소절부터는 하나가 되어 "보라, 예수가 사랑과 자비로 손수 십자가를 지시는 모습을"을 힘차게 노래한다. 장엄함과 슬픔이 아우러진 웅대한 합창곡이다.

I. 수난의 예언(제2-5곡)

도입 합창에 이어 마태복음 제26장 제1절부터의 긴 수난의 이야기를 시작한다. 예수는 이제 머지않아 일어날 수난을 짐작하고 제자들에게 그 사실을 예고한다. 그리고 그의 말대로 유대의 대사제나 학자들이 예수를 잡기 위해 남몰래 기회를 엿보고 있다.

[제2곡] 레치타티보(복음사가, 예수)

수난의 이야기를 진행하는 복음사가가 "예수께서 이 말씀을 다 마치시고 제자들에게 이르시되"라고 짧게 이야기하면, 이어 베이스의 위엄 있는 목소리로 예수가 "너희가 아는 바와 같이 이틀을 지나면 유월절이라, 인자가 십자가에 못 박히기 위하여 팔리리라" 예언한다. 〈마태 수난곡〉에서는 예수가 말씀하시는 부분에서는 대개 길게 잡아 늘인 반주를 동반하고 있는데, 이 특색 있는 현의 반주는 마치 예수를 둘러싼 후광을 나타내는 듯한 느낌을 준다. 예수의 말씀 "십자가에 못 박힌다"(Gekreuziget)가 불안한 음향의 장식적인 움직임으로 강조되고 있다.

[제3곡] 코랄

"진심으로 사랑하는 예수여, 당신은 무슨 잘못을 저질렀습니까?" (Herzliebster Jesu, was hast du verbrochen?)라고 군중이 무고한 죄인 예수를 안타까워하는 마음을 노래한다.

[제4곡] 레치타티보(복음사가)

"그때 대제사장들과 백성의 장로들이 가야바라 하는 대제사장의 아문에 모여, 예수를 궤계로 잡아 죽이려고 의논하여 말하기를"

[제5곡] 대사제들의 합창

두 합창대가 "명절에는 말자"(Ja nicht auf das Fest), "민요(民搖)가 날까 하노니"라고 2부로 나뉘어 격렬하게 주고받는다. 플루트, 오보에 등의 관악기를 비롯하여 현악기까지 반주를 맡는다.

II. 베다니 마을의 향유(제6-10곡)

예수가 제자들과 함께 예루살렘 근교의 베다니 마을에서 나병환자인 시몬의 집에 머무르고 있을 때, 한 여인이 값진 향유를 예수의 머리에 붓는다. 이 광경을 본 제자들이 분노하자 예수는 조용히 "내 장례를 준비해 준 것이다"라고 말한다. 자신의 수난을 미리 알고 있는 예수와 아직 아무 눈치도 못 채고 있는 제자들의 모습이 대조적으로 부각되고 있다.

[제6곡] 레치타티보(복음사가)

"예수께서 베다니 문둥이 시몬의 집에 계실 때에, 한 여자가 매우 귀한 향유 한 옥합을 가지고 나아와서 식사하시는 예수의 머리에 부으니, 제자들이 보고 분하여 가로되 무슨 의사로 이것을 허비하느뇨?"

[제7곡] 제자들의 합창(제1합창)

제1합창대가 부르도록 지정되어 있다. 이 곡은 "제자들이 보고 분하여 가로되 무슨 의사로 이것을 허비하느뇨?"라고 힐난하는 가사가 들어 있다. 처음은 4성이 같은 리듬과 가사를 노래하는 호모포닉한 수법으로 시작하지만 곡 후반에는 "이것을 많은 값에 팔아 가난한 자들에게 줄 수 있었겠도다"부터는 테너-베이스-알토-소프라노 순으로 푸가풍의 노래가 이어진다. 바흐의 〈마태 수난곡〉에서 제1합창이라고 지시된 곡은 모두 예수 편 사람들의 소리를 나타내며 이 곡도 제자들이 부르는 합창이다. 여기에는 후에 나오는 적의에 찬 격렬한 유대 군중(제2합창)의 합창은 없다.

[제8곡] 레치타티보(복음사가, 예수)

복음사가의 짧은 서두 후, 예수께서 아시고 저희에게 이르시되 "너희가 어찌하여 이 여자를 괴롭게 하느냐? 저 여자가 내게 좋은 일을 하였느니라. 가난한 자들은 항상 너희와 함께 있거니와, 나는 항상 함께 있지 아니하리라. 이 여자가 내 몸에 향유를 부은 것은 내 장사를 위하여 함이니라. 내가 진실로 너희에게 이르노니, 온 천하에 어디서든지 이 복음이 전파되는 곳에는 이 여자의 행한 일도 말하여 저를 기념하라" 하시니라.

[제9곡] 레치타티보(알토)

두 개의 플루트가 부유(浮游)하는 듯한 반주를 계속하는 동안 알토가 "나의 눈물을 당신의 머리에 붓게 하소서"라고 호소한다.

[제10곡] 아리아(알토)

다 카포 형식의 아리아(17-18세기에 유행한 A-B-A 형식으로 반복하는 아리아)가 플루트의 반주를 타면서 "참회와 후회로 죄 많은 마음은 찢어질 듯합니다"(Buss und Reu, knirscht das Sündenherz ent zwei)라고 노래하기 시작하는데, 이 가사는 여러 형태로 몇 번이나 나타난다. 후반의 "괴로움의 눈물이"에서는 플루트가 하강하는 음형을 스타카토로 연주하여 마치 눈물이 떨어지는 듯한 효과를 살리고 있다.

III. 유다의 배반 (제11-12곡)

[제11곡] 레치타티보(복음사가, 유다)

"그때 열둘 중 하나인 가룟 유다라 하는 자가 대제사장들에게 가서 말하되 '내가 예수를 너희에게 넘겨주리니 얼마나 주려느냐' 하니, 그들이 은 30을 달아 주거늘 그가 그때부터 예수를 넘겨줄 기회를 찾더라"

[제12곡] 아리아(소프라노)

다 카포 형식의 유명한 알토 아리아로 이 저주스러운 유다의 배반을 안타까워하는 애절한 심정의 아리아이다. 2개의 플루트와 관현악 반주를 가지고 먼저 "사랑하는 주의 가슴은 피를 흘리도다(Blute nur)"라는 가사는 싱코페이션의 리듬으로 계속 부르고 기악 간주로 이어 간다. 다시 "당신 가슴에서 젖을 먹고 자란 한 자식은, 길러 준 이를 죽이려고 하는 뱀과 같이 악한 자가 되도다"라고 계속한다. 곡은 다시 처음으로 돌아가 "피를 흘리도다"(Blute nur)를 되풀이한 후 마친다.

IV. 최후의 만찬 (제13-19곡)

유월절(逾越節) 준비를 하고 예수는 열두 제자와 함께 식탁에 앉는다. 이 자리에서 예수가 "너희들 중의 한 사람이 나를 배반하려 하고 있다"라고 말하자, 만찬의 자리는 순간 불안에 휩싸인다. 그리고 그 후에 예수가 빵과 포도주를 나누어 주는 성찬식은, 뒤이은 자유시의 레치타티보와 아리아로 더욱 그 중요성을 북돋운다.

[제13곡] 레치타티보(복음사가)
"무교절의 첫날에 제자들이 예수께 나아와서 가로되"

[제14곡] 제자들의 합창(제1합창)
제1합창대가 "유월절에 잡수실 것을 우리가 어디서 예비하기를 원하시나이까?"라는 가사를 처음부터 끝까지 호모포니하게 부른다.

[제15곡] 레치타티보(복음사가, 예수)와 합창(제1합창)
"가라사대 '성안 아무에게 가서 이르되, 선생님 말씀이 내 때가 가까웠으니, 내 제자들과 함께 유월절을 네 집에서 지키겠다 하시더라 하라' 하신데, 제자들이 예수의 시키신 대로 하여 유월절을 예비하였더라. 저물 때에 예수께서 열두 제자와 함께 앉으셨더니 저희가 먹을 때에 이

르시되, '내가 진실로 너희에게 이르노니'(Wahrlich, ich sage euch)"라는 예수의 말은 도약하는 커다란 음정 속에 나타나며, 여기서 예수의 확신에 찬 모습을 보게 된다.

레치타티보의 중간부터 '최후의 만찬'의 묘사가 시작된다. 이어 "너희들 중에 한 사람이 나를 팔리라" 하시는 주 예수의 뜻밖의 말에 일동은 큰 충격을 받고 두려워하면서 제각기 "주여, 내니이까?"(Herr, bin ich's?)라고 묻는다. 합창은 모방풍으로 전개되며, 앞을 다투어 주 예수께 묻는 제자들의 모습이 선명하게 부각된다.

[제16곡] 코랄

앞의 제자들의 합창 "주여, 저는 아니겠지요?"에 대해 "그건 접니다. 저야말로 참회해야 합니다"(Ich bin's ich sollte büßen) 하고 고통 가운데서도 인내를 계속하는 예수를 찬양하는 코랄이다. 이 코랄의 선율은 하인리히 이자크(Heinrich Isaac, 1450년경-1517년)의 유명한 가곡 〈인스부르크여, 안녕〉이 원곡이다.

[제17곡] 레치타티보(복음사가, 예수, 유다)

"대답하여 가라사대, '나와 함께 그릇에 손을 넣는 그가 나를 팔리라. 인자는 자기에게 기록된 대로 가거니와, 인자를 파는 그 사람에게는 화가 있으리로다. 그 사람은 차라리 나지 아니하였더라면 좋을 뻔하였느니라' 예수를 파는 유다가 대답하여 가로되, '랍비여 내니이까?' 대답하시되 예수가 '네가 말하였도다' 하시니라. 저희가 먹을 때에 예수께서 떡을 가지사 축복하시고 떼어 제자들을 주시며 가라사대 '받아먹으라. 이것이 내 몸이니라'(Nehmet, esset, das ist mein Leib) 하시고 또 잔을 가지사 사례하시고, 저희에게 주시며 가라사대 '너희는 이것을 마시라. 이것은 죄 사함을 얻게 하려고 많은 사람을 위하여 흘리는바 나의 피, 곧 언약의 피니라. 그러나 너희에게 이르노니, 내가 포도나무에서 난 것을 이제부터 내 아버지의 나라에서 새것으로 너희와 함께 마시는 날까지 마시지 아니하리라 하시니라'"

이 성찬식 장면은 장엄하게 울려 퍼지는데 길게 늘어진 현의 반주를 거느리는 예수의 레치타티보가 주역을 한다. 특히 "받아먹으라 이것은 내 몸이다"부터는 레치타티보라기보다는 선율이 있는 아리오소(작은 아리아. 낭독조 아리아)로 바뀐다. 현의 반주도 독립된 움직임을 보이며 목소리와 어우러져 아름다운 윤곽을 그려 나간다.

[제18곡] 레치타티보(소프라노)

달콤한 음향(音響)의 두 개의 오보에 다모레의 물결치는 반주를 타고 소프라노가 예수와의 이별을 애절하게 노래하며, 차츰 주의 살과 피라는 고귀한 선물에 대한 감사와 찬미로 바뀌어 마침내 제19곡 기쁨의 아리아로 옮겨 간다.

[제19곡] 아리아(소프라노)

다 카포 형식의 아리아로 두 개의 오보에 다모레의 사랑스러운 반주를 타고 소프라노가 "당신께 내 마음을 드리고 싶소"(Ich will dir mein Herze schenken)라고 성찬을 받는 신자의 고마운 마음을 진심으로 노래한다. 주에 대한 열렬한 신앙이 솟구쳐 나오는 이 곡은 〈마태 수난곡〉 중 유일한 기쁨의 아리아라 할 수 있다.

V. 올리브산 위 (제20-23곡)

예수는 제자들과 함께 올리브산에 올라가, 앞으로 머지않아 제자가 자기를 버리고 도망가며 베드로는 자기를 모른다고 부인하리라고 예언한다. 그러나 베드로를 비롯한 제자들은 모두 그런 일이 있을 리 없다고 애써 변명한다.

[제20곡] 레치타티보 (복음사가, 예수)

"이에 저희가 찬미하고 감람산으로 나아가니라. 이때에 예수께서 제자들에게 이르시되 '오늘 밤 너희가 나를 버리리라. 기록된바 내가 목자를 치리니 양의 떼가 흩어지리라 하였느니라. 그러나 내가 살아난 후에 너희보다 먼저 갈릴리로 가리라'"

이 레치타티보에는 음화적(音畵的) 기법이 많이 발견되고 있는데, 우선 서두의 1절을 부른 뒤에 나타나는 통주저음의 상승하는 음계는 산에 오르는 예수 일행의 모습을 그리며, 또 예수의 말 "내가 양치기를 때리면, 양 떼는 멀리 흩어져 버리리라"(und die Schafe der Heerde werden sich zerstreuen)라는 가사를 돋보이게 하기 위해 현의 스타카토가 조각조각 흩어지는 듯한 음형을 연주한다.

[제21곡] 코랄

"구세주여 나를 받으소서. 목자시여 나를 당신의 것으로 취하소서!" (Erkenne mich, mein Hüter, Mein Hirte, nimm mich an!)라고 기쁨의 원천인 주 예수를 찬미하는 확신에 찬 장중한 곡이다. 원곡은 하슬러(Hans Leo Hassler, 1564-1612)의 세속가곡 〈내 마음은 어지러이 흩어져〉(Mein Gemut ist verwirret)인데 후에 코랄로 전용(轉用)되어 "오, 피 흘리는 머리여"(O,

Haupt voll Blut und Wunden)라는 가사의 수난 코랄로 널리 알려지게 되었다. 바흐는 이 코랄을 〈마태 수난곡〉에서 다섯 번이나 사용하였다.

[제22곡] 레치타티보(복음사가, 베드로, 예수)

베드로가 대답하여 가로되 "다 주를 버릴지라도 나는 언제든지 버리지 않겠나이다"라고 장담하지만, 예수께서 가라사대 "내가 진실로 네게 이르노니 오늘 밤 닭 울기 전에 네가 세 번 나를 부인하리라" 베드로가 가로되 "내가 주와 함께 죽을지언정 주를 부인하지 않겠나이다" 하고 모든 제자도 이와 같이 말하니라.

[제23곡] 코랄

제21곡의 코랄을 반음 내려서 가사만을 변경한 것으로 "주님 곁에 있으리라"라고 주의 곁에 머물며 고난을 같이 하려는 제자들의 마음을 노래한다. (2번째 나옴)

VI. 겟세마네 동산 (제24-31곡)

예수는 이제 앞으로 일어날 수난을 알고 아버지 하나님에게 기도를 올린다. 기도 속에서 예수는 인간적인 고뇌와 슬픔으로부터 동떨어져 초연한 척하지 않고 오히려 인간답게 괴로워하며 슬퍼하고 있다. '겟세마네 동산' 장면은 〈마태 수난곡〉 중에서도 특히 깊은 슬픔과 괴로움으로 가득 찬, 내성적인 분위기를 간직하고 있다.

[제24곡] 레치타티보(복음사가, 예수)

이에 예수께서 겟세마네라 하는 곳에 이르러 제자들에게 이르시되

"내가 저기 가서 기도할 동안에 너희는 여기 앉아 있으라" 하시고, 베드로와 세베데의 두 아들을 데리고 가실새, 고민하고 슬퍼하사 이에 말씀하시되 "내 마음이 심히 고민하여 죽게 되었으니, 너희는 여기 머물러 나와 함께 있으라" 하시고. 비통한 말투와 현의 반주의 부축을 받으며 고민하고 슬퍼하는 예수의 마음이 잘 표현되어 있다.

[제25곡] 레치타티보(테너)와 제1, 2합창

겟세마네 동산에서 우수에 잠겨 있는 예수를 위로하는 테너가 "아 고통, 무겁게 짓눌리는 가슴이 얼마나 고동칠까?"(O Schmerz! hier ziert dasgequâlte Herz?)라고 부르면 합창이 제3곡의 코랄 선율 "어찌하여 주는 고통받으시는가?"차분하게 응답한다. 다시 빠르고 조급한 테너와 느긋한 코랄이 교대로 불린다.

[제26곡] 아리아 (테너)와 제2합창

애조 띤 오보에의 긴 전주가 있고 난 뒤 테너가 "주 예수와 함께 깨어나 있으리"(Ich will bei meinen Jesu wachen)라며 제자의 심정을 노래하는 1절이 끝나면, 합창이 "우리의 죄는 잠들리라"(So schlafen unsre Sünden ein) 하고 부드럽게 타이르듯 노래한다. 이어 테너 독창과 합창이 한 번 더 나오고, "내 죄의 대속을 위한 주의 영혼의 고통"(Meinem Tod büßet seiner Seelen Not)이 불린 후 오보에를 동반한 테너 독창과 코랄풍의 합창이 교대로 곡상을 전개해 나간다. 아름다운 오보에의 후주가 따른다.

[제27곡] 레치타티보(복음사가, 예수), 제1합창

조금 나아가사 얼굴을 땅에 대시고 엎드려 기도하여 가라사대, "내 아버지여 만일 할 만하시거든 이 잔을 내게서 지나가게 하옵소서. 그러나 나의 원대로 마옵시고 아버지의 원대로 하옵소서" 하시고

[제28곡] 레치타티보(베이스)

아버지 하나님의 뜻에 따라 쓴 잔을 마시겠다고 결심한 예수의 심정을 노래하는 레치타티보로서 하나님 앞에 고개를 숙이고 꿇어앉아 기도하는 예수를 그리듯 현의 반주는 시종 하강하는 분산화음을 연주한다.

[제29곡] 아리아(베이스)

다 카포 형식의 아리아. 2부의 바이올린이 유니슨으로 연주하는 전주에 이어 "즐거이 주를 따라 십자가를 짊어지고 잔을 들리라"(Gerne will ich mich bequemen Kreuz und Becher an zu nehmen)라고 부른다. 다시 "더럽혀진 잔을 달게 하기 위해서 주는 우유와 꿀을 주셨도다"라고 부르는 중간 부분을 삽입하여 이를 되풀이한다.

[제30곡] 레치타티보(복음사가, 예수)

제자들에게 오사 그 자는 것을 보시고 예수께서 베드로에게 말씀하시되, "너희가 나와 함께한 시간도 이렇게 깨어 있을 수 없더냐. 시험에 들지 않게 깨어 있어 기도하라. 마음은 원이로되 육신이 약하도다" 하시고 다시 두 번째 나이가 기도하여 가라사대 "내 아버지시여 만일 내가 마시지 않고는 이 잔이 내게서 지나갈 수 없거든 아버지의 원대로 되기를 원하나이다" 하시고,

[제31곡] 코랄

"오 아버지여 당신의 뜻대로 되소서"라고 하나님의 은총을 비는, 믿는 자의 평안한 마음을 부르는 코랄이다.

VII. 예수의 포박(제32-35곡)

'겟세마네 동산'의 마지막 레치타티보는 그대로 '예수의 포박' 장면으로 들어간다. 예수가 유다의 인도로 체포된 뒤에 부르는 제33곡의 합창부 아리아는 태풍이 몰아치는 듯한 격렬함을 지닌다. 이 아리아가 〈마태 수난곡〉 제1부의 커다란 클라이맥스를 이루고 있다. 포박 장면 이전의 '올리브산'과 '겟세마네 동산' 등의 정경이 조용하고 내성적이었던 만큼 한층 더 강한 성격이 두드러진다.

[제32곡] 레치타티보(복음사가, 예수, 유다)

"다시 오사 보신즉 저희가 자니 이는 저희 눈이 피곤함일러라. 또 저희를 두시고 나아가 세 번째 동일한 말씀으로 기도하신 후, 이에 제자들에게 오사 이르시되, '이제는 자고 쉬라. 보라. 때가 가까이 왔으니 인자가 죄인의 손에 팔릴 것이다. 일어나라, 함께 가자. 보라. 나를 파는 자가 가까이 왔느니라' 하고 말씀하실 때에 열둘 중에 하나인 유다가 왔는데, 대제사장들과 백성의 장로들에게서 파송된 큰 무리가 검과 몽치를 가지고 그와 함께하였더라. 예수를 파는 자가 그들에게 군호를 짜 가로되, '내가 입 맞추는 자가 그이니, 그를 잡으라' 하였는지라. 곧 예수께 나아와 '랍비여 안녕하시옵니까?' 하고 입을 맞추니, 예수께서 가라사대 '네가 무엇을 하려고 왔는지 행하라' 하신대 이에 저희가 나아와 예수께 손을 대어 잡는지라"

[제33곡] 합창(1, 2)을 지닌 소프라노와 알토의 이중창

긴박하고도 불안한 느낌을 주는 관현악의 긴 전주에 이어 소프라노와 알토가 "이리하여 예수는 잡히시도다"를 슬프게 노래하기 시작하면, 합창은 날카롭게 "그를 석방하라"(Lass ihn, haltet, bindet nicht)라고 외친다. 이어 이중창으로 "달도 빛도 슬픔에 가리어, 예수는 끌리어 가시도다"를 부르고, 합창은 "반역을 응징하라"며 힘차게 분노를 터트린다. 여기서 곡은 갑자기 비바체로 바뀌어 푸가풍의 합창이 "번개도 우뢰도 모습을 감추었는가! 지옥이여, 불길의 나락을 열라. 배반자를 쳐부숴라" 하고 오케스트라와 함께 분노를 격렬하게 폭발시킨다.

[제34곡] 레치타티보(복음사가, 예수)

"예수와 함께 있던 자 중에 하나가 손을 펴 검을 빼어 대제사장의 종을 쳐 그 귀를 떨어뜨리니, 이에 예수께서 이르시되, '네 검을 도로 집에 꽂으라. 검을 가지는 자는 다 검으로 망하느니라. 너는 내가 내 아버지께 구하여 지금 열두 명 더 되는 천사를 보내시게 할 수 없는 줄로 아느냐. 내가 만일 그렇게 하면 이런 일이 있으리라 한 성경이 어떻게 이루어지리오?' 하시더라. 그때 예수께서 무리에게 말씀하시되 '너희가 강도를 잡는 것같이 검과 몽치를 가지고 나를 잡으러 나왔느냐. 내가 날마다 성전에 앉아 가르쳤으되, 너희가 나를 잡지 아니하였도다. 그러나 이렇게 된 것은 다 선지자들의 글을 이루려 함이니라' 하시더라. 이에 제자들이 다 예수를 버리고 도망하니라"

[제35곡] 코랄

제1부의 마지막을 장식하는 웅대한 합창이다. 먼저 목관이 주도하

는 오케스트라의 긴 전주가 나온 후 전 합창이 코랄 "오, 사람들이여, 너희 죄가 엄청남을 뉘우치며 울라"(O Mensch, bewein dein Sünde gross)를 부르기 시작한다. 이 코랄 사이에 오케스트라의 간주가 들어가며, 합창이 "그는 죽은 자를 살리시고 병든 자를 고치셨도다"(Den Toten er das Leben gab. Und legt dabei all Krankheit ab)라고 힘차게 노래한다. 상성부는 느리게 지속음을 부르는 데 반해 아래 3성부는 빠르게 진행하면서 웅대한 코랄 환상곡을 이루고 있다.

-제2부-

[제36곡] 도입곡. 합창이 붙은 아리아(알토)

제1바이올린이 유니슨으로 연주하는 가락에 이끌리어 알토가 "아! 이제 우리 주 예수 가셨도다"(Ach, nun ist mein Jesus hin)를 부르고, 합창이 "아름다운 여인이여, 그대의 친구는 어느 곳에?"(Wo ist denn dein Freund hin gegangen?)라고 묻는다. 이후 독창과 합창이 교대로 나타나며, 끌려가신 예수의 행방을 염려하는 사람의 기분을 나타낸다. 아리아를 반주하는 플루트와 오보에의 유니슨은 애처롭게 비틀거리며 불규칙적인 리듬을 새기면서 잡혀간 예수를 애타게 찾아 헤매는 모습을 묘사한다.

VIII. 가야바의 재판 (제37곡-41곡)

잡혀가신 예수는 대사제 가야바 앞에 끌려 나가 심문을 받는다. 이 장면에서 유태인 군중의 합창이 비로소 등장하며, 이 군중의 격렬한 합창은 다음의 '빌라도의 재판' 장면에 이르러 그 극치를 이룬다.

[제37곡] 레치타티보(복음사가)

"예수를 잡은 자들이 끌고 대제사장 가야바에게로 가니, 거기 서기관과 장로들이 모여 있더라. 베드로가 멀찍이 예수를 따라 대제사장의 집 뜰에까지 가서 그 결국을 보려고 안에 들어가 하속들과 함께 앉았더라. 대제사장들과 온 공회가 예수를 죽이려고 그를 칠 거짓 증거를 찾으며 거짓 증인이 많이 왔으나 얻지 못하더니"

[제38곡] 코랄

"이 세상이 거짓 증언과 거짓말로 나를 나쁘게 판단하니, 성실함으로서 주의 수난을 악한 음모로부터 지키리"라고 힘차게 부르는 코랄.

[제39곡] 레치타티보(복음사가, 증인들, 제사장)

"후에 두 사람이 와서 가로되 합창이 '이 사람의 말이 내가 하나님의 성전을 헐고 사흘에 지을 수 있다 하더라' 하니, 대제사장이 일어서서 예수께 묻되 '아무 대답도 없느냐? 이 사람들의 너를 치는 증거가 어떠하뇨?' 하되 예수께서 잠잠하시거늘"에 해당하는 부분으로 적막한 분위기를 잘 표현하고 있다.

[제40곡] 레치타티보(테너)

2개의 오보에와 비올라 다감바가 규칙적으로 연주하는 조용한 화음이 배경에 흐르고, 테너가 "예수는 침묵으로 우리를 깨우쳐 주셨다"를 조용히 노래한다.

[제41곡] 아리아(테너)

강한 부점 리듬의 첼로와 오르간의 전주에 이어서 "참으라(Geduld). 지금은 거짓 증거 때문에 고통받더라도, 머지않아 하나님의 검에 의해서 억울한 죄는 밝혀질 것이다"라고 부른다.

IX. 가야바와 빌라도의 재판(제42-44곡)

[제42곡] 레치타티보(복음사가, 제사장, 예수, 군중)

"대제사장이 가로되 '내가 너로 살아 계신 하나님께 맹세하게 하노라, 네가 하나님의 아들 그리스도인지 우리에게 말하라' 예수께서 가라사대 '네가 말하였느니라. 그러나 내가 너희에게 이르노니 이 후에 인자가 권능의 오른편에 앉은 것과 하늘 구름을 타고 오는 것을 너희가 보리라' 하시니, 이에 대제사장이 자기 옷을 찢으며 가로되, '저가 참람한 말을 하였으니, 어찌 더 증인을 요구하리요. 보라. 너희가 지금 이 참람한 말을 들었도다. 생각이 어떠하뇨?" 하니 합창(군중)이 대답하여 가로되, "저는 사형에 해당하니라"(Er ist des todes schuldig) 하고 격렬하게 외친다.

"머지않은 훗날, 사람의 아들이 힘 있는 자의 오른쪽에 앉게 되고…"라는 예수의 말은 흐르는 듯한 현 반주의 뒷받침을 받으며 당당하게 확신으로 차 있으며, 이어 군주의 합창(G장조)이 나타나고 증오에 찬 유태인의 목소리가 2중 합창의 수법으로 커다란 박력을 지니고 다가온다.

[제43곡] 레치타티보와 합창 1, 2(복음사가, 군중)

"이에 예수의 얼굴에 침 뱉으며 주먹으로 치고, 혹은 손바닥으로 때리며 가로되 군중이 '네가 그리스도면 너를 친 자가 누군지 말해보라'(Weissage uns, Christe, wer ists, der dich schlug)라고 심하게 야유하더라"

[제44곡] 코랄

"누가 내 구주 당신을 때렸나, 그렇게 심한 고문을 하였나?"라고 군중에게 매 맞고 고문당하는 예수의 모습에 예수를 따르는 사람들의 분노와 슬픈 기분을 표현한다. 앞에 나온 제16곡의 코랄이 다시 등장한다.

X. 베드로의 부인(제45-48곡)

감람산 위에서 예수가 예언한 말(베드로의 부인)은 이 장면에 이르러 그대로 적중한다. 붙잡힌 예수의 뒤를 살며시 뒤따르던 베드로는 주위 사람들의 질문에 세 번 예수를 부인하고 만다. 그 후 베드로의 격심한 슬픔은 제47곡의 유명한 아리아에 응집되어 있다.

[제45곡] 레치타티보와 군중의 합창(복음사가, 베드로, 두 사람의 하녀, 군중)

"베드로가 바깥뜰에 앉았더니 한 비자가 나아와 가로되, '너도 갈릴리 사람 예수와 함께 있었도다!' 하거늘, 베드로가 모든 사람 앞에서 부인하여 가로되 '나는 네 말하는 것이 무엇인지 알지 못하겠노라' 하며 앞문까지 나아가니, 다른 비자가 저를 보고 거기 있는 사람들에게 말하되 '이 사람은 나사렛 예수와 함께 있었도다!' 하매, 베드로가 맹세하고 또 부인하여 가로되, '내가 그 사람을 알지 못하노라' 하더라. 조금 후에 곁에 섰던 사람들이 나와 베드로에게 이르되"

[제46곡] 합창과 레치타티보(복음사가, 베드로)

"군중이 '너도 진실로 그 당이라. 네 말소리가 너를 표명한다' 하거늘, 저가 저주하며 맹세하여 가로되 '내가 그 사람을 알지 못하노라' 하니 닭이 곧 울더라. 이에 베드로가 예수의 말씀에 '닭 울기 전에 네가 세 번 나를 부인하리라' 하심이 생각나서 밖에 나가서 심히 통곡하니라"

[제47곡] 아리아(알토)

그지없이 아름답고 순수한 슬픔의 아리아이다. 바이올린의 오블리가토를 동반한 알토의 긴 다카포 아리아이다. "나를 불쌍히 여기소서, 나의 하나님(Erbarme dich, mein Gott). 눈물을 흘리며 기도하는(um meiner Zähren willen)"이라고 눈물을 흘리며 용서를 빈 후 다시 곡은 처음으로 돌아가 바이올린이 독주를 되풀이한 후 마친다.

[제48곡] 코랄

하나님을 믿고, 그의 앞에 무릎 꿇는 자의 기분을 노래하는 경건한 코랄이다.

XI. 유다의 최후(제49-53곡)

[제49곡] 레치타티보(복음사가, 유다, 제사장과 장로들)

"새벽에 모든 대제사장과 백성의 장로들이 예수를 죽이려고 함께 의논하고, 결박하여 끌고 가서 총독 빌라도에게 넘겨주니라. 이때에 예수를 판 유다가 그의 정죄됨을 보고 스스로 뉘우쳐, 은 30냥을 대제사장들과 장로들에게 도로 갖다주며 가로되, '내가 무죄한 피를 팔고 죄를 범

하였도다' 하니 저희가 가로되, 그것이 우리에게 무슨 상관이 있느냐. 네가 당하라" 하거늘

[제50곡] 레치타티보(복음사가, 두 사람의 승려)

"유다는 그 은을 성소에 던져 넣고 물러서서 스스로 목매어 죽은지라. 대제사장들이 그 은을 거두며 가로되 '이것은 피 값이라 성전고(聖典庫)에 넣어 둠이 옳지 않다'" 하고,

[제51곡] 아리아(베이스)

바이올린의 매우 활기차고 기교적인 전주가 나온 후에 베이스가 "우리 주 예수를 우리에게 돌려주라(Gebt mir meinem Jesum wieder), 반역자에 의해서 던져 버려진 돈을 보라"라는 기교적으로 매우 어려운 아리아를 부른다. 노래 사이사이에 기교적이고 아름다운 기악 간주가 삽입되며 분위기를 고조시킨다. 마지막에 바이올린 독주가 처음처럼 다시 시작하는 기악의 다 카포 형식으로 곡을 마친다. 매우 아름답고도 확신에 가득 찬 감동적인 아리아이다.

[제52곡] 레치타티보(복음사가, 예수, 빌라도)

"의논한 후 이것으로 토기장이의 밭을 사서 나그네의 묘지를 삼았으니, 그러므로 오늘날까지 그 밭을 피밭이라 일컫느니라. 이에 선지자 예레미야를 통하여 하신 말씀이 이루어졌나니, 일렀으되 저희가 그 가격 매겨진 자 곧 이스라엘 자손 중에서 가격 매겨진 자 곧 은 삼십을 가지고 토기장이의 밭값으로 주었으니 이는 주께서 내게 명하신 바와 같으니라"

[제53곡] 코랄

"괴로움의 모든 것을 예수께 맡기면 언제나 바른 길을 가르쳐 줄 것이다" 앞에 나온 제21곡의 코랄이 다시 나온 것이다. (제21곡의 코랄이 세 번째 등장)

XII. 빌라도의 재판(제54-63곡)

여기에서는 군중이 등장인물 중 큰 몫을 한다. 바흐는 이들 군중의 횡포와 격렬함을 나타내기 위해 2중 합창의 기법을 쓰고 있다. 또 이와 동시에 자유시에 의한 레치타티보나 아리아도 삽입하여 길고 긴 재판 장면에 다양한 변화를 주고 있다.

[제54곡] 레치타티보와 군중의 합창(복음사가, 빌라도, 빌라도의 아내, 군중)

"명절을 당하면 총독이 무리의 소원대로 죄수 하나를 놓아 주는 전례가 있더니, 그때 '바라바'라 하는 유명한 죄수가 있는데, 저희가 모였을 때 빌라도가 물어 가로되, '너희는 내가 누구를 너희에게 놓아 주기를 원하느냐. 바라바냐. 그리스도라 하는 예수냐?' 하니, 이는 저가 그들의 시기로 예수를 넘겨준 줄 앎이더라. 총독이 재판 자리에 앉았을 때 그 아내가 사람을 보내어 가로되, '저 옳은 사람에게 아무 상관도 하지 마옵소서. 오늘 꿈에 내가 그 사람을 인하여 애를 많이 썼나이다' 하더라. 대제사장들과 장로들이 무리를 권하여 바라바를 달라하게 하고, 예수를 멸하자 하게 하였더니 총독이 대답하여 가로되 '둘 중에 누구를 너희에게 놓아 주기를 원하느냐?' 가로되 '바라바로소이다"라고 외친다. 불과 한 소절이지만 두 합창이 일제히 "바라바를!" 하며 을씨년스러운 음향을 내뿜는다. "빌라도가 가로되, '그러면 그리스도라 하는 예수를 내가 어떻게 하랴?' 저희가 다 가로되, '십자가에 못 박혀야 하겠나이다'(Lass ihn kreuzigen) 더 거칠어진 군중은 "십자가에 매달라!"라고 외치고 "십자가에"라는 말이 모방풍의 수법으로 압도적인 힘을 내뿜으며 다가든다.

[제55곡] 코랄
합창이 "오 놀라운 사랑이여, 이런 형벌을 받다니"라며 부당한 처벌을 분하게 여기는 기분을 나타내고 있다.

[제56곡] 레치타티보(복음사가, 빌라도)
"빌라도가 이르되 '저 사람은 무슨 악한 일을 하였느냐?'"

[제57곡] 레치타티보(소프라노)
계속 3도 음정을 유지하면서 움직이는 두 개의 오보에 다 카치아(oboe da caccia)를 반주로 하여, 소프라노가 예수의 갖가지 선행을 이야기한다.

[제58곡] 아리아(소프라노)
〈마태 수난곡〉 전곡 중 가장 아름다운 곡의 하나로 꼽히는 슬픔의 노래이다. 플루트의 서정적인 오블리가토를 동반한 채 소프라노가 "죄 없이 사랑의 마음으로 죽어 가시는 예수"(Aus Liebe will mein Heiland sterben)를 부른다. 벌 받는 구세주를 위로하는 소프라노의 아리아로 구슬픈 선율이 가슴 깊숙이 저며 온다.

[제59곡] 레치타티보와 군중의 합창(복음사가, 빌라도, 군중)

전체적으로 한 음 높게 설정된 점을 제외하면 제54곡과 꼭 같다. 그러나 한 음 올림으로써 더욱 흥분한, 들뜬 군중의 미친 듯한 외침 소리를 부각한다. "저희가 더욱 소리 질러 가로되, '십자가에 못 박혀야 하겠나이다' 하는지라 빌라도가 아무 효험도 없이 도리어 민란이 나려는 것을 알고 물을 가져다 무리 앞에서 손을 씻으며 가로되, '이 사람의 피에 대하여 나는 무죄하니, 너희가 당하라', 합창(백성)이 다 대답하여 가로되 '그 피를 우리와 우리 자손에게 돌릴지어' 하거늘, 이에 바라바는 저희에게 놓아주고, 예수는 채찍질하고 십자가에 못 박히게 넘겨 주니라"

[제60곡] 레치타티보(알토)

부점 리듬의 현의 반주가 채찍질을 묘사한다. 그 일관된 리듬을 배경으로 죄 없이 괴로움을 당하는 예수의 모습을 보고 "채찍질을 그쳐라" 하고 외치는 비통한 노래를 펼친다.

[제61곡] 아리아(알토)

다 카포 형식의 알토 아리아로 비장감이 넘치는 현의 전주가 나온 후 알토가 "나의 볼에 흐르는 눈물이 헛된 것이라면, 나의 마음을 받아 주소서"라고 부르고 중간 사이사이에 현의 간주가 끼어들고 다시 노래가 되풀이되면서 계속된다. 다시 처음으로 돌아가 되풀이하여 연주된 후 마친다.

[제62곡] 레치타티보와 병사들의 합창(복음사가, 군인들)

"이에 총독의 군병들이 예수를 데리고 관정 안으로 들어가서 온 군대를 그에게로 모으고, 그의 옷을 벗기고 홍포를 입히며 가시 면류관을 엮어 그 머리에 씌우고, 갈대를 그 오른손에 들리고 그 앞에서 무릎을 꿇고 희롱하여 가로되 병사들이 '유대인의 왕이여 평안할지어다' 하며, 그에게 침 뱉고 갈대를 빼앗아 그의 머리를 치더라" 두 합창대가 교대로 조롱의 말, 즉 "우리는 너를 반긴다"(Gegrüßt seist du)를 노래하고, 끝에 이르면 "유대의 임금님"(Judenkönig)이라고 야유를 퍼붓는다.

[제63곡] 코랄 D

가장 유명한 바흐의 대표적 수난 코랄로서 "오 피 흘리며 상처 입은 머리(O Haupt Voll Blut und Wunden), 고통과 조롱을 받으시고, 머리는 가시관을 쓰셨네!" 하고 노래하기 시작한다. 앞에 나온 코랄이 약간 변형된 것이지만 단순한 선율과 화성 가운데서도 엄숙하면서도 한없는 슬픔이 표현되어 있다. (21번 코랄의 네 번째 등장)

XIII. 십자가의 처형(제64-70곡)

드디어 예수는 두 명의 도둑과 함께 골고다 언덕에서 십자가에 못 박힌다. 십자가에 매달린 예수를 보고 군중은 조소하며 모욕을 가한다. 바흐는 이 장면에서 자유시에 따른 각기 두 곡씩의 레치타티보와 아리아를 삽입하여 다음의 '예수의 죽음'과 함께 그 중요성을 강조하려 했다.

[제64곡] 레치타티보(복음사가)

"희롱을 다한 후 홍포를 벗기고, 도로 그의 옷을 입혀 십자가에 못 박으려고 끌고 나가니라. 나가다가 시몬이란 구레네 사람을 만나매, 그를 억지로 같이 가게 하여 예수의 십자가를 지웠도다"

[제65곡] 레치타티보(베이스)

비올라 다 감바와 2개의 플루트 반주로 베이스가 "우리들의 피와 살은 (그리스도와 함께) 십자가에 매달려져야 하리라"를 부른다.

[제66곡] 아리아(베이스)

비올라 다 감바의 애절한 오블리가토가 전곡을 누비는 베이스 아리아. 비올라 다 감바의 꽤 긴 전주 후 "오라, 달콤한 십자가여!(Komm, süßer Kreuz!), 짊어진 짐이 너무 무겁다면 구주에게 도움을 구하리"라며 주를 신뢰하는 노래를 부른다. 노래 사이사이에 끊임없이 연주되는 비올라 다 감바의 오블리가토가 매우 인상적이다.

[제67곡] 레치타티보(복음사가, 군중)

"골고다 즉 '해골의 곳'이라는 곳에 이르러 쓸개 탄 포도주를 예수께 주어 마시게 하려 하였더니 예수께서 맛보시고 마시고자 아니하시더라. 저희가 예수를 십자가에 못 박은 후에 그 옷을 제비 뽑아 나누고, 거기 앉아 지키고 그 머리 위에 '이는 유대인의 왕 예수'라 쓴 죄 패를 붙였더라. 이때 예수와 함께 강도 둘이 십자가에 못 박히니 하나는 우편에, 하나는 좌편에 있더라. 지나가는 자들(군중)은 자기 머리를 흔들며 예수를 모욕하여 가로되 '성전을 헐고 사흘에 짓는 자여(Der du den Tempel Gottes zerbrichst, und bauest ihn in drei Tagen), 네가 만일 하나님의 아들이거든 자기를 구원하고 십자가에서 내려오라' 하며, 그와 같이 대제사장들도 서기관들과 장로들과 함께 희롱하여 가로되, '저가 남은 구원하였으되(Andern hat er geholfen), 자기는 구원할 수 없도다. 저가 이스라엘의 왕이로다. 지금 십자가에서 내려올지어다. 그러면 우리가 믿겠노라. 저가 하나님을 신뢰하니, 하나님이 저를 기뻐하시면 이제 구원하실지라. 제 말이 나는 하나님의 아들이라 하였도다' 하며…"

[제68곡] 레치타티보(복음사가)
"예수와 함께 십자가에 못 박힌 강도들도 이와 같이 욕하더라"

[제69곡] 레치타티보(알토)와 합창
먼저 두 개의 오보에 다 카치아를 반주로 하여 "아 골고다! 슬픈 골고다여 주의 영광은 거역되고, 세상사는 노래 불리고, 십자가에 매달리시도다!"라고 알토가 부르는데 바흐가 아니면 쓸 수 없는 기악 반주가 붙은 비범한 레치타티보이다. 오보에의 후주가 따른다.

[제70곡] 제2합창이 붙은 아리아(알토)
먼저 두 개의 오보에 다 카치아를 반주로 시작하고 알토가 "보라 주 예수가 우리에게 뻗치신 손을(Sehet, Jesus hat die Hand), 오소서, 예수, 우리들을 부르시도다"라고 부르면 "어느 곳에?"(Wohin)라는 합창의 의문과 알토의 대답이 교대된다. 마지막에 오보에 다 카치아의 후주가 따르는 매우 감동적인 아리아이다.

XIV. 예수의 죽음(제71-73곡 전반)
이 수난곡의 클라이맥스라고 할 수 있는 부분이며 바흐의 위대한 음악성이 발휘되는 부분이다.

[제71곡] 레치타티보(복음사가, 예수, 군중)

"제6시로부터 온 땅에 어두움이 임하여 9시까지 계속하더니, 제9시 즈음에 예수께서 크게 소리 질러 가라사대, '엘리 엘리 라마 사박다니' 하시니, 이는 곧 '나의 하나님(Mein Gott), 나의 하나님 어찌하여 나를 버리셨나이까?(warum hast du verlassen?)'라는 뜻이라. 거기 섰던 자 중에 어떤 이들이 듣고 가로되 '이 사람이 엘리야를 부른다' 하고, 그중에 한 사람이 곧 달려가서 해면을 가지고 신 포도주를 머금게 하여 갈대에 꿰어 마시게 하거늘, 그 남은 사람들이 가로되, '가만 두어라, 엘리야가 와서 구원하나 보자' 하더라. 예수께서 다시 크게 소리 지르시고 영혼이 떠나시다" 이 레치타티보에서는 언제나 '후광'(後光)의 상징으로 예수를 따라다녔던 현의 반주가 갑자기 뚝 그치고 적막한 가운데 모든 것이 정지된다.

[제72곡] 코랄

"버리지 마옵소서. 이 세상 떠날 제 우리를 도우소서" 주께 구원을 바라고 괴로움을 덜어 주실 것을 느끼면서도 간절히 부르는 코랄이다. 이 코랄도 앞에서 나온 코랄이지만 매우 감동적으로 연주된다. (5번째 21번 코랄이 나타남)

[제73곡] 레치타티보(복음사가, 군중)

예수께서 죽은 뒤에 일어난 갖가지 불가사의한 기적들을 통주저음의 음화적 기법으로 매우 사실적으로 그리고 있다. 바흐의 천재가 번뜩이는 부분이다.

(복음사가) 잠시 후에 성전 휘장이 위에서 아래까지 두 갈래로 찢어지더니 땅이 흔들리고 바위가 갈라지고 무덤이 열리면서 잠들었던 옛 성인들이 살아났다. 무덤에서 나온 그들은 예수 부활 후에 거룩한 도시에 들어가 사람을 만났다. 예수를 지키며 백부장과 더불어 있던 그들은 여러 가지 일어나는 것을 보고 두려워하며 외쳤다.

(군중) 이는 진실로 하나님의 아들이시다(Wahrlich, daisee Goatees Sohn Gewesen).

(복음사가) 이를 멀리서 보고 있던 수많은 여자들은 모두 갈릴리로부터 예수의 시중을 들며 따라온 사람들로서 그 가운데는 마리아 막달레나와 야고보와 요셉의 어머니, 세베데의 어머니도 있었다. 저녁 때 마리아에게 예수의 제자였던 부자 요셉이라는 사람이 왔다. 그가 빌라도에게 예수의 시체를 달라고 하자, 빌라도는 시체를 주라고 명하였다.

이렇게 되는 일들을 보고 심히 두려워하는 군중의 합창이 "이는 정말 하나님의 아들이었도다"라고 말하는데 처음은 다소 의심쩍게 시작하지만 나중엔 확신에 찬 큰 소리로 노래한다. 이런 부분에서 바흐의 뛰어난 음악적 표현력이 잘 드러나고 있다. 수난곡 중 클라이맥스라고 할 수 있는 부분이며 예수의 레치타티보가 다른 장면에 비해 특이한 점이 매우 인상적이다.

XV. 매장(제73곡 후반-제78곡)

이제 고통과 슬픔의 시간은 지나가고 둘레에는 저녁 안개가 자욱이 깔린다. 이제 예수는 영원한 안식에 드셨다고, 평화와 고요로 가득 찬 기도와도 같은 노래가 이어진다.

[제74곡] 레치타티보(베이스)

"저녁 무렵 시원한 바람이 부니 아담의 과실은 명백하게 되었다. 저녁에 구세주는 그에게 고통을 주니, 올리브의 잎을 입에 물고 오도다. 오, 아름다운 그대, 이 저녁은 평화의 계약. 하나님과 맺으나 곧 십자가에 이루신 것. 편안히 쉬소서. 제자들은 무덤에 가서 죽은 예수를 선사받아라. 크신 위로 고귀한 추억으로"라며 현악기를 반주로 하여 베이스가 말한다.

[제75곡] 아리아(베이스)

예수에 대한 깊은 신앙을 감정을 듬뿍 실어 노래하는 아름다운 다 카포 형식의 아리아이다. 오보에 다 카치아와 바이올린 2부가 각기 유니슨으로 연주하는 유려한 전주에 이어 베이스가 "나의 마음을 깨끗이 하여(Mache dich, mein Herze, rein) 예수를 마음속에 받아들이리"를 유유하게 부르고, 다시 "정결한 내 마음 안에 예수님 끊임없이 쉬시리라. 자 모두 예수님을 모시러 가자"로 계속 노래한다. 곡은 처음으로 다시 돌아가 되풀이한 후 곡을 마친다.

[제76곡] 레치타티보와 합창(복음사가, 빌라도, 제사장 등)

"요셉이 시체를 가져다가 정한 세마포로 싸서 바위 속에 판 자기 새 무덤에 넣어 두고, 큰 돌을 굴려 무덤 문에 놓고 가니, 거기 막달라 마리아와 다른 마리아가 무덤을 향하여 앉았더라. 그 이튿날은 예비일 다음 날이라 대제사장들과 바리새인들이 함께 빌라도에게 모여 가로되, '주여 저 유혹하던 자가 살았을 때에 말하되, 내가 사흘 후에 다시 살아나리라 한 것을 우리가 기억하노니, 그러므로 분부하여 그 무덤을 사흘까지 굳게 지키게 하소서' 그의 제자들이 와서 시체를 도적질하여 가고 백성에게 말하되 제사장 무리(합창)가 '그가 죽은 자 가운데서 살아났다 하면 후의 유혹이 전보다 더 될까 하나이다' 하니, 빌라도가 가로되 '너희에게 파수꾼이 있으니 가서 힘대로 굳게 하라' 하거늘, 저희가 파수꾼과 함께 가서 돌을 인봉하고 무덤을 굳게 하니라"

[제77곡] 레치타티보(베이스, 테너, 알토, 소프라노)와 제2합창

베이스 독창이 "지금 주는 안식에 드셨도다"라고 부르면 합창이 "주 예수여, 잠드소서!"(Mein Jesu, gute Nacht!)로 응답하며, 이어 테너-알토-소프라노의 순으로 차례로 예수에게 작별을 고한다. 합창이 그 사이를 누비듯이 "나의 예수여, 안녕히 가십시오!" 하고 조용히 말한다.

[제78곡] 종곡(終曲), 전 합창

곡 전체는 커다랗게 활 모양의 동그라미를 그리며 세 개의 부분으로 이루어져 있다. 전 악기의 장중한 서주에 이어 두 합창대가 "우리들은 눈물에 젖어 무릎 꿇고 무덤 속의 당신을 부릅니다. 편히 쉬소서!"(Wir setzen uns mit Tränen nieder und rufen dur im Grabe zu Ruhe sanfte!)를 장중하게 노래한다. 이어서 중간 부분 "쉬소서! 피곤한 사지여, 당신의 무덤은 두려워진 양심의 편안한 잠자리, 영혼의 휴식처가 될 것이요"(Ruh't, ihr aus gesongnen Glieder! Eure Grab und Leichenstein)가 불리고, 다시 합창은 앞에 나온 "여기 당신의 무덤 앞에 앉아 눈물을 흘리며"를 힘차게 부르며 장엄하게 마친다. 이 장엄한 합창에는 정화된 슬픔과 평안이 깃들어 있으며 이 거대한 기념비적인 음악작품을 끝내기에 걸맞은 장대한 합창이다. 이 곡은 요한 수난곡의 마지막 두 번째 합창과 비슷하다.

🌱 연주사와 연주 관행

이 곡은 초연된 지 100년이 지난 1829년 멘델스존에 의해 다시 부활하게 되었지만 본격적으로 연주된 것은 20세기가 되어서였다. 바흐가 봉직하였던 라이프치히 성 토마스 교회의 칸토르를 중심으로 이 곡이 녹음되기 시작되었으며, 바흐의 전 작품 중에 가장 위대한 작품으로 평가되는 명곡인 만큼 지금까지 수많은 연주자에 위한 수많은 명연주가 탄생되어 왔다.

1939년 종려주일 암스테르담에서 멩겔베르크(William Mengelberg)가 암스테르담 콘세르트허바우 오케스트라와 암스테르담 툰쿤스트 합창단과 함께한 실황녹음은 스테레오가 아닌 모노 녹음이지만 감동적인 합창으로 잊을 수 없는 역사적 명연이다. 1941년 성 토마스 교회 칸토르인 귄터 라민(Günther Ramin)의 역사적 명연도 지금 들어도 벅찬 감동을 느낄 수 있는 명연이다.

스테레오 시대로 접어든 1958년 당시 32세의 젊은 칼 리히터가 뮌헨 바흐 합창단과 오케스트라와 함께한 연주는 새로운 의미에서 〈마태 수난곡〉의 "재활"이라 평가받는 기념비적 명연주이다. 1970년 마우에르스베르거 형제와 드레스덴 성 십자가 합창단 및 라이프치히 성 토마스 교회 두 합창단의 연주는 오랫동안 이 곡의 대표적 명연이었다. 니콜라우스 아르농쿠르는 1970년 최초의 원전악기 연주를 시작하였다. 그는 독립된 두 개의 합창단과 오케스트라, 그리고 아리아 독창자들까지 완전히 두 그룹으로 분리시키고 소프라노와 알토 독창자로 소년 가수와 카운터테너를 기용했다. 그러나 원전연주의 본격 시대는 1984년 필립 헤레베헤의 음반 이후부터라 할 수 있다. 그는 1989년 다른 솔리스트와 함께 다시 이 곡을 녹음했다. 원전연주는 과거 대규모 합창단과 오케스트라에 의한 웅혼한 연주에서 벗어나 합창과 오케스트라의 규모가 축소되면서 실내악적 분위기의 연주와 합창은 과거에 비해 간결해짐과 동시에 정교해졌다고 볼 수 있으며 템포도 빠르고 경쾌해졌다. 여기에 속하는 연주로는 헤레베헤 외에도 가디너의 연주(Archiv, 1989년)가 있다.

폴 매크레시 지휘의 가브리엘리 콘소트와 연주자들의 연주(Archiv, 2003년)는 합창의 한 성부를 한 독창자가 맡는 소위 리프킨 식의 연주 형태이다. 최근 고악기를 사용한 원전연주가 확실한 자리를 잡아가면서 규모가 작은 실내악적 분위기의 〈마태 수난곡〉이 많이 나오고 있으며, 그리고 요즈음은 곡 중 알토를 카운터테너가 대신 부르는 음반도 많이 나와 있다.

그러나 정격연주의 최대의 단점과 문제점은, 〈마태 수난곡〉은 바흐의 전 작품을 통틀어서 가장 뛰어난 작품일 뿐만 아니라 바흐 자신의 오랜 루터파 신앙이 녹아 있는 기념비적 작품임에도 불구하고 대부분의 정격연주가 심오한 종교적 깊이와 이 곡이 갖고 있는 위대한 정신세계를 그리지 못하고 있다는 점이다. 정격연주는 모든 것이 빠른 것을 선호하는 현대인의 기호에 맞을는지는 몰라도 이 곡이 갖고 있는 정신적 세계를 심도 있게 표현하는 데는 한계가 있으며 대부분 연주들이 순음악적 표현에 탐닉하여 이 위대한 작품을 아름답고 훌륭한 바흐의 수많은 작품 중 하나로 하향 평준화시키고 있다. 그러나 구스타프 레온하르트(Gustav Leonhardt)의 연주만큼은 특기할 가치가 있는 연주로 생각되어 소개하고자 한다.

연주와 음반

① 칼 리히터(Karl Richter)가 지휘하는 뮌헨 바흐 관현악단과 합창단의 역사적 연주(Archiv, 1958년)는 리히터의 바흐 음악에 대한 존경과 열정, 혼이 담겨져 있는 불후의 명연이다. 칼 리히터의 젊은 시절인 나이 32세의 연주이지만, 1829년 멘델스존에 의한 연주가 이 곡의 "부활"에 비견한다면 이 연주는 〈마태 수난곡〉의 참다운 "재활"이라 불릴 만한 연주이다. 칼 리히터는 1969년 일본 실황 녹음판과 1970년 뮌헨의 바바리아 아트리에에서 녹화한 DVD, 1979년 복음사가 페터 슈라이어, 소프라노 에디스 마티스, 알토 자넷 베이커, 바리톤 디트리히 피셔 디스카우와의 스튜디오 녹음도 남기고 있으나 일반적으로 1958년의 이 연주가 가장 뛰어난 것으로 정평이 나 있다. 리히터는 이미 21세 때 라이프치히 성 토마스 교회의 오르가니스트로 임명될 정도로 탁월한 오르가니스트였을 뿐만 아니라 성 토마스 교회 칸토르로 유명했던 칼 슈트라우베, 귄터 라민과 오랜 세월 동안, 그리고 드레스덴의 성 십자가 교회 칸토르였던 루돌프 마우에르스베르거 등을 사사하였다. 이 연주는 리히터의 바

흐 음악에 대한 존경과 열정이 그대로 녹아 있는 명연주이다. 리히터의 완벽한 컨트롤 아래 뮌헨 바흐 오케스트라와 합창단이 혼연일체가 되어 웅혼하고도 벅찬 감동적인 연주를 들려주고 있다. 오늘날 연주 관행으로 볼 때에 리히터의 연주는 다소 느리고 지루하게 생각될 수도 있지만 완벽한 구성미와 섬세하고 치밀한 표현력, 솔리스트들의 이상적인 배역이 한데 어우러져 최고의 〈마태 수난곡〉을 창출하고 있다. 이 곡이 갖고 있는 종교적 감동과 엄숙함, 숭고한 음악적 감동, 인간적인 정열과 깊은 슬픔 등을 이처럼 사실적이고도 완벽하게 표출해 낸 연주는 없다.

참가한 솔리스트가 소프라노를 제외하고는 모두가 하나같이 훌륭한데 특히 복음사가 역의 헤플리거는 기도와 같은 간절함, 때로는 감정을 실어 강렬한 호소를 하는 등 복음사가의 연주사에 길이 남을 최고의 명연주를 들려준다. 그 외 이 음반에는 베이스를 부르는 피셔 디스카우와 알토 헤르타 퇴퍼의 절창을 들을 수 있는 즐거움도 있다. 이 연주가 행해진 지 60년이 지난 오늘날에도 아직 이를 능가할 연주가 나오지 않았으며 앞으로도 이런 명연주는 좀처럼 다시 나오기 힘들 것으로 생각된다.

② 성 토마스 교회의 칸토르인 귄터 라민(Günther Ramin)이 성 토마스 합창단과 라이프치히 게반트하우스 오케스트라와 함께 녹음한 연주(Calig, 1941년) 또한 역사적인 명연으로 세계대전 이전의 연주로는 1938년 멩겔베르크의 녹음과 함께 이 곡 최고의 명연주이다. 당시 횡행하던 거대한 낭만적 연주의 잔재를 떨어버린 순음악적 감동을 추구한 연주로 그 웅혼함은 실로 감동적이다. 복음사가 역의 전설적인 가수 칼 에르프(Karl Erb)의 진가는 멩겔베르크와의 연주가 아닌 이 연주에서도 그 광채를 발하고 있다. 맑고 강인한 목소리로 빚어내는 완벽한 딕션, 미묘한

감정 표현과 절규하는 극적 표현은 절창이라는 말로밖에는 달리 표현할 수 없을 것 같다. 이 음반을 들으면 1950-60년대 최고의 복음사가로 이름을 떨친 헤플리거 역시 에르프의 연주를 흠모했음을 짐작케 하고도 남는다. 그뿐만 아니라 예수 역의 게르하르트 휘슈(Gerhard Hüsch)의 깊이 있는 목소리와 뛰어난 가창력으로 감정 표현을 자유자재로 하면서 최고의 예수 역을 훌륭하게 수행하고 있다. 그뿐만 아니라 이 두 전설적 인물은 곡 중 솔로도 뛰어난 절창으로 함께 부르고 있어 이 연주의 완성도에 크게 기여하고 있다. 그 외 알토 프리델 베크만(Friedel Beckmann)도 강인한 목소리의 뛰어난 가창력으로 감동적인 노래를 들려준다. 그러나 아쉽게도 소프라노의 가창력은 상대적으로 크게 떨어진다. 바흐가 봉직했던 성 토마스 교회의 칸토르 귄터 라민이라는 거장과 성 토마스 합창단과 라이프치히 게반트하우스 오케스트라와 이들 슈퍼스타들이 맹활약을 한 이 연주는 당연히 이 곡 최고의 명연으로 길이 기억될 연주가 될 것이 분명하다. 그러나 아쉽게 실제 연주에서 그랬듯이 이 연주에서도 서창의 일부가 축소 생략되고, 코랄의 상당수와 다 카포 아리아 여러 곡이 통째로 생략되는 등 전곡 녹음이 아니라는 치명적인 약점이 있다. 그리고 모노 시대의 녹음이라 녹음의 선명도가 떨어져 대규모 합창이나 코랄에서 각 성부 간 주고받는 합창의 묘미가 떨어지는 아쉬움이 있다.

③ 마우에르스베르거 형제(Rudolf & Erhard Mauersberger)가 드레스덴 성 십자가 합창단 및 라이프치히 성 토마스 합창단과 라이프치히 게반트하우스 오케스트라와의 연주(Eterna, 1970년)도 이 곡의 역사적 명연이다. 동독의 성 토마스 교회 15대 칸토르였던 한스 요아힘 로취의 지휘와 유구한 전통을 자랑하는 드레스덴 성 십자가 교회의 악장으로 41년

간 평생을 봉직한 루돌프 마우에르스베르거(1889-1971)가 세상을 떠나기 1년 전인 81세 때 녹음한 이 연주는 동독이 간직해 온 음악적 전통의 유산이 고스란히 담겨 있는 역사적 명연이다.

이 연주는 합창의 연주가 특별히 뛰어난데, 칼 리히터처럼 느리지 않고 쾌적한 템포로 연주하며 복잡한 가운데서도 합창의 선율 라인이 잘 드러나는 놀라운 연주를 들려주고 있다. 상성부의 선율을 담당하고 있는 토마스 소년 합창단의 코랄 연주는 매우 소박하며 찬란한 빛을 발하고 있다. 특히 〈마태 수난곡〉의 첫 곡을 장식하는 도입 합창은 쾌적한 템포로 장대한 분위기를 멋지게 표현하고 있는 최고의 명연주이다. 솔리스트로 테너 페터 슈라이어, 베이스 테오 아담, 바리톤 귄터 라이프(Günther Leib), 소프라노 아델 스톨테(Adele Stolte), 콘트랄토 아네리스 버마이스터(Annelies Burmeister) 등 옛 동독의 바흐 전문 최고의 가수들이 총동원된 기념비적인 연주이다. 이 가운데서도 복음사가를 부르는 슈라이어는 강인한 목소리, 정확한 딕션, 뛰어난 가창력, 절묘한 감정 표현 등을 통해 감동적인 연주를 들려준다. 그다음은 예수 역의 테오 아담으로 다양한 감정 표현을 통해 최고의 예수를 부르며, 소프라노의 아델 스톨테는 맑은 목소리와 안정된 뛰어난 가창력을 들려준다. 그러나 그 외 알토나 베이스 등은 평범한 수준의 노래에 그치고 있다. 이 연주는 50여 년 전의 연주이지만 녹음상태도 매우 양호하여 감상하기에 매우 쾌적하다.

④ 빌렘 멩겔베르크(Willem Mengelberg)가 지휘하는 암스테르담 콘세르트허바우 오케스트라(Amsterdam Concertgebouw Orchestra)와 암스테르담 툰쿤스트 합창단(Amsterdam Toonkunst Choir), 짠글루스트 소년 합창단(Der Knabenchor "Zanglust")의 연주(Philips, 1939년)는 모노 시대의 역사

적 명연으로 바흐의 〈마태 수난곡〉에 대한 멩겔베르크의 열정과 열망이 우리에게 그대로 전해지는 매우 감동적인 연주다. 이 연주는 1939년 암스테르담에서 종려주일에 행해진 실황 녹음인데 대규모의 합창단과 오케스트라가 동원된 연주로, 멩겔베르크 음악의 특징인 느린 부분은 아주 느리게 하면서 그 느림 가운데서 깊고 웅대한 음악적 표현을 만들어내는 그의 연주 스타일이 그대로 반영된 명연주이다. 특히 합창 연주가 뛰어나 정말 압도적인 감동을 준다. 같은 선율의 코랄이 빈번히 반복 등장하는 이 곡에서 한 곡 한 곡의 코랄이 모두 다르게 감동적으로 다가오는 것은 참으로 놀라운 연주력이 아닐 수 없다. 솔리스트로는 최고의 복음사가로 일컬어지며 지금은 전설이 된 칼 에르프는 한 편의 드라마처럼, 장면마다 때로는 간절하게, 예수가 운명하고 그 후 벌어지는 현상에선 섬뜩할 정도의 처절한 절규를 통해 극적인 상황을 멋지게 표현하고 있다. 칼 에르프가 최고의 복음사가임을 확신시켜주는 명연이다. 예수 역의 빌렘 라벨리(Willem Ravelli)도 기품과 위엄 있는 목소리로 자신의 처한 상태에 적절한 감정 표현을 훌륭하게 들려준다. 그 외 소프라노 조 빈센트(Jo Vincent)는 뛰어난 가창력으로 깊은 감정 표현을 하며, 알토 일로나 두리고(Ilona Durigo)도 다소 에스러운 창법이지만 감동적인 노래를 들려주고 있다. 이 음반은 오래전의 실황 녹음이라 기침 소리도 들리고 합창의 소리가 잘 분리되지 않은 등 많은 약점을 갖고 있다. 더욱이 생략된 부분이 많은데 특히 더 길고 장대한 2부의 여러 코랄과 아리아 등이 삭제되어 2부가 1부보다 길이가 짧아진 치명적인 약점이 있어 아쉽기 그지없다. 하지만 이 연주는 멩겔베르크의 위대한 음악 혼이 그대로 투영된 인간 승리, 인간을 위한 낭만적 연주라 말할 수 있다.

⑤ 구스타프 레온하르트(Gustav Leonhardt)가 지휘하는 퇼처 소년 합창단(Tölzer Knabenchor)과 라 프티트 방드의 연주(Deutsche Harmonia Mundi, 1989년)는 원전연주와 현대 연주의 장단점을 이상적으로 취합한 감동적인 명연이다. 이 연주는 원전연주에 충실하면서 원전연주의 결정적인 취약점인 벅찬 감동의 결여를 극복한 원전연주 가운데서 가장 성공적인 연주이다. 전체적으로 섬세함과 명확함이 곡 전체를 지배하는 실내악적 분위기의 연주이다. 정격연주의 경우 빠른 템포로 일관하기 때문에 깊은 감동의 결여라는 공통점이 있으나 레온하르트는 다른 연주에 비해 템포를 느리게 잡아 이런 약점을 극복하고 있다. 합창도 장대한 것은 아니지만 앙상블이 훌륭하며 순음악적 아름다움이 느껴진다. 복음사가 역을 맡은 바로크 전문 테너 프리가디언은 기품 있는 경질의 목소리와 뛰어난 가창력으로 절제된 가운데서도 풍부한 감정 표현을 하는 놀라운 연주를 보이는데, 전 시대의 복음사가로 명성이 높았던 헤플리거의 연주를 연상케 할 만큼 뛰어나다. 예수 역의 반 에그몬트는 유연한 목소리로 사려 깊은 감정 표현을 하지만 다소 유약한 느낌이다. 소프라노와 알토 독창자로 합창단원 중의 소년 가수를 기용했다. 이들의 노래는 청순한 맛은 있지만 깊은 감정 표현을 기대하기는 어렵다. 알토를 부르는 카운터테너 르네 야콥스와 데이비드 코디어(David Cordier)는 모두 섬세하고 풍부한 감정 표현을 하고 있으며, 특히 르네 야콥스는 놀라운 가창력을 과시한다. 그리고 베이스 클라우스 메르텐스의 부드러우면서도 유연한 노래는 격조와 아름다움을 겸비하였으며 완벽한 가창력으로 젊은 시절 피셔 디스카우를 생각게 하는 명연을 펼친다.

DVD

칼 리히터(Karl Richter)가 지휘하는 뮌헨 바흐 오케스트라와 합창단의 연주(DG, 1971년)는 바흐 음악에 대한 그의 존경과 열정이 그대로 녹아 있는 역사적 연주이자 이 곡 최고의 명연주이다. 칼 리히터의 완벽한 컨트롤 아래 합창과 오케스트라 모두 혼연일체가 되어 한 치의 흐트러짐도 없는 완벽한 연주를 펼치고 있으며, 리히터의 영상물로는 드물게 녹음상태나 화질이 매우 좋다. 복음사가 역을 맡은 페터 슈라이어는 폭넓은 감정 표현과 음색과 억양의 미묘한 변화를 통해 주어진 역할을 감동적으로 표현하고 있지만 헤플리거의 숭고한 복음사가 역할에 비해서는 다소 다혈질적이라거나 과잉 감정 노출이라는 평을 받을 수 있다. 소프라노 헬렌 도나트는 아름다운 목소리와 뛰어난 가창력을 보여주고 있으며, 예수 역의 베이스 슈람(Ernst Gerold Schramm)과 알토 하마리의 연주는 무난한 편이나, 상대적으로 테너의 가창력이 떨어지며 베이스 발터 베리(Walter Berry)는 힘찬 노래를 들려주지만 간간히 들리는 오페라적인 창법이 귀를 거슬리게 한다. 이 영상물은 자칫 내용을 모르면 지루해지기 쉬운 이 곡의 이해를 돕기 위해 가사 자막을 넣었다. 이 음반에서 가장 아쉬운 점은 예수가 운명하고 음악적 후광이 사라지며 적막해지는 가장 극적인 침묵의 순간인데도 여운을 주지 않고 곧바로 코랄이 등장한다는 점이다.

바흐의 모테트

바흐의 모테트는 그의 다른 걸작들과 마찬가지로 가장 완벽하게 만들어진 작품들로 평가되고 있으며 서양 폴리포니 음악의 정점에 서 있다. 바흐 성악 작품 연구의 권위자 피터 울니(Peter Wollny)는 바흐의 모테트에 대해 "여러 면에서 바흐 작품 가운데 매우 개성적인 작품"이라고 단언했다. 바흐의 모테트는 비록 전통적인 의미의 모테트 양식에서는 다소 벗어나 있지만 실제로 기존의 모테트 장르에 포함시킨다면 아마도 음악사에서 가장 복잡하고 뛰어난 모테트일 것이다.

바흐의 모테트는 바흐의 여러 성악 작품 가운데서 유일하게 연주 전통이 끊어지지 않은 작품이다. 수난곡과 칸타타에 대해서는 아주 제한적인 정보만을 알고 있었던 포르켈(Johann Niklaus Forkel, 1749-1818)조차도 현존하는 바흐의 모테트는 거의 대부분 언급하고 있다. 이처럼 바흐 사후에 모테트는 바흐 부활의 중요한 연결고리 역할을 했다. 그러나 이러한 중요성에도 불구하고 모테트는 그의 수난곡, 미사곡 혹은 칸타타에 비해 상대적으로 덜 연주되고, 덜 알려져 있는 것도 사실이다. 그 이유에 대해 벨기에의 명합창지휘자 필립 헤레베헤는 첫째, 곡의 연주가 어려워 청중이 들을 기회가 별로 없고, 둘째, 전통적인 방법으로 접근할 경우 작품의 일관성이 없고 불투명하기 때문이라고 단언하고 있다. 실제 이 곡은 많은 압축과 복잡함으로 인해 연주자에게 엄청난 기교, 끈기, 분위기를 요구하며, 가사의 급격한 변화에 따른 민감한 반응뿐만 아니라 가사 각 단어의 정확한 의미 전달 등 실로 엄청난 노력을 요하는 게 사실이다.

모테트는 일반적으로 라틴어 가사에 의한 폴리포니 종교 합창곡을 의미하는데, 그 역사는 중세까지 거슬러 올라가지만 르네상스 시절에 발전의 정점에 도달한 뒤 바로크 시대에 이르러서는 음악적인 성격이 모호해져서 성경이나 종교시에서 따온 라틴어 가사로 된 작품을 지칭하게 되었다. 17세기부터 독일어권의 모테트는 루터파 교회의 코랄에 기초한 간단하고 호모포닉한 작품으로부터, 코랄 선율을 정선율(cantus firmus)로 하여 성경 구절을 가사로 사용한 대위법 작품으로까지 확대되고 있었다. 바흐의 선배 음악가들이 활동한 튀링겐과 작센 지방의 모테트 전통은 성경의 말씀을 전하는 멜로디 중심의 호모포닉한 부분과 코랄에 기초한 복잡한 폴리포니 부분으로 구성되어 있었다. 그리고 바흐가 활약한 18세기 전반은 '교회 칸타타'의 시대로 불릴 만큼 시대적으로 모테트의 지위가 칸타타보다 낮아졌음에도 불구하고 모테트는 계속 연주되었으며, 특히 중상류 계층의 장례식을 위한 작품으로 거창한 칸타타 대신에 어느 정도 격식을 갖춘 모테트가 필요하게 되었다. 바흐는 장례식, 추도식, 생일과 같은 특별한 행사를 위한 모테트를 작곡했으며 전통적인 양식에 바흐 자신의 개성적인 작곡 스타일을 접목시켰다.

바흐의 수난곡, b단조 미사, 칸타타는 바흐 사후 완전히 잊힌 반면, 모테트는 사후에도 잊히지 않고 계속하여 성 토마스 교회에서 정기적으로 연주되었다. 1789년 모차르트가 베를린으로 여행하던 도중 라이프치히를 방문했을 때 토마스 교회의 칸토르 요한 프리드리히 돌레스가 지휘하는 토마스 교회 합창단의 리허설에 참석할 기회를 얻게 된다. 토마스 교회 합창단은 바흐의 모테트 〈새 노래로 여호와께 노래하라〉(Singet dem Herrn ein neues Lied)를 불렀는데 몇 마디 지나지 않아 모차르트는 여태껏 알지 못했던 2중 합창곡의 존재에 깜짝 놀랐다고 한다. 이 곡을 들은 모차르트는 "마음 깊은 곳으로부터 감탄"을 표했다는 일화가 전해지고 있다.

이처럼 바흐의 모테트는 그의 사후에도 인기가 있어서 많은 부분이 잘려 다른 곡으로 편곡되는 바람에, 진위 여부가 심각한 문제로 대두되었다. 바흐 학자인 슈피타(Philipp Spitta, 1841-1894)는 바흐가 작곡한 모테트의 수는 10개 이상이라고 이야기했으며 바흐의 첫 번째 전기 작가인 포르켈(1802년)은 8-10곡이라 하였다. 그러나 『신 바흐 전집』의 편집자 아믈러(Konrad Amler)는 BWV 225-230과 BWV 118만을 바흐의 진짜 모테트로 인정하고, 부속 목록에 포함된 젊은 시절 바흐가 가필하거나 편곡한 초기 모테트는 포함시키지 않았다. BWV 118은 현재는 칸타타로 분류되는데 정작 바흐 자신은 4성부를 위한 모테트라고 기록하고 있다. 반면에 〈주를 칭송하라, 모든 이방인들아〉(Lobet den Herren) BWV 230은 지금은 분실된 칸타타의 일부로 생각되고 있다. 또한 초기 편곡 작품을 바흐의 모테트로 포함시킬 것인가에 대해서는 아직 학자들의 의견의 일치되지 못해, 바흐 모테트의 정확한 개수에 관한 끝없는 논쟁이 계속되고 있다.

〈찬양과 영광과 존귀를 드리자〉(Sei Lob und Preis mit Ehren) BWV 231도 많은 학자들이 그의 진품 모테트로 여기나 여기에서는 『신 바흐 전집』에서 인정하는 BWV 225-230까지의 6곡의 모테트에 대해서만 다루고자 한다.

바흐 모테트 작품에서 양식상의 기본은 베네치아의 복합창 기법과 정교한 코랄, 그리고 엄격한 푸가 형식이다. 바흐는 하슬러(Hans Leo Hassler, 1562-1612)나 쉬츠(Heinrich Schütz, 1585-1672) 같은 선배 작곡가들이 이탈리아에 유학하여 습득한 두세 개의 합창단을 혼합하고 대비시키는 복합창 기술을 배웠다. 독일 코랄은 간결한 호모포닉한 합창은 종교개혁가 루터파 전통에서 설교 목적으로 사용하기 위해서이다. 이어지는 복잡한 폴리포니 부분은 코랄을 정선율로 하여 멜로디를 확장해 나간다.

BWV 225, 226, 228, 229 등 4곡은 두 개의 4성부 합창단, 즉 8성부를 위해 작곡되었으며, 〈주를 칭송하라, 모든 이방인들아〉 BWV 230은 4성부 합창과 바소 콘티누오를 위한 곡, 〈예수, 나의 기쁨〉 BWV 227은 콘티누오가 없는 5성부 합창으로 11개 악장으로 구성된 꽤 복잡한 곡이다.

모테트의 실제 용도에 대해 포르켈은 성 토마스 합창단의 연습용 작품으로 잘못 생각하였지만, 바흐 학자인 슈피타는 특별한 경우 예배에서 칸타타를 대체하기 위한 작품으로 추정했다. 실제로 바흐는 장례식이나 매장 혹은 추도식을 위해 모테트를 작곡했는데, 최소한 세 곡(BWV 226, 227, 228)은 장례식과 직접 연관되어 있고, 두 곡(BWV 229, 230)은 잠정적으로 장례식을 위한 모테트이다. 비록 대부분의 작품이 장례식을 위한 것이지만 그것의 진짜 주제는 고통, 죽음, 무덤이 아니라 예수 안에서의 새로운 삶에 대한 확신이며, 단지 〈새 노래로 여호와께 노래하라〉(Singet dem Herrn eines neues Lied) BWV 225만큼은 장례식과 무관한 즐거운 행사를 위한 것으로 화려하고 기쁨이 넘친다.

〈새 노래로 여호와께 노래하라〉 BWV 225
Singet dem Herrn ein neues Lied

앞에서 말했지만 이 곡은 다른 모테트와 달리 장례와는 관계가 없는 것으로 알려지고 있다. 시편 149편 및 150편에서 가사를 채용하고 마지막에 할렐루야로 끝맺고 있다. 1726-1727년에 작곡된 것으로 추정되며 곡의 분위기로 보아 축전용 작품임이 분명하다.

작곡 동기에 대해서는 학자 사이에 의견이 분분하다. 슈피타는 신년 예배용 모테트라고 언급했지만, 최근 영국의 바흐 학자 스테판 도우(Stephen Daw)는 작센 선제후 프리드리히 아우구스트 1세의 생일 축하를 위한 작품으로 추정했다. 그에 의하면 아우구스트 1세가 1727년 라이프치히를 방문한 기간 중인 5월 12일이 선제후의 생일이었기 때문에 토마스 교회에서 생일기념 예배가 열렸다. 작센 선제후는 폴란드 왕위를 쟁취하기 위해 이미 가톨릭으로 개종했기 때문에 프로테스탄트적인 칸타타 대신에 나중에 〈b단조 미사〉의 일부가 되는 상투스와 모테트 BWV 225 이 곡을 연주했다는 것이다.

바흐의 잔존하는 이중 합창 모테트 4곡 중 가장 유명한 곡으로 구조적으로 가장 복잡하고 또 연주하기가 가장 어렵다. 비록 중단 없이 계속해서 연주되지만 이 곡은 아래와 같이 네 부분으로 나눌 수 있다.

첫 부분은 바흐가 베네치아풍의 화려한 복합창의 전통을 따름으로써 대위법을 한층 더 풍성하고 화려한 것으로 만들고 있으며, 두 개의 합창단이 서로 주고받는 화려한 음색의 대조가 가장 돋보이는 부분이다. 이어지는 푸가 "시온의 아들아 즐거워하라"(Die Kinder Zion, sei'n fröhlich)에서는 〈b단조 미사〉의 "성령과 함께"(Cum sancto spiritus)와 매우 흡사한 주제의 빠른 연주와 끊어지는 리듬의 상호 교환을 놀랍게 전개하면서 하나님을 찬양한다.

두 번째 부분에서 바흐는 2개의 합창단에 대조적이면서도 상호 보완적으로 음악을 배분하여 제2합창단은 회중의 신앙을 담은 호모포닉한 코랄 "아버지가 그 아들에게 자비로우시듯"(Wie sich ein Vater erbarmet)이라는 장례 시편의 엄숙한 가사를 읊조리는 한편, 제1합창단은 폴리포닉하게 "우리를 영원히 지켜주소서"(Gott, nimm dich ferner unser an)를 계속해 인도와 보호를 간구한다. 마지막에 "분명한 지시로" 2절의 가사를 1절로 부르고, 제1합창이 코랄을, 제2합창이 아리아를 부르도록 하고 있다.

셋째 부분은 합창이 힘차게 "그의 능하신 행동으로 인하여 찬양하며, 그의 지극히 광대하심을 좇아 찬양할지어다"(Lobet den Herrn in seinen Taten, lobet ihn seiner grossen Herrlichkeit)를 노래한다.

이어 마지막 부분 "호흡 있는 자마다 여호와를 찬양할지어다"(Alles was Odem hat, lobe den Herrn)는 베이스부터 시작되는 화려한 푸가로서 두 합창단은 푸가를 춤추듯 서로 주고받으며 긴장을 고조해 나간다. 마침내 바흐의 작품 가운데서도 가장 눈부신 이 특별한 이중 합창의 묘미를 마음껏 뽐내고 있는 듯하다. 1789년 모차르트가 라이프치히 성 토마스 교회를 방문했을 때 이 곡을 듣고 크게 감동했다는 일화가 전해지고 있다.

I.
Singet dem Herrn ein neues Lied, die Gemeine der Heiligen sollen ihn loben. Israel freue sich des, der ihn gemacht hat. Die Kinder Zion sein fröhlich über ihrem Könige, sie sollen loben seinen Namen im Reigen; mit Pauken und Harfen sollen sie ihm spielen. (Ps.117)

II. Choral(2. Chor)
Wie sich ein Vater erbarmet über seine junge Kinderlein,/ so tut der Herr uns allen,/ so wir ihn kindlich fürchten rein./ Er kennt das arm Gemächte,/Gott weiß, wir sind nur Staub,/ gleich wie das Gras vom Rechen,/ ein Blumund fallend Laub!/ Der Wind nur drüberwehet,/ so ist es nicht mehr da,/ also der Mensch vergehet,/sein End das ist him nab.

I.
할렐루야 새 노래로 여호와께 노래하며 성도의 회중에서 찬양할지어다. 이스라엘은 자기를 지으신 자로 인하여 즐거워하며 시온의 주민은 저희의 왕으로 인하여 즐거워할지어다. 춤추며 그의 이름을 찬양하며 소고와 수금으로 그를 찬양할지어다. (시편 149편 1-3절)

II. 코랄
아버지가 그 아들에게 자비로우시듯이/ 만민이 주께 어린이 같은 순박함으로 순종하면,/ 주님도 만민에게 자비로우시네./ 주님은 우리의 나약함을 아시고/ 주님은 우리가 티끌임을 아시네,/ 갈퀴 아래로 떨어지는/ 꽃잎과 풀잎 같은 티끌임을,/ 바람 슬쩍 불기만 해도/ 쓸려 없어지리라. 이렇게 인간은 쓸려가고/ 그 종말 다가오네.

Arie(1. Chor)
Gott, nimm dich ferner unser an,/ denn ohne dich ist nichts getan/ mit allen unsern Sachen./Drum sei du unser Schirm und Licht,/ und trügt uns unsre Hoffnung nicht,/so wirst du's ferner machen. Wohl dem, der sich nur steif und fest/ auf dich und deine Huld verläßt.

III.
Lobet den Herrn in seinen Taten, lobet ihn in seiner großen Herrlichkeit! (Ps. 150, V. 2)

IV. Cori unisoni
Alles, was Odem hat, lobe den Herrn, Hallelujah! (Ps. 150, V. 6)

(아리아)
주여, 계속해서 저희를 보살펴 주시옵소서./ 주님 없이는/ 우리의 모든 계획도 헛되오니,/ 우리의 방패와 빛 되어 되소서./ 주님에 대한 믿음 흔들리지 않고,/ 주님의 은혜 전적으로 의지하고 충성된 자는 행복한 사람이리.

III.
그의 능하신 행동을 인하여 찬양하며, 그의 지극히 광대하심을 좇아 찬양할지어다. (시편 150편 2절)

IV. 합창
호흡이 있는 자마다 여호와를 찬양할지어다. 할렐루야! (시편 150편 6절)

〈성령은 우리의 약함을 도우시네〉 BWV 226

Der Geist hilft unser Schwachheit auf

이 곡은 작곡 목적과 연주 날짜가 분명하게 알려진 유일한 모테트이다. 바흐의 자필 악보에 "에르네스티 교장의 장례식을 위하여"라고 기록되어 있는 것처럼 이 곡은 1729년 10월 20일 거행된 라이프치히 대학의 부속 교회인 성 바울 교회에서 바흐가 칸토르로 재직하고 있던 토마스 학교의 교장 에르네스티(Johann Heinrich Ernesti)의 장례식을 위해 연주되었다.

에르네스티는 바흐의 위대성이 알려지지 않았던 당시 그의 위대성을 홀로 알고 있던 바흐의 지기(知己)였으며, 당시 대학교수나 학장의 장례식은 그 시절 지역의 매우 중요한 행사로 여겨졌는데 이 작품의 충실한 규모가 이를 증명한다. 또한 이 곡은 각 성부 외에도 반주 악기의 악보도 남아 있으며, 바흐의 모테트 중 이중 합창곡으로 가장 성악적인 작품으로 꼽히고 있다. 가사는 "성령은 우리의 약함을 도우시나니"(로마서 8장 26-27절)과 마르틴 루터(Martin Luther, 1483-1546)의 코랄 "성령이여 오소서. 주 하나님이시여"(Komm, heiliger Geist)이다.

곡은 4부분으로 나눌 수 있는데, 첫 부분은 성령이 우리를 위해 역사하심을 합창이 가벼운 멜리스마로 표현하고 있다. 두 번째 부분은 두 성가대가 연합하여 4성부의 이중 푸가를 완벽한 기교로 소화하여 확신감과 긍정적인 분위기를 나타내고 있다. 성경에 기초한 서로 대조되는 셋째 부분은 루터의 코랄 "성령이여 오소서, 주여"를 반복하며 간절한 소망을 장중하게 노래한다. 마지막으로 할렐루야를 힘차게 부르며 마친다.

I. Der Geist hilft unser Schwachheit auf, denn wir wissen nicht, was wir beten sollen, wie sich's gebühret; sondern der Geist selbst vertritt uns aufs beste mit unaussprechlichem Seufzen. (Röm. 8, V. 26)

I. 이와 같이 성령은 또한 우리의 약함을 도우시나니, 우리가 마땅히 빌 바를 알지 못하나, 오직 성령이 말하실 수 없는 탄식으로 우리를 위해 친히 간구하시느니라. (로마서 8장 26절)

II. Alla breve
Der aber die Herzen forschet, der weiß, was des Geistes Sinn sei; denn er vertritt die Heiligen nach dem, es Gott gefället. (Röm. 8, V. 27)

II.
마음을 감찰하시는 이가 성령의 생각을 아시나니 이는 성령이 하나님의 뜻대로 성도를 위하여 간구하심이니라. (로마서 8장 27절)

III. Choral
Du heilige Brunst, süßer Trost,/ nun hilf uns,/fröhlich und getrost in deinem Dienst beständig bleiben,/ die Trübsal uns nicht abtreiben./ O Herr, durch dein Kraft uns bereit/ und stärk des Fleisches Blödigkeit,/ daß wir hier ritterlich ringen,/ durch Tod und Leben zu dir dringen./ Halleluja. (Martin Luther, 1524)

III. 코랄
하늘의 불길, 부드러운 위안이/ 우리를 돕네,/ 그리하여 우리는 슬픔에서 벗어나 기쁨과 위안으로 영원히 주를 섬기리./ 슬픔에 우리가 휩쓸려 가지 않고/ 오 주여, 주님의 권능으로 종들을 보살피시소서./ 우리 육신의 약함을 강하게 붙들어/ 용감하게 싸워/ 죽음을 지나 주님 곁에 영생할 수 있도록./ 할렐루야! (마르틴 루터, 1524년)

〈예수, 나의 기쁨〉 BWV 227

Jesu, meine Freude

바흐의 정교한 코랄 기법이 가장 완벽하게 자리 잡고 있는 이 곡은 복합창 없이 3성에서 5성까지의 적은 수의 성부를 위해 작곡되었다. 바흐가 남긴 6곡의 모테트 중 가장 길고 형식적으로 뛰어난 대칭 구조를 이루고 있다. 곡은 전체 11개 부분으로 나뉘며 대칭 구조의 정점인 제6곡의 5성부 푸가 "너희가 육신에 있지 아니하고 영에 있나니"에서 음악과 신앙은 분리될 수 없는 하나의 융합을 이루고 있다.

이 곡은 바흐가 1723년 라이프치히에 도착한 지 얼마 되지 않아 시 우체국장 케제의 아내인 마리아 케제(Johanna Maria Käse)의 추도식을 위해 의뢰받아 작곡했다고 믿어지고 있다. 추도식은 그해 7월 18일 성 니콜라이 교회에서 이루어졌다.

바흐는 이 곡의 코랄 6곡을 크뤼거(Johann Crüger, 1598-1662)라는 작곡가에 의한 〈예수, 나의 기쁨〉(Jesu, meine Freude)이라는 세속 곡의 멜로디를 차용하여 작곡한 것으로 알려져 있다. 가사는 그리스도를 통해 지상의 죽음과 하늘의 영원한 삶을 극명하게 대조시킨 사도 바울의 말씀

(로마서 8장)과 요한 프랑크(Johann Franck, 1618-1677)의 시를 교대로 사용하였다. 바흐는 감탄할 만큼 숙달된 방법으로 코랄 작법을 다양하게 했는데 극적인 세 번째 구절 "늙은 용에 대항하여"(Trotz dem alten Drachen)은 워드 페인팅(음화기법)의 뛰어난 예이다.

9번째 곡 코랄 "안녕, 인간 존재여!"(Gute Nacht, o Wesen!)은 고요한 정선율의 변주로 감정의 깊은 곳을 적시는 아름다움이 있다. 이 곡의 정점에 있는 제6곡의 5성부 푸가 "너희가 육신에 있지 아니하고 영에 있나니"(Ihr aber seid nicht fleschlish, sondern giestlich)를 가리켜 노이만(Werner Neumann)은 "성악화된 오르간 푸가"라고 불렀다. 각 성부는 독립적 의미를 완벽하게 지키는 한편 풍성한 화성적 영향을 주면서 전체적으로 엄청난 내적 에너지를 창출하고 있다.

I. Choral
Jesu, meine Freude,/ meines Herzens Weide,/ Jesu, meine Zier,/ ach wie lang, ach lange/ ist dem Herzen bange,/ und verlangt nach dir!/ Gottes Lamm, mein Bräutigam,/ außer dir soll mir auf Erden/ nichts sonst Liebers werden.

I. 코랄
예수, 나의 기쁨 /내 영혼의 안식,/ 예수, 나의 보배,/ 오 내 연약한 마음은 언제나 당신을 갈망하네./ 신의 양, 나의 신랑,/ 이 세상 누구보다도/ 나에게 가장 중요하네.

II.
Es ist nun nichts Verdammliches an denen, die in Christo Jesu sind, die nicht nach dem Fleische wandeln, sondern nach dem Geist.
(Röm. 8, V. 1)

II. 다성 모테트
그러므로 이제 그리스도 예수 안에 있는 자에게는 결코 정죄함이 없나니, 이는 그리스도 안에 있는 생명의 성령의 법이 죄와 사망의 법에서 너를 해방하였음이라. (로마서 8장 1, 2절)

III. Choral
Unter deinem Schirmen/ bin ich vor den Stürmen/ aller Feinde frei./ laß den Satan wittern,/ laß den Feind erbittern,/ mir steht Jesus bei.!/ Ob es itzt gleich kracht und blitzt,/ ob gleich Sünd und Hölle schrecken;Jesus will mich decken.

IV.
Denn das Gesetz des Geistes, der da lebendig machet in Christo Jesu, hat mich frei gemacht von dem Gesetz der Sünde und des Todes. (Röm. 8, V. 2)

V. Choral (Vers 3)
Trotz dem alten Drachen,/ Trotz des Todes Rachen,/ Trotz der Furcht darzu! Tobe, Welt, und springe/ ich steh hier und singe/ in gar sichrer Ruh!/ Gottes Macht hält mich in Acht;/ Erd und Abgrund muß verstummen,/ ob sie noch so brummen.

III. Choral
Unter deinem Schirmen/ bin ich vor den Stürmen/ aller Feinde frei./ laß den Satan wittern,/ laß den Feind erbittern,/ mir steht Jesus bei.!/

III. 코랄
주의 보호를 받아/ 적의 노성도/ 나에게 미치지 않네./
사탄이 날뛰어도/ 악마가 위협해도/ 예수가 나를 도와주시네./
우레와 번개가 휘몰아쳐도/ 죄악과 지옥이 나를 노려도/ 예수께서 나를 보호하시리.

IV. 3성 모테트
그리스도 예수 안에 있는 생명의 성령의 법이 죄와 사망의 법에서 너를 해방하였음이라. (로마서 8장 2절)

V. 코랄
늙은 용을 두려워 말라,/ 죽음의 함정을 두려워 말라,/ 그리고 공포에 맞서 싸우라,
세상이 소용돌이치고 뒤흔들려도/ 나는 서서 안식의 노래 부르리./
아무리 세상이 소용돌이쳐도/ 신의 권능이 나를 보호하사/ 땅과 심연은 잠잠해지리.

III. 코랄
주의 보호를 받아/ 적의 노성도/ 나에게 미치지 않네./
사탄이 날뛰어도/ 악마가 위협해도/ 예수가 나를 도와주시네./

Ob es itzt gleich kracht und blitzt,/ ob gleich Sünd und Hölle schrecken;Jesus will mich decken.

IV.
Denn das Gesetz des Geistes, der da lebendig machet in Christo Jesu, hat mich frei gemacht von dem Gesetz der Sünde und des Todes. (Röm. 8, V. 2)

V. Choral (Vers 3)
Trotz dem alten Drachen,/ Trotz des Todes Rachen,/ Trotz der Furcht darzu! Tobe, Welt, und springe/ ich steh hier und singe/ in gar sichrer Ruh!/ Gottes Macht hält mich in Acht;/ Erd und Abgrund muß verstummen,/ ob sie noch so brummen.

VI.
Ihr aber seid nicht fleischlich, sondern geistlich,so anders Gottes Geist in euch wohnet.: Wer aber Christi Geist nicht hat, der ist nicht sein. (Röm. 8, V. 9)

VII. Choral
Weg mit allen Schätzen!/ Du bist mein Ergötzen,/ Jesu, meine Lust!/

우레와 번개가 휘몰아쳐도/ 죄악과 지옥이 나를 노려도/ 예수께서 나를 보호하시리.

IV. 3성 모테트
그리스도 예수 안에 있는 생명의 성령의 법이 죄와 사망의 법에서 너를 해방하였음이라. (로마서 8장 2절)

V. 코랄
늙은 용을 두려워 말라,/ 죽음의 함정을 두려워 말라, / 그리고 공포에 맞서 싸우라,
세상이 소용돌이치고 뒤흔들려도/ 나는 서서 안식의 노래 부르리./
아무리 세상이 소용돌이쳐도/ 신의 권능이 나를 보호하사/ 땅과 심연은 잠잠해지리.

VI. 푸가
만일 너희 속에 하나님의 영이 거하시면, 너희가 육신에 있지 아니하고 영에 있나니, 누구든지 그리스도의 영이 없으면 주의 사람이 아니니라. (로마서 8장 9절)

VII. 코랄
지상의 보물 다 사라져도/ 주님은 나의 환희,/ 예수는 나의 기쁨!/

Weg ihr eitlen Ehren,/ ich mag euch nicht hören,/ bleibt mir unbewußt!/ Elend, Noth, Kreuz, Schmach und Tod/ soll mich, ob, ich viel muß leiden,/ nicht von Jesu scheiden.

VIII. Andante
So aber Christus in euch ist, so ist der Leib zwar tot um der Sünde willen; der Geist aber ist das Leben um der Gerechtigkeit willen. (Röm. 8, V. 10)

IX. Choral
Gute Nacht, o Wesen,/ das die Welt erlesen,/ mir gefällst du nicht!/ Gute Nacht, ihr Sünden,/ bleibet weit dahinten,/ kommt nicht mehr ans Licht! Gute Nacht, du Stolz und Pracht! Dir sei ganz, du Lasterleben,/ gute Nacht gegeben!.

X.
So nun der Geist des, der Jesum von den Toten auferwecket hat, in euch wohnet, so wird auch derselbige, der Christum von den Toten auferwecket hat, eure sterbliche Leiber lebendig machen, um des willen, daß sein Geist in euch wohnet. (Röm. 8, V. 11)

헛된 영광이여 사라져 가라,/ 내게 귀 기울이지 않고,/ 너 조금도 원치 않으리니,/ 슬픔과 괴로움, 수치와 죽음이 나를 괴롭힐지라도/ 그들은 나를 예수께서 멀리하지 못하리로다.

VIII. 다성 모테트
또 그리스도께서 너희 안에 계시면 몸은 죄로 인하여 죽은 것이나, 영은 의를 인하여 산 것이니라. (로마서 8장 10절)

IX. 코랄
안녕, 이 세상을 택하는 육체여/ 나를 떠나가라,/ 나를 더 이상 유혹하자 못하게! 안녕, 죄악아,/ 내 곁에서 멀리 떠나가거라./ 그리하여 빛 속에서 다시 나타나지 말라! 안녕, 오만함과 헛된 영광이여, 그리고 사악한 삶이여, 너희들도 나를 떠나가거라.

X. 다성 모테트
예수를 죽은 자 가운데서 살리신 이의 영이 너희 안에 거하시면, 예수를 살리신 이가 너희 안에 거하시는 그의 영으로 말미암아 너희 죽을 몸도 살리시리라. (로마서 8장 11절)

XI. Choral

Weicht, ihr Trauergeister,/ denn mein Freudenmeister,/Jesus, tritt herein./ Denen, die Gott lieben,/ muß auch ihr Betrüben/ lauter Zucker sein./ Duld' ich schon hier Spott und Hohn,/ dennoch bleibst du auch im Leide,/ Jesu, meine Freude. (Johann Franck, 1653)

XI. 코랄

슬픔의 영혼이여 물러가라, 기쁨의 왕이신 예수께서 오시니,/ 하나님을 사랑하는 자는 그 슬픔도 기쁨으로 받아들여야 하느니,/ 이 세상에서 비록 조소를 당한다 해도, 내 고통 가운데서도 예수는 나의 기쁨. (요한 프랑크, 1653년)

〈두려워 말라〉 BWV 228

Fürchte dich nicht

이 곡은 바흐의 이중 합창곡 중 가장 덜 친숙한 곡으로서 힘찬 수사학적 성악 작법, 즉 긴 멜리스마, 불협화음의 빈번한 사용, 긴 반음계적 푸가 등으로 연주하기에 가장 힘든 곡 중 하나지만, 상쾌하고도 기운을 돋우는 바흐의 정교한 장인적 솜씨가 잘 나타나 있다. 이 곡은 아마도 라이프치히에서 3년째 되던 해인 1726년 7월 4일 열렸던 시 참사회원 빈클러의 아내의 장례식을 위해 작곡된 것으로 생각된다.

가사는 "두려워 말라"(이사야 41장 10절)과 "너는 내 것이라"(이사야 43장 1절)에서 인용하고, 마지막은 파울 게르하르트(Paul Gerhardt, 1607-1676)의 찬미가 '나 무엇을 위해 슬퍼하리'(1653)에서 따온 코랄이 나타난다.

곡은 "두려워 말라"(Fürchte dich nicht)라는 충고로 시작되며 두 합창단이 이를 서로 교대로 힘차게 부르다가 이내 "네가 너와 함께하리라"(Ich bin bei dir)라는 여호와의 말씀을 두 합창단이 교대로 부르며 두려움을 위로한다. 합창이 진행되면서 "두려워 말라"의 마지막 단어 "nicht"에서 불협화음을 이루는 소심함을 보이며, 이러한 두 갈래의 진행은 두 번째 연에서 더욱 두드러지는데 "놀라지 말라"(weiche nicht)라는 충고에 곧바로 "내가 너의 하나님이니라"(denn ich bin dein Gott)라는 확신에 찬 대답을 한다. 저음 성부에서 간간히 들리는 탄식이 중간 부분에 가서는 의심을 강조하는 역할을 하고 여기에 대해 4번의 당당한 성악의 아라베스크가 8성부가 함께 외치는, "네가 너를 굳세게 하리라"(ich starke dich)에 의해 중단된다. 합창은 계속 울려 퍼지며 "내가 너를 붙들리라"(erhalte)에서 지속음을 내면서 8성부로 퍼져가며 생기를 얻어 환상곡풍으로 전개된다. 다시 이사야서의 "두려워 말라"가 나타남으로써 이 곡에 통일성과 구성을 확립하고 있다. 그러나 두 번째 부를 때는 첫 번째와 달리 보다 친근하고 다감하게 매우 개인적으로 부른다. 바흐는 8성부를 4성부로 줄여 특히 저음 3성부에다 반음계적 푸가를 부르게 하며, 이어 게르하르트의 코랄 "나의 목자요, 만복의 근원이신 당신"(Herr, mein Hirt, Brunn aller Freuden)이 시작되는데 여기에서 바흐는 이사야의 부름이 목자가 그의 양을 부름을 연상시키듯 목가적인 게르하르트의 찬미가와 묘한 연관성을 부여하고 있다. "너는 내 것이라"(du bist mein)이라는 공통 부름을 통해 바흐는 현명하게 푸가와 코랄에 동시성을 부여함으로써 하나님과 영혼의 대화를 꾀하고 있는 듯하다. 푸가의 마지막 부분에서 잠시 첫 부분 "두려워 말라"의 이중 합창으로 다시 돌아가 마친다.

I.
Fürchte dich nicht, ich bin bei dir; weiche nicht, denn ich bin dein Gott! Ich stärke dich, ich helfe dir auch, ich erhalte dich durch die rechte Hand meiner Gerechtigkeit. (Jes. 41, V. 10)

II.
Fürchte dich nicht, denn ich habe dich erlöset; ich habe dich bei deinem Namen gerufen, du bist mein! (Jes. 43, V. 1)

Choral (Sopran)
Herr, mein Hirt, Brunn aller Freuden,/ du bist mein,/ ich bin dein/ niemand kann uns scheiden./ Ich bin dein, weil du dein Leben/ und dein Blut/ mir zu gut/ in den Tod gegeben./ Du bist mein, weilich dich fasse/ und dich nicht,/ o mein Licht,/ aus dem Herzen lasse!/ Laß mich hingelangen,/ da du mich/ undich dich/ lieblich werd umfangen.
Fürchte dich nicht, du bist mein!
(Paul Gerhardt, 1653)

I.
두려워 말라 내가 너와 함께함이니라. 놀라지 말라. 나는 네 하나님이 됨이니라. 내가 너를 굳세게 하리라. 참으로 너를 도와주리라. 참으로 나의 의로운 오른손으로 너를 붙들리라. (이사야 41장 10절)

II.
두려워 말라. 내가 너를 구속하였고, 내가 너를 지명하여 불렀나니 너는 내 것이라. (이사야 43장 1절)

코랄(소프라노)
주는 나의 목자시여, 내 기쁨의 근원 되시네!/ 당신은 나의 것,/ 나는 당신의 것,/ 아무도 우리를 가를 수 없네./ 당신이 죽음을 극복하게 하셨으니 나는 당신의 것,/ 당신의 생명, 피/나에게 너무나 값진 것,/ 나는 당신을 붙들고 있으니 당신은 나의 것,/ 결코 나를 떠나게 않겠소./ 오 나의 빛/ 내 마음에 당신을 떠나가지 않게 하소서./ 당신을 안을 수 있는 곳으로/ 당신이 나를 영원히 안을 수 있도록/ 두려워 말라, 당신은 나의 것.
(파울 게르하르트, 1653년)

⟨오소서, 예수여, 오소서⟩ BWV 229

Komm, Jesu, Komm

바흐의 이중 합창을 위한 4곡의 모테트 중 가장 우리에게 가장 친근하고 감동을 주는 작품으로 평가되는 곡이다. 이 곡은 장례식 또는 어떤 기념일을 위해 쓴 것으로 추정되지만 누가 의뢰하였는지 또 언제 연주되었는지에 대해 믿을 만한 자료가 아직 없는 상태이다. 가사는 성경이나 코랄 대신에 티미히(Paul Thymich, 1648-1701)가 요한복음의 14장 6절을 부연하여 쓴 종교시의 첫 번째와 마지막 구절로 되어 있는데, 바흐의 라이프치히 전임 칸토르인 요한 쉘레(Johann Schelle, 1648-1701)가 이미 곡을 붙였을 정도로 유명한 시였다는 것만은 확실하다. 이중 합창곡이지만 베네치아풍의 화려한 음색의 대조가 아닌 가사의 수사학적인 효과를 강조하고 있다. 곡의 처음부터 두 합창단이 서로 반응하거나 다시 합치고, 또 분리되기를 반복하면서 가사의 의미를 강조해 간다. 각각의 기도는 다른 리듬으로 나아가는데 "육체는 시들어 가고"(die Kraft verschwindt)의 처음은 4분음표로 강하게 시작한 후 하강하여 육체의 쇠잔해짐을 표현하고 있으며, "가시밭길이 나에게 험준해도"(der Sauer Weg wird mir schwer)에서 템포가 느려진다. 후반부 "너는 바른 길로"(Du bist der recchte Weg)에서 곡은 6/8박자로 되어 점차 활기를 되찾게 되고, 마지막에 "나는 길이요, 진리요, 생명이라"(요한복음 14장 6절)로 작별을 고하는데, 곡의 마지막을 장중한 코랄로 끝내는 대신 4성부 합창의 차분한 아리아로 끝맺고 있는 점이 매우 특이하다.

Komm, Jesu, komm, mein Leib ist müde,/ die Kraft verschwindt je mehr und mehr,/ ich sehne mich nach deinem Friede;/ der saure Weg wird mir zu schwer!/ Komm, komm, ich will mich dir ergeben;/ du bist der rechte Weg, die Wahrbeit und das Leben.	오소서 예수여, 내 육신은 지치고,/ 힘은 점점 더 사라지고/ 나는 주님의 평화 갈구하네./ 주님의 가시밭길은 험난하지만,/ 오소서, 나는 그래도 주님을 따르리./ 주님은 바른 길이요, 진리요, 생명이시니.
(Arie)	(아리아)
Drum schließ ich mich in deine Hände/ und sage, Welt zu guter Nacht!/ Eilt gleich mein Lebenslauf zu Ende,/ ist doch der Geist wohl angebracht./ Er soll bei seinem Schöpfer schweben,/ weil Jesus ist und bleibt der wahre Weg zum Leben. (Paul Thymich, 1697)	그대 손에 나를 맡겨/ 세상이 너에게 작별을 고하노라!/ 내 인생 여정이 비록 종말에 가까워도,/ 내 영혼 창조주께로 떠날 준비 되어 있네./ 예수는 참된 길이시니, 내 영혼은 주님께 가리. (파울 티미히, 1697년)

〈주를 칭송하라, 모든 이방인들아〉 BWV 230
Lobet den Herrn, alle Heiden

　4성부 합창을 위한 이 화려한 모테트는 마르틴 루터의 코랄 "주를 찬양하라"에 기초하고 있다. 이 곡의 출처와 작곡 연도가 불분명한 데다 독립된 바소 콘티누오까지 붙어 있었기 때문에 처음에는 바흐 학자들에 의해 위작 취급을 받았다. 작품의 진위에 대한 논란이 계속되어 다른 모테트에 비해 늦게 1821년이 되어서야 출판되었다. 현재 바흐의 원고는 남아 있지 않아 이 작품의 진위에 대한 의문은 여전히 남아 있지만 높은 음악성으로 미루어 보아 바흐의 작품임이 틀림없다는 것이 지배적 견해이다. 이 합창 작품은 본래 그것이 가지고 있는 비모테트적인 작곡 특성을 고려해 볼 때 우리에게 알려져 있지 않은 바흐 칸타타의 한 부분이었을 가능성이 있다.

　이 작품의 가사는 축전적 성격의 시편 117편에서 나온 것으로 장례식을 위한 작품은 아니라고 보고 있다. 바흐는 이 곡에서 성악의 기악적 취급을 통해 그의 가수들이 악기와 같은 경쾌함과 기교를 과시할 것을 기대한 것으로 보인다.

곡의 시작은 바흐가 찬미와 경배를 나타낼 때 흔히 사용하는 특징적 수법인 경쾌하게 상승하는 푸가의 출발로 일제히 시작한다. 바소 콘티누오는 소프라노와 알토가 함께 또는 단독으로 노래 부를 때는 무관하게 움직이며, "그를 찬미하라"(und preiset ihn)의 제시부를 전환 동기로 사용하여 몇 번씩 되풀이하며 강조해 나간다. 이 복잡한 이중 푸가의 진행은 "그의 은혜와 진리를 위하여"(Denn seine Gnade und Wahrheit)에서 곡은 갑자기 느려지며 휴식을 취한다. 이후 음악은 표현적인 계류음과 옥타브의 도약의 화성으로 진행되는데 "영원히"(Ewigkeit)를 부른 후 다시 곡이 빨라져 이중 푸가를 다시 전개한다. 마지막의 "알렐루야"는 표면적으로 축제의 춤곡과 같이 들리지만 바흐는 그 밑에 리듬의 분절, 카논적 모방을 통해 곡의 구성과 예술을 불어넣고 있다.

Lobet den Herrn, alle Heiden, und preiset ihn, alle Völker ! Denn seine Gnade und Wahrheit waltet über uns in Ewigkeit. Alleluja. (Ps. 117)

너희 모든 나라들아, 여호와를 찬양하며 너희 모든 백성들아 저를 칭송할지어다. 그러면 우리에게 향하신 여호와의 은혜와 진실하심이 영원함이로다. 알렐루야. (시편 117편)

♣ 바흐 모테트의 연주사 및 연주 관행

바흐의 다른 성악 작품과 달리 바흐 모테트의 연주 관행은 매우 복잡하다. 우선 기악 반주가 바소 콘티누오만으로 되어 있느냐 아니면 오케스트라로 되어 있는지로 크게 구별되고, 오케스트라 반주라 하더라도 곡마다 기악 편성이 다를 수 있고 한 음반 속에서도 어떤 곡은 오케스트라 반주로 또 어떤 곡은 바소 콘티누오만으로 반주하는 경우도 있으므로 수없이 다양한 조합이 나올 수 있다. 그뿐만 아니라 합창 편성도 성부당 2명 이상으로 구성된 일반적인 편성인지, 아니면 몇몇 섹션에서 1명의 솔로가 담당하는 콘체르티스티가 솔로처럼 부르는 콘체르티스트-리피에니스트로 구성되었는지 등이다.

초기 녹음

바흐의 모테트는 바흐의 다른 성악 작품과는 달리 일찍부터 자주 연주되었으며 비교적 이른 시기에 녹음도 이루어졌다. 초기 녹음에 관여한 단체는 영국의 아마추어 합창단으로 런던의 바흐 칸타타 클럽이 1927년 HMV 레이블에서 〈예수, 나의 기쁨〉 BWV 227을 녹음한 것이 바흐 모테트의 최초 레코딩이다. 이 녹음물은 무반주에 영어 가사로 불렸다고 한다. 본격적인 독일어 연주 녹음의 시작은 나중에 라이프치히 성 토마스 교회의 칸토르인 쿠르트 토마스(Kurt Thomas)의 1948년 연주라 할 수 있다. 토마스는 자신이 가르치던 학생들로 구성된 베를린의 한 합창단을 이끌고 합창음악 최고봉의 하나로 평가받는 〈새 노래로 여호와께 노래하라〉 BWV 225를 연주했다. 이어 1951-1955년 역시 토마스 교회의 칸토르였던 귄터 라민이 토마스 교회 합창단과 Archiv 레이블의 음악사 시리즈를 위해 바흐 모테트 전곡을 녹음했다. 따라서 이 음반은 최초의 전곡 연주이며 본격적인 소년 합창단 연주의 시작이다. 라민의 접근법은 기본적으로 무반주 합창이며 BWV 230에서만 첼로, 콘트라베이스, 하프시코드로 구성된 바소 콘티누오를 사용했다. 비록 역사적인 연주방식과는 조금 거리가 있었지만 라민은 낭만주의 연주의 끝자락에 있는 칼 슈트라우베(Karl Straube)와 역사주의자 쿠르트 토마스 사이에서 연결 고리 역할을 했다. 이 음반은 초기 Archiv 음반 중 가장 뛰어난 연주로서 당시 호평을 받았으나 세월이 지난 오늘날의 연주 관점에서 볼 때는 여러 면에서 부족함이 보인다. 그러나 소년 합창단의 순수함과 장려함은 기억할 만하다.

뒤이은 쿠르트 토마스는 2차 대전 직후 바흐 연주에서 낭만주의적 요소를 걷어내는 데 결정적인 역할을 한 인물이다. 그는 바흐 모테트 연주에서 중요한 혁신을 이루었는데 그것은 바로 오케스트라의 본격적인 도입이다. 1958-1959년 사이에 성 토마스 합창단과 게반트하우스 오케스트라를 이끌고 바흐 모테트 전곡을 연주했다(Berlin Classic).

🌱 최근 녹음

바흐 교회음악 작품의 대가로 한 시대를 풍미했던 칼 리히터는 이상하게도 이 곡의 음반을 남기지 않은 채 타계해 그의 연주를 사랑하는 사람들에게 큰 아쉬움을 남겨주었다. 그러나 그의 후계자 한스 마르틴 슈나이트(Hanns-Martin Schneidt)는 뛰어난 모테트의 연주를 남기고 있다. 슈나이트는 1973년 레겐스부르크 대성당 합창단을 이끌고 모테트 전곡과 부속 작품을 Archiv 레이블로 녹음했다. 여기에는 바로크 바이올리니스트의 선구자 에두아르트 멜쿠스(Eduard Melkus)가 이끄는 카펠라 아카데미카 빈과 함부르크의 고음악 관악 합주단이 참여했다. 이 연주는 곡에 따라 합창 편성을 가감하고 바로크 악기를 본격적으로 사용한 다채로운 기악 반주를 적극적으로 적용했다.

독일 합창단과 달리 영국에는 전통을 자랑하는 많은 소년 합창단이 있다. 전통을 자랑하는 킹스 칼리지 합창단은 데이빗 윌콕스(David Wilcox) 시대에 모테트 전곡을 녹음했지만 기본적으로 무반주 합창에 BWV 230에서만 바소 콘티누오를 사용하는 낡은 관습을 사용했다. 옥스포드의 크라이스트 처치 합창단도 프랜시스 그리어(Francis Grier)의 지휘로 네 곡의 모테트를 녹음했지만 큰 반향을 일으키지는 못했다.

오늘날의 연주는 여러 가지 기술적, 실용적인 이유 때문에 바흐 연주에서 소년 합창단보다는 잘 조련된 성인 혼성 합창단을 일반적으로 사용한다. 벨기에의 합창지휘자 헤레베헤의 지적처럼 미성숙한 소년 합창을 사용하는 것보다 고음악 가창을 전문적으로 익힌 여성 소프라노들이 훨씬 음악적으로 성숙한 노래를 들려준다. 기악 반주는 바소 콘티누오보다는 오케스트라 반주를 선호하고 있다. 헬무트 릴링은 일찍이 1960년대에 슈투트가르트 게힝거 칸토라이와 슈투트가르트 바흐 콜레기움을 이끌고 바흐 모테트 전곡을 녹음한 바 있다. 1990년 핸슬러(hänssler) 레이블에서 녹음한 두 번째 연주는 현대 악기로 연주한 대표적인 바흐 모테트 음반이다.

존 엘리엇 가디너와 몬테베르디 합창단, 잉글리시 바로크 솔로이스츠의 연주(Erato)는 1980년의 획기적인 연주이다. 1986년의 필립 헤레베헤의 연주는 항상 가디너의 연주와 비교된다. 일반적인 혼성 합창에 오케스트라 반주를 사용한 것은 가디너와 동일하지만 헤레베헤는 가디너의 솔로 해석에 한 걸음 더 나아가 BWV 227에서는 오로지 5명의 솔리스트와 바소 콘티누오를 써서 소위 최소 편성의 연주를 시도했다. 오케스트라 반주가 있지만 전반적으로 성악이 우위에 있으며 어느 정도 규모가 있는 합창단이지만 소편성처럼 투명한 음향을 들려주고 있다. 현재 맹활약 중인 합창지휘의 거장 프리더 베르니우스(Frieder Bernius)는 기악도 충실하게 고려해서 모테트 연주에서 6대의 바이올린을 채용했다.

1996년 토마스 교회의 새 칸토르인 빌러(Georg Christoph Biller)가 지휘한 연주는 토마스 교회 연주사에 새로운 장을 열게 된다. 그는 토마스 교회 합창단과 함께 라이프치히 지역의 뛰어난 바로크 연주자들로 구성된 카펠라 토마나를 이끌고 모테트 전곡과 부속 작품을 두 장의 음반 (Philips)에 녹음했다. 즉 19세기 이래 토마스 교회의 합창 전통과 새로운 시대악기 운동을 조화시켰던 것이다. 그는 최근 경향의 콘체르티스트-리피에니스트의 고집은 하지 않았지만 곡마다 악기 조합을 달리하여 BWV 225, 226, 228은 오케스트라 반주로 BWV 227, 229, 230은 바소 콘티누오 반주로 연주했다.

❖ 연주와 음반

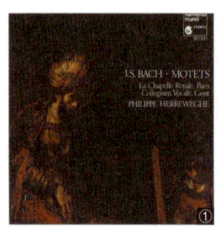 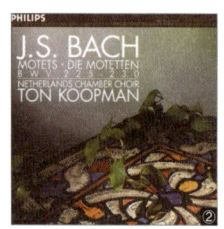 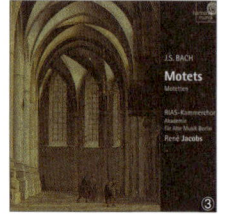

① 필립 헤레베헤(Philippe Herreweghe)가 지휘하는 콜레기움 보칼레 겐트와 파리 라 샤펠레 로얄의 연주(Harmonia Mundi, 1986년)는 합창의 연주가 압도적으로 뛰어나고 성부 간의 앙상블도 치밀하면서도 완벽하여 듣는 사람에게 깊은 감동을 주는 이 곡 최고의 명연이다. 일반적인 혼성 합창에 오케스트라 반주를 쓰는 것은 가디너와 동일하지만, 가디너의 연주가 라틴적인 밝은 연주라면 헤레베헤의 연주는 프랑스적 에스프리가 넘치는 섬세하고 디테일이 잘 살아난 연주이다. 서로 다른 성격의 모테트 6곡 각각의 템포 설정이 매우 쾌적하여 음악적 쾌감과 맛을

더해 주는 쾌연이다. 〈예수, 나의 기쁨〉 BWV 227에서는 오로지 5명의 솔로이스트와 바소 콘티누오만을 사용하여 소위 최소 편성의 연주를 시도하고 있다. 오케스트라가 결코 전면에 드러나는 일이 없이 성악이 모든 음악을 주도하고 있다. 최근 소편성의 연주가 성행하고 있지만 이 연주는 꽤 규모가 있는 합창단이지만 합창은 소편성처럼 신선하고도 투명한 음색을 뽑아내고 있다. BWV 225에서처럼 8성부의 푸가의 복잡한 흐름 가운데서 완벽한 아티큘레이션의 구사로 선율 라인이 뚜렷하게 들어날 뿐만 아니라 생동감 넘치는 정말 놀라울 뿐이다. 합창은 스위스 시계 공과도 같이 정확하고 치밀함에다 성부 간의 앙상블과 밸런스도 완벽하여 듣는 사람에게 합창음악의 순음악적 즐거움과 감동을 더해주고 있다. 이 음반은 들을수록 감동과 호감이 더해 가는 그런 연주로 바흐 모테트의 최고의 명연이라 할 만하다.

② 톤 쿠프만(Ton Koopman)이 지휘하는 네덜란드 실내 합창단의 연주(Philips, 1986-87년)는 헤레베헤와 같은 시기의 연주로 이 곡의 또 다른 명연 가운데 하나이다. 원전악기 연주 분야의 선봉장인 톤 쿠프만은 기악 연주에서는 엄격한 역사적 근거를 중시하면서도 이 곡의 합창 편성에서만큼은 솔로나 콘체르티스트를 전혀 쓰지 않고 시종일관 전체 합창이 부르고 있다. 기악 반주는 오케스트라를 쓰지 않고 오로지 저음 현악기와 오르간으로 구성된 간단한 바소 콘티누오만으로 놀라운 연주를 펼치고 있다. 전체적으로 빠른 템포를 유지하면서도 템포에 미세한 변화와 리듬에 강한 악센트를 붙여 곡에 변화와 활력을 끌어내고 있다. 합창은 상성부의 선율이 잘 드러나 있으며 흐름이 가볍고 경쾌하다. 한마디로 쿠프만의 연주는 바로크적이기보다는 현대적인 감각에 넘치는 신선

한 연주라 할 수 있을 것 같다. 네덜란드 실내 합창단은 쿠프만의 음악적 요구에 뛰어난 앙상블로 반응하며, 빠른 푸가에서는 한 치의 주저함도 없이 일사불란하게 질주하는 완벽한 연주력을 발휘하고 있다. 코랄은 쾌적한 템포로 상성부의 선율이 뚜렷하게 빛을 발하는데 특히 〈성령은 우리의 약함을 도우시네〉 BWV 226의 마지막 마르틴 루터의 코랄은 매우 감동적이다. 〈주를 칭송하라, 모든 이방인들아〉 BWV 230은 쾌적한 템포로 최상의 연주를 들려주고 있다.

③ 르네 야콥스(René Jacobs)가 지휘하는 RIAS 실내 합창단(RIAS Kammerchor)과 베를린 고음악 아카데미의 연주(Harmonia Mundi, 1997, 2000년)는 비교적 근년의 녹음으로 주목할 만한 새로운 명연을 들려주고 있다. 본격적인 콘체르티스트-리피에니스트 해석을 시도한 연주로 전체적으로 빠르고 경쾌한 군더더기가 없는 깨끗한 연주를 들려주고 있다. 이 연주에서는 소프라노 시빌라 루벤스, 마리아 크리스티나 키에르, 알토 베르나르다 핑크(Bernarda Fink), 테너 게르트 튀르크, 베이스 피터 쿠이 등 현재 최고의 명가수들이 총망라되고 있다. 합창은 경쾌하면서도 매우 정교한 앙상블을 들려주고 있는데 특히 BWV 225의 마지막 합창이 정말 압권이다. 합창은 푸가를 춤추듯 경쾌하게 서로 주고받으며 긴장을 고조해 가며 클라이맥스에 도달하여 눈부신 이중 합창의 묘미를 마음껏 뽐내고 있다. 합창은 성악적 기법과 발성이 두드러져 있어 전체적으로 유연하고 부드러운 느낌이 든다. 야콥스의 연주는 합창이 압도적이지만 헤레베헤의 연주에 비해서는 정교함과 치밀함에 있어서 다소 떨어지는 느낌이 들며, 가디너와 마찬가지로 〈새 노래로 여호와께 노래하라〉 BWV 225의 두 번째 곡 코랄 후반부를 반복 연주함으로써 음악적

긴장감이 떨어지는 아쉬움이 있다.

DVD

헬무트 릴링(Helmuth Rilling)이 지휘하고 게힝거 칸토라이와 슈투트가르트 바흐 콜레기움의 연주(hänssler, 1990년)는 DVD에 6곡의 바흐 모테트를 모두 수록한 최초의 영상물이다. 이 DVD는 1990년 오베르카우풍겐의 슈티프스 교회(Stifskirche)에서 연주한 실황 녹화로 50대 후반의 릴링의 열정적인 지휘 모습을 볼 수 있으며, 높고 둥근 천장으로부터 울려 퍼지는 잔향  이 아름답게 들린다. 이 영상물에는 6곡의 모테트 외에도 과거 칸타타로 분류되던 〈오 예수 그리스도 내 생명의 빛이여〉 BWV 118과 〈주를 환호하라〉(Jauchzet Herrn)를 포함한 다른 부속 작품도 수록되어 있다.

헬무트 릴링은 일찍이 1960년대에 게힝거 칸토라이와 슈투트가르트 바흐 콜레기움을 이끌고 바흐 모테트 전곡을 녹음한 바 있다. 바흐 음악의 전문가로 일세를 풍미했던 칼 리히터(Karl Richter)가 1981년 세상을 떠난 이후 혼자 남게 된 바흐 음악의 전문가 릴링의 오랜 세월 동안의 경험을 쌓아 온 대가답게 확신에 찬 힘찬 연주를 펼치고 있다. 전체적으로 템포의 설정이 쾌적하며, 오랜 세월 그와 함께한 게힝거 칸토라이 합창단과 슈투트가르트 오케스트라는 한 치의 흐트러짐 없는 합창과 완벽한 앙상블을 들려준다. 강약을 절묘하게 조절하면서 합창단 간의 균형과 조화를 잘 이루고 있는 연주로서 거침없이 질주하는 푸가에 있어서는 치밀한 앙상블을 펼치고 있다. 곡 중간중간 코랄의 연주도 매우 힘차며 훌륭하다. 이 음반에 수록된 다른 모테트와 부속 작품의 연주 모두 하나같이 높은 수준의 연주를 들려주고 있다. 이 연주는 릴링의 수많은 음반 가운데 최상의 것으로 중후한 독일식 정통 바흐 음악의 정수를 보여주는 명연이다.

〈b단조 미사〉 BWV 232

Messe en si mineur

 "모든 시대와 인종을 뛰어넘는 가장 위대한 작품." 이 유명한 말은 1818년 출판업자인 한스 게오르크 내겔리(Hans Georg Nägeli)가 바흐의 〈b단조 미사〉 악보 예약 판매를 광고하면서 했던 말이다. 하지만 흥미롭게도 내겔리가 살았던 시대에는 〈b단조 미사〉의 전곡이 연주된 적이 없었고, 내겔리가 계획한 악보도 아직 준비 중이었으며 완전한 총보는 그가 죽을 때까지 출판되지도 않았다. 그러나 내겔리의 이 유명한 말에 대해 180여 년이 지난 오늘날 모든 바흐 학자들이 동의하고 있다는 사실은 놀라운 일이다. 바흐의 위대한 〈마태 수난곡〉이 작곡된 지 100년이 지난 1829년 멘델스존에 의해 비로소 부활된 것처럼, 이 b단조 미사곡도 제대로 이해되기까지는 힘든 여정을 거쳐야 했다.

 바흐가 이 곡을 작곡할 당시는 이미 미사 음악 장르가 전성기를 훨씬 넘긴 후였지만, 이 곡의 구조적 완성감은 그 장대한 길이에도 불구하고 음악사에서 어떤 미사 음악도 도달할 수 없었던 완벽한 아름다움을 지니고 있으며, 섬세함과 대담함, 부드러움과 강렬함, 침잠함과 생동감, 애잔한 서정과 압도적인 장엄함 등 온갖 음악적 대조가 한 작품 내에서 완벽하게 융합되어 있다.

미사 통상문의 대부분은 대위법과 폴리포니 화성을 사용한 웅혼한 합창으로, 그리고 17세기 이탈리아로부터 싹트기 시작한 오페라 내지 칸타타풍의 아리아나 중창곡을 합창 사이사이에 교대로 넣어 더욱 세분화함으로써 곡의 아름다움과 규모를 크게 확장하였다. 이런 의미에서 이 작품은 '바흐 교회음악의 총결산'이라 부를 수 있을 만큼 교회음악가로서 바흐의 오랜 경험과 역량이 총망라된 대작이다. 이 〈b단조 미사〉는 많은 부분이 이미 작곡된 자신의 칸타타에서 선율을 차용하고 있는데, 이러한 음악적 관행은 당시로는 매우 자연스러운 일이었다.

마르틴 루터는 교황 중심의 교리를 배척했지만 가톨릭 전례음악을 인정하여 프로테스탄트 교회에 받아들였으며, 바흐 역시 그가 봉직하던 교회의 예배를 위해 '키리에'와 '글로리아'만으로 구성된 4곡의 '루터파 미사'(짧은 미사곡, Missa brevis)를 작곡한 바 있다. 이 〈b단조 미사〉는 루터파 교회의 관행을 따라 '키리에'와 '글로리아'를 하나로 묶어, 통상의 5개 악장 대신 전체를 4부로 구성하였다.

〈b단조 미사〉는 로마 가톨릭 교회의 통상문 미사의 형태를 완전히 따르고 있는데, 즉 키리에, 글로리아, 크레도, 상투스, 아뉴스 데이의 5개 악장 가운데 바흐는 루터파 미사의 관행을 따라 키리에와 글로리아를 하나로 묶어 제1부로, 제2부는 니케아 신경, 제3부는 상투스, 제4부는 호산나-베네딕투스-아뉴스 데이-도나 노비스 파쳄으로 만들었다.

〈b단조 미사〉의 작곡 동기 등 몇몇 명확하지 않은 사실들은 여전히 미스터리로 남아 있는데, '언제 무엇 때문에 작곡했으며, 이 작품이 의미하는 바는 무엇인지, 또 어떻게 연주되었는지?' 등에 대해서는 여전히 정확히 알 수 없고, 더욱이 이 작품이 애당초 완전한 하나의 작품으로 작곡되었는지조차 아직 확실치 않다. 작곡의 경과를 보면 1724년 '상투스' 부분이 먼저 작곡되었고, '키리에'와 '글로리아'는 1733년에 작곡되어 작센 선제후 프리드리히 아우구스트 2세에게 헌정되었으며, 그 후 25년이라는 오랜 휴지 기간을 거쳐 1749년 '크레도'와 마지막 부분인 '아뉴스 데이'가 완성되었다. 최근 일본의 바흐 전문학자인 고바야시 요시다케(小林義武, 1942-2013)는 필적 연구를 통해 '크레도', '상투스', '아뉴스 데이' 부분은 바흐가 시력을 완전히 잃기 직전인 1749년까지 작업되었음을 밝혀낸 바 있다. 따라서 종전까지는 바흐의 마지막 작품이 〈푸가의 기법〉이라고 알려져 왔으나, 오히려 〈b단조 미사〉가 그보다 더 늦은 시기에까지 걸쳐 작곡되었음이 밝혀지게 된 셈이다.

바흐 생존 시에는 '글로리아'와 같은 부분 악장이 연주되었을 것으로 생각되며, 그의 아들 칼 필립 에마뉴엘 바흐가 1786년 '크레도' 악장을 함부르크의 한 자선 공연에서 연주한 적이 있으나, 전곡의 초연은 바흐의 사후 1812년 슈르다에 의해 이루어졌다.

『신 바흐 전집』(Neue Bach Ausgabe)에서 b단조 미사 악보를 편집한 스멘트(Fridrich Smend)는 미사 전체를 하나로 보는 것은 착각이라 주장하였다. 그러나 이러한 스멘트의 주장은 다델젠(Georg von Dadelsen)에 의해 즉각적으로 반박되었고, 또한 말년에 작곡된 '아뉴스 데이'의 마지막 "우리에게 평화를 주소서"(Dona novis Pacem)에서 '글로리아'의 "당신께 감사하나이다"(Gratias agimus tibi)가 다시 등장하는 점으로 보아 바흐가 이 곡을 하나의 통일된 작품으로 기획했다는 주장이 설득력을 얻고 있으며, 오늘날 대부분의 학자들은 바흐가 완성된 미사 전체를 의도했다는 데 동의하고 있다.

'상투스'는 독립적으로 가장 먼저 작곡되어 1724년 크리스마스에 처음 연주되었으며, '키리에'와 '글로리아'는 1733년 독일 작센 지방의 새로운 선제후이자 폴란드의 왕인 아우구스트 2세에게 헌정되었다. 당시 라이프치히의 칸토르였던 바흐는 시 당국과 많은 마찰을 빚고 있었으며 이를 타개하기 위해 가톨릭 신자인 드레스덴 선제후에게 '키리에'와 '글로리아'로 된 미사를 헌정한 것이다.

이 작품은 일반적으로 〈b단조 미사〉라는 이름으로 알려져 있어 이 곡의 어두운 측면이 연상되지만 사실 이 작품은 b단조와 관계 장조인 D장조가 오히려 더 큰 비중을 차지하고 있다. D장조는 전통적으로 바로크의 영광스러움을 나타내는 조로 알려져 있는데 이 곡에서는 화려한 트럼펫의 명징한 사운드가 이를 잘 대변해 주고 있다.

〈b단조 미사〉의 의미

과연 바흐는 무엇 때문에 그렇게 오랜 세월에 걸쳐 이 미사곡에 매달렸을까? 그리고 1733년의 헌정 미사를 미사 전곡으로 확장한 이유는 무엇일까?

〈b단조 미사〉는 부분적으로는 실용적이라 할 수 있는데, '상투스'나 1733년의 헌정 미사, 그리고 바흐 사후에 연주된 니케아 신경을 보면 곡을 구성하는 다양한 음악적 요소들이 루터파 교회의 실질적 요구에 의해 작곡된 것임을 알 수 있다. 그러나 전체적으로는 추상적, 이상적이며 작곡 당시 이미 시대와 장르를 초월하였으며, 세속 칸타타로부터 전용한 미사 악장은 세속과 종교의 경계마저 허물고 있다. 양식 면에서 이 미사곡은 그레고리오 성가에서부터 르네상스 폴리포니 양식을 거쳐 당시로는 최신의 갈랑트(galantes) 양식까지 포용하고 있다. 이 곡은 엄격한 대위법 악장에서도 이탈리아에서 유래한 리토르넬로(ritornello)의 모방기법이 균형을 이루고 있는 등 나폴리, 드레스덴, 라이프치히 등의 다양한 지역의 음악적 특성이 완벽하게 융합되어 있는 참으로 놀라운 '양식의 융합'이라 할 수 있다.

바흐는 모든 음악의 뿌리에서 출발하여 종파적, 지역적, 양식적 한계를 돌파한 숭고한 음악을 만들어, 이것이 가톨릭을 위한 작품인가 루터교를 위한 작품인가 하는 편협한 논쟁을 무의미한 것으로 만들어 버렸다. 즉 바흐는 모든 특수성과 보편성을 시대를 초월한 미사 통상문이라는 양식에 담았으며, 〈b단조 미사〉는 평생에 걸친 바흐의 음악적 기술, 그리고 바흐 시대에 가능했던 모든 음악양식, 음악어법, 작곡기법의 철저한 완성체라 볼 수 있다. 바흐는 한 곡 한 곡에 완전히 다른 편성, 양식, 구조를 적응시키면서 전체적으로 질서정연한 독자적인 음악세계를 구축해 갔다. 〈b단조 미사〉에 숨겨진 수많은 논쟁에 대한 연구와 해석은 아직도 진행 중에 있다. 그러나 이 위대한 미사곡은 과거에 머문 작품이 아닌 오늘날은 물론 미래형의 준비된 작품이다.

-제1부- 키리에와 글로리아(한 묶음으로 구성되어 있다)

[1] 키리에(Kyrie)
모두 3부분으로 나누어지는 것은 종래의 구성과 같으나 중간 부분이 종래의 것과는 다르다. 이 미사곡의 출발점인 첫 번째 키리에는 b단조의 협주곡풍으로 확장된 장중한 곡이다. 전체적으로는 비통함이 나타나

있지만 그 사이사이에 다소 밝은 삽입구가 나타난다.

① 5성부 합창이 느리게 "주여 우리를 불쌍히 여기소서"(Kyrie eleison)이라고 부르짖은 후, 느린 라르고가 되어 관현악이 푸가풍으로 전개해 나간다. 이것을 전주로 하여 합창의 테너가 "키리에 엘레이손"을 부르기 시작한다. 알토가 이를 모방하면서 노래하고, 다음은 제1, 2소프라노, 베이스의 순으로 성부가 차례로 더해지면서 장대한 5성부 푸가로 발전한다. 짧은 관현악의 간주가 나온 후 이번에는 먼저 베이스가 "키리에"를 다시 부르고, 이를 테너, 알토, 소프라노의 순으로 모방하면서 전개되어 절정을 이룬 후 끝맺는다.

② 중간 부분인 "크리스테 엘레이손"은 소프라노와 알토의 이중창으로 대위법적인 구성으로 되어 있지만 중간 중간에 호모포닉한 부분이 나타나면서 가사를 분명하게 전한다. 선율 자체는 매우 기교적이면서도 서정적이다. 중간중간에 나타나는 현의 유려한 간주가 매우 아름답게 들리는데 이는 바흐가 당시 드레스덴 작곡가들의 영향을 받은 것으로 여겨지는 대목이다.

③ 3부에 해당하는 두 번째 "키리에 엘레이손"은 첫 번째 "키리에"보다는 전체적으로 더 강렬하며 템포는 더 빠르고 조성으로나 곡의 성격상 1부의 "키리에"와는 사뭇 다른 대조를 이루고 있다. 베이스로부터 먼저 "키리에"로 출발하고, 이를 테너-알토-소프라노의 순서로 성부를 더해가면서 모방해 나간다. 후반부는 다시 성부의 순서를 바꾸어 모방해 가는 엄격한 4성부 푸가로 발전한다.

[2] 글로리아(Gloria)

D장조의 화려한 글로리아는 모두 9개 부분으로 구성되어 있는데 최초의 두 합창곡이 조성과 박자가 같기 때문에 하나로 볼 수 있어 실제로는 8개 부분으로 되어 있다. 합창과 함께 바이올린, 바흐 트럼펫, 오보에 다모레, 플루트, 호른 등 여러 악기의 오블리가토 반주가 붙은 독창, 이중창으로 구성되어 있다.

① 하늘 높은 곳에서는 주께 영광(Gloria in excelsis Deo)

빠른 템포의 대합창곡으로 트럼펫의 주도하는 관현악의 빛나는 전주가 있고, 이어 5성부 합창의 푸가가 화려하게 전개된다. 참으로 눈부시고 찬란한 합창이다.

② 땅에서는 평화로다(Et in terra Pax)

여기서 박자가 바뀌고 느린 템포의 합창이 전개된다. "땅에서는 평화로다"라는 가사의 호모포닉한 합창의 느릿한 전개가 나온 후, 제1소프라노로부터 시작하여 알토-테너-베이스-제2소프라노로 전개되는 황홀한 5성부 푸가가 전개된다.

③ 하나님을 찬양하라(Laudamus te) 알토 독창

바소 콘티누오 위에 독주 바이올린의 밝고 즐거운 전주가 나온 후 소프라노(알토)가 노래를 부르기 시작한다. 노래 사이사이에 아름답고 즐거운 바이올린 솔로가 전곡을 누비면서 분위기를 이끌어 가고 있다. 이 기악 부분은 바로크 음악의 특징이기도 한 화려하고 장식적인 음악으로 가득 차 있다.

④ 당신께 감사하나이다(Gratias agimus tibi)

느리고 장중한 작은 푸가가 시작되는데, 선율은 그의 칸타타 제29번 〈주여, 감사드리나이다〉의 합창에서 유래한 것이다. 상승하는 합창 선율이 대위법적으로 진행하며 여기에 트럼펫이 가세하여 찬란하게 빛나는 클라이맥스를 만들어 낸다. 이 선율은 이 곡의 최후를 장식하는 "우리에게 평화를 주소서"(Dona novis Pacem)에서 다시 사용된다.

⑤ 주 하나님(Domine Deus)

바소 콘티누오로 위에서 플루트와 약음기를 낀 현의 전주로 곡은 시작되고, 소프라노와 테너의 이중창이 '하나님의 독생자 예수 그리스도'(Domine Fili unigenite Jesu Christe)의 가사를 모방하며 주고받으면서 감정 풍부한 노래를 부른다. 꽤 긴 기악 간주가 나온 후 이중창이 같은 가사를 동시에 부른다. 다시 짧은 간주 후에 이중창이 되풀이된다.

⑥ 우리의 죄를 지고 가시는(Qui tollis peccata mundi)

느린 장중한 곡으로 4성부의 푸가풍의 모방 대위법으로 느리게 진행된다. 이 곡은 그의 칸타타 제46번 〈보라, 보라〉(Schauet doch und sehet)에서 차용한 것을 포함하고 있다.

⑦ 하나님의 우편에 앉으신 주여(Qui sedes ad dextram Patris)

알토의 아리아로 오보에 다모레가 주도하는 관현악의 전주 후에 "하나님의 우편에 앉으신 주여"라고 부르는 매우 서정적이면서도 감동적인 노래이다. 이 곡도 오보에 독주가 노래 사이사이를 누비며 분위기를 만든다.

⑧ 주님 홀로 거룩하시다(Quonium tu solus sanctus)

D장조의 밝은 확신에 베이스의 아리아로 아름다운 호른의 오블리가토에 힘입어 베이스의 노래가 빛을 발한다. 곡 중 호른의 오블리가토가 특별한 매력으로 돋보이는 곡이다.

⑨ 성령과 함께(Cum sancto spiritu)

대영광송의 마지막을 장식하기에 걸맞은 D장조의 밝고 빛나는 합창이다. "성령과 함께"(Cum sancto spiritu)의 가사를 시작으로 모방해가면서 숨 가쁘게 몰아치며 질주하는 대합창으로 대위법의 각종 기법이 구사되고 전개되면서 바흐 음악의 놀라운 진면목을 보여준다. 합창이 빠르게 진행하다가 상성부에서 긴 호흡으로 ♬는 부분에서 관현악의 반주는 짧은 음표로 질주하면서 곡의 긴장감과 박력을 더해간다. "성령, 주 하나님 아버지께 영광 아멘"을 몇 번씩이나 반복하여 진행하는데, 여기에 트럼펫의 통렬한 절규가 더해져 마지막에 빛나는 큰 클라이맥스를 쌓아 올린다.

-제2부- 니케아 신경(Symbolum Nicenum)

[3] 사도신경(Credo)

① 한 분이신 주를 믿습니다(Credo in unum Deum)

미사곡의 전체 중에서 가장 정교하며 또 구성이 돋보이는 부분이다. D장조의 장대한 5성부 합창으로 첫 부분은 그레고리오 성가에 의한 가사를 긴 호흡의 푸가로 부르며, 관현악의 반주는 빠른 박자로 계속 진행된다.

② 전능하신 아버지(Patrem omnipotentem)

트럼펫의 찬란한 반주 위에서 합창의 베이스 파트는 "전능하신 아버지"(Patrem omnipotentem)를 다른 성부는 "한 분이신 주를 믿습니다"(Credo in unum Deum)의 가사를 힘차게 부르며 시작한다.

③ 유일하신 주 예수 그리스도(Et in unum Dominum)

현악과 오보에의 아름다운 짧은 전주에 이은 소프라노와 알토의 이중창으로 에코 효과를 내면서 가사를 서로 주고받는다. 중간에 짧은 간주가 나온 후 다시 모방풍의 이중창이 계속된다.

④ 인간으로 태어나시고(Et incarinatus est)

b단조의 무겁고 어두운 분위기로 5성부 합창이 내려가기 식으로 느릿느릿하게 노래해 간다. 성악 사이사이의 현의 하행 선율도 곡의 분위기를 더욱 무겁게 해주고 있다. 마치 모차르트 레퀴엠의 한 부분을 듣는 것 같은 분위기이다.

⑤ 십자가에 못 박히시고(Crucifixus)

먼저 소프라노가 하강하는 선율로 "십자가에 못 박히시고"(Crucifixus)를 시작하면 연이어 알토-테너-베이스 순으로 침통하게 부른다. 이번에는 반대로 상승하는 선율을 소프라노부터 시작하고 앞의 순서로 따라 부른다. 이는 그의 칸타타 제12번 〈울고, 한탄하고, 근심하고〉(Weinen,

Klagen, Sorgen) 제2곡의 선율을 차용한 것이다.

⑥ 사흘 만에 부활하시고(Et resurrrexit tertia die)

다시 D장조로 회귀하여 트럼펫, 팀파니가 가담한 관현악의 찬란한 반주를 타고, 합창이 "사흘 만에 부활하시고"(Et resurrrexit tertia die)를 힘차게 외친 후 오케스트라가 경쾌한 질주를 전개하고 이를 타고 베이스부터 시작되는 경쾌한 질주의 푸가가 전개되면서 부활의 감격이 힘차게 울려 퍼진다. 중반부에 앞의 오케스트라 전주가 반복되고 "하늘에 오르시어 하나님의 오른편에 앉아 계시도다"가 노래 불린다. 짧은 간주 후 후반부에 베이스 파트로 시작되는 질주하는 푸가가 연주된 후 합창이 첫 부분을 다시 힘차게 부른다. 질주하는 푸가를 반복하여 클라이맥스를 형성한 후 오케스트라의 후주로 곡을 마친다.

⑦ 성령을 믿사오며(Et in Spiritum Sanctum)

이 곡은 매우 서정적 아름다움이 넘치는 베이스 아리아로, 오보에 다모레의 오블리가토가 시작부터 그리고 노래 사이사이에 매우 아름답게 펼쳐진다.

⑧ 하나의 세례를 고백하며(Confiteor unum baptismas)

푸가로 된 합창이다. 전반부에서는 5성부의 푸가로 노래하지만, 후반부에서는 갑자기 아다지오로 느려지며 화성적인 응답의 온음계적 단조가 되어 신비스러운 분위기를 자아낸다.

⑨ 부활을 믿으며(Et exspecto resurrecionem)

갑자기 템포가 비바체로 빨라지면서 합창이 웅대한 푸가를 구축해 가는데, 여기에 트럼펫이 가담하여 찬란한 색채와 리듬을 더해 곡은 화려하고도 장대한 클라이맥스를 향해 돌진해간다.

-제3부- 상투스(Sanctus)

단일 악장인데 2부 구성으로 되어 있다. 3대의 트럼펫과 팀파니, 3개의 오보에, 현악 3부와 통주저음, 그 위에 6성부 합창으로 펼쳐지는 장대한 찬미가이다. 상투스의 첫 부분은 프랑스풍의 서곡 양식으로부터 그 음악적 모티브를 가져왔다. "상투스"를 세 번 크게 외친 후 6성부의 합창이 느리고 장중하게 "거룩할지어다. 만군의 주여"(Sanctus Dominus Deus Sabaoth)라는 가사에 셋잇단음표의 박자의 리듬을 타고 끌려가듯이 노래해 간다.

갑자기 템포가 급변하며 제2부가 시작되는데 먼저 테너 성부가 "하늘과 땅에 가득 찬 영광"(Pleni sunt coeli et terra gloria tua)을 시작하면 이를 받아 제2알토-제1소프라노-제2소프라노와 제1알토 파트 순으로 모방하면서 정교한 6성부의 대푸가로 발전하여 웅혼하게 끝맺는다. 이 악장은 영웅적이며 신성한 힘의 장관을 보여준다. 그 악상이 웅대하고 깊으며, 숭고함과 정신적 고양감마저 느껴진다.

-제4부-

네 곡으로 구성된 제4부는 플루트의 오블리가토와 테너 독창에 의한 관능적인 베네딕투스, 차분한 현의 반주 위의 호소력 넘치는 알토 아리아로 유명하다. 이 마지막 알토 아리아 '아뉴스 데이'는 〈b단조 미사〉 전곡 가운데 가장 아름다운 아리아 중 하나이다.

[1] 호산나(Osanna in excelsis)

D장조의 8성부(두개의 4성부 합창)와 트럼펫, 팀파니가 가세한 관현악에 의해 노래되는 "하늘 높은 곳에서는 호산나"라는 짧지만 웅혼하고 아름다운 선율은 자신의 1732년 작곡한 세속 칸타타인 〈국부이신 왕이여, 만수무강하소서〉(Es lebe der Koenig, der Vater im Lande)에서 차용한 것이다. 합창 후 관현악만의 후주가 화려하게 펼쳐진다.

[2] 베네딕투스(Benedictus)

플루트의 오블리가토 위에 테너가 깊은 감정을 실어 노래하는 아름다운 아리아로 미묘하면서도 신비로운 아름다움이 있다. 테너가 "주의 이름으로 오시는 이여 복을 받으소서"(Benedictus, qui venit in nomine Domine)의 가사를 차분하게 노래한다. 플루트의 오블리가토 다시 후주로 나온다. 베네딕투스 뒤에는 "하늘 높은 곳에서는 호산나"의 웅혼한 합창이 다시 한번 힘차게 반복된다.

[3] 아뉴스 데이(Agnus Dei)

알토의 아리아로 바이올린 유니슨의 아름다운 오블리가토 위에 알토가 "주의 어린양"(Agnus Dei)를 애잔한 감정을 실어 호소하듯이 노래해 나간다. 전곡 가운데서 가장 아름다운 아리아의 하나이다.

이 장대한 미사곡의 결미인 4성 합창인 "저희에게 평화를 주소서"(Dona nobis pacem)는 글로리아의 제3곡인 '당신께 감사하나이다'(Gratias agimus tibi)를 그대로 재사용한 것으로 종교적인 엄숙함과 숭고함이 가득 차 있다. 곡에 통일성을 주기 위하여 같은 미사에서 앞에 제시된 선율을 다시 사용하는 것은 드레스덴 작곡가들에서 찾아볼 수 있는 관습이며, 비록 작곡된 시기는 동일하지 않지만 이와 같은 사실은 바흐가 미사의 제1부부터 마지막 제4부까지 전체를 하나의 작품으로 인식하고 곡을 구성했음을 강하게 시사해 주고 있다.

🌱 연주사와 연주 관행

바흐 생전에 〈b단조 미사〉 전곡이 처음부터 끝까지 연주된 적이 없다. 1733년 드레스덴 선제후에게 헌정된 키리에와 글로리아의 미사는 라이프치히나 드레스덴에서 연주되었을 가능성이 높지만 아직 확증은 없다. 바흐 사후 이 곡의 총보를 상속받은 아들 칼 필립 엠마누엘 바흐(C. P. E. Bach)가 1817년 자선 연주회에서 자신의 작품과 함께 '니케아 신경'만을 지휘하였다. 따라서 지금 우리가 당연시 생각하고 있는 규모와 음악적 정교함으로 연주하게 된 것은 정말 놀랍게도 불과 얼마 되지 않았다. 오늘날의 관점에서 바흐의 음악이 재발견되던 시기, 즉 멘델스존에 의해 바흐의 〈마태 수난곡〉이 재연된 시기에 와서는 이 곡을 수백 명의 성악가와 오케스트라가 거대하게 연주하였다. 이러한 19세기적인 거대주의에 반발하여 슈바이처(Albert Schweitzer), 쉐링(Arnold Schering), 테리(Charles Sanford Terry) 등은 바흐가 원래 의도한 편성과 음향에 관심을 가졌다. 이 곡의 최초의 녹음은 1929년 영국의 코테스(Albert Coates)에 의해 필하모니아 합창단과 런던 심포니 오케스트라에 의해 행해졌으며, 미국에서의 최초의 녹음은 1947년 로버트 쇼가 지휘한 RCA Victor 오케스트라에 의해 행해졌다.

1961년 칼 리히터의 연주나 오토 클렘페러(Otto Klemperer)의 연주는 규모가 큰 장대한 연주로 바흐의 음악세계를 웅혼하게 그리고 있다. 1968년 아르농쿠르는 처음으로 완전한 원전악기 오케스트라로 연주하였다. 바로크 음악 전문 연주가 리프킨은 1981년 보스턴에서 열린 미국 음악학 학회에서 발표한 논문에서 바흐의 성악 작품은 당시 여러 명의 합창 대신에 한 성부당 1명의 솔로가 합창과 독창을 모두 연주하였다고 주장한 소위 '최소 편성 연주'를 주장한 바 있다. 그의 이러한 주장은 찬반양론으로 나뉘어 지금도 설전을 벌이고 있는데, 지휘자 패롯(Andrew Parrot), 쿠이켄(Sigiswald Kuijken), 민코프스키 그리고 음악학자 버트(John Butt)는 리프킨을 옹호한 반면, 레온하르트, 쿠프만, 헤레베헤 등의 3인은 일반적인 '최소 편성 연주'보다는 다소 규모가 있는 실내악 편성을 지지하고 있다. 결론은 나지 않았지만 어쨌든 리프킨은 바흐 음악의 연주사에 새로운 가능성을 열어 놓은 것은 분명하다. 최근에 들어서 원전악기에 의한 소규모의 소박한 연주가 새로운 연주 형태로 등장하여 많은 사람의 동의를 얻고 있다.

🌱 연주와 음반

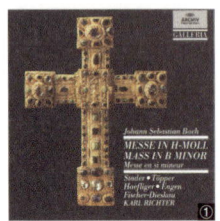  

① 칼 리히터(Karl Richter)가 지휘한 뮌헨 바흐 합창단과 오케스트라의 연주(Archiv, 1961년)는 이 곡의 최고 명연으로 이 부동의 지위를 아직까지 지키고 있다. 이런 음악은 앞으로도 나오기 힘든 명연주로 영원히 기억될 것이다.

칼 리히터는 1968년의 멜로디아 음반과 1969년의 일본 동경에서의 실황 녹음을 포함, 이 곡을 세 번 녹음했다. 실황 음반보다는 오히려 1961년 스튜디오 녹음한 음반이 불후의 역사적 명연이다. 대규모 합창단, 현대 악기에 의한 오케스트라, 기악 및 당대 최고의 솔리스트들이 대거 참가한 웅혼한 연주로 바흐 음악의 귀재 칼 리히터의 바흐에 대한 존경심과 열정이 흠뻑 배어 있는 감동적인 연주이다. 전체적으로 템포가 느리고, 다른 음반에서는 맛볼 수 없는 바흐 음악의 숭고한 아름다움과 정신적 고양감마저 느껴지는 명연주이다. 그뿐만 아니라 함께 참여한 솔리스트들, 소프라노 슈타더, 알토 퇴퍼, 테너 헤플리거, 베이스에 피셔 디스카우 등 모두 지금은 다시 들을 수 없는 전설적인 가수들이 총망라된 호화 진용의 역사적 연주이다. 특히 이 음반에는 '성령을 믿사오며'를 부르는 피셔 디스카우의 절창과 '베네딕투스'를 부르는 헤플리거의 서정적 노래를 들을 수 있는 즐거움이 있다. 리히터의 엄격한 통솔 아래 솔리스트, 오케스트라, 합창이 그야말로 혼연일치가 되어 감동적인 웅혼한 바흐 음악을 만들어 내고 있다. '십자가에 못 박히시고', '하나의 세례를 고백하며', '부활을 믿사오며', 이어 계속되는 '상투스'에 이르는 일련의 음악적 전개는 한 편의 수난곡과 같은 극적 드라마를 연출하고 있어 영혼의 절규처럼 매우 감동적으로 들린다. 현대 악기를 사용한 기악 솔리스트의 연주 또한 매우 아름답고 하나같이 뛰어나다. 곡의 도처에서 터져 나오는 트럼펫의 찬란한 연주는 다른 연주에서는 들을 수 없는 통렬한 것으로 듣는 사람에게 깊은 인상을 각인시켜 준다.

② 헬무트 릴링(Helmuth Rilling)이 지휘하는 슈투트가르트 바흐 콜레기움 오케스트라와 게힝거 칸토라이 합창단의 연주(hänssler, 1999년)는 칼 리히터로부터 이어져 내려온 독일의 신 바로크적 연주이다. 릴링은 이 곡을 두 번 녹음했는데 대규모 합창단, 현대 악기에 의한 오케스트라, 기악 솔리스트들이 참가한 연주로 스케일이 크지만 과도한 감정 노출을 자제하고, 선명하고 절제된 연주를 들려주는 명연으로, 리히터와는 또 다른 뜨겁게 연소되는 내적인 정열과 고양되는 정신의 힘을 느낄수 있는 연주이다. CBS에서 나온 첫 번째 녹음과 두 번째 녹음은 독창진이 바뀐 것 외에는 근본적으로 큰 차이가 없는 연주로서 합창의 스케일이 크면서도 프레이징이 훌륭하며 선율 라인이 잘 살아난 매우 정교하면서도 생동감 넘치는 훌륭한 연주를 펼치고 있다. 충분한 템포로 여유 있게 시작한 '키리에 엘레이손'의 연주는 정말 훌륭하지만 '글로리아' 부분의 합창은 템포가 지나치게 빠른 부분도 있어 옥의 티다. 솔리스트 중 알토 잉게보르그 단츠(Ingeborg Danz)와 베이스 안드레아스 슈미트(Andreas Schmidt)의 호소력 넘치는 가창력이 돋보이나 다른 솔리스트들은 합창에 비해 지극히 평범한 연주에 그치고 있는데 특히 제1소프라노

시빌라 루벤스는 음정도 불안하고 가창력도 떨어진다.

③ 오토 클렘페러(Otto Klemperer)가 지휘한 뉴 필하모니아 관현악단(New Philharmonia Orchestra)과 BBC 합창단(BBC Chorus)의 연주(EMI, 1968년)는 오늘날의 견지에서 볼 때 매우 규모가 크고 웅혼한 낭만적인 연주이다. 전체적으로 템포가 느린 편이며 연주 시간도 긴데 합창보다는 오케스트라의 연주가 더욱 훌륭하다. 솔리스트로는 소프라노 아그네스 기벨(Agnes Giebel), 알토 자넷 베이커(Janet Baker), 테너 니콜라이 게다(Nicolai Gedda), 바리톤 헤르만 프라이, 베이스 프란츠 크라스(Franz Crass) 등 당대 최고의 명연주자들이 모여 높은 수준의 가창력을 들려준다. 이 가운데서도 특히 알토 자넷 베이커는 '아뉴스 데이'에서 호소력 넘치면서도 격조 높은 뛰어난 가창으로 깊은 감동을 들려준다.

◆ 원전연주

④ 구스타프 레온하르트(Gustav Leonhardt)가 지휘하는 라 프티트 방

드와 네덜란드 바흐 협회 콜레기움 무지쿰(Collegium Musicum van de Nederlandse Bachvereniging)의 연주(Deutsche Harmonia Mundi, 1985년)는 원전악기를 사용한 정격연주로 한 성부에 한 사람씩 노래하다가 일순간에 5-6명씩 어우러져 합창으로 전환하는 등 칼 리히터의 연주에서 볼 수 있는 웅혼한 감동적 합창과는 거리가 있는 연주이다. 연주는 전체적으로 소박하고 진솔한, 내향적인 연주로서 합창은 소편성이지만 앙상블이 매우 정교하고 세련되어 실내악적 분위기를 창출하고 있다. 느린 부분의 연주는 충분하게 느리며, 다른 연주에서 느낄 수 없는 순음악적 아름다움이 느껴진다. 합창에서 빠르게 질주하는 상성부의 움직임은 마치 솜털과도 같이 가볍게 움직이며 한 치의 오차도 없는 놀라운 연주를 들려준다. 이 연주에서는 솔리스트들의 연주가 하나같이 뛰어난데, 그 가운데서도 소프라노 이사벨 풀르나르(Isabelle Poulenard), 알토 기유메트 로랑(Guillemette Laurens)은 뛰어난 가창력을 들려주며, 오늘날 고음악의 대가로 우뚝 서 있는 카운터테너 르네 야콥스의 젊은 시절 매력적인 노래를 들을 수 있다. 그 외 솔리스트들도 최고는 아니지만 매우 훌륭한 연주력을 들려주며, 기악 솔리스트들의 연주도 모두 뛰어났다. 이 음반은 들으면 들을수록 더욱 좋아지는 묘한 매력이 있다.

⑤ 필립 헤레베헤(Philippe Herreweghe)가 지휘하는 콜레기움 보칼레 오케스트라와 합창단의 연주(Harmonia Mundi, 1988년)는 시대악기를 사용한 원전연주이다. 각 성부에 4-5명씩, 전체 20여 명 규모의 실내 합창단으로 전체적으로 선율 라인이 잘 살아난 연주로 성부 간의 균형과 앙상블이 매우 훌륭하다. 소규모 연주의 특성상 웅장하고 깊은 감동의 연주이기보다는 합창이 매우 섬세하고 정교하여 실내악적 분위기를 창출

하고 있다. 성악 솔리스트들의 연주가 하나같이 훌륭하다. 소프라노 요하네트 조머, 베로니크 쟝(Veronique Gens), 카운터테너 안드레아스 숄, 테너 크리스토프 프리가디언, 베이스 피터 쿠이가 하나같이 수준 높은 노래를 들려준다. 알토를 부르는 카운터테너의 안드레아스 숄은 '아뉴스 데이'에서 호소력이 넘치는 노래를 들려주며, 현재 바로크 전문 테너로 명성이 자자한 프리가디언의 격조 높은 목소리와 안정된 가창력은 이 음반의 큰 매력이 되고 있다. 그 외에 소프라노 조머의 깔끔한 목소리와 호소력 넘치는 가창도 훌륭하다.

⑥ 마크 민코프스키(Marc Minkowski)가 지휘하는 루브르 궁정 음악가들의 연주(Naive, 2008년)는 10명의 솔리스트가 합창 파트와 독창을 도맡아하는 연주로 합창의 한 성부를 한 명씩 가수가 부르는 리프킨 식의 연주보다는 한 성부에 2명씩을 배치하여 실내악적 분위기의 소편성의 연주이다. 10명의 솔리스트가 부르는 소편성 연주로 선율 라인이 명확히 살아나는 장점 외에도 이 곡에 내재해 있는 아름다움과 대위법적인 구성미를 절묘하게 살려내고 있다. 전체적으로 템포가 빠른 편이며 숨 가쁘게 질주해 나가는 부분은 따라잡기 힘들 정도이다. 그러나 음악이 추호의 흐트러짐이나 뒤틀림 없이 정교한 음악을 만들어내는 민코프스키의 능력에 감탄이 절로 나온다. 대체로 솔리스트들이 하나같이 높은 수준의 훌륭한 가창력을 들려주는데, 특히 '아뉴스 데이'를 부르는 알토 나탈리 스타츠만(Natalie Stutzmann)은 매력적인 음색과 뛰어난 가창력으로 깊은 감동을 끌어내는 데 성공하고 있다. 그 외 소프라노, 알토, 테너, 베이스 모두 훌륭한 가창력을 들려주고 있는데, 이들이 함께하는 이 중창들도 하나같이 높은 수준의 앙상블로 깊은 감흥을 불러일으킨다.

그러나 솔리스트 가운데서 베이스의 루카 티토토(Luca Tittoto)는 가창력이 떨어져 아쉬움을 남긴다.

⑦ 존 엘리엇 가디너(John Eliot Gardiner)가 지휘하는 잉글리시 바로크 솔로이스츠와 몬테베르디 합창단의 연주(Archiv, 1985년)는 고악기를 사용한 원전연주로 전체적으로 빠른 템포, 생동감 넘치는 표현, 투명한 음색 등이 특징이다. 합창은 전반적으로 신선하고 스위스 시계공처럼 치밀하고 정교하다. 글로리아 중 '땅에서는 평화로다'와 크레도 중 '십자가에 못 박히시고'에서는 합창의 한 성부에 한 사람씩의 솔리스트만 배치하는 소위 리프킨 식의 소규모 형식을 따르지만, '상투스', '호산나' 등에서는 규모가 큰 합창으로 노래하는 등 절충식의 연주로서 소규모 형식의 합창에서는 실내악적인 분위기를 창출하고 있다. 그러나 글로리아의 마지막 '성령과 함께'와 '상투스', '호산나' 등에서 거침없이 질주해가는 경쾌한 합창은 정말 훌륭하며, 연주에 참가하고 있는 여러 명의 솔로이스트 중 소프라노의 낸시 아르젠타의 뛰어난 가창력은 이 음반의 큰 매력이 되고 있다. 한편 알토를 부르는 카운터테너 마이클 챈스도 기품 있고 호소력 있는 훌륭한 연주를 펼치지만 그 외 다른 솔리스트들은 평범한 수준의 연주를 보여준다.

DVD

칼 리히터(Karl Richter)가 지휘하는 뮌헨 바흐 오케스트라와 합창단의 연주(DG, 1969년)는 1961년 녹음과 악단과 합창단이 같고 솔리스트 가운데 알토의 퇴퍼를 제외하고 나머지 솔리스트는 모두 다르다. 두 음반 모두가 역사적 명연이지만 일반적으로 솔리스트로 테너 헤플리거,

베이스 피셔 디스카우가 연주한 CD 음반의 연주를 최고의 명연으로 친다. 이 영상물은 1969년의 녹화로서 1981년 심장마비로 갑자기 세상을 떠나 전 세계 바흐 음악 애호가에 많은 아쉬움을 남긴 칼 리히터의 젊은 시절의 활동 모습과 이제 고인이 된 바리톤 헤르만 프라이의 모습을 볼 수 있는 특별한 즐거움이 있다. 이 연주는 이 곡 최고의 명연으로 바흐 음악의 장중함
과 웅혼함, 그리고 숭고한 아름다움이 잘 드러난 명연주로 바흐 음악의 근간인 음악으로 쌓아 올린 건축적인 구성적 아름다움도 잘 드러나 있다. 솔리스트는 당대 최고의 호화 진용으로 짜여 졌으며 그 가운데서도 '아뉴스 데이'에서 보여주는 콘트랄토 퇴퍼의 감정 표현이 깊은 노래가 훌륭하고, 소프라노 야노비츠(Gundula Janowitz)는 완벽한 기교와 가창력을 보여 주지만 아직 성숙한 맛이 덜 배어 있다. 합창의 시작과 곡 중간중간에 나타나는 소위 '바흐 트럼펫'의 통렬한 울림이 일품이며 웅혼한 합창을 더욱 찬란히 빛나게 하고 있다.

크리스마스 오라토리오
Oratorio de Noël

바흐는 오라토리오란 이름이 붙은 곡을 3곡 남기고 있으며, 모두가 비슷한 시기에 집중적으로 만들어 졌다. 〈크리스마스 오라토리오〉가 1734-1735년, 〈부활절 오라토리오〉와 〈승천 오라토리오〉는 1735년에 각각 만들어졌으며 그 가운데서 가장 유명한 것이 바로 〈크리스마스 오라토리오〉이다. 이 곡은 마태, 요한 수난곡과 함께 바흐의 전 작품 중에서 최고 걸작의 하나로 꼽힌다. 비록 이 곡에 〈크리스마스 오라토리오〉라는 이름이 붙어 있지만 보통의 오라토리오와는 달리 일관된 이야기의 줄거리가 없어 하나의 작품이라기보다는 6개 칸타타의 연작(連作)으로 보는 것이 더 타당하다.

이 곡은 바흐의 라이프치히 시대인 1734년 12월 25일 크리스마스로부터 공현절(公現節; 동방박사가 아기 예수를 알현한 사실을 기념하는 절기) 즉, 이듬해 1월 6일까지 2주간의 6개 축일을 위해 작곡되었다. 이 작품은 특징은 주요 부분을 이미 작곡된 축전적인 4곡의 세속 칸타타로부터 선율을 패러디(차용)한 점이며, 1733년과 1734년에 작센 공 가문 귀족의 생일을 축하하기 위한 칸타타 213과 214번, 그리고 작센 선제후의 폴란드 왕

대관 기념일을 위한 칸타타 215번, 그리고 지금은 소실된 교회 칸타타 248a에서 차용하고 있다.

가사의 제1-4부는 누가복음 2장 1-21절에서, 그리고 제5-6부는 마태복음 제2장 1-12절에서 인용하고 있으나 일관된 이야기는 아니다. 바흐 자신이 6곡의 연속성을 강하게 의식하고 있었음은 틀림없지만 전 6부 가운데 좁은 의미의 크리스마스용 음악은 전반의 3부이며, 제4부는 신년(할례 주일), 제5부는 할례 후 주일, 제6부는 1월 6일 그리스도의 공현절 축제를 위한 것이다. 비록 6곡이 각각 독립된 칸타타로 작곡되었지만 잘 정돈되어 있어 조금도 산만하지 않으며, 곡의 분위기는 〈마태 수난곡〉 등 예수의 수난을 비통하게 다룬 수난곡들과는 달리 크리스마스와 어울리게 밝고 즐겁다. 그리고 극적이기보다 매우 서정적이고 또한 멜로디가 즐겁고 경쾌하여 바흐의 종교 작품 중 가장 이해하기 쉬운 곡이라 할 수 있다. 그러나 전체가 6일간에 걸쳐 연주되는 칸타타로 되어 있어 연주 시간이 길고 장대하여 곡을 즐기기 위해서는 상당한 인내와 노력이 필요하다.

-제1부- 환호하라, 기뻐하라, 이날을 찬미하라
(크리스마스 제1일)

이 곡은 12월 25일 크리스마스 예배에 불린 것으로 첫 곡을 장식하는 대합창을 포함한 9곡으로 구성되어 있다. 전체적인 분위기는 D장조를 주로 하여 밝고 즐거우며 크리스마스를 축하하는 축전적 분위기가 강하게 느껴진다.

[제1곡] 합창

먼저 팀파니와 트럼펫으로 시작되는 군악대풍의 관현악으로 곡을 시작한 후 "환호하라, 즐거워하고, 이날을 찬미하라"(Jauchzet, frohlocket, auf, preiset die Tage)의 대합창이 힘차게 시작된다. 이 곡의 원곡은 크리스마스 오라토리오를 위해 작곡된 것이 아니고 '큰북을 치고 나팔을 울려라'라는 가사의 다른 작품에서 차용한 것이다. 팀파니와 트럼펫의 화려한 전주로 크리스마스라는 민중적인 대축제의 분위기를 고양하는 데 매우 효과적으로 사용되고 있다. 이어 "환호하라, 기뻐하라"라는 합창의 주요부가 시작되고 이 가사와 선율은 그 후 자주 반복되어 나타난다. 후반부 "영광스러운 합창으로 신께 경배하세"(Dienet dem Höchsten mit herrlichen Chören)에서는 합창이 여리고 느린 템포로 진행된다. 이어 다 카포 아리아 형태와 같이 곡의 첫머리로 돌아가 다시 한번 화려하고 장대한 음악을 재현한 후 곡을 마친다.

[제2곡] 레치타티보(복음사가)

누가복음 제2장 1-6절의 내용으로 "이때 가이사 아우구스도가 영을 내려 천하로 다 호적하라 하였으니, 요셉도 다윗의 집 족속인 고로 갈릴리 나사렛 동네에서 유대를 향하여 베들레헴이라고 하는 다윗의 동네로 그 정혼한 마리아와 함께 호적하러 올라가니, 마리아가 이미 잉태되었더라"를 복음사가(테너)가 이야기한다.

[제3곡] 레치타티보(알토)

"이제 나의 사랑하는 신랑"(Nun wird mein liebster Bräutigam), "다윗의 줄기에서 영웅이 태어나리"(nun wird der Held aus Davids Stamm)라고 기쁨

을 고한다.

[제4곡] 아리아(알토)

오보에 다모레와 현에 의한 전주와 간주가 매우 아름다운 서정적인 곡이다. "준비하라, 시온아(Bereite dich, Zion), 상냥한 마음에, 보다 아름다운 것, 보다 사랑스러운 것, 그대가 있는 곳에 보이리라" 이어 간주가 있고 난 뒤 "그대의 볼은 오늘은 보다 아름답게 빛나다"가 불리고 처음으로 다시 돌아가 되풀이된 후 마친다.

[제5곡] 코랄

이 곡은 〈마태 수난곡〉의 수난 코랄 즉, 원래 하슬러(Hans Leo Hassler)가 1601년에 작곡한 것을 차용하여 풍부한 대위법으로 변형하여 노래하고 있다. "어떻게 우리는 그대를 영접하고, 어떻게 그대를 만나리오?"(Wie soll ich dich emphangen, und wie begegen ich dir?)가 합창으로 연주된다. 약간 어두운 분위기이지만 장중한 코랄이다.

[제6곡] 레치타티보(복음사가)

"첫아들을 낳아 강보에 싸 구유에 뉘었으니, 이는 사관에 있을 곳이 없었더라"라고 말한다.

[제7곡] 코랄과 레치타티보

소프라노는 코랄을, 베이스는 그 한 행마다 레치타티보를 삽입하여 나가는 특이한 구조로 되어 있다. 이 코랄에는 원래 마르틴 루터가 작사하고 친구인 음악가 요한 발터(Johann Walter, 1496-1570)가 작곡한 〈내 주는 강한 성〉의 선율이 변형되어 나타난다.

[제8곡] 아리아(베이스)

매우 기교적인 독창곡으로 3개의 트럼펫과 팀파니가 가담하는 장려한 곡이다. 축전적 분위기의 전주에 이어 "위대한 주, 강한 왕, 가장 사랑스러운 구세주여"(Grosser Herr, O Staker König)를 힘차게 노래한다. 짧은 간주에 이어 "전 세계를 갖는 자, 그의 빛과 화사함으로 가득 찬 그는 딱딱한 구유에 잠자도다"(Der die ganze Welt erhält, ihre Pracht und Zier erschaffen, Muß in harten Krippen schlafen)가 이어지고, 처음으로 다시 돌아가 "위대한 주"가 되풀이된다. 이 곡은 세속 칸타타 214번에서 차용한 곡이다.

[제9곡] 코랄

이 곡은 어린 아기 그리스도를 찬미하는 코랄로 원래 〈지극히 높은 곳에서는〉이라는 유명한 코랄이다. 여기서 가사는 "나의 사랑스러운 어린 예수"(Ach, mein herzliebes Jesulein)에 이은 트럼펫의 후주가 따른다. 그리스도의 탄생을 마음으로부터 차분하게 축하하고 있다. 이 코랄에서는 이례적으로 축전적 분위기를 나타내는 트럼펫의 사용이 매우 인상적이다.

-제2부- 그 지경에 기다리던 목자에 나타나
(크리스마스 제2일)

크리스마스 제2일(12월 26일)의 예배에 사용된 것이다. 신포니아 이하 14곡으로 되어 있으며 전곡 가운데 가장 즐겁고 목가적인 부분이다.

[제10곡] 신포니아

여기서 신포니아라는 말은 서곡의 의미이며 한가로운 시칠리아풍의 밝은 곡으로 성악의 참여 없이 관현악만으로 평온하게 연주된다. 메시아 1부에 나오는 전원 교향곡을 연상케 하는 한가로우면서도 아름다운 곡이다. 들에서 양 떼를 지키는 목자에게 천사가 나타나 주의 영광을 알리는 내용을 담고 있다.

[제11곡] 레치타티보(복음사가)

"그 지경에 목자들이 밖에서 밤에 자기 양 떼를 지키더니, 주의 사자가 곁에 서고 주의 영광이 저희를 두루 비치며 크게 무서워하는지라"라고 복음사가가 말한다.

[제12곡] 코랄

1641년 쇼프(Johann Schop)가 작곡한 코랄로서 "빛나라 오 아름다운 아침의 햇빛이여, 빛나라 그리고 하늘을 밝게 하라!(Brich an, o schönes Morgenlicht, und lass den Himmel tagen!) 양치기들이여, 두려워 말라"라는 가사의 아름답고 장중한 코랄이다.

[제13곡] 레치타티보(복음사가와 천사)

천사가 이르되 "무서워 말라. 내가 온 백성에게 미칠 큰 기쁨의 소식을 너희에게 전하노라"라고 말한다.

[제14곡] 레치타티보(베이스)

"하나님이 아브라함에게 약속한 것을 지금 목자에게 보이도다"를 힘차게 이야기하며, 오보에 다모레와 오보에 다 카치아의 반주가 매우 온화하게 들린다.

[제15곡] 아리아(테너)

플루트 독주에 의한 짧은 전주에 이어 테너가 "즐거워하는 목자들이여 급히 와서 이 귀여운 아기를 보라"(Frohe Hirten, eilt, ach eilet)라는 매우 경쾌하면서도 매우 기교적인 아리아를 부른다. 곡 내내 플루트의 아름다운 조주가 진행되는 기쁘고 평온한 곡이다.

[제16곡] 레치타티보(복음사가)

"너희가 가서 강보에 싸여 구유에 누운 아기를 보리니, 이것이 너희에게 표적이니라 하니라"라고 복음사가가 부른다.

[제17곡] 코랄

제9곡에 나온 코랄을 약간 변형한 것으로 "보라, 저 어두운 마구간에 처녀의 아들이 누워 있음을"(Schaut hin, dort liegt im finstern Stall)이라고 매우 신중하게 노래한다.

[제18곡] 레치타티보(베이스)

"이리하여 목자는 가서 귀한 아기가 딱딱한 마구간에 누워 있는 것을 보고, 상냥한 곡조로 여러 사람과 합창하여 자장가를 부르도다"라고 베이스가 부점을 붙여 부른다.

[제19곡] 아리아(알토)

목자의 자장가로 불리는 이 곡은 크리스마스 오라토리오 가운데서 가장 아름다운 아리아로 높이 평가되는 곡이다. 현과 오보에에 의한 평온한 분위기의 전주가 나온 후 "잘 자라 나의 귀여운 아기 평안히"(Schlafe, mein Liebster genieße der Ruh)로 시작된다. 전주와 비슷한 간주가 나온 후 "가슴에 힘을 내어, 우리의 가슴이 즐거워하는 환희를 느껴라!"(Labe die Brust, Empfinde die Lust, Wo wir unser Herzer erfreuen!)라는 중간 부분이 나온 후 처음 부분으로 돌아가 되풀이하고 마친다. 알토의 저음이 빚어내는 정감 넘치는 명곡이다. 이 곡은 이 전해에 작곡된 칸타타 213번에서 차용해 왔다.

[제20곡] 레치타티보(복음사가)

복음사가가 "홀연히 허다한 천군이 그 천사와 함께 있어"라고 부른다.

[제21곡] 합창

천사들이 하나님을 찬미하는 노래로서 "지극히 높은 곳에서는 하나님께 영광이요, 땅에서는 기뻐하심을 입은 사람들 중에 평화로다"(Ehre sei Gott in der Höhe)라는 가사의 힘차고 빠른 기교적인 합창이다. 중간 부분 "땅에서는 평화"(Friede auf Erden)에서 잠시 느리고 약해진 후 "기뻐하심을 입은 사람들 중에"(und den Menschen ein Wohlgefallen)에서 다시 카논풍의 모방이 힘차게 시작되고 이것이 주도하면서 입체적이고 장대한 합창을 이룬다.

[제22곡] 레치타티보(베이스)
베이스가 "그것으로 좋으니, 우리들도 함께 기뻐하라"라고 말한다.

[제23곡] 코랄
천사와 목자의 합창이다. 다시 9곡의 코랄 〈지극히 높은 곳에서〉의 선율로 "우리들 온 힘을 다해 찬미와 찬양과 존귀로 노래 부르리"(Wir singen dir in deinem Heer aus aller Kraft Lob, Preis und Ehr)라고 힘차게 합창한다. 10곡의 목가적인 선율이 회상하듯이 합창 사이사이에 나타난다.

-제3부- 하늘의 통치자가 들으시고
(크리스마스 제3일)

크리스마스 제3일(12월 27일)의 예배를 위한 것으로 모두 12곡이다.

[제24곡] 합창
먼저 트럼펫의 빛나는 소리와 팀파니의 힘찬 리듬이 교차하는 가운데 관현악의 힘찬 전주가 있고, 합창은 테너가 "하늘의 통치자여, 옹알거리는 소리를 들어라"(Herrscher des Himmels, erhöre das Lallen)를 시작한다. 곧바로 소프라노가 "우리의 힘없는 노래도 당신을 기쁘게 하소서"(Laß dir die matten Gesänge gefallen)로 가담하고 다음에 알토가 나와서

4성부가 된다. 그 후 짧은 간주가 있고, 다시 테너가 "마음이 환호하며 기뻐하는 찬미를 들으라"(Höre der Herzen frohlockendes Preisen)를 부르면 여기에 소프라노, 알토, 베이스 순으로 모방하면서 더해진다. 이 곡은 칸타타 214번에서 차용하고 있다.

[제25곡] 레치타티보(복음사가)

"천사들이 떠나 하늘로 올라가니, 목자가 서로 말하되"라고 말한다.

[제26곡] 합창

플루트와 바이올린의 화려한 음으로 채색되어 모방 대위법에 의한 4성부 합창이 전개된다. 테너가 먼저 "이제 베들레헴으로 가서(Lasset uns nun gehen gen Bethlehem), 주께서 우리에게 알리신바 이루어진 일을 보자"라고 시작하면 다른 성부가 각각 좇아가는 식으로 양치기의 합창이 빠르고 힘차게 전개된다.

[제27곡] 레치타티보(베이스)

"그는 백성들을 위로하시고"(Er hat sein Volk getröst)라고 말한다.

[제28곡] 코랄

제7곡에 나온 "예수, 그리스도를 찬양하라"의 멜로디에 "그는 우리를 위해 이 모든 일을 하셨네"(Dies hat er Alles uns getan)라고 장중하게 합창한다.

[제29곡] 소프라노와 베이스의 이중창

오보에 다모레에 의해 반주되는 서정적이고도 아름다운 이중창으로, "주여 당신의 동정과 자비는 우리들을 자유롭게 하셨도다"(Herr, dein Mitleid dem Erbarmen)라고 부르며 몇 번씩 반복되면서 아름답게 전개된다. 전주와 비슷한 간주를 거쳐 "그대의 따뜻한 은혜와 사랑, 그대의 놀라운 힘은,"(Deine holde Gunst und Liebe, Deine wundersamen,)이 된다. 다 카포 형식의 상당히 긴 이중창이지만 아름답고 그지없이 감미롭다. 이 곡은 칸타타 213번에서 차용한 곡이다.

[제30곡] 레치타티보(복음사가)

"빨리 가서 마리아와 요셉과 구유에 누인 아기를 찾아서 보고 천사가 자기에게 이 아기에 대한 것을 고하니, 듣는 자가 다 목자의 말하는 일을 기이히 여기되 마리아는 이 모든 말을 마음에 지키어 생각하니라"라고 말한다.

[제31곡] 아리아(알토)

바이올린의 오블리가토가 동반되는 서정적이면서도 아름다운 아리아이다. 애조 띤 바이올린에 의한 꽤 긴 전주가 나온 후 "나의 가슴이여, 이 행복한 기적을 그대의 신앙 속에 굳게 간직하리라"(Schließe, mein Herze, dies selige Wunder fest in deinem Glauben ein)라고 노래 부른다. 시종으로 조주되는 바이올린의 선율과 알토의 감격스러운 노래가 묘한 조화를 이루는 명곡이다.

[제32곡] 레치타티보(알토)

"그렇도다. 내 가슴은 그것을 보전하니…"라고 말한다.

[제33곡] 코랄

에벨링(J. G. Ebeling, 1637-1676)이 1666년에 작곡한 코랄로 "나 열심히 그대를 지키리(Ich will dich mit Fleisse bewahren). 그대를 위해 살리. 그대에게 가리"라고 합창한다.

[제34곡] 레치타티보(복음사가)

"목자가 자기들에게 이르던 바와 같이 듣고 본 모든 것을 인하여 하나님께 영광을 돌리고 찬송하며 돌아가니라"

[제35곡] 코랄

원곡은 16세기 말의 코랄 〈우리들 그리스도교〉로 여기서는 "기뻐하라. 지금 너희들에게 구주는 신으로서 사람으로 태어나시다"(Seid froh, dieweil daß euer Heil ist hie ein Gott und auch ein Menscch geboren)라고 그리스도 탄생을 축하하는 장중한 합창이다. 이어 곡은 3부의 첫 곡인 제24곡의 합창으로 돌아가 화려하고도 장중하게 마친다.

-제4부- 감사와 찬양하라
(신년 / 할례절 축제)

전부 7곡으로 이루어져 있으며 주로 밝은 장조로 되어 있다.

[제36곡] 합창

오케스트라의 서주에 이어 모두의 동기에 기초한 힘찬 합창과 웅대한 규모의 합창곡이다. 관현악의 힘찬 전주에 이어서 "감사와 찬미를 갖고, 지극히 높은 이의 자비의 자리 앞에 내리다!"(Fallt mit Danken, fallt mit Loben!)라고 몇 번 반복하여 부른 다음 간주를 거쳐 "하나님의 아들은 이 세상의 구세주가 되다"(Gottes Sohn Will der Erden Heiland und Erlöser werden)라는 중간부에 도달한다. "하나님의 아들…"은 짧은 간주 뒤에 다시 한번 불리며, "감사와 찬미를 갖고"가 다시 한번 불린 후 기악의 후주로 끝맺어진다.

[제37곡] 레치타티보

복음사가가 "할례할 8일이 되며, 그 이름을 예수라 하니"라고 말한다.

[제38곡] 베이스와 소프라노 파트의 이중창

베이스의 레치타티보가 먼저 "임마누엘, 오 좋은 말씀! 나의 예수는 나의 목자…"로 시작하면 이에 대해 소프라노 합창이 "예수 그대 나의 사랑하는 생명…"을 선율미 있는 아리오소로 부른다. 이에 베이스는 다시 레치타티보로 "오라, 나 그대를 즐거움으로 감싸리"라고 부르며 하나가 된다.

[제39곡] 소프라노 아리아

전곡을 통해 가장 유명한 곡의 하나이다. 오보에의 독주에 의한 아름다운 전주에 이어서 소프라노가 "나의 구주, 그대의 이름을 저 가장 준엄한 공포의 가장 작은 씨앗에라도 흘려버릴 것인가?"(Flößt, mein Heiland, Flößt, dein Namen Auch den allerkleinsten Samen Jenes strengen Schreckens ein?)라고 노래하면 이에 대해 "아니다"(Nein)라고 대답한다. 이 대답은 제2소프라노로 에코처럼 반향하며, 짧은 간주가 다음에 "나는 죽음을 두려워할 것인가, 아니 그대의 달콤한 말은 그곳에 있도다" 또는 "나는 기뻐할 것인가? 그렇다(Ja)" 이 부분도 제2소프라노에 의한 "아니다"의 반향을 수반한다. 짧은 간주를 거쳐서 "나는 죽음을 두려워할 것인가?"의 다른 멜로디가 불린 후 짧은 후주로 끝나며, 이 부분은 칸타타 214번에서 차용하고 있다.

[제40곡] 이중창

베이스의 레치타티보가 먼저 나오면 이어 소프라노 합창의 하향하는 선율이 아리오소로, 즉 상성부는 선율미가 있는 아리오소, 저성부는 레치타티보로 동시에 진행되는 특이한 음악적 구성과 그 효과가 매우 인상적인 곡이다.

[제41곡] 테너 아리아

2개의 바이올린에 의한 질주하는 듯한 경쾌한 전주가 나온 후 테너가 장식이 많고 화려한 멜로디를 부른다. "나는 오직 그대를 위하여만 살리라, 나에게 힘과 용기를 주소서"(Ich will nur dir zu Ehren leben, Mein Heiland, gieb mir Kraft und Muth) 이것이 여러 번 되풀이된다. 그 후 약간

긴 간주를 거쳐서 "나를 강하게 하라, 그대의 은총을 존경하고 감사하여 높이듯이"라며 제2부분에 이르고 비슷한 선율이 되풀이되면서 진행된다. 곡은 다시 처음의 "나는 오직…"으로 돌아가 다시 한번 되풀이된 후 마치는데 이는 칸타타 213번에서 차용된 부분이다.

[제42곡] 코랄

호른의 우아한 전주에 이어 쇼프의 코랄 "예수는 나의 처음을 준비하소서, 언제나 내 곁에 계시옵소서"(Jesus richte mein Beginnen, Jesus bleibe stets bei mir)라고 간절히 기도하는 코랄로 4부를 마친다.

-제5부- 주여, 당신께 영광이 노래될지어다

제5부는 신년 후 첫 번째 일요일 예배를 위한 칸타타로 13곡으로 이루어져 있으며 조성은 주로 A장조, 가사는 마태복음에 의한다.

[제43곡] 합창

푸가풍의 모방 대위법을 써서 힘차고도 당당한 효과를 내는 대규모 합창곡이다. 먼저 관현악의 활기찬 전주가 나온 후 소프라노와 베이스가 "그대 하나님께 영광 있으라"(Ehre sei dir, Gott, gesungen)로 시작하면 곧바로 알토와 테너 파트가 앞의 가사를 그대로 모방하여 부르고 이어서 4성부가 같은 가사를 부른다. 이것이 두 번 되풀이되면 이번에는 테너가 "그대에게 찬미와 감사를 드리어"라고 부르면 여기에 다른 성부들이 푸가풍으로 가담한다. 간주가 있고 난 뒤 처음의 가사 "그대 하나님께 영광 있으라"가 모방 대위법으로 몇 번이나 되풀이되어 연주되고,

"그대에게는 찬미와…"(dir sei Lob und Danke…)가 베이스 이하 여러 성부로부터 푸가풍으로 불린다. 이어 가사를 계속 바꾸어 가면서 여러 성부가 푸가풍으로 등장하며, 힘찬 푸가풍의 모방 대위법을 많이 써서 당당한 효과를 내는 규모가 큰 합창곡이다.

[제44곡] 레치타티보

복음사가가 "헤롯왕 때 예수께서 유대 베들레헴에서 나시매, 동방으로부터 박사들이 예루살렘에 이르러,"라고 말한다.

[제45곡] 합창과 레치타티보

먼저 합창은 동방박사가 "유대인의 왕으로 나신 이가 어디 계시뇨?"(Wo, wo, wo ist der neugeborne König der Juden?)를 노래하고, 알토가 "그것을 나의 가슴속에서 구하라"(Sucht ihn meiner Brust)를 부르면 다시 합창이 "우리가 동방에서 그의 별을 보고 그에게 경배하러 왔노라"라고 부르는 가사가 모방 대위법으로 다루어지고 있다.

[제46곡] 코랄

칼비시우스(Sethus Calvisius, 1556-1615)의 코랄의 선율에 의해 "그대의 광명은 모든 암흑을 없애고, 어두운 밤을 빛으로 바꾸도다"(Dein Glanz all Finsternis verzehrt, Die trübe Nacht in Licht verkehrt)를 장중하게 부른다.

[제47곡] 베이스 아리아

오보에 다모레의 꽤 긴 전주 후에 베이스가 "어두운 마음을 갖는 나의 가슴을 밝은 빛으로 빛나게 하소서"(Erleucht auch meine finstre Sinnen)를 부른다. 간단한 간주 후 "그대의 말씀은 나의 모든 일에 밝은 등불이로다"가 나오고, 이어 꽤 긴 후주가 따른다. 칸타타 215번에서 차용하고 있다.

[제48곡] 레치타티보
복음사가가 "헤롯왕과 온 예루살렘이 듣고 소동한지라"를 읽는다.

[제49곡] 레치타티보
알토가 "왜 괴로워 방황하는가? 우리 예수의 출현이야말로 기뻐할 일이 아닌가?"라고 말한다.

[제50곡] 레치타티보
테너가 "또 유대 땅 베들레헴아, 너는 유대 고을 중에 가장 작지 아니하도다! 네게서 한 다스리는 자가 나와서 내 백성 이스라엘의 목자가 되리라 하였음이라"를 노래한다. 이 곡의 후반은 템포가 바뀌어 반 아리아풍으로 되어 있는 것이 특이하다.

[제51곡] 삼중창
먼저 바이올린을 위한 파르티타를 듣는 듯한 아름다운 바이올린 독주가 전개된다. 소프라노가 "아, 그때는 언제 오는가?"(Ach, wann wird die Zeit erscheinen?)를 부르면 테너가 따르고 이어 알토도 가담하게 된다. 세 사람이 각각 다른 가사로 삼중창이 계속되며, 바이올린의 간주 후에 테너와 소프라노 이중창이 기교적인 모방 대위법으로 진행된다. 처음의 노래가 다시 테너와 소프라노에 의해 모방 대위법으로 불리며, 얼마 후 알토가 가담되고 후주가 따르며 곡은 끝난다. 이 곡은 원곡 불명의 곡으

로부터 차용된 것이다.

[제52곡] 레치타티보

알토가 "나의 사랑하는 자 이미 지배하도다"라고 말한다.

[제53곡] 코랄

알버트(Heinrich Albert, 1604-51)가 1644년에 발표한 코랄 〈하늘과 땅의 하나님〉의 멜로디에 의해 "확실히 그와 같은 마음의 집은 아름다운 왕국의 집에는 없어도"(Zwar ist solche Herzensstube Wohl kein schöner Fürstensaal)가 연주된다.

-제6부- 주여, 교만한 적이 먹이를 찾아 배회할 때
(그리스도의 공현절 축제)

그리스도의 공현절(Epiphany) 축제 즉, 동방박사에 의해 예수가 메시아임을 드러낸 일을 기념하는 1월 6일의 예배용이며 밝은 D장조 중심의 11곡으로 되어 있다. 텍스트는 마태복음 2장 7-12절을 사용하고 있는데 동방박사가 별을 따라 예수를 방문하는 내용을 담고 있다.

[제54곡] 합창

트럼펫과 팀파니가 가담하여 축전적 분위기를 고조시키는 장대하고 웅장한 합창이다. 먼저 팀파니와 트럼펫이 가담하는 화려한 전주가 나온 후 먼저 테너가 힘차게 "주여, 오만한 적이 헐떡일 때(Herr, wenn die stolzen Feinde schnauben), 우리들 굳은 신앙에 의해 당신의 힘과 도움을 구하게 하소서"로 시작하면 이를 받아 알토, 소프라노, 베이스로 모방해 간다. 다음은 새로운 선율이 베이스로부터 시작되는 푸가토로서 테너, 알토, 소프라노의 순서로 "우리들은 그대 한 사람만을 의지하려니"를 모방해 부른 후 다시 처음의 부분으로 되돌아간다.

[제55곡] 레치타티보

복음사가가 "이에 헤롯이 가만히 박사들을 불러 별이 나타난 때를 자세히 묻고"를 읽는다. 헤롯왕의 베이스는 "가서 아기에 대해 자세히 알아보고 찾거든 내게 고하여 나도 가서 그에게 경배하게 하라"라고 부른다.

[제56곡] 레치타티보

소프라노가 "그대는 위선자"라고 말한다.

[제57곡] 소프라노 아리아

대위법적 서법의 교묘함과 그 효과가 뛰어난 이 곡은 전곡 중 가장 훌륭한 곡의 하나로 평가되고 있다. 오보에 다모레와 현의 전주 후 "다만 그 손짓은 힘없는 사람을 쓰러뜨리도다(Nur ein Wink von seinen Händen, stürzt ohnmächt'ger Menschen Macht). 여기서 모든 힘은 비웃도다"를 부른다. 선율이 아름답기도 하지만 대위법의 조주도 뛰어나서 매우 감동적이다. 간주와도 같은 "최고인 자, 적의 오만한 마음을 그치도록 말씀하시면"을 소프라노가 부른 후 아름답고도 꽤 긴 후주가 따른다.

[제58곡] 레치타티보

복음사가가 "박사들이 왕의 말을 듣고 갈세, 동방에서 보던 그 별이 문득 앞서 인도하여 가다가 아기 있는 곳 위에 머물러 섰는지라…"라고 말한다.

[제59곡] 코랄

클루크(Josep Klug)의 코랄 선율 〈지금은 바로 그때〉에 의해 "나는 이 곳에 말구유 앞에 섰도다(Ich steh an deiner Krippen hier). 오 어린 예수, 나의 생명(O Jesulein, mein Leben)"이라는 기쁨과 기대에 찬 합창을 한다.

[제60곡] 레치타티보

복음사가가 "꿈에 헤롯에게로 돌아가지 말라. 지시하심을 받아 다른 길로 고국에 돌아가니라"

[제61곡] 레치타티보

테너가 "가소서 그는 우리를 사랑하고, 내 마음은 그를 사랑하도다…"라고 말한다.

[제62곡] 테너 아리아

2개의 오보에 다모레에 의해 반주되는 아름다운 아리아이다. 아름다운 오보에의 전주에 이어 테너가 "오만한 적아, 나를 놀라게 할 수 있을지 몰라도(Nun mögt ihr stolzen Feinde schrecken), 나에게 어떤 공포를 일으킬 수 있을까? 나의 보석, 나를 지키시는 이가 여기 내 곁에 계시네"를 부른다. 중간에 오보에 간주가 나온 후 다시 비슷한 선율을 노래하며,

마지막은 오보에의 후주가 따르며 끝난다.

[제63곡] 레치타티보

이 곡은 레치타티보로 되어 있으나 실제로는 4성 합창처럼 되어 있다. 소프라노가 "지옥의 무서움은 아무것도 아니다. 우리 예수의 손에 맡기면"을 부르면 테너가 "세상과 죄는 우리에게 무슨 짓을 하랴 우리 예수 손에 맡기면"을 부르며, 최후 부분에 가서는 4성부가 된다.

[제64곡] 코랄

곡 전체의 결미를 마감하는 총주의 오케스트라를 동반한 장중하고도 웅대한 코랄이다. 이 코랄의 선율은 제5곡에 나오는 것과 동일한 것으로 매우 유명하다. 형식적으로는 제1부, 제2부, 제4부의 각 마지막 곡의 코랄과 동일하지만 각 행 사이에 관현악이 삽입되고 곡의 앞뒤에 관현악의 전주와 후주가 있다.

먼저 트럼펫과 관현악에 의한 환희에 넘치는 전주가 있고 "마음으로부터 나를 요구케 하라"(Nun seid ihr wohl gerochen)를 합창이 코랄풍의 느린 템포로 부른다. "이제 그대들 그 적의 세력을 알아라" 그리고 트럼펫과 관현악의 간주가 나온 후 간주를 거쳐서 "죽음도 악마도 죄도 지옥도 아주 약해졌으니"(Tod, Teufel, Sünd und Hölle Sind gar und geschwächt)라고 계속 노래한 후 힘찬 후주로 끝난다. 이 마지막 곡의 규모는 전곡의 최후를 장식하기에 걸맞은 웅대한 곡이다.

🔥 연주와 음반

① 칼 리히터(Karl Richter) 지휘의 뮌헨 바흐 합창단과 관현악단의 연주(Archiv, 1965년)는 50년 이상 지난 오래된 연주이지만 이 곡을 대표하는 불후의 명연주로 그 아름다움과 매력은 조금도 퇴색되지 않고 있다. 최전성기 리히터의 연주답게 장려하고도 스케일이 큰 호쾌한 연주를 보여준다. 리히터의 지휘는 한 치의 흐트러짐이나 오차가 없는 완벽한 것으로 그의 통솔 아래 뮌헨 바흐 합창단과 오케스트라가 혼연일체가 되어 펼치는 웅혼한 연주는 정말 놀랍고도 감동적이다. 그뿐만 아니라 트럼펫의 통렬한 연주는 강한 인상을 심어주며, 현의 감정이 듬뿍 들어간 연주 또한 우리의 감성을 크게 고양시키며, 이러한 명연주는 당분간, 아니 앞으로도 좀처럼 다시 만나기 어려운 연주로 생각된다.

여기에다 이 음반에는 소프라노 군둘라 야노비츠, 알토 크리스타 루드비히(Christa Ludwig), 테너 프리츠 분덜리히(Fritz Wunderlich), 베이스 프란츠 크라스 등 당대 최고의 기라성 같은 솔리스트의 열연으로 그 매력을 더하고 있다. 복음사가 분덜리히의 미성은 이 곡의 축제적 내용에 맞게 힘차게, 그리고 때로는 감미로움을 더해 주고 있다. 분덜리히가 부르는 복음사가로서의 레치타티보의 훌륭함은 물론 3곡의 테너 아리아 모두 다 매력에 넘친다. 또한 기품 있는 목소리의 루드비히의 완벽한 기교와 훌륭한 가창력은 청중을 압도하고 있으며, 젊은 시절 야노비츠의 윤기 있고 매력 넘치는 노래를 들을 수 있다. 베이스 프란츠의 부드러운 노래는 기품이 있으며 야노비츠와의 이중창에서 야노비츠의 날카로운 소리가 다소 귀에 거슬리는 것을 제외하고는 거의 완벽한 최고의 명연을 펼치고 있다.

② 미셸 코르보(Michel Corboz) 지휘가 지휘하는 로잔 실내 관현악단과 성악 앙상블(Lausanne Vocal Ensemble & Chamber Orchestra)의 연주(Erato, 1984년)는 여러 면에서 칼 리히터의 명연주와 비교될 수 있는 또 다른 명연이다. 칼 리히터로 대표되는 지금까지의 게르만적인 장려하면서도 중후한 연주와는 다른 전체적으로 밝은 분위기의 라틴적인 연주로 이 곡의 축전적 성격과도 잘 어울리는 명연주이다. 이는 신선하고 매우 서정적인 연주로서 곳곳에서 중요한 역할을 하는 트럼펫의 연주는 밝고도 찬란하게 빛나는 낭만적인 연주라 할 수 있다.

이 연주의 최대 강점은 무엇보다도 합창이 그 어느 연주보다도 훌륭하다는 점이다. 합창지휘의 귀재인 코르보의 지휘는 마치 세밀화를 그리듯 매우 섬세하면서도 한 치의 오차도 없는 명쾌한 프레이징이 일품이다. 합창의 선율 라인이 명료하게 드러나는 연주로 코르보가 합창음악의 귀재임을 통감할 수 있는 훌륭한 연주이다. 도처에 나오는 합창의 대위법적 진행도 완벽하여 바흐 음악의 건축적인 아름다움도 멋지게 포착되어 있다.

이 연주의 솔리스트는 소프라노 바바라 슐릭, 알토 캐롤린 왓킨슨, 복음사가와 테너를 함께 부르는 쿠르트 에크빌루츠(Kurt Equiluz), 바리톤 마이클 브로다드(Michel Brodard) 등으로, 칼 리히터의 연주에 등장하는 당대 최고 솔리스트보다는 한 세대 뒤의 연주자들로 당시 최고의 솔리스트들이 총망라되었다. 이들 모두가 일정 수준 이상의 연주력을 들려준다. 이 가운데서도 기품 있는 목소리의 알토 왓킨슨은 뛰어난 가창력을 바탕으로 멋진 연주를 보여주고 있는데, 자유자재로 펼치는 그녀의 노래는 절창이라는 표현 외에 달리 부를 말이 없을 정도다. 청초한 목소리의 소프라노 슐릭의 뛰어난 가창력 또한 깊은 감동을 주며, 베이스 마이클 브로다드는 유연한 목소리로 뛰어난 가창력과 멋진 앙상블을 들려주고 있다. 그 밖에 복음사가와 테너를 함께 부르는 쿠르트 에크빌루츠의 깔끔한 연주도 훌륭하다. 이 연주는 전곡이 아닌 대부분의 복음사가와 레치타티보를 생략한 발췌 연주로 1장의 CD로 전곡을 담고 있다. 교회음악의 마니아가 아닌 일반인에게 사실 6부로 구성된 장대한 이 오라토리오의 전곡을 감상한다는 것 자체가 상당한 노력과 인내가 필요하다. 따라서 이 곡의 초심자에게 이런 음반의 선택은 오히려 환영할 만하며 필자도 강력히 추천한다.

③ 존 엘리엇 가디너(John Eliot Gardiner)가 지휘하는 잉글리시 바로크 솔로이스트, 몬테베르디 합창단의 연주(Archiv, 1987년 녹음)는 고악기를 사용한 원전연주이며, 전체적으로 템포가 빠르고 생기 넘치는 군살이 전혀 없는 간결한 연주이다. 이 연주는 앞의 코르보의 연주와 우열을 정말 가리기 어려운 라틴적인 명연이다.

합창의 연주가 특별히 뛰어났는데, 상성부의 선율 라인이 잘 살아나 있으며 앙상블이 치밀하고 자신감에 넘치고 있다. 리히터나 슈라이어의 연주가 게르만적이라면 코르보나 가디너의 연주는 라틴적인 밝고 명쾌한 연주라 할 수 있다. 독창자는 소프라노 낸시 아르젠타, 알토 안네 소피 폰 오터(Anne Sofie von Otter), 테너 한스 페터 블로흐비츠(Hans Peter

Blochwitz), 베이스 올라프 바르(Olaf Bär) 등 쟁쟁한 성악가들로 모두 높은 수준의 가창력을 보인다. 알토 폰 오터의 뛰어난 가창력이 특히 빛나는데, 제2부의 "잘 자라 나의 귀여운 아기 평안히"는 가히 절창이라 할 만하다. 베이스 바르는 격조 있는 목소리와 뛰어난 가창력을 바탕으로 자유자재로 감정을 실어 멋지게 부른다. 테너 블로흐비츠는 깔끔한 목소리로 기교적인 노래를 멋지게 소화해 내고 있으며, 소프라노 아르젠타도 기대를 저버리지 않는 훌륭한 가창력을 선사해 주고 있다. 가디너의 연주는 이 오라토리오의 종교적 측면보다는 세속 칸타타의 측면을 강조한 음악적 접근이라 할 수 있다. 이 연주도 코르보 연주처럼 전곡이 아닌 발췌 음반이다.

DVD

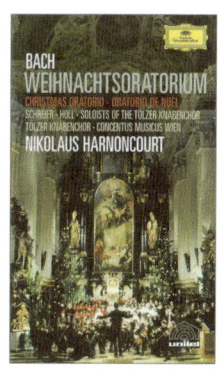

니콜라우스 아르농쿠르(Nikolaus Harnoncourt)가 지휘하는 빈 콘센투스 무지쿠스(Concentus Musicus Wien)과 퇼처 소년 합창단의 연주(DG, 1981년) DVD는 당대 악기를 사용한 정격연주로 바흐 음악에 깊이 심취하지 못한 사람들도 즐길 수 있는 음악과 함께 가사, 볼거리를 함께 제공해 주는 영상물이다. 아르농쿠르의 음악적 열기가 가득 찬 열연을 즐길 수 있다.

이 연주에서 가장 돋보이는 연주자는 단연 복음사가와 테너를 부르는 페터 슈라이어로서 젊은 시절 슈라이어의 절창을 들을 수 있는 것이 이 음반의 큰 매력이며, 그 외 베이스를 부르는 로버트 홀(Robert Holl)의 가창도 훌륭하다. 이 음반은 여성 파트의 합창을 퇼처 소년 합창단이 부르고, 남성 파트는 성인 남성이 맡아 부름으로써 이 곡이 갖고 있는 아름다움과 즐거움을 십분 발휘하고 있는 점이 긍정적으로 생각된다. 그러나 소프라노와 알토의 독창을 어린이 합창단원 가운데 솔리스트들이 대신 부르고 이중창에서 성인 남성과 어린이 솔리스트가 함께 부르고 있는데, 음악적 성숙도와 음색이 다른 두 사람의 이중창이 앙상블에서나 음색에서 조화를 이루지 못하고 있는 점이 가장 큰 아쉬움이라 할 수 있다.

헨델

Georg Friedrich Händel

1685-1759

헨델의 교회음악

헨델의 교회음악은 바흐와는 달리 극음악 형태인 오라토리오에 집중되어 있다. 즉 다른 작곡가들의 경우처럼 미사곡, 모테트 등 다양한 장르를 선택하지 않고 오라토리오와 앤섬에만 집중하였다. 헨델은 모두 26곡의 많은 오라토리오를 작곡했다. 이렇게 많은 오라토리오를 작곡한 이유는 당시 열풍이 불고 있었던 오페라 관객들에게 사순절 기간에도 공연할 수 있는 성경적인 오라토리오가 필요했기 때문이라는 것이 정설로 받아들여지고 있다.

그런데 이 많은 오라토리오들은 모두 한 가지 양상으로 나타나지 않으며 학자에 따라 몇 가지로 분류된다. 음악학자 부코프처(Manfred Bokofzer)는 헨델의 오라토리오를 세 가지로 분류했는데, 첫째 '합창 오페라', 둘째 '합창 칸타타', 셋째 '합창 드라마'가 바로 그것이다. 합창 오페라는 세속적인 내용의 가사에다 빈 궁정에서 행해졌던 것과 같은 합창을 주로 하는 이탈리아 오페라에 가까운 형식으로 〈세멜레〉(Semele)와 〈헤라클레스〉(Hercules)가 여기에 속한다. 두 번째는 합창 칸타타인데 영국 송가(Ode)의 전통에 따른 것으로 〈알렉산더의 향연〉(Alexander's Feast), 〈시간과 진실의 승리〉(Triumph of Time and Truth)가 여기에 속한다. 세 번째는 합창 드라마로 예술적으로 교회음악에 속하는 것이다. 헨델의 오라토리오 대부분이 여기에 속하며, 〈이집트의 이스라엘인〉(Israel in Egypt, 1732), 〈유다스 마카베우스〉(Judas Maccabaeus, 1747) 등이 대표적 작품이다.

합창 드라마 대본의 내용은 대부분 구약성서에서 가져왔으며, 헨델 자신은 결코 직접 대본을 쓰지 않았다고 한다. 이러한 대본을 통하여 헨델은 자신의 개성에 의해 웅대한 양식에 담아서 가장 종교적이면서도 극적인 개성을 갖게 만들었다. 한편, 이 세 가지의 어느 종류에도 속하지 않는 작품이 있다. 다름 아닌 〈메시아〉(Messiah)이다. 메시아는 일련의 합창 드라마들 가운데서도 가장 극적이다. 〈메시아〉는 〈이집트의 이스라엘인〉이나 〈유다스 마카베우스〉같이 드라마로 흥미를 끌기보다, 예수 그리스도의 일생을 감동적으로 묘사함으로써 누구에게나 직접적인 호소력으로 다가오는 독특한 작품인 것이다.

그 외 헨델의 대표적인 오라토리오 작품으로는 〈에스더〉(Esther, 1732), 〈사울〉(Saul, 1739), 〈여호수아〉(Joshua, 1748), 〈솔로몬〉(Solomon, 1749), 〈입다〉(Jephtha, 1752) 등이 있으며 가장 위대한 작품으로 손꼽히는 곡은 역시 1742년에 작곡된 〈메시아〉이다.

오라토리오 〈메시아〉
Messiah

해마다 성탄절이 되면 전 세계 방방곡곡에서 연주되고 있는 헨델의 오라토리오 〈메시아〉는 그리스도의 탄생과 수난 그리고 부활을 그린 작품으로 헨델의 대표작일 뿐만 아니라 교회음악의 최정상을 차지하는 작품이다. 기독교 신자, 비신자를 막론하고 전 세계 음악애호가들로부터 사랑을 받고 있는 이 작품은 이제는 교회음악이라는 한계를 넘어 인류 공유의 위대한 음악적 유산으로 승화되어 있다. 니콜라스 케니언(Nicholas Kenyon)이 "서구 문명의 거대한 기념비"로 명명한 이 작품은 서구 문명만의 것이 아닌 온 인류의 위대한 음악 유산으로 드높여져 있다.

바흐와 함께 바로크 음악의 완성자인 헨델은 바흐가 교회음악에 주력한 데 비해 오페라와 같은 극장음악에 정성을 쏟았다. 그는 영국에 정착하면서 40여 편의 오페라를 작곡하였을 뿐만 아니라 직접 오페라극장까지 운영하기도 했다. 처음 한동안은 성공한 듯이 보였으나 그의 명성을 시기하는 반대파의 공작에 의해 여러 차례 파산을 겪어야 했다. 1732년 국왕의 정치 문제와 관련되어 그동안 헨델을 후원하던 귀족들이 가극장 경영을 반대한 사건은 그에게 큰 타격을 입혔으며, 엎친 데 덮친

격으로 과로로 인해 뇌졸중으로 쓰러지기도 했다. 이 곡이 작곡될 1741년 당시 헨델은 56세였으며 반대파의 방해로 오페라가 연속 실패하여, 경제적 파탄과 몸도 마음대로 움직일 수 없는 정도의 건강 악화로 좌절과 실의의 밑바닥을 헤매고 있었다. 그가 실패를 거듭한 오페라를 포기하고 오라토리오 쪽으로 눈길을 돌리려는 상황에 마침 더블린의 자선 음악단체인 '필하모니아 협회'로부터 이 작품의 작곡 의뢰를 받았다. 1741년 8월 22일부터 9월 14일까지 불과 24일이라는 믿기 어려울 정도의 단기간에 〈메시아〉를 완성하였다. 작곡 중에 헨델은 모든 속세를 잊어버리고 온 힘을 이 작품의 작곡에 쏟아 넣었고, 한 곡 한 곡 완성될 때마다 환희의 눈물을 흘리면서 펜을 옮겨 갔다고 전해진다. 특히 '할렐루야' 합창의 작곡을 마쳤을 때는 너무 감동한 나머지 "하늘이 열리며 위대한 신의 모습이 보였다"라고 말했다는 역사가의 기록이 있다.

초연은 1742년 4월 13일 아일랜드의 수도 더블린에서 헨델의 지휘로 거행되었다. 고아와 과부, 가난한 자들을 위한 이 자선 공연은 대성공이었으며 더블린의 한 신문은 "장내를 메운 청중들에게 안겨준 황홀감은 뭐라 표현할 길이 없을 정도"라고 격찬했다. 런던에서의 초연은 1743년 3월에 있었고, 교회음악을 일반 연주회장에서의 공연할 수 없다는 반대 여론 등으로 인해 더블린에서와 같은 성공을 거두지 못했다. 이 곡이 당시의 편견을 이기고 결정적 승리를 얻게 된 것은 1750년의 일로, 연주에 참석했던 영국 국왕 조지 2세가 '할렐루야' 합창 도중 너무나 감격하여 그 자리에서 일어섬으로써 이후 이 합창을 부를 때는 청중이 모두 일어서는 관습이 생겼다.

헨델은 〈메시아〉의 성공으로 완전히 재기했으며 오라토리오 작곡가로 확고한 자리를 굳혔다. 그 후 헨델은 생전에 〈메시아〉를 32회나 직접 공연했는데, 그 모두가 자선 음악회로서 수익금은 모두 자선사업에 기부되었다.

대본은 헨델의 친구 찰스 제넨스(Charles Jennens, 1700-1773)가 신·구약 성서를 바탕으로 하여 썼으며, 그는 헨델을 위해 오라토리오 〈사울〉, 〈이집트의 이스라엘인〉의 대본을 써주기도 한 인물이다.

찰스 제넨스

전 3부로 구성된 〈메시아〉는 제1부 '예언과 탄생', 제2부 '수난과 속죄' 그리고 제3부 '부활과 영생'으로 구성되어 있다. 제1부는 전체적으로 밝고 온화한 분위기에 싸여 있으면서도 그 저변에서 조용히 맴돌면서 솟구쳐 오르는 열띤 흥분과 열광이 듣는 사람으로 하여금 저도 모르게 가슴을 설레게 하는 극적 요소로 가득 차 있다. 제2부에서는 그러한 극적인 긴장감이 더욱 고조되어 가장 감동적인 부분을 이루고 있으며 전곡을 통해 합창곡이 제일 많이 등장하는 것이 특징이다. 제3부에서는 부활에 대한 신념이 부각되어 전체적으로 밝고도 빛으로 충만한 분위기를 엮어주고 있다. 그리고 이러한 분위기는 마치 전곡이 제3부의 부활을 준비하는 듯 도처에 그러한 빛이 깔려 있다.

헨델의 오라토리오는 단조가 지배적인 바흐의 종교작품과는 달리 거의 모두가 장조로 되어 있어 전반적으로 더욱 밝고 장려한 음악을 들려주며, 특히 〈메시아〉는 헨델 이전까지의 합창기법을 집대성한 최고의 걸작이라 평가받는데, 합창의 특징은 다음과 같다.

첫째, 르네상스 시대에 성행된 폴리포니 형식의 모방기법-바로크의 푸가 형식의 사용이며 이 형식과 함께 같은 성부가 같은 리듬으로 노래하는 호모포니 형식의 사용이다. 헨델은 이 두 가지 형식을 메시아의 모든 합창곡에서 조합된 구조로 사용하여 작곡하였다.

둘째, 바로크 이전부터 유행되었던 패러디 기법(차용 기법), 즉 남의 작품이나 자신의 작품을 다시 사용하는 것이다. 헨델은 이미 작곡하였던 4곡을 약간 수정하여 유명한 합창곡인 제7곡 '깨끗하게 하리'(He shall purify), 제11곡 '한 아기 우리를 위해 나셨네'(For unto us child is born), 제18곡 '그의 멍에는 쉽고 그 짐은 가벼워'(His yoke is easy), 제23곡 '양 떼같이'(All we like sheep)에서 사용하고 있다.

세 번째는 가사 그리기(Word Painting) 기법으로 가사의 내용을 리듬이나 화성, 그리고 선율의 높낮이로 표현하여 마치 눈으로 보는 듯 이해할 수 있도록 곡을 썼다는 점인데, 예를 들어 제15곡 합창 '하늘 높은 곳에서 주의 영광'에서 천사의 노래에는 소프라노, 테너의 고음을, 그리고 땅의 평화를 표현할 때는 저음 베이스가 노래하게 한 것 등이다.

-제1부- 예언과 탄생

[제1곡] 서곡(신포니아)

전곡의 첫머리를 장식하는 신포니아는 관현악만의 연주로 전통적인 프랑스 서곡 양식, 즉 제1부가 느리고 장중한 부점 리듬을 가진 그라베의 무게 있는 연주를 되풀이한 후 반마침하면, 빠른 푸가의 제2부가 전개된다.

[제2곡] 테너 레치타티보. '내 백성을 위로하라'

"위로하라 내 백성(Comfort ye). 하나님 말씀을 예루살렘에 외쳐서 알려라. 또 외쳐 알려라. 그 전쟁 모두 끝났고 그 죄악 사함을 입었다. 소리 있어 너희는 광야에서 주의 길을 예비하라. 사막의 대로를 주 위해 곧게 하라"(이사야 40:1-3)

[제3곡] 테너 아리아. '모든 골짜기 높아지리라'

처음으로 등장하는 테너의 유명한 아리아이다. 활달한 현의 반주가 나온 후 테너가 "모든 골짜기 높아지리라(Every valley shall be exalted). 또 모든 산들은 낮아지리라, 평탄하리라, 모두 평지 되리라"(이사야 40:4)라는 가사로 메시아의 탄생을 대망하는 아리아를 감격 속에 부른다. 이 아리아에서 '높아'와 '낮아'라는 말이 회화적으로 음의 움직임에 묘사되고 있다.

[제4곡] 합창. '주의 영광'

첫 번째 등장하는 유명한 합창으로 "주의 영광 구주의 영광 나타나리라. 만민들이 다 함께 보리라, 주께서 친히 말씀하였음"(이사야 40:5)를 힘차게 선포한다. 먼저 알토가 주의 영광을 시작하고 나머지 파트가 다 가담하여 주의 영광을 부른다. 이어 테너 파트가 "나타나리라"를 부르면 이를 베이스, 소프라노, 알토의 순으로 모방해 나가며, 다시 합쳐진 후 다시 모방 대위법이 시작되면서 힘차게 전개된다. 헨델은 이와 같이 호모포닉한 부분과 폴리포닉한 부분을 적절하게 섞으면서 훌륭한 합창을 만들고 있다.

[제5곡] 베이스 레치타티보. '만군의 주가 말씀하신다'

"만군의 주 여호와가 말하노라. 조금 후에 내가 하늘과 땅을 바다와 육지를 흔들리라, 나라를 흔들리라"(학개 2:6-7), "너희의 구하는 바 주가 홀연히 그 전에 임하리니, 곧 너희의 바라던 언약의 사자가 임할 것이라 주의 말씀이라"(말라기 3:1)

[제6곡] 베이스 아리아. '주 오시는 날 누가 능히 당하리'

원래는 남성 알토를 위한 것인데 요즘은 주로 베이스가 노래한다. 매우 서정적으로 "주 오시는 날 누가 능히 당하며 주 나타나실 때 누가 능히 서리오?"라고 노래한 후 후반부 "그는 무서운 불과 같도다"(말라기 3:2)에서는 매우 격렬하게 노래한다. 곡은 다시 첫 부분으로 돌아가 반복한 후 다시 빠른 템포의 격렬한 노래를 부르고 마치는 ABAB 형태의 곡이다.

[제7곡] 합창. '깨끗하게 하시리라'

빠르고 경쾌한 합창으로 소프라노부터 시작하는 경쾌한 움직임이 테너, 알토로 모방되는 대위법으로 진행되는데, 순서를 바꾸어 가면서 대위법적 진행을 하고 마지막에 호모포닉하게 합치며 마친다. 가사는 "정결케 하리라 레위 자손을, 그들이 의로운 제물을 주님께 드릴 것이라. 우리 주께"(말라기 3:3)이다.

[제8곡] 알토 레치타티보. '보라 동정녀가 잉태하여'

"보라 동정녀 잉태하여 아들을 낳으리니(Behold a vergin shall conceive). 그의 이름을 임마누엘이라 하라"(이사야 7:14, 마태복음 1:23)라는 짧은 레치타티보이다.

[제9곡] 알토 아리아와 합창. '오 기쁜 소식을 전하는 자여'

알토의 아름다운 아리아와 같은 선율로 뒤따르는 합창이다. 경쾌한 현의 전주에 이어 알토 독창이 "오 기쁜 소식을 전하는 자여, 높은 산에 올라 외쳐라. 소리 높여 힘차게 외쳐라. 유대 고을마다 고하라. 보라 주를 오 기쁜 소식을 전하는 자여. 깨어라 주 오셨네. 주의 영광, 주의 영광 나타나셨네. 너희에게 나타나셨네"(이사야 40:9)를 부른다. 두 번째, 세 번째 반복할 때는 약간씩 변주를 하면서 진행한 후 마지막에 합창이 같은 가사를 부르며 가세하여 그 기쁨을 배가시킨다. 현의 후주가 뒤따른다.

[제10곡] 베이스 아리오소

어둠을 나타내는 낮은 현의 단조로운 반복음형의 전주 후 베이스가 "보라, 어둠은 땅을 덮고, 흑암이 만민을 가려도 주께서 너희 위에 임하시며"라는 선율적인 가사를 노래한다.

[제11곡] 베이스 아리아

전주에 나온 선율을 베이스가 그대로 느릿하게 노래하는 아리아이다. "흑암에 행하던 백성이 큰 빛을 보고 사망의 그늘진 땅에게 거하던 자에게 빛이 비치도다"(이사야 9:2)

[제12곡] 합창. '우리를 위해 한 아기 나셨다'

제1부의 중심을 이루는 유명한 합창으로 명쾌한 리듬 위에 교묘한 대위법 기법을 구사한 이 환희의 대합창은 헨델 합창음악의 정수를 보여주는 대표적인 합창이다. "한 아기 우리를 위해 나셨다(For unto us child is born). 그 어깨에 통치권이 메워지리라. 그를 기묘라, 모사라, 전능의 주 영원한 아버지요 평화의 왕으로 부르리라"(이사야 9:6)

[제13곡] 전원 교향곡

앞 곡의 빛나는 합창과 훌륭한 대조를 이루는 곡이다. 시칠리아풍의 리듬을 가진 목가적인 평온한 관현악 곡으로 제1부의 전반부와 후반부를 가르는 경계부에 있는 곡이다.

[제14곡] 소프라노 레치타티보

"그 지경에 목자들 밖에서 밤에 자기 양 떼를 지킬 때"(누가복음 2:8)에 이어 현의 율동하는 리듬을 타고 "보라 주님의 곁에 서고 주의 영광이 저희를 두루 비추매 크게 무서워하는지라"(누가복음 2:8-9)

[제15곡] 소프라노 레치타티보. '저 천사가 말하기를'

"천사가 말하기를 두려워 말라. 내가 너희에게 기쁨의 소식을 전하노라. 너희 위해 다윗성에 오늘 아기 나셨으니 구세주 그리스도 주님이로다"(누가복음 2:10-11)

[제16곡] 소프라노 레치타티보. '갑자기 많은 천군들이 나타나서'

부산히 움직이는 현의 리듬을 타고 소프라노가 "홀연히 허다한 천군이 그 천사와 함께 하나님을 찬양하네"(누가복음 2:13)를 노래한다.

[제17곡] 합창. '높은 곳에 주께 영광'
　호모포닉한 합창이 힘차게 "주께 영광, 높은 곳에 주께 영광, 땅에 평화"를 부른 후 푸가풍의 짧은 합창 "만민에게 은혜"(누가복음 2:14)가 뒤따르고, 다시 "주께 영광, 높은 곳에 주께 영광"이 되풀이된다.

[제18곡] 소프라노 아리아. '시온의 딸아 크게 기뻐하라'
　기쁨에 찬 경쾌한 리듬의 유명한 소프라노 아리아이다. 곡은 우선 바이올린에 의해 선율이 나타난 후 소프라노가 "기뻐하라!"(rejoice)를 부르기 시작한다. 느린 중간 부분 "그는 공의의 구세주, 평화를 말할 것이로다"를 거쳐, 곡은 원래대로 다시 빨라져 "기뻐하라! 오 시온의 딸아. 오, 예루살렘 딸들아, 보라 왕이 네게 오리라"(스가랴 9:9-10)를 부르는데 소프라노가 "기뻐하라!"를 몇 번이고 장식적으로 부르면 현이 이를 그대로 좇아가는 식으로 표현되면서 기쁨을 더하고 있다.

[제19곡] 소프라노 레치타티보. '그때 소경의 눈이 밝을 것이며'

[제20곡] 알토-소프라노 아리아
　소프라노 혹은 알토의 유명한 아리아로 알토가 먼저 "그는 목자같이 양 떼를 먹이시며"(이사야 40:11)를 감정을 실어 유유히 노래하고, 후반부에서는 소프라노가 "수고하고 무거운 짐 진 자들아 다 내게로 오라"(마태복음 11:28)를 정겹게 노래한다.

[제21곡] 합창. '주의 멍에는 쉽고, 짐은 가볍네'

제1부를 끝맺는 훌륭한 합창곡이다. 모방 대위법에 의해 주도되는 합창으로 "주의 멍에는 쉽고, 내 짐은 가볍네"(마태복음 11:30)가 다른 성부로 모방되면서 한참 동안 발전된 뒤 마지막에 갑자기 확신에 찬 화성적 진행을 보인다. 이 곡은 이탈리아 협주곡 양식의 영향이 명백하게 보이는 곡으로 헨델 합창기법의 진보적 일면을 보여주는 예로 지적되고 있다.

-제2부- 수난과 속죄

그리스도의 수난과 속죄를 다룬 제2부는 제1부와 대조적으로 극적인 긴장감이 팽배하며 종교적인 감동이 크게 느껴지는 부분이다. 전 23곡 가운데 합창이 11곡을 차지할 정도로 합창이 주도하는 감동적 부분이다.

[제22곡] 합창. '하나님의 어린양을 보라'

수난의 고통을 생각게 하는 비통한 느낌의 합창이며, "어린양을 보라, 세상의 죄를 지고 가는 하나님의 어린양 보라"(요한복음 1:29)로 제2부를 시작한다. 현의 애조 띤 연주와 성악이 잘 어우러져 비통함을 통절하게 표현하고 있다.

[제23곡] 알토 아리아. '주는 멸시를 당하셨네'

알토 아리아로 전곡을 통해 가장 유명하고 감동적인 아리아 가운데 하나이며, 이 곡은 헨델이 울면서 작곡했다는 가장 감동적인 다카포 아리아로서 3부분 형식으로 되어 있다. 알토가 "그는 모욕과 또 버림을 받으셨네"(He was despised and rejected of men)(이사야 53:3)를 비통한 감정을 실어 노래해 간다. c단조 중간 부분 "주는 등을 채찍질 당하고, 뺨 맞고, 머리털 잡히고, 얼굴에 침 뱉음을 당했네"(이사야 50:6)에서는 오스티나토의 반주 음형이 비통함을 자아내고 있다. 곡은 다시 첫머리로 돌아가 "그는 모욕과 또 버림을 받으셨네"로 비통한 심정을 노래하며 곡을 마친다.

[제24곡] 합창

호모포닉한 합창으로 부점 리듬의 전주 후에 합창이 "참으로 그는 우리들의 괴로움을 짊어지고, 우리의 고통을 맡으셨다"(Surely, He hath borne our griefs, and carried our sorrows)(이사야 53:4-5)라고 노래한다.

[제25곡] 합창

"그 매 맞은 상처에 의해서 우리들이 나았도다"(이사야 53:5)는 앞 곡으로부터 쉬지 않고 계속되는데 옛날풍의 2중 합창 기법에 의한 곡으로 앞의 곡과는 매우 대조적이다.

[제26곡] 합창. '우리들은 양같이 헤매며 다녔네'

"양과 같이 헤매었네(All we, like a sheep), 우리들은 마음대로 헤매며 다녔네(have gone astray), 그러나 주님께서 우릴 구원하셨네"(이사야 53:6)

여러 합창 기법이 교대로 나타나는 경쾌한 합창으로 모방 대위법 진행이 두드러지는 곡이다. 곡은 마지막 부분에서 느린 아디지오가 되어

"여호와는 우리들의 모든 불의를 그에게 지우시도다"를 장중하게 노래하며 마친다. 이와 같이 성격이 다른 합창을 3곡 연속으로 계속하고 있으며, 이는 오라토리오에서는 매우 이례적인 일로 헨델이 얼마나 합창을 좋아하고 또 자신 있어 했는지를 짐작해 볼 수 있다.

[제27곡] 테너 레치타티보

짧고 격렬한 감정의 레치타티보로 "주를 보는 자, 그를 비웃으며 조롱하고"(All they that see Him laugh Him to scorn)가 곧바로 다음 합창으로 연결된다.

[제28곡] 합창. '제가 여호와를 의지하니'

대위법으로 진행되는 합창으로 베이스 파트가 먼저 "제가 여호와를 의지하니 하나님이 저를 구원하시리"를 부르면 이어 테너, 알토, 소프라노 순으로 앞의 선율을 따라 부른 후, 마지막에 "구원해 주시리라고"로 힘차고 장중하게 끝맺는다.

[제29곡] 테너 레치타티보. '주님의 마음이 상하여'

테너가 "주님의 마음 상하여 근심이 가득하네"(시편 69:20)를 느린 라르고로 위로하듯 조심스럽게 노래한다.

[제30곡] 테너 아리오소. '보라 주님의 이 서러움'

"보라(Behold, and see), 주님의 이 서러움 누가 당하리오?"(예레미야 애가 1:12)를 감정 어리게 노래한다.

[제31곡] 테너(소프라노) 레치타티보. '그가 산 자들의 땅에서 끊어지셨네'
"산 자들의 땅에서 끊어지심은 만인의 죄를 사하시려 당하셨네"(이사야 53:8)

[제32곡] 테너(소프라노)아리아. '여호와는 주의 영을 버리지 아니하셨네'
서정적인 아리아로서 "주 여호와 하나님은 주 예수님의 귀한 영을 음부에서 구하시고, 썩는 것을 아니 보셨도다"(시편 16:10)를 차분한 마음으로 부른다.

[제33곡] 합창. '머리 들라, 문들아'
유명한 합창으로 소프라노 파트가 둘로 갈라져 5성부가 된다. 짧은 전주에 이어 먼저 여성 3부가 호모포닉하게 "문들아 머리 들어라, 영원한 문들아 영광의 왕 들어오신다"를 부르기 시작하고, 남성 2부가 "영광의 왕은 누구이뇨?"라고 물으면, 여성 파트가 "힘과 능력의 주 전쟁에 능한 주"(시편 24:7-10)라고 답하는 교창(交唱)풍으로 진행된다. 마지막에 "만군의 여호와야말로 영광의 왕이시다"라는 확신에 찬 합창이 불리며, 2중 대위법을 구사한 전형적인 헨델풍의 합창곡이다.

[제34곡] 테너 레치타티보. '하나님이 어느 천사에게 말씀하셨다'(히브리서 1:5)

[제35곡] 합창. '하나님의 모든 천사는 주를 경배하라'
경쾌한 리듬의 합창으로 "모든 천사는 주를 경배하라"(히브리서 1:6)로 호모포닉하게 시작되나 곡은 곧바로 2중 대위법으로 전개된다.

[제36곡] 베이스(알토) 아리아

바이올린의 장식적인 전주에 이끌리어 "주께서 높은 곳에 오르시며 사로잡은 자를 끌고 선물을 인간에게서 원수 중에 받으심은 하나님이 저희와 함께 거하심이로다"(시편 68:18)를 감정을 넣어 되풀이하며 부른다. 전주와 중간, 그리고 후주를 연주하는 바이올린의 장식적인 가락과 노래가 잘 어우러져 아름답게 들린다.

[제37곡] 합창

성부 간에 경쟁이 돋보이는 교창풍의 합창으로 먼저 남성 파트가 유니슨으로 "주께서 말씀 주시니"(The Lord gave the word)라고 부르면 전 4성부가 "소식을 공포하는 여자들은 큰 무리라"(시편 68:11)로 이것을 되받는다. 다음으로 여성 파트가 유니슨으로 "주께서 말씀 주시니"를 부르면 전 4성부가 다시 되받아 대위법적으로 전개해 간다.

[제38곡] 소프라노 아리아. '아름다운 발이여'

아름다운 현의 전주에 이끌리어 소프라노가 "오 평화의 복음 전하는 그 아름다운 발이여"(로마서 10:15)를 꿈꾸듯 서정적으로 노래해 간다. 목가적인 시정에 넘치는 아름다운 아리아이다.

[제39곡] 합창. '그 소리가 온 땅에 퍼졌고'

"그 소리가 온 땅에 퍼졌고, 그 말씀이 땅끝까지 이르렀도다"(로마서 10:18)가 소프라노부터 시작하여 알토, 테너, 베이스로 모방하며 전개된 후 다시 테너부터 "그 말씀이 땅끝까지"를 푸가풍으로 전개한다. 중간에 호모포닉한 부분과 폴리포닉한 부분이 섞여 전개된다.

[제40곡] 베이스 아리아. '어찌하여 열방들이 분노하며'

"어찌하여 열방들이 분노하며, 또 헛된 일을 경영하느냐?"(시편 2:1-2)로 시작하는 이 아리아는 헨델의 독창곡 중 가장 뛰어난 곡의 하나로 기교적으로 매우 어렵다. 곡은 격렬하고 급속한 음형을 오케스트라 반주로 시작하여 베이스가 격한 감정을 표현하며 진행된다. 두도막형식의 노래로 후반의 가사는 "땅의 모든 왕은"으로 시작된다.

[제41곡] 합창. '우리들 그 틀을 부수고'

'스타카토 코러스'라고 알려진 합창으로 전주 없이 곧바로 테너 파트가 "우리가 그 결박을 끊어버리자"(Let us break their bonds a sunder)(시편 2:3)의 제1주제를 부르면 각 성부가 이를 모방하며 진행하며, "그 사슬을 버리리"에서 성격이 전혀 다른 제2주제가 나타난다. 이후 두 부분이 교대로 되풀이되고 마지막에는 양자가 결합하여 크게 화합한다. 형식적으로 A-B-A-B(ab)가 되며 이는 헨델이 그의 합창에서 많이 애용하는 형식이다.

[제42곡] 테너의 레치타티보. '하늘에 계신 주님이 웃으심이여'(시편 2:4)

[제43곡] 테너 아리아

현의 강한 장식적인 전주 후에 테너가 "내가 쇠지팡이를 갖고서 저희를 깨뜨림이여"(시편 2:9)를 강한 확신에 차 노래한다. 장식적인 현이 노래 사이사이를 종횡하며 분위기를 만들어 주고 있다.

[제44곡] 합창. '할렐루야'

제2부의 최후를 장식하는 대합창. 이 '할렐루야' 합창은 〈메시아〉 전곡 중 단연 압권으로 이 오라토리오를 대변하는 곡이며 수많은 '할렐루야' 합창 가운데 최고의 걸작이다. 이 곡은 워낙 유명하여 단독으로 연주되는 일도 많으며, 전곡 연주가 불가능할 경우 이 합창의 장대한 효과 때문에 제2부에서 연주회가 끝날 때도 있다. 하이든이 말년에 영국을 방문하였을 때 웨스트민스터 사원에서 열린 '헨델 페스티벌'에서 연주된 '할렐루야' 합창을 듣고 받은 충격과 감동이 그 후 오라토리오 〈천지창조〉를 작곡한 계기가 되었다는 일화는 너무도 유명하다.

곡은 짧은 전주에 이어 "할렐루야!"가 힘차게 불리고, 갑자기 다른 주제로 4성부 유니슨이 "전능의 주가 다스리신다"를 노래한다. 런던 초연시 이 부분에서 국왕 조지 2세가 뜻밖에 자리에서 일어섰다고 전해질 정도로 합창의 장중한 효과는 참으로 놀랍다. 이후 할렐루야 동기와 유니슨 동기가 교대로 나타나다가 마침내 양자가 동시에 불리며, "이 세상 나라들"부터 다시 새로운 주제를 함께 부르지만 이 수법은 가사의 구절마다 적용되어 훌륭한 음악적 효과를 나타낸다. 마지막에 할렐루야 동기가 되풀이되고 힘차게 하나님을 찬양하며 장대하고 화려하게 곡을 마친다.

헨델 페스티벌

-제3부- 부활과 영생

제2부가 그리스도의 수난을 비통한 곡조로 노래한 것에 비해 제3부는 부활과 영생을 생각하는 조용한 분위기의 곡들이 많다.

[제45곡] 소프라노 아리아. '주가 살아 계심을 나는 안다'

제3부를 시작하는 곡으로, 전곡을 통틀어 가장 유명한 소프라노의 아리아이다. 곡이 정서가 깊고 표정이 풍부해서 단독으로 독창회에서 자주 연주되고 있다. 곡은 느린 현의 애절한 전주 후에 표정적인 노래가 시작한다. "나는 내 주가 살아계심을 믿노라(I know that my Redeemer liveth). 그가 이 세상에 다시 오시리로다. 비록 이 몸은 죽어도 하나님을 보리로다"(욥기 19:25-26) 이 선율이 변화하면서 되풀이한 후 일단 A장조에서 마침한 다음, 제2부분 "그리스도께서 죽은 자 가운데서 다시 살아 잠자는 자의 첫 열매가 되셨도다"(고린도전서 15:20)가 계속된다.

[제46곡] 합창. '사람을 인하여 죽음 왔으니'

"사람을 인하여 죽음 왔으니"(Since by man came death)(고린도전서 15:21). 곡은 그라베로 죽음에 대해 신비하게 시작한 후 알레그로 템포가 바뀌어 같은 가사를 격렬하게 노래하며, 처음 분위기의 그라베로 돌아가 "아담으로 인하여 사람들 죽었으나"를 비장하게 노래한다. 다시 곡은 알레그로로 바뀌어 "모든 사람이 주 그리스도 안에서 살리라"를 노래한다.

[제47곡] 베이스 레치타티보. '보라 내 너희에게 비밀을 말하노라'

"보라. 한 비밀 말하노니 우리가 다 잠잘 것이 아니요, 마지막 나팔에 순식간에 홀연히 다 변화하리라"(고린도전서 15:51)라고 베이스가 이야기한 후 곧바로 아리아가 시작된다.

[제48곡] 베이스 아리아. '나팔이 울리리라'

장대하고 화려한 베이스의 다 카포 아리아로서 최후의 심판 때 울릴 나팔을 상징하는 전주로 시작된다. 마침내 베이스가 "나팔 소리가 나매 죽은 자들이 썩지 아니할 것으로 다시 살리라"(고린도전서 15:52-53)를 힘차게 부른다. 전주에 등장한 나팔 소리는 곡 내내 쉴 새 없이 되풀이된다.

[제49곡] 알토 레치타티보

알토가 "사망이 이김의 삼킨바 되리라"(고린도전서 15:54)고 짧게 말하고 이어

[제50곡] 알토와 테너 이중창

"죽음아, 너의 쏘는 것이 어디에 있느냐?"(O death, where is thy sting)(고린도전서 15:55)라는 가사를 서로 질문하고 대답하는 형태로 이중창이 매우 아름답게 전개된다. 계속하여,

[제51곡] 합창

합창이 "하나님께 감사드리세"를 힘찬 호모포니로 시작해 "하나님은 우리들에게"부터 새로운 동기가 모방 대위법적으로 한동안 전개되며, 마지막에 아다지오의 "주 예수 그리스도께"(고린도전서 15:57)로 강조된다.

[제52곡] 소프라노 아리아

꽤 긴 바이올린의 장식적인 전주 후에 소프라노가 확신에 차서 "하나님이 만약 우리들 편이라면, 누가 우리에게 대적하리"(로마서 8:31, 33, 34)를 긴 호흡으로 감정을 넣어 부른다. 장식적인 바이올린의 반주가 종횡으로 노래를 따라다니며 곡 전체 분위기를 형성해 가고 있다.

[제53곡] 합창. '죽임당하신 어린양, 아멘'

⟨메시아⟩ 전곡을 마감하는 이 대합창은 3부분으로 이루어져 있다. 먼저 전 합주의 반주와 함께 합창이 "죽임당하신 어린양"을 느리면서도 당당하게 부른다. 중간 부분은 약간 템포가 빨라져 "찬송과 존귀, 영광, 지혜, 능력 주께 돌리세. 보좌 위에 앉으신 주의 어린양께 영원히. 아멘"(요한계시록 5:12-13)이라는 합창이 먼저 테너, 베이스의 유니슨으로 연주되고 이어서 소프라노, 알토가 따른다. 마지막 세 번째 부분인 아멘합창은 "아멘"이라는 단어로만 구성된 웅대한 푸가이다. 먼저 베이스가 "아멘"으로 시작하고 이어 테너, 알토, 소프라노의 순으로 차례로 모방한다. 중간에 잠시 현악기만의 간주가 나오고 합창이 다시 "아멘"을 시작하여 복잡한 대위법적 전개를 이으며, 이어 위에서 하강하는 소프라노의 "아멘"이 있고 난 뒤 장대하게 끝맺는다.

이 마지막 합창은 리듬과 화성의 명쾌함, 대조적인 주제의 결합 등 참으로 헨델 합창 푸가의 전형이며 이 대곡의 전체를 끝맺음에 걸맞은 웅대한 합창으로 ⟨메시아⟩ 전곡에 대한 아멘으로 깊은 감동 속에 끝맺는다. 이 마지막 합창과 이어지는 아멘 합창은 '할렐루야'와 더불어 합창음악의 정수라 할 만큼 걸작이다.

◆ 연주 관행

이 곡은 작곡자 자신이 연주 때마다 여러 번 개작을 했을 뿐만 아니라 그의 사후 모차르트와 멘델스존도 편곡하여 1742년 더블린 판본, 1743년 런던 판본, 1750년 및 1751년 판본, 1754년 구빈원 판본 등 현재 여러 가지 판본이 다양하게 존재한다. 요즘은 작곡 당시의 원전악기 연주가 많아져 우리 귀에 익숙해 있지만 과거에는 이 곡의 축전적 요소를 크게 부각하여 화려하면서도 장대한 효과를 얻기 위한 대규모 합창단과 오케스트라를 총동원한 소위 낭만적 연주가 주류를 이루었다. 그러나 당대 악기 연주의 여명기였던 1970년 후반 구빈원 버전에 기초한 크리스토퍼 호그우드의 뛰어난 음반이 나온 후, 최근에는 헨델 당시의 음악 관행을 따라 존 엘리엇 가디너, 트레버 피노크(80년대), 앤드류 패롯(90년대) 등의 지휘자들이 30-40명 정도의 실내 합창단, 체임버 오케스트라와 함께 연주하는 원전악기 연주가 주류를 이루고 있다. 연주자에 따라 연주되는 곡의 수도 45곡에서 55곡까지 변화가 심하고, 지휘자에 따라서는 소프라노가 불렀던 아리아를 알토나 테너로 바꾸어 하는 등 천차만별이다. 이와 같은 현상은 헨델이 살아 있을 동안 스스로 지휘할 때마다 음악적 배려뿐만 아니라 그때그때 공연 사정과 가수에 따라 조금씩 바꾸어 연주했다는 사실에 기인한다. 즉 알토 가수가 뛰어나고 소프라노가 약하면 소프라노의 곡을 줄이고 알토에게 보다 많은 노래를 부르게 했기 때문이다.

♦ 연주와 음반

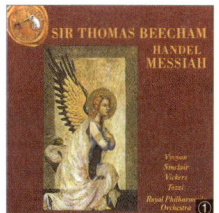
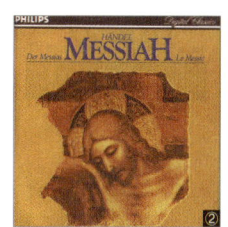
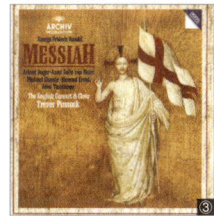
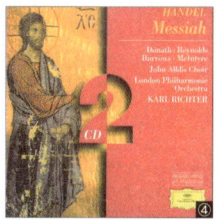

① 토마스 비첨(Thomas Beecham) 경이 지휘하는 로열 필하모닉 오케스트라(Royal Philharmonic Orchestra)와 합창단의 연주(RCA, 1959년)는 이 곡의 수많은 명연 중 최정상에 우뚝 선 역사적 명연이다. 토마스 비첨은 모노 시대의 2번의 녹음을 포함해 3번의 녹음을 남겼는데 이 세 번째 연주가 스테레오 시대의 녹음으로서 음질이나 연주의 질적 면에 있어 단연 최고의 연주이다. 비첨은 영국의 지휘자이자 작곡가인 구센즈(Eugene Goossens)의 편곡 판을 사용하고 있는데, 구센즈는 이 곡의 축전적 성격을 크게 부각시키기 위해 심벌즈와 트라이앵글, 하프를 비롯한 각종 타악기와 금관악기까지 동원해 곡을 만들었다. 따라서 이 연주는 대규모 오케스트라와 대규모 합창단이 총동원된 매우 스펙터클한 연주이다. 이 연주는 전체적으로 템포가 느린 편으로, 제2부 수난과 속죄에서는 느린 가운데서 비장감을 훌륭하게 이끌어내고 있다. 이 연주는 한마디로 이 곡이 갖고 있는 종교적 숭고함, 비장함, 환희 등 모든 면을 두루 갖춘 명연이다.

이 연주에서는 독창자도 당대 최고의 전설적인 명가수가 모두 등장하여 열연을 펼치고 있다. 소프라노의 제니퍼 비비안(Jennifer Vyvyan), 메조소프라노의 모니카 싱클레어(Monica Sinclair), 테너 존 비커스(Jon Vickers), 베이스 조르지오 토치(Giorgio Tozzi) 등 모두 하나같이 훌륭한 목소리와 뛰어난 가창을 통해 듣는 사람에게 깊은 감동과 기쁨을 전해주고 있다. 콘트랄토 싱클레어는 울림이 깊은 저음과 뛰어난 가창력으로 23곡 '주는 멸시를 당하셨네'에서 깊은 감동을 자아내며, 테너 비커스는 탄력 있는 우렁찬 목소리로 감정 표현을 멋지게 한다. 그리고 소프라노 비비안은 해맑고 강인한 목소리의 섬세한 음악적 표현을 통해 우리에게 깊은 인상을 각인시켜 준다. 특히 제18곡의 '기뻐하라'와 제45곡 '나는 주님이 살아계심을 아노라'의 아리아에서 그 진가를 유감없이 발휘하고 있다. 베이스 토치도 제11곡 '흑암에 행하던 백성'과 제40곡 '어찌하여 열방이 분노하며'에서 품위 있는 목소리로 뛰어난 노래를 들려준다.

② 존 엘리엇 가디너(John Eliot Gardiner)가 지휘하는 잉글리시 바로크 솔로이스츠와 몬테베르디 합창단의 연주(Philips, 1982년)는 1970년대부터 시작된 고악기를 사용한 소편성 정격연주의 대표적 명연이다. 종래 관행처럼 행해지던 대규모 오케스트라와 대규모 합창단에 의한 과도한 감정 표현과 화려한 낭만적 연주의 관행을 과감하게 걷어낸 혁명적인 연주로 음악계의 큰 센세이션을 일으켰던 명연주이다. 대체적으로 템포가 빠른 편이며, 전체적 분위기는 경쾌하고 깔끔한 군더더기가 없는 연주이다. 이 연주는 특히 합창의 연주가 압도적으로 훌륭한데, 합창음악 귀재인 가디너의 실력을 유감없이 보여주는 명연주이다. 합창은 선율 라인

이 잘 드러나며, 앙상블이 치밀하면서도 솜털처럼 가볍게 움직인다.

솔리스트로는 소프라노 마가렛 마샬, 메조소프라노 캐서린 로빈(Catherine Robbin), 카운터테너 찰스 브렛, 테너 앤소니 롤프 존슨, 베이스 로버트 할레(Robert Hale) 등 모두가 일일이 열거하기 힘들 정도로 하나같이 높은 수준의 가창력을 통한 열창으로 이 연주의 완성도에 크게 기여하고 있다. 이 연주에서는 지금은 관행처럼 되었지만 카운터테너로 하여금 알토나 베이스를 부르게 한 거의 최초의 연주이다. 그리고 14-16곡 연속 3곡의 천사가 노래하는 레치타티보에 보이소프라노를 기용하는 등 세심한 배려를 통해 연주의 완벽성을 기하고 있다. 굳이 아쉬운 점을 찾는다면 2부 첫 부분의 수난의 비장함을 표현하는 데 다소 미흡하다는 점 외에 달리 흠잡을 곳이 없는 거의 완벽한 연주이다.

③ 트레버 피노크(Trevor Pinnock)가 지휘하는 잉글리시 콘서트와 그 합창단의 연주(Archiv, 1988년)는 1979년의 호그우드의 역사적인 정격연주 후에 등장한 수많은 유사 연주 가운데 최고의 명연이다. 이 연주는 다른 정격연주에 비해 합창의 연주가 압권으로의 놀라운 앙상블을 들려주고 있다는 점이다. 템포가 빠르고 합창에 군살이 하나도 없는 같은 원전악기 연주의 가디너에 비해 피노크의 이 연주는 쾌적한 템포에다 합창의 볼륨감도 있어 훌륭한 음악적 효과를 창출해내고 있다. 잉글리시 콘서트의 연주도 매우 유려한 음색과 합창과 완벽한 앙상블로 조화를 이루면서 최고의 명연을 끌어내고 있다. 솔리스트 가운데는 소프라노 오제가 기품 있는 목소리로 훌륭한 가창력을 들려주며, 알토 폰 오터도 기품 있는 목소리로 풍성하고도 여유로운 감정 표현을 통해 듣는 사람의 상상력을 한없이 자극시켜준다. 그러나 상대적으로 테너나 베이스는

가디너 연주 때의 솔리스트들에 비해 가창력이 다소 떨어지는 아쉬움이 있다.

④ 칼 리히터(Karl Richter)가 지휘하는 런던 필하모닉 오케스트라(London Philharmonic Orchestra)와 존 알디스 합창단의 연주(DGG, 1973년)는 그가 그의 뮌헨 바흐 오케스트라와 야노비츠, 헤프겐, 헤플리거 등 3명의 독창자와 함께한 독일어 가사에 의한 첫 번째 녹음에 이어 영어 가사에 의한 영국 연주자들과 함께한 그의 메시아의 두 번째 녹음이다. 이 연주는 전반적으로 중후하며 장려한데 합창이 특히 훌륭하다. 오늘날의 경쾌한 정격연주에 비하면 합창이 다소 장려한 편이지만 푸가풍으로 진행되는 합창에서는 가볍기 그지없으며 리히터의 뛰어난 형식적 구성력의 탁월함이 드러나며 앙상블도 완벽하다. 이 연주에서 오케스트라의 연주도 매우 훌륭한데 제1부의 "기뻐하라"의 일사불란한 오케스트라의 질주와, 특히 제2부 '수난과 속죄' 부분에서의 비장감을 멋지게 표현하고 있다. 솔리스트 가운데는 알토 안나 레이놀즈(Anna Reynolds)의 매력적인 음색과 깊은 감정 표현, 뛰어난 가창력이 듣는 사람의 마음을 사로잡는다. 그리고 테너 스튜어트 버로우즈(Stuart Burrows)도 기품 있는 목소리와 뛰어난 가창력으로 큰 감동을 주지만, 여기에 비해 소프라노와 베이스는 상대적으로 가창력이 떨어진다. 이 음반은 명연주 여부를 떠나서 음반이 귀하던 1970년대에 라이선스로 국내에 출시되어 당시 많은 음악애호가들의 사랑을 받았으며 그들의 가슴 속에 아직도 그 감동의 여운이 남아 있으리라 생각된다.

⑤ 오토 클렘페러(Otto Klemperer)가 지휘하는 필하모니아 오케스트

라와 필하모니아 합창단의 연주(EMI, 1965년)는 마니아에게는 결코 잊을 수 없는 명연의 하나이다. 이 연주는 대규모 합창단과 오케스트라가 등장하는 낭만적 연주의 대표적인 경우이며, 오늘날의 연주 관행으로 볼 때는 전체적으로 템포가 느리다. 그러나 이 연주는 템포를 여유롭게 잡아 그 가운데 장려함과 아름다움을 마음껏 표출한 연주이다. 합창은 전체적으로 장려하고 웅혼하지만 특히 마지막 합창 '죽임당하신 어린양'과 이어지는 '아멘'은 황홀하다. 그러나 합창은 곡과 부분에 따라서는 경쾌하고 때로는 매우 섬세하게 연주되는 부분도 있어 클렘페러의 연주가 결코 단순하지 않음을 보여준다. 오케스트라는 유려한 사운드를 들려주지만 간간히 들리는 클렘페러 특유의 화강석과 같이 단단한 사운드도 일품이다. 그리고 무엇보다도 이 음반을 잊을 수 없게 하는 것은 하나같이 뛰어난 솔리스트들의 연주이다. 필자의 생각으로는 이 가운데서도 베이스 제롬 하인즈(Jerome Hines)의 윤기 넘치는 우렁찬 소리와 뛰어난 가창력에 기인한 깊은 감정 표현은 정말 최고의 연주이다. 그다음으로 알토 그레이스 호프만(Grace Hoffmann)의 기품 있는 목소리와 뛰어난 가창력 또한 깊은 감동과 여운을 남기며, 테너 니콜라이 게다의 경질의 목소리의 노래도 훌륭하다. 지금은 전설이 된 소프라노 엘리자베트 슈바르츠코프(Elisabeth Schwarzkopf)의 청순한 목소리의 노래도 훌륭하지만 최상은 아닌 듯하여 아쉽다. 약 50년 전의 오래된 연주이지만 녹음상태가 양호해 감상하기엔 부족함이 없다.

오라토리오 〈유다스 마카베우스〉

Judas Maccabaeus

1746년에 3막으로 작곡된 이 오라토리오의 대본은 목사이자 작가인 토머스 모렐(Thomas Morell)이 썼다. 이 곡이 작곡되기 직전인 1744-5년은 헨델에게 예술적 위기 상태였다. 1744년 12월부터 24회의 예약연주회를 계획했으나 브라운 부인의 사주로 런던협회의 많은 회원이 이탈하는 등 실패를 거듭하였고, 1745년 여름 그의 건강조차 악화되었다. 이러한 위기 상황 속에서 스코틀랜드에서 날아온 소식은 그에게 새로운 전기를 마련해주는 계기가 되었다. 1746년 4월 왕의 형인 컴벌랜드(Cumberland) 공작 휘하의 잉글랜드 군대가 당시 기세를 떨치던 쟈코뱅당의 찰스 에드워드 휘하 부대와의 쿨로덴 전투(Battle of Culloden)에서 승리한 것이다. 이에 고무되어 쓴 승리의 오라토리오가 바로 〈유다스 마카베우스〉이다. 헨델은 같은 해인 1746년 7월 9일 작곡에 착수하여 8월 11일에 전곡을 완성하였다. 이 곡은 이듬해인 1747년 4월 1일 런던의 코벤트 가든 왕립극장에서 초연되어 대성공을 거두었으며 같은 시즌 중에 여섯 번이나 상연되었다. 그 후 12년간에 걸쳐서 적어도 54회 연주되었으며, 그 가운데 38회나 헨델 자신이 이 작품의 상연을 지휘했다고 전해지고 있다.

　이 곡의 대본을 쓴 모렐은 그 후 헨델을 위해 7개의 오라토리오의 대본을 써주었다. 모렐은 이 오라토리오의 내용을 대부분 구약성서의 외경 〈마카비 서(書)〉 제1권에서 가져왔으며, 일부는 유대인의 구속사를 담고 있는 요세푸스(Josephus)의 〈유대인의 고사(故事)〉 제12권에서 취했다. 내용은 다음과 같다. 기원전 169년 시리아 왕은 유대를 정복하고 예루살렘 성전을 파괴하는 등 유대민족의 종교와 문화를 억압하였는데, 이에 유대민족의 지도자 마타티아스(Mattathias)가 반란과 저항운동을 일으켰다. 그가 죽은 기원전 161년경 민족적 저항운동이 어느 정도 성공을 거두고 있을 무렵부터 이 오라토리오가 시작된다.

　3부로 이루어진 이 곡은 유대민족의 탄식에서 시작되어, 마카베우스의 유다가 민족의 영웅으로서 시리아에 대항하여 드디어 승리를 쟁취하는 과정이 감동적으로 그려져 있다. 제1부에서는 지도자 마타티아스의 죽음을 애도하고, 그의 아들 시몬이 마카베우스의 유다를 새로운 지도자로 선포하고 유다는 민족의 자유를 쟁취할 것을 다짐한다. 제2부에서는 이스라엘민족이 그들의 지도자에게 사마리아와 시리아로부터의 침입을 격퇴시켜줄 것을 요구한다. 그러나 시리아 왕 안티오코스가 이집트로부터 군대를 보냈다는 소식에 모두들 절망한다. 이때 유다가 군대를 일으키고, 시몬은 이스라엘 민족에게 승리의 희망을 심어준다. 제3부에서는 예루살렘에서 성전이 재건되고 '빛의 축제'가 진행된다. 이어 유다가 나머지 적들을 몰아내고 예루살렘으로 개선한다는 소식이 전해지고, 이스라엘 대사 유포레무스는 로마가 유대를 독립국가로 인정하고 평화와 자유를 보호해준다는 협정을 맺고 로마로부터 돌아온다.

중요 등장인물로는 마카베우스의 유다(테너), 시몬(베이스), 이스라엘의 남자(테너 혹은 알토), 이스라엘의 여자(소프라노), 이스라엘의 메신저(알토), 이스라엘 대사 유포레무스(베이스) 등이지만 이 곡의 실제 주인공은 합창에 의해서 표현되는 이스라엘 민족 전체이다. 이 오라토리오는 헨델의 오라토리오 가운데 가장 민족적인 색채가 강한 작품으로 전체적으로 많은 알레그로 곡으로 구성되어 있다. 헨델은 영국 국민의 기운을 북돋우기 위해 많은 합창곡을 원했기 때문에 아리아에 많은 부분을 할애하지 않았다.

헨델의 이 오라토리오는 대본의 극적 구성력이 약하고 오페라풍의 아리아가 결여되고, 레치타티보는 음악적 특징이 없다는 신랄한 비판을 받고 있음이 사실이지만, 그의 오라토리오 〈이집트의 이스라엘인〉과 함께 그의 전 오라토리오 가운데 합창이 가장 뛰어난 작품으로 그 명성이 높다.

헨델이 이 곡에 가한 수정은 3가지 유형으로 구분된다. 즉, 초연 직전의 수정과 1747년 첫 번째 연주 계획 동안의 첨가, 그리고 이후 재공연에서의 수정 등이다. 따라서 곡에 따라 부르는 가수의 성부가 다를 수도 있으며 조성도 틀리기도 하다. 처음 작곡된 상태의 이 오라토리오에서는 아리아 '오! 자유'나 '용사의 합창'이 없었으며, 그 후 수정에서 다른 곡에서 차용해 첨가되었다. 이 작품에는 이 외에도 다른 작품에서 차용된 것이 많은데 이와 같이 자신의 곡이나 다른 사람의 작품에서 선율을 차용하는 관습은 오늘날의 관행에서 볼 때는 표절과 같은 행위로 취급받을 수 있지만, 당시는 일반적인 관행이었으며 다른 사람의 작품을 차용하는 것은 그분에 대한 하나의 존경심의 표현이기도 했다. 요한 세바스찬 바흐의 작품에서도 그런 차용 예를 수없이 볼 수 있는 것도 같은 이유이다.

헨델은 제15곡의 아리아 '오! 자유'는 그의 〈제전 오라토리오〉(Occasional Oratorio)(1746)에서, 제58곡의 유명한 합창 '보아라 용사'는 그의 오라토리오 〈여호수아〉(Joshua)에서 차용하였다. 그 외 제50번의 아리아는 자신의 오페라 〈아그리피나〉(Agrippina)(1709)에서 차용했으며, 그 외 제11번의 합창, 제4번의 이중창, 제59번의 행진곡은 카리시미(Carissimi, 1605-1674), 보논치니(Bononcini, 1670-1755), 무파트(Muffat, 1690-1770)의 작품에서 그 원형을 찾을 수 있다. 또한 이 오라토리오에는 이상할 만큼 중창곡이 많은데 그중 몇 곡은 매우 훌륭한 작품으로 평가받고 있다.

이 오라토리오는 3부로 구성되어 있으며 제1부는 서곡과 25곡, 제2부는 24곡, 제3부는 17곡으로 최초의 서곡을 포함, 모두 68곡으로 구성되어 있다. 이 곡은 오라토리오의 일정한 형식인 서주부와 합창으로 시작하여 독창자를 위한 아리아와 레치타티보, 이중창, 합창의 형태로 되어 있고 마지막은 할렐루야 아멘 합창으로 끝을 맺는다.

♪ 곡 해설

[제1곡] 서곡

g단조로 느리고 장중하게 시작하여 중간 부분에서 알레그로로 빨라진 후 잠시 다시 느려지고, 빠른 중간 부분으로 다시 돌아가 반복한 후 느리게 마치는 프랑스풍의 서곡이다. 서곡에서는 곡 전체의 분위기를 암시하는 동기가 나타나는데 이 소재는 곡의 중간중간에 다시 나타나고 있다.

바로크 교회음악 439

-제1부-

[제2곡] 합창

유대민족의 지도자 마타티아스의 장례식을 위한 음악으로 오케스트라 파트에서의 장송행진곡에 맞추어 부르는 탄식의 대합창이다. 비통한 전주에 이어 합창이 "슬퍼하라, 너희들 괴로움을 당한 아이들이여"(Mourn, ye afflicted children)로 시작하여 중간중간에 "더 이상 너희를 구할 영웅이 없다. 너의 아버지가 없다"(Your hero is no more. Your farther is no more)가 몇 번씩 등장하는데 마타티아스의 죽음으로 더 이상 희망이 없음을 탄식하는 합창이 장송 행진곡처럼 쓸쓸히 불린다.

[제3곡] 레치타티보(이스라엘 남자와 여자)

두 사람이 차례로 앞으로 닥칠 슬픔에 대해 예언하는 레치타티보를 부른다.

[제4곡] 이중창(이스라엘 남자와 여자)

부점이 있는 리듬의 전주가 나온 후 이스라엘 남자가 "이 역경에서 빠져나올 수 있을까?"(From this dread scene, these adverse powers)라고 노래하면, 이스라엘 여자가 같은 선율을 받아 노래하고, 둘이 함께 앞으로 닥칠 슬픔을 노래한다. 짧은 후주가 따른다.

[제5곡] 합창

이 곡은 마타티아스의 장례식을 위한 음악으로 장대함과 비극적인 분위기를 잘 묘사하고 있는 합창이다. 바순의 흐느끼는 듯한 전주 후 합창이 "시온에서부터 슬퍼할지어다"(For Sion lamentation make)를 부른 데 이어 "울음과 눈물의 단어로"(with words that weep and tears)를 처절하게 노래한다. 이 선율은 보논치니에서 차용한 것이지만 헨델은 완전히 자기의 것으로 소화시켰다. 작곡기법이 헨델적이기보다 낭만적이라는 비평을 받고 있다.

[제6곡] 레치타티보(시몬 또는 이스라엘 남자)

전반부에서는 "모든 슬픔이 더 이상 소용없음"(Not vain is all this storm of grief)을 한탄하고, 후반에서는 그래도 우리가 믿는 주께서 우리에게 귀 기울이실 것이라 다짐한다.

[제7곡] 아리아(시몬 또는 이스라엘 남자)

형식은 전주와 후주를 갖는 3부분 형식이다. 짧은 전주 후에 "경건한 잔치, 경건한 노래(Pious orgies, pious airs)를 주께 드려 그의 자비와 사랑을 되찾자"라고 설득한다. 곡의 구성은 반주와 독창부가 응답형으로 독창 뒤에 반주가 독창의 선율을 반복 변주하며 따라 나온다. 전체적으로 화성적인 곡이다.

[제8곡] 합창

느린 오케스트라의 전주에 이어 합창 "오 전능하신 아버지여"(Oh Father, Whose almighty power)가 호모포닉하게 장중하게 연주된다. 후반은 알레그로의 빠른 템포에 전형적인 푸가 형식의 합창이 힘차게 전개된다.

[제9곡] 레치타티보(시몬)

부점 리듬의 전주에 이끌려 "나는 내 속의 신성을 느낀다"(I feel, I feel Deity within)라며 유다가 자유와 승리를 가져다 줄 것이라 말한다.

[제10곡] 아리아(시몬)

"무기를, 무기를 들라, 용맹스러운 부대여!"(Arm, arm, ye brave)에서 시몬은 시리아에 저항하기 위해 형 유다의 뒤에서 이스라엘인들의 애국심을 고취시켜 집결시키게 한다. 애국심을 고취하는 아리아로 제1부에서 가장 유명한 곡의 하나이다. 이 아리아는 일상적인 아리아지만 개인적인 감정에서 애국심으로 전환되면서 헨델에게 인기를 가져다주었으며, 힘찬 박력과 매력으로 인해 일반 연주회에서 흔히 단독으로 연주되기도 한다.

[제11곡] 합창

아리아에 이어 곧바로 빠른 템포의 합창 "빛나게 정렬하고 우리는 섰도다!"(We come, we come, in bright array)라는 전투 의지를 고조시키는 노래를 부른다. 전체적으로 호모포닉한 곡으로 합창이 힘차게 전개된다.

[제12곡] 레치타티보(유다스 마카베우스)

"전우여"(Tis well, my friends) 하며 여호와께 여호수아가 싸워 이겼을 때처럼 도와줄 것을 간청한다.

[제13곡] 아리아(유다스 마카베우스)

유다는 "힘을 내라"(Call forth my pow'rs, my soul)를 힘차고 격렬하게

부르며 민중의 마음에 전투 의지의 불을 지핀다. 헨델은 이 곡에 멜리스마틱한 기법을 써서 선율이 유려하게 들리도록 하고 있다.

[제14곡] 레치타티보(이스라엘 여자)

"하늘의 전능왕께 무릎을 꿇고"(To heaven's Almighty king we kneel) 이스라엘에게 다시 자유 주실 것을 빈다.

[제15곡] 아리아(이스라엘 여자)

"오 자유, 가장 귀중한 선택"(Oh liberty, thou choicest treasure)이라고 자유의 귀중함을 노래하는 평화스러운 노래로 독창과 반주가 대화하듯 2중주 형태로 진행하다가 마지막에 갑자기 전 합주(투티)로 마친다. 이 곡의 선율은 그의 〈제전 오라토리오〉(Occasional Oratorio)에서 따왔다.

[제16곡] 아리아(이스라엘 여자)

연속되는 자유를 갈망하는 아리아 "오소서, 늘 웃음을 주는 자유여"(Come, ever-smiling liberty)라며 계속해서 자유를 노래한다. 이 곡도 〈제전 오라토리오〉에서 차용한 선율로서 가벼운 무용형식으로 되어 있으며 선율이 평화롭고 매우 아름답다.

[제17곡] 레치타티보(이스라엘 남자)

"오 유다여, 이 고귀한 견해에 영감을 얻기를"(Oh Judas, may these noble views inspire)이라는 매우 짧은 레치타티보이다.

[제18곡] 아리아 (이스라엘 남자)

계속되는 '자유의 노래'로 "자유, 진정한 자유만이"(Tis Liberty, dear liberty alone)를 노래한다. 독창과 반주가 응답하는 형태의 평화로운 서정적인 곡이며 마지막 직전 카덴차풍의 멜리스마적 진행이 특이하다.

[제19곡] 이중창 (이스라엘 남자와 여자의 이중창)

계속되는 '자유의 노래'로 "오소서, 늘 웃음을 주는 자유여"(Come, ever-smiling liberty)는 앞의 곡과 비슷한 분위기의 곡이다. 형식은 3부 형식과 후주로 되어 있으며, 대위법적 기법으로 작곡되었다. 선율이 아름답고 매력이 넘치는 곡이다.

[제20곡] 합창

알레그로의 힘찬 합창으로 "안내하라! 유다여 괴롭히는 적의 사슬을 멸시하라"(Lead on, lead on! Judah disdains)라는 가사의 내용을 강조하기 위해 전체적으로 호모포닉한 구조로 되어 있는 헨델 합창음악의 전형이라 할 수 있다.

[제21곡] 레치타티보 (유다스 마카베우스)

"나의 아버지 영원한 처소에서 지금 쉬고 계실까?"(So will'd my father, now at rest) 전반부는 "백성들이 그 고통을 참을 수 있을 것인가, 나의 아들아 죽음 또는 자유를 다오"라고 탄식하고 후반부는 현의 격한 반주와 함께 "우리가 왔다, 보라, 아들아 준비하라"(We come, oh, see, thy sons) 용감하게 일어설 것을 격렬하게 고취한다.

[제22곡] 반 합창(Semi-chorus)

"위험을 무릅쓰고 적진에 달려들어라"(Disdainful of danger, we'll rush on the foe) 이 곡의 특징은 패러디 즉 차용이며 서곡의 푸가 주제와 매우 비슷한데 둘 다 3/8박자 알레그로로 되어 있고, 16분음표의 대위법적 진행, 종지 등이 같은 형태로 작곡되었다. 윈튼 딘(Winton Dean)이라는 음악평론가는 텔레만의 곡에서 리듬을, 그리고 자신의 곡에서 선율을 혼합시켜 서곡을 만들었고 그 결과에 만족하여 곡 중에 다시 썼다고 주장했다.

[제23곡] 레치타티보(유다스 마카베우스)

"야망! 명예가 당신의 목적"(Ambition! if e'er honour was thine aim)

[제24곡] 아리아(유다스 마카베우스)

"더럽혀진 욕망이 아니다"(No, no unhallow'd desire) 점4분음표와 16분음표가 대조를 이루는 곡이다. 곡을 시작하는 전주가 곡의 마지막에 다시 나타나는 즉 전주와 종지가 서로 앞뒤를 보는 대칭적 구조로 되어 있다.

[제25곡] 레치타티보(이스라엘 남자)

"동포여 서둘러 들판으로 가자"(Haste we, my brethren, haste we to the field)

[제26곡] 합창

"주여, 우리의 부름에 귀 기울이소서"(Hear us, oh Lord, on Thee we call) 제1부의 마지막을 장식하기에 걸맞은 합창으로 모테트-앤섬 형식의 매우 인상적인 대위법적 작품이다.

-제2부-

제2부는 모두 24곡으로 구성되어 있다.

[제27곡] 합창

D장조로 된 밝고 힘찬 분위기의 합창이다. 승리의 동기로 시작되는 현의 빠르고 힘찬 전주가 나온 후 남성 파트가 힘차게 승리의 동기 "적이 무너졌다"(Falling is the foe)를 외치면 이어 여성 파트도 가담하여 같은 가사를 부른다. 후반부는 빠르게 질주하는 패시지의 대위법적 진행이 따르고 앞부분의 승리의 동기가 다시 난타난다. 첫 구절 "Falling"의 강조는 언어수사학적 의미뿐만 아니라 승리의 분위기를 암시하는 데 매우 성공적이다.

[제28곡] 레치타티보 (이스라엘 남자)

"승리의 영웅, 그 명성이 말한다"(Victorious hero! Fame shall tell)

[제29곡] 아리아 (이스라엘 남자)

경쾌한 전주 후 알토가 전주에서 제시된 같은 선율을 "너희들의 길은 급속해"(So rapid thy course is)라는 가사에 실어 즐겁게 노래해 간다. 반주와 독창이 서로 대화하듯이 주고받으며 진행되는 매우 아름다운 아리아이다. 다시 앞으로 반복한 후 마치는 다카포 아리아이다.

[제30곡] 레치타티보 (이스라엘 남자)

"우리가 자유를 얻기를 희망함은 당연해"(Well may we hope our freedom to receive)

[제31곡] 이중창(이스라엘 여자와 남자)

먼저 이스라엘 여자가 "시온이 이제 머리를 들리라, 하프를 켜라"(Sion now her head shall raise, tune your harp)를 먼저 시작하고 나중에 이스라엘 남자가 같은 가사를 좇아 부른 후 합쳐져 함께 부른다. 소프라노가 키워드인 "하프를 켜라"(tune your harp)를 부르고 지속하면 알토가 밑에서 "하프를 켜라"를 부르며 분위기가 고조된다. 이 이중창과 다음의 합창은 1758년에 새로이 삽입된 곡이다.

[제32곡] 합창

이어 합창이 힘차게 "하프를 켜라"를 제창하듯이 부르며 나아간다. 중간 부분의 관현악 투티는 효과적이지만 8분음표의 연속적인 진행은 소재의 박진감에 비해 힘을 잃고 있다.

[제33곡] 레치타티보(이스라엘 여자)

"그의 이름에 영원한 명예가 있기를"(Oh let eternal honours crown his name)

[제34곡] 아리아(이스라엘 여자)

3부분 형식의 서정적이고도 아름다운 아리아이다. "강한 왕으로부터 그가 탈취하여"(From mighty kings he took the spoil)로 시작하는 첫 부분은 시칠리아풍의 밝은 노래이다. 후반에 "유다는 그의 이름으로 즐거워하리"(Judas rejoice in his name)라고 즐거운 노래를 부른다. 즐거움이 넘쳐 매우 기교적인 멜리스마적인 노래가 중간중간에 나타나고 있으며, 곡은 다시 처음으로 돌아가 되풀이하는 다 카포 형식의 아리아이다.

[제35곡] 이중창(이스라엘 여자와 남자)

"만세, 만세, 유대, 복된 땅"(Hail, hail, Judas, happy land) 땅을 되찾은 기쁨을 노래하는 이중창으로 보논치니(G. Bononcini)의 알토 곡에서 선율을 차용하였다.

[제36곡] 합창

이어 계속되는 합창으로 전 성부가 투티로 "만세, 만세, 유대, 복된 땅"(Hail, hail, Judas, happy land)을 외친다. 같은 가사와 선율을 가지고 발전시킨 곡이며 전체가 호모포닉한 외침으로 웅장하고 힘찬 곡이다.

[제37곡] 레치타티보(유다스 마카베우스)

"동포에게 감사를, 그러나 하늘을 우러러보라(Thanks to my brethren; but look up to Heaven) 이스라엘을 위해 싸우는 분은 여호와시다"

[제38곡] 아리아(유다스 마카베우스)

현의 생동감 넘치는 전주를 타고 테너가 "전쟁에서 뽐내는 자 얼마나 헛된가?"(How vain is man, who boasts in fight)라는 가사의 감격에 찬, 매우 기교적인 아리아를 부른다. 솔로와 반주가 대화하듯 서로 주고받으면서 노래가 진행된다. 후반은 "보이지 않는 손이 약한 무기를 지시하고 안내함은 꿈이 아니다"(And dreams not that a hand unseen directs and guides this weak machine)를 차분하게 부른 후 곡은 다시 앞으로 돌아가 반복한 후 마친다.

[제39곡] 레치타티보(유대 메신저)

메신저가 "오 유다, 나의 동포여"(Oh Judas, oh my brethren)라며 사마리아 왕 안티오코스가 이집트로부터 용맹한 고르기아스(Gorgias) 군대를 보냈다는 소식을 전한다.

[제40곡] 아리아(이스라엘 여자)

절망한 동포의 심경을 표현하는 바소 콘티누오 반주 위의 애조 띈 아리아로 소프라노가 "오 불쌍한 이스라엘!"(Ah! wretched, wretched Israel)이라는 슬픈 탄식을 시작하면 여기에 현악기가 가세하고, 그다음 합창이 나온다. 자유롭게 흐르는 상성부의 선율은 베이스의 저음과 놀라운 대조를 이룬다.

[제41곡] 합창

아리아에 바로 이어서 같은 가사의 노래를 합창이 전개한다. 비장감이 넘치는 이 합창은 대위법적 전개와 화성적 구성이 교대로 나타나지만 전체적으로 화성적 진행이 우세한 합창이다.

[제42곡] 레치타티보(시몬)

"안심하라. 역병이 내린 것으로 생각지 말라"(Be comforted. not think these plagues are sent)며 백성을 안심시키는 말을 한다.

[제43곡] 아리아(시몬)

현의 생동감 넘치는 전주 후에 시몬이 "주께서 놀라운 일을 이루셨다"(The Lord worked wonders)라고 확신에 찬 노래를 부른다. 독창부의 선율 진행이 단순한 성악이 아닌 멜리스마적인 화려함을 나타내는 매우 기교적인 아리아이다.

[제44곡] 레치타티보(유다스 마카베우스)

유다가 "나의 군대가! 고르기아스를 대적하리"(My arms! against this Gorgias will go)라고 말한다.

[제45곡] 아리아(유다스 마카베우스)

전투를 독려하는 유다의 아리아이다. "경적을 울려라! 은빛 트럼펫을 불어라, 용감한 자를 호출하라"(Sound an alarm! your silver trumpet sound and call the brave)며 곧바로 시작하는 힘차고 극적인 노래를 부른다. 후반부에서는 유다가 "경적을 울려라"를 외치면 트럼펫이 주도하는 전 관현악이 반응하여 전쟁을 고취하는 분위기를 고조시켜 나간다. 유다스 마카베우스의 영웅적 성격이 잘 묘사되어 있으며 성악은 음의 도약이 심해 힘과 기교가 필요한 아리아이다.

[제46곡] 합창

연속하여 합창이 "우리는 유쾌한 호출을 듣는다"(We hear, we hear the pleasing dreadful call)를 투티로 힘차게 부른다. 가사만이 우리에게 의미를 전할 뿐 합창 부분은 원래의 소프라노 선율이 없는 단순한 화성의 제창이지만 트럼펫이 주도하는 전 관현악이 반응하며 장려하게 마친다.

[제47곡] 레치타티보(시몬)

"충분해! 하늘까지 모두 다다르리"(Enough! To Heaven we leave the rest)

[제48곡] 아리아(시몬)

"충성된 마음으로, 용감하게"(With pious hearts, and brave as pious) 노래한다. 후반에는 "주는 우리의 방어자이자 친구이시다"(God our defender, God our friend)라고 부르며 하나님께 간구하는 노래로 강렬한 인상을 풍기는 곡이다.

[제49곡] 레치타티보(이스라엘 남자와 여자)

이스라엘 남자가 "하나님의 경배자들. 타락한 제단 아래서"(Ye worshippers of God)라고 한탄한 데 이어 이스라엘 여자가 "시온에는 더 이상 처녀들이 몰려들지 않게 하라"(No more in Sion)라고 말한다.

[제50곡] 아리아(이스라엘 여자)

"현명한 자여, 아첨이 우리를 속이리라"(Wise men, flatt' ring may deceive us) 이 우아하고 서정적인 곡은 원래 그의 오페라 〈아그리피나〉(Agrippina)에 나오지만 〈아키스와 갈라테아〉(Acis and Galatea)에 나오는 아리아로 더 잘 알려져 있다. 비록 그의 작품에서 차용해 왔지만 헨델은 이 곡에 새로운 감흥을 불러일으키고 있다. 이 곡 역시 다시 앞으로 돌아가 반복한 후 마친다.

[제51곡] 이중창(이스라엘 남자와 여자)

훌륭한 목가와 간주를 갖고 있는 아름다운 이중창이다. 먼저 소프라노가 연속적으로 진행되는 8분음표 리듬의 "오! 결코 활을 내려놓지 않겠다"(Oh! never, never bow we down)를 부르고, 이어 알토가 같은 가사와 선율을 다시 부른다. 이후 이중창이 되어 서로 대화하듯 주고받다가 다시 합쳐져 노래해 간다.

[제52곡] 합창

앞의 곡에 이어 곧바로 합창이 "오! 결코 활을 내려놓지 않겠다"(We never, never will bow down)의 같은 가사와 선율을 계속해 부르면서 분위기가 고조되어 간다. 후반부에는 템포가 바뀌어 "우리는 주님만을 경배하나이다"(We worship God, alone) 가사의 코랄 푸가가 힘차게 전개되면서 장대한 클라이맥스를 이룬 후 제2부를 마감한다. 이 곡은 제2부의 마지막을 장식하기에 걸맞은 멋진 합창이다.

-제3부-

[제53곡] 아리아(사제)

제3부는 빛의 축제로, 하나님에 감사하는 사제의 기도로 시작된다. "하늘에 계신 아버지, 영원한 보좌의"(Father of Heaven! from Thy eternal throne) 이 아리아는 헨델의 유명한 "그리운 나무 그늘"(Ombra mai fu)과 비견될 정도로 곡의 분위기와 선율이 비슷한 곡으로 헨델 음악의 정수를 보여준다. 현으로 시작되는 전주의 첫 음부터 우아하게 흘러내리는 한없이 아름다운 선율은 듣는 사람으로 하여금 깊은 감동을 자아내게 한다. "우리의 감사의 마음을"(And thus grateful hearts employ)로 시작되는 중간 부분은 더 활기를 띠며 나아간다.

[제54곡] 레치타티보(이스라엘 남자)

"제단이 부서져, 저 타오르는 불꽃을 보라"(See, see yon flames, that from the altar broken)에서 하나님께서 기도를 들으셨음을 이야기한다.

[제55곡] 레치타티보(이스라엘 여자)

"하늘이여, 우리의 오랜 고통을 끝내주소서"(Oh grant it, Heaven that our long woes may cease)라고 이스라엘에 평화가 올 것을 기도한다.

[제56곡] 아리아(이스라엘 여자)

소프라노가 부르는 기쁨에 찬 노래로서 솜털같이 가볍고 경쾌한 전주를 타고 소프라노가 "류트와 하프야 깨어 있으라"(So shall the lute and harp awake)를 즐겁게 부른다. 성악과 기악의 3중주 형식으로 되어 있으며, 리듬이 경쾌하고 선율의 멜리스마적인 진행이 특징적인 곡으로 기교적으로는 까다롭지만 듣는 사람에게 깊은 인상을 각인시켜주는 명곡이다.

[제57곡] 레치타티보(이스라엘 메신저)

"독수리 날개를 타고 카파르살라마로부터 나는 날으리"(From Capharsalama, on eagle wings I fly) 후반부에서 "승리자가 창을 세우고 온다. 모든 두려움을 일소하고 뽐내던 자의 머리와 손을 갖고 온다"라고 전한다.

[제58곡] 합창

이 오라토리오 중에 가장 유명한 합창으로 먼저 젊은이의 합창이 나오고 호른을 포함한 화려한 관현악 반주가 더해진다. 처녀들의 합창은 매우 소박하고 신선하게 연주되며, 마지막 민중들의 합창이 힘차게 나오는데 이때는 팀파니까지 동원되어 곡에 화려함을 더하여 이 곡의 축전적 성격을 크게 부각하고 있다. 이 곡은 〈여호수아〉에서 따온 곡이나 그 진가는 여기에서 더 발휘되고 있다. 가사는 다음과 같다.

(젊은이의 합창) 보아라, 영웅이 온다! (See the conquering hero comes!)
(처녀들의 합창) 보아라, 신과 같은 젊은이가 나아옴을 보라!
(See the godlike youth advance!)
(민중들의 합창) 보아라, 영웅이 온다! (See the conquering hero comes!)

[제59곡] 행진곡

앞의 축전적 합창의 분위기를 그대로 이어가는 오케스트라만으로 연주되는 곡이다. 단순하지만 매력적인 행진곡으로 형식은 확대된 2부 형식이다.

[제60곡] 합창

이 곡은 독창과 합창이 섞인 곡으로 행사를 위한 음악 중 가장 훌륭한 것의 하나이다. 먼저 알토 솔로가 "주께 찬양하라, 깊은 애정을 갖고"(Sing unto God, and high affections raise)를 부르고 나면 같은 멜로디와 가사를 테너 솔로가 받아 부르고 나면, 이번에는 합창이 투티로 "주께 찬양하라, 깊은 애정을 갖고"를 다시 힘차게 부른다. 곡은 빠르고 멜리스마로 연주하는 기악과 성악이 번갈아 모방해 가는데 승리에 찬 팡파르가 부점을 찍으며 곡을 활발하게 몰아치는 가운데 힘찬 합창으로 마친다. 이 합창은 그의 〈대관식 앤섬〉에서 가져온 것이다.

[제61곡] 레치타티보(유다스 마카베우스)

"달콤한 흐름이 내 잔치를 두들기네"(sweet flow the strains, that strike my feasted ear)

[제62곡] 아리아(유다스 마카베우스)

일명 트럼펫 아리아로, 트럼펫으로 곡이 시작되면서 시종일관 곡을 주도해 간다. 성악이 "명예로 사막을 덮어라"(With honour let desert be crowned)를 부르고 트럼펫이 대화하듯 주고받는 부분이 많이 등장한다.

[제63곡] 레치타티보(유폴레무스)

"나의 동포에게 평화와 자유를(Peace to my countrymen, peace, and liberty), 로마 원로원으로부터 자유와 평화를 보장받아 왔도다"라며 유대의 로마 대사 유폴레무스가 전한다.

[제64곡] 합창

"우리의 위대한 하나님께 모든 영광을"(To our great God be all the honour given)이라는 가사의 부점 리듬을 사용한 힘찬 찬미를 드린다. 후반부는 "감사한 마음이 땅에서 하늘까지"(that grateful hearts can send from earth to Heav'n)의 부드러운 노래가 불린다.

[제65곡] 레치타티보(이스라엘 여자)

"다시 땅이 그 무게로 내려가게 하라"(Again to earth let gratitude descend)

[제66곡] 아리아(이스라엘 여자)

경쾌한 리듬의 목가적인 전주에 이어 먼저 소프라노가 "오 사랑스러운 평화여, 많은 왕관을 쓴"(Oh lovely peace, with plenty crowned)을 평화롭고도 아름답게 노래 부른다. 후반부는 분위기가 돌변 활기찬 리듬을 타고 "날카로운 트럼펫 소리를 멈추라"(Let the shrill trumpet cease)가 불린다. 곡은 다시 처음의 평화스러운 노래로 돌아가 반복한 후 마치는 다카포 아리아이다.

[제67곡] 아리아(시몬)

마지막 "할렐루야! 아멘" 대합창의 전주곡 성격이 강한 곡이다. 연속적인 16분음표의 반주가 사용되고 있는데 이는 '환희'를 표현하고 있다. 시몬이 "오 유다여! 거룩한 노래로 즐거워하라"(Rejoice, oh Judah! and in songs divine)를 부르는 동안 '환희'의 반주는 계속되며 주체할 수 없는 기쁨은 대합창으로 이어진다.

[제68곡] 독창과 합창

경쾌한 현의 꽤 긴 전주가 나온 후에 베이스 솔로가 "기뻐하라 유다여, 거룩한 노래로"(Rejoice, oh Judah!, and in songs divine)를 힘차게 부르며 나아간다. 현의 물결치는 리듬을 타고 드디어 "할렐루야! 아멘"이 시작된다.

제3부의 마지막을 장식하는 유명한 '아멘 코러스'로 "할렐루야! 아멘"의 가사만으로 구성된 웅대한 푸가이다. 베이스 파트로부터 시작되는 푸가 주제를 테너-알토-소프라노가 차례로 모방하면서 장대하게 전개되는데 여기에 화려한 트럼펫이 함께 가세하면서 곡의 분위기를 더욱

찬란하게 고조시킨다.

리듬과 화성의 명쾌함, 대조적인 주제의 결합법 등 헨델 합창의 푸가의 전형이라 할 수 있으며, 이 장대한 오라토리오를 끝맺음하기에 걸맞은 웅대한 합창이다.

♪ 연주 관행

이스라엘 남자 역을 알토(콘트랄토)가 부르거나 카운터테너가 부르기도 한다. 7곡의 아리아를 시몬(베이스) 또는 이스라엘 남자가 부르기도 한다. 그리고 시몬 역을 베이스가 아닌 소프라노 또는 알토가 부르기도 하는 등 연주에 많은 차이가 있어 신경을 써야 그 차이를 감지할 수 있다. 또한 연주하는 판본에 따라 생략되는 곡들도 생겨나는데 요하네스 소마리(Johannes Somary)의 연주에서 그런 현상이 두드러져 있다.

♪ 연주와 음반

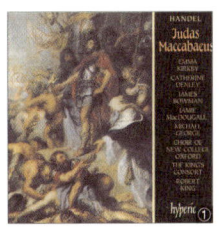 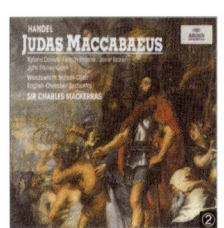 

① 로버트 킹(Robert King)이 지휘하는 킹스 콘소트의 연주와 옥스퍼드 뉴 컬리지 합창단(Choir of New College Oxford)의 연주(Hyperion, 1992년)는 이 오라토리오의 최고의 명연이라 할 수 있다. 이 연주는 원전악기를 사용한 연주로 전체적인 분위기는 결코 무겁지 않으며 바로크 음악의 맛을 잘 살려낸 명연주이다. 템포는 약간 빠르지만 느낄 정도는 아니며 합

창단의 연주는 투명한 음색으로 가볍고도 매우 정교한 연주를 들려준다.

이 연주에서는 솔리스트들 모두가 뛰어난 연주를 들려주지만 소프라노의 엠마 커크비와 카운터테너 제임스 바우만의 연주가 단연 압권이다. 이스라엘 여인을 부르는 커크비는 해맑은 목소리의 완벽한 기교와 가창력으로 때로는 솜털같이 가볍게, 자유자재로 부르는 놀라운 연주를 들려주는데, 그야말로 절창이라 아니할 수 없다. 그뿐만 아니라 이스라엘 남자와의 이중창에서도 상대방을 리드하면서 놀라운 앙상블을 만들며 종횡으로 활약하며 이 연주의 완성도에 크게 공헌하고 있다. 여기에 비해 이스라엘 남자를 부르는 메조소프라노 캐더린 덴리(Catherine Denley)는 커크비에 비해 가창력은 떨어지지만 그녀와의 이중창에서는 훌륭한 앙상블을 들려주고 있다. 유다스 마카베우스를 부르는 테너 제이미 맥두걸(Jamie MacDougall)도 훌륭한 연주를 들려준다. 시몬 역의 베이스 마이클 조지(Michael George)도 훌륭한 연주를 들려주지만 찰스 맥케라스(Charles Mackerras) 지휘의 셜리-쿼크의 연주에는 못 미친다. 이 음반에서 빼놓을 수 없는 매력은 카운터테너 제임스 바우만의 절창을 들을 수 있다는 점이다. 제3부 첫 사제의 아리아 '하늘에 계신 아버지!'를 부르는 바우만은 탁월한 예술성과 가창력을 바탕으로 자유자재의 깊은 감정 표현을 통해 우리의 가슴을 촉촉이 적시는 감동적인 노래를 들려준다.

② 찰스 맥케라스(Charles Mackerras) 경이 지휘하는 잉글리시 체임버 오케스트라와 원즈워스 학교 합창단(Wandsworth School Choir)의 연주(Archiv, 1977년)도 이 곡의 또 다른 명연이다. 전체적으로 템포는 느린 편으로 헨델 음악의 장려함을 들려주는 매우 낭만적인 연주이다. 합창을

부르는 원즈워스 학교 합창단의 이름이 우리에게 다소 낯설지만, 1971년과 74년 두 차례에 걸쳐 베를리오즈의 합창곡으로 그해 최고의 합창연주를 하여 그래미상을 받았을 정도로 그 실력을 널리 인정받아온 단체이다. 이 연주에서도 흠잡기 어려운 훌륭한 연주를 들려주고 있다.

이 연주에서는 이스라엘 남자 역과 제7곡 시몬의 아리아를 부르는 콘트랄토 자넷 베이커의 기품 있는 목소리의 절창은 깊은 감동을 준다. 이스라엘 여자 역을 부르는 소프라노 펠리시티 팔머(Felicity Palmer)는 경질의 가는 목소리로 훌륭한 가창력을 들려주지만 가끔 고음에서의 날카로운 소리는 매우 자극적이다. 그러나 그녀는 베이커와의 이중창 제19곡 '오소서, 늘 웃음을 주는 자유여'에서는 매우 훌륭한 앙상블을 들려준다. 시몬 역을 부르는 베이스 존 설리-쿼크(John Shirley-Quirk)는 우렁찬 목소리의 뛰어난 가창력을 들려준다. 그 외의 유다스 마카베우스 역을 부르는 테너 라이랜드 데이비스(Ryland Davies)는 경질의 목소리로 훌륭한 노래를 들려주지만 표현이 다소 거친 편이다.

③ 요하네스 소마리(Johannes Somary)가 지휘하는 잉글리시 체임버 오케스트라와 원즈워스 학교 소년 합창단의 연주(Vanguard, 1971년)는 찰스 맥케라스 경이 지휘하는 악단과 합창단은 동일하나 솔리스트들의 연주가 이들보다 한 수 떨어지는 아쉬움이 있다. 이 연주에서는 솔리스트들 가운데는 이스라엘 남자와 3막의 사제의 노래를 부르는 콘트랄토 헬렌 왓츠와 시몬을 부르는 존 설리-쿼크의 연주력이 단연 뛰어났다. 설리-쿼크가 우렁찬 목소리로 부르는 뛰어난 노래는 감동적이다. 유다스 마카베우스를 부르는 테너 알렉산더 영(Alexander Young)은 매우 강인한 목소리로 가창력은 훌륭하지만 고음부가 지나치게 강하고 음악적 흐름

이 유연하지 못해 아쉽다. 그리고 이스라엘 여자를 부르는 소프라노 헤더 하퍼(Heather Harper)의 연주는 다른 음반의 연주에 비해 평범한 편이다. 중간중간에 연주를 생략한 부분도 있어 적극 추천하기는 어려울 것 같다.

오라토리오 〈이집트의 이스라엘인〉
Israel in Egypt

1732년 전까지 헨델은 대부분의 활동을 이탈리아어 오페라의 작곡에 몰두하였으나 1742년부터는 영어 오라토리오 작곡으로 활동영역을 옮기게 되었다. 그 사이 기간에는 여러 가지 형태의 오라토리오, 송가(Ode), 세레나타, 오페라 등의 작곡으로 뒤섞여 있었다. 오페라 작곡가로서 거듭된 실패는 그를 실의와 재정적인 궁핍에 빠지게 하였는데 이런 가운데서 헨델은 오라토리오 분야에서 '새로운 길'을 발견하게 된다.

'새로운 길'에 눈떠 시작된 본격적인 오라토리오의 작곡은 1738년의 〈사울〉과 함께 시작되었다고 말할 수 있으며, 〈사울〉이 완성된 4일 후에 착수하여 4주 만에 완성한 것이 바로 〈이집트의 이스라엘인〉이다. 이 곡은 초연 때에 참담한 실패를 보았지만 19세기에 이르러서는 〈메시아〉 다음으로 자주 공연될 만큼 인기를 얻게 되었으며, 지금은 헨델의 수많은 오라토리오 가운데 〈메시아〉, 〈유다스 마카베우스〉와 함께 3대 걸작의 하나로 인정받고 있다. 이 곡의 작곡 동기와 경위는 아직도 신비에 싸여 있다. 구약성서의 출애굽기와 3개의 시편(78, 105, 106)에서 가사가 취해졌으나 누가 대본을 썼는지 알려지지 않고 있으며, 다만 〈메시아〉와 〈사울〉의 대본을 써 준 친구 제넨스(Charles Jennens, 1700-1773)의 것으로 추측해 볼 뿐이다.

헨델은 원래 극장 관객을 위한 3부 형태의 오라토리오의 작곡을 구상하고 있었으며, 1737년 12월에 있었던 캐럴라인 여왕의 장례식을 위한 앤섬 〈슬픔에 가득 찬 시온의 길〉(The ways of Zion do mourn)을 기초로 하여 이집트의 압제하에 종노릇 하던 이스라엘 민족의 탈출을 다룬 구약의 출애굽에 관한 오라토리오를 작곡할 계획을 하였다. 따라서 〈요셉의 죽음에 대한 이스라엘인의 애가〉를 전곡의 1부로, 희망적인 앤섬 유형의 제3부와 제1부 사이에 〈모세의 노래〉를 제2부로 계획하였는데, 어찌 된 영문인지 그 계획이 취소됨과 동시에 서곡도 제외되어 현존하는 오라토리오 〈이집트의 이스라엘인〉은 서곡 없이 테너의 레치타티보로 전곡이 시작하게 되어 있다. 헨델은 제2부부터 작곡하였으며(1738년 10월 1일-10월 11일), 제1부까지의 전곡이 완성된 것은 그해 10월 28일이다.

이 곡은 이듬해인 1739년 4월 4일에 런던의 킹스극장(King's Theatre)에서 초연되었으나 참혹한 실패로 끝났다. 실패의 가장 큰 이유는 이 작품에는 합창이 무려 40곡에 달하는 반면, 아리아는 단 4곡만 포함하고 있어 당시 청중의 취향에 전혀 맞지 않았기 때문이었다. 헨델도 이에 부응하여 두 번째의 공연에서는 장송 앤섬을 넣으면서 1부를 대폭 삭제하고 자작 오페라에서 취한 이탈리아풍의 아리아를 4곡 더 삽입하였다. 그리고 1750년대 후반의 연주부터는 원래의 제1부는 그의 오라토리오 〈솔로몬〉과 〈제전 오라토리오〉(Occasional Oratorio)에서 발췌한 것으로 대체되었다. 그러나 이 곡의 특징은 어디까지나 표현력이 풍부한 합창에 있으며 소위 '합창 오라토리오'의 가장 뛰어난 예로서 그 가치를 가진다.

　1859년 촐리(Henry Chorley)는 오라토리오 〈이집트의 이스라엘인〉에 대해 헨델의 합창음악 모든 작품 가운데서 유일하면서도 따로 동떨어진 작품이라 했으며, 로맹 롤랑(Romain Roland, 1866-1944)은 이 곡을 "가장 위대한 합창의 서사시(敍事詩)이며, 여호와와 그 백성으로 충만해 있다"라고 평가했다. 또한 멘델스존도 이 작품을 애호하였으며 슈만은 "합창 작품의 이상"이라고까지 극찬했다.

　〈이집트의 이스라엘인〉은 헨델의 오라토리오 중에서 합창의 비중이 가장 큼과 동시에, 회화적(繪畵的)인 묘사가 뛰어난 점, 타인의 작품이나 자신의 작품에서 음악을 많이 차용한 점, 서곡 없이 짧은 서창 후 합창이 시작되는 점, 그의 오라토리오의 전형인 3부가 아닌 2부 구성이며, 극적인 구성 및 뚜렷한 등장인물이 없다는 점, 8성부의 복합창이 18곡이나 되며 합창이 바로 이스라엘 민족을 가리킨다는 점, 팀파니가 자주 등장하여 웅장한 느낌을 준다는 점 등이 그 특징으로 열거된다.

　이 곡은 타인의 작품, 특히 나폴리 작곡가들 중 스트라델라(Alessandro Stradella)와 그 외 두 작곡가의 작품에서 많은 곡들을 차용하고 있다. 이에 대해 일시 도덕적인 문제가 제기되기도 했으나, 헨델이 1차 중풍 발작에서 아직 회복되지 않은 건강 상태에서 완전히 새로운 작품을 쓴다는 것이 큰 부담이 되어 그리 한 것으로 추측된다. 이러한 사실에 대해 바로크 시대의 유명한 영국 작곡가인 윌리엄 보이스(William Boyce, 1711-1779)는 헨델을 가리켜 "그는 조약돌로 다이아몬드를 만드는 재주를 갖고 있다"라고 극찬하였다.

-제1부- 출애굽(Exodus)

제1부(1-16곡)는 압제당하고 있는 이스라엘인들의 절규와 이집트인에 대한 여호와의 분노를 표현하고, 드디어 지도자 모세를 통해 이집트를 탈출하는 사실을 그리고 있다. 제1부는 2곡의 테너 레치타티보, 1곡의 알토 아리아를 제외하고는 13곡이 모두 합창곡이며, 특히 4-9곡까지는 하나님이 애굽에 내린 7재앙을 연속적으로 묘사하고 있다.

[제1곡] 레치타티보(알토)

전곡의 처음을 테너의 레치타티보로 시작한다. 가사는 출애굽기 1장 8절 "요셉을 모르는 새 왕이 일어나(Now here arose a new king over Egypt), 이스라엘인을 더욱 혹사시킨다"이다.

[제2곡] 합창

곡은 c단조의 침통한 분위기로서 알토 독창과 복합창곡이다. 먼저 알토 솔로가 출애굽기 2장 23절의 내용인 "이스라엘 자손이 무거운 짐으로 인해 탄식하고 부르짖으니"(And the children of Israel sighed by reason of bondage)로 탄식의 노래를 조용히 시작한다. 이어 합창이 "그 부르짖음이 하나님께 상달된지라(And their cry came up to unto the God), 그들을 무거운 짐으로 억압하고" 부분에서 강하게, 그리고 반복하여 어필하고 있으며, 마지막에 "그 부르짖음이 하나님께 상달한지라"를 장대하게 부르며 마친다. 가사 "무거운 짐"(burden)은 하행 선율로, "위로 오르다"(came up)는 상행 선율로 되어있는 등 가사 그리기(word painting)의 기법도 사용되고 있다. 전체적으로 곡은 호모포닉하게 진행되는데 후반부에 가서 제1합창은 대위법적 진행을, 제2합창은 화성적 진행을 하는 등 혼합되어 진행되고 있다.

[제3곡] 레치타티보(테너)
"하나님이 그 종 모세와 택하신 아론을 보내시니"(Then sent He Moses) 시편 105편 27절의 내용 즉 물을 피로 변하게 하시는 등 많은 기적을 보이게 한다고 말한다.

[제4곡] 합창
이 곡의 구성은 2부분 형식이고 대위법적인 구성으로 되어 있다. 테너가 "이집트인들이 물마시기를 몹시 싫어하였다"(They loathed to drink of the river)를 시작하면 이어 알토, 소프라노, 베이스의 순으로 모방해 가는 푸가토의 구성을 보이고 있다. 그러나 엄격한 형태는 아니고 주제를 변형한 자유로운 소재를 이용하여 곡에 통일감을 주고 있다.

[제5곡] 아리아(알토)
매우 경쾌한 리듬의 전주 후에 알토가 "그 땅에 개구리가 번성하여, 왕의 궁실에도 있었도다"(Their land brought forth frogs)를 노래한다. 노래하는 중간중간에 경쾌한 리듬의 간주와 반주가 동반되는 유쾌한 곡이다.

[제6곡] 합창
복합창곡으로 시편 105편 31, 34, 35절의 내용을 제2합창이 먼저 "여호와께서 말씀하신즉"(He spake the word)이라고 우렁차게 노래하면, 제1합창이 속삭이듯이 "파리 떼가 오며 도처에 이가 생겼도다"(and there

came all manner of flies and lice)라고 반응한다. 이 곡은 헨델의 사실적 묘사가 잘 표현된 것으로 유명하며 합창 1과 2가 서로 주고받는 교창(交唱, 안티포나) 양식을 이용한 복합창곡으로 상황을 매우 사실적으로 표현하고 있다. 처음으로 금관악기 트롬본이 사용되어 곡에 웅장함이 더해지며 반주부의 16분음표와 32분음표를 사용한 현악기의 반복음형을 통해 파리(flies), 이(lice), 메뚜기(locus) 등의 비행 모습을 표현하고 있다. 당시로서는 놀라울 정도로 매우 묘사적인 표현이다.

[제7곡] 합창

복합창곡으로 가사는 시편 105편 32절과 출애굽기 9장 23-24절을 내용으로 한다. "여호와께서 우박을 내리시며 저희 땅에 화염을 내리셨도다"(He gave them hailstones for rain; fire mingled with the hail ran along upon the ground)

C장조의 밝은 분위기의 빠른 복합창곡으로 헨델의 〈수상 음악〉에 나오는듯한 빠른 패시지의 전주 후에 합창 1과 2가 서로 주고받는 교창양식을 이용한 호모포닉한 구성을 하고 있다. 이 곡은 모든 악기가 총동원되는 최초의 곡으로 팀파니까지 가세하여 힘차고 웅장한 음악을 만들고 있다.

[제8곡] 합창

라르고의 느린 4부 합창으로 출애굽기 10장 21절 "이집트 땅 위에 흑암이 있게 하라"(He sent a thick darkness)의 가사를 노래한다. 2부분 형식의 곡으로 부분적으로 대위법적인 요소가 있으나 전체적으로는 화성적인 구성이 지배적이다. 반음계의 사용 등 빈번한 조성변화로 극히 낭만적인 분위기를 창출하며, 합창은 성부 간의 음색 대조로 변화를 주고 어두움의 혼란을 반주부의 트레몰로가 극적으로 표현되고 있다.

[제9곡] 합창

4부 합창곡으로 가사는 시편 105편 36-37절 "여호와께서 또 저희 땅의 모든 장자를 치시니"(He smote all the first-born)의 내용으로 2개의 동기적인 주제가 각 성부에 반복되어 나타나는 자유로운 형식의 대위법으로 구성되어 있다. 합창은 대위법적인 선율을 부분적으로 사용하는 데 반해 기악 반주부는 곡의 처음부터 3화음 코드의 강렬한 스타카토의 리듬이 곡을 지배하고 있는데 이것은 "장자를 친다"(smote)는 의미를 강하게 표현하기 위한 것이다. 특히 후반에는 성악과 반주가 함께 스타카토로 연주하는 부분에서 그 절정을 이룬다.

[제10곡] 합창

4부 합창으로 가사는 시편 105편 37절 내용 "그들을 인도하여, 은금을 가지고 나오게 하시니"이다. 이 곡은 전 합창 가운데 가장 긴 곡으로 ABA의 3부분 형식으로 되어 있다. A 부분은 강하게 연주하는 "주님의 백성은"(But as for his people) 부분과 여리게 연주하는 "주님이 이끄셨다"(He led them forth like sheep)는 목가적 성격을 띠고 있다. B부분은 푸가기법으로 전개되는데 소프라노에 의해 시작된 주제가 알토, 베이스로 응답되고 이것이 다시 변형되면서 자유스러운 대위법으로 처리된다. A부분이 다시 나오지만 곧 변형되어 나온다. 영국 음악의 아버지격인 퍼셀의 영향을 보여주는 3/4박자 리듬이 네 번 다시 나오며, 가사의 내용 중 "연약한 자가 아무도 없다"(There was not one)를 전 성부가 함께 몇 번씩 반복을 통해 힘차게 강조한다.

[제11곡] 합창

4부 합창으로 가사는 두 부분으로 나뉘며, 가사에 따른 2개의 동기가 전곡을 통해 각 성부에 반복되어 나오는 단순한 대위법으로 되어 있다. 가사는 시편 105편 38절에서 인용한 것으로 먼저 테너 파트가 "그들이 떠날 때 이집트인이 기뻐하였으니"(Egypt was glad when they departed)의 주제 동기를 시작하면, 이를 베이스, 알토, 소프라노의 순으로 모방하는 진행이 반복된다. 후반부는 다소 격렬해져 테너가 "저희가 그들을 두려워함이라"(for the fear of them feel upon them) 가사를 하행하는 반면, 베이스와 소프라노는 상행하나 유독 알토는 전반부의 주제 동기를 계속 노래해가다 나중에는 후반부의 주제 동기로 갈아탄다. 이처럼 다른 두 동기가 서로 섞여 있는 이와 같은 동기의 2중성은 합창기교의 고전적인 방법이지만, 헨델만큼 완벽하게 구사한 작곡가는 없다고 한다.

[제12곡] 합창

8마디의 짧은 복합창 곡이다. 가사는 시편 106편 9절로 음악은 "홍해를 꾸짖으니"(He rebuked the Red Sea)와 "이에 곧 물이 말랐도다"(and it was dried up)의 극명하게 대조되는 두 부분으로 나누어진다. 전자는 역동적인 힘찬 리듬으로 마치 주께서 꾸짖는 것 같으며, 후자는 여리고 약하며 저항 없이 순종하여 물이 마르는 것을 표현하고 있다.

[제13곡] 합창

복합창 곡으로 가사는 시편 106편 9절의 "바다 지나기를 광야를 지남 같게 하사"(He led them through the deep as through a wilderness)를 내용으로 하고 있다. 이는 복합창이지만 14마디까지는 각 성부가 같은 음으로 노래하며 그 이후부터 전 성부로 옮겨간다. 베이스의 힘찬 선창으로 시작하는 이 곡에는 두 가지 다른 리듬이 서로 얽혀 있다. 4분음표로 시작되는 첫 번째 리듬은 가사 전체를 부르나, 16분음표의 빠르고 경쾌한 리듬은 수없이 나며 "광야를 지남 같게"(as through a wilderness)만을 노래한다.

[제14곡] 합창

4부 합창곡으로 부점 리듬을 가진 힘찬 합창이다. 가사는 시편 106편 11절로 "저희 대적은 물이 덮으매 하나도 남지 아니하였도다"(But the waters overwhelmed their enemies, there was not one of them left)이다. 격렬한 리듬의 반주를 타고 호모포닉한 합창이 힘차게 시작되며, 선율 진행은 순차적인 반면에 반주의 쉴 새 없이 움직이는 셋잇단음표의 리듬에 의해 물결이 일렁거림이 표현되고 있다. 곡은 쉴 틈 없이 몰아치며 끝을 향하여 돌진한다.

[제15곡] 합창

장중한 그라베의 복합창으로 가사는 출애굽기 19장 3절의 "이스라엘이 주께서 애굽인에게 행하신 일을 보고 놀랐더라"(And Israel saw that great work that the lord did)이다. 호모포닉한 구성의 장중한 곡으로 각 악구가 시작할 때마다 쉼표를 사용하여 극적인 긴장감을 만들어 내고 있다.

[제16곡] 합창

2부 형식의 모방대위법으로 구성된 느린 곡이다. 가사는 출애굽기 15장 31절 "주와 그의 종 모세를 믿었다"(And believed the Lord and His servant Moses)이며 처음은 베이스부터 시작하는 느리게 하강하는 선율의 8도 모방으로 테너, 알토, 소프라노의 순으로 모방된 후 이번에는 같은 선율이 소프라노로부터 시작하여 알토, 테너, 베이스 순으로 단순한 모방으로 진행된다. 이어 곡은 장중하고 호모포닉한 부분을 거쳐 다시 하강 선율의 모방이 시작된다. 마지막은 조용하면서도 장중하게 마친다.

-제2부- 모세의 노래(Moses' Song)

헨델 자신이 '모세의 노래'라 제명을 붙인 제2부는 제17-39곡까지의 26곡으로 고난을 극복한 이스라엘 백성의 지도자 모세가 하나님께 감사 드리는 내용을 담고 있다. 2부에는 3곡의 이중창, 2곡의 레치타티보, 3곡의 아리아를 제외한 15곡이 모두 합창곡으로 되어 있다.

[제17곡] 합창

복합창곡이며 가사는 출애굽기 15장 1절 "모세와 이스라엘 백성이 주께 노래하니"(Moses and children of Israel sung this song unto the Lord)이다. 곡은 자유로운 형식으로 호모포닉하고, 부점 리듬을 가진 관현악 전주 후에 전 합창이 "모세"를 장중하게 부르며 노래해간다. 계속되는 반주부의 부점 리듬으로 합창은 생동감과 장중한 극적 효과를 얻고 있다.

[제18곡] 합창

앞 곡에서 계속되는 가사 "내가 주를 찬송하리니"(I will sing unto the Lord)에 의한 복합창곡으로 곡은 가사에 따른 3가지 선율적인 동기가 각 성부에서 반복되는 자유 형식이며, 두 합창단이 교대로 부르는 교창양식의 대위법과 호모포닉한 형식이 혼용되고 있다. "내가 주를 찬송하리니"의 첫 번째 동기는 선율적이며, "그는 높고 영화로우심이요"(for He hath triumphed gloriously)의 둘째 동기는 선율적이고도 리듬적이다. "그 말 탄 자를 바다에 던지셨음이로다"(the horse and his rider hath He thrown into the sea)의 셋째 동기는 단호한 리듬적으로 서로 대조적인 기능을 갖는데 모두 강한 인상을 준다. 이 곡은 오라토리오의 마지막 합창의 최후에 그대로 다시 차용된다.

[제19곡] 이중창(제1소프라노, 제2소프라노)

매우 서정적인 곡으로 서로 대화하는 듯한 전주에 이어 출애굽기 15장 2절의 "여호와는 나의 힘이요 나의 노래시며"(The Lord is my strength and my song)의 같은 가사와 선율을 반 마디 차이로 서로 모방하며 부른다. 중간 부분에서는 서로 대화하듯 주고받으며, 이번에는 서로 순서를 바꾸어 모방해 부르기도 하다가 나중에는 둘이 합쳐져 함께 부르며 마친다. 뒤에 후주가 따른다.

[제20곡] 합창

복합창으로 힘찬 찬미의 짧은 합창이다. 출애굽기 15장 2절 "그는 나의 하나님이시니"(He is my God) 가사에 의한 자유로운 형식의 호모포닉한 구성의 곡이다. 각 악구의 합창이 시작될 때마다 4분쉼표 후 노래하게 하여 힘차고도 웅장한 합창으로 만들고 있다.

[제21곡] 합창

4부 합창곡으로 가사는 앞 곡의 연속으로 "내가 주를 높이리라"(And I will exalt him)이다. 곡은 3부분 형식으로 2개의 주제를 갖는 자유로운 이중 푸가이며, 곡의 시작과 동시에 베이스에서 제1주제가 차분하게 시작되어 테너, 알토, 소프라노로 옮겨가고, 10마디에서 둘째 주제가 베이스에서 시작되어 테너, 알토, 소프라노로 모방되어 진행된다. "그는 내 아비의 하나님이시니"(He is my father's God)의 짧은 경과구가 나온 후 다시 2개의 주제가 이중 푸가로 힘차게 전개된다.

[제22곡] 이중창

꽤 길지만 아주 매력적인 남성 이중창이다. 경쾌한 기악의 긴 전주가 나온 후 제1베이스(또는 테너)가 출애굽기 15장 3절 "여호와는 용사시니"(The Lord is a man of war)를 반복해서 노래하면 이어 제2베이스가 가담하여 선율을 모방하면서 대화하듯이 불러나가며, 중간 부분인 "여호와는 그의 이름이시로다"(Lord is his name)에서 새로운 주제가 시작되어 대화하듯 계속 진행해 간다. 간주 후 "그의 선택된 대장들이 모두 빠져"(His chosen captains also are drowned)의 후반 주제가 나타나 두 사람이 대화하듯 모방하며 기교를 한껏 자랑하여 노래해간다. 마지막에 기악만의 평온한 긴 후주가 따른다.

[제23곡] 합창

복합창곡으로 라르고의 느리고 여린 서주 후에 합창이 출애굽기 15

장 5절의 "깊은 물이 그들을 덮으니"(The depths have covered them) 가사를 매우 신비스럽게 노래한다. 이 곡은 복합창이지만 처음 3-4마디는 제1, 2테너와 제2알토가 동음으로 시작하다가 5마디부터 합쳐져 음량이 커져 앞부분과 대비효과를 이루며 극적 감흥을 일으키고 있다. 음악적 구성은 전반적으로는 호모포닉하다.

[제24곡] 합창

C장조의 복합창곡으로 경쾌하고도 힘찬 곡이다. 가사는 출애굽기 15장 6절 "주의 오른손이 권능으로 영광을 나타내시다"(Thy right hand, O Lord, is become glorious in power)이다. 2부분 형식이고 호모포닉한 콘체르타토 양식을 사용하고 있으며, 첫마디는 제2합창만의 "주의 오른손"을 노래하다가 "영광을 나타내어"는 전성부의 투티로 부르며 음량의 대비효과를 내고 있다. 리듬은 반 박자 쉬고 약박자로 시작하는 형태가 주를 이루며 반주부의 율동적 리듬은 곡에 긴박감을 더해 주고 있다.

[제25곡] 합창

곧바로 이어지는 복합창곡이며 아다지오의 느린 곡이다. 가사는 출애굽기 15장 7절 "주의 크신 위업으로"(And the greatness of thine excellency)로 합창이 장중하게 시작하며 후반은 "주를 거스르는 자를 엎으시리이다"를 빠르고 격렬하게 외친다.

[제26곡] 합창

복합창으로 가사는 앞 곡의 끝부분과 연결되는 것으로 "주께서 진노를 발하시니"(Thou sentest forth Thy wrath)이다. 곡은 2부 형식으로 되어 있고 제1합창은 푸가적인 대위법으로, 제2합창은 대위법적인 것과 호모포닉한 것이 섞여 있다. 1-30마디까지는 제1합창만 오르간 반주의 푸가토로 시작하고, 30마디 이후에는 제1, 제2합창 전 성부의 총주로 힘차게 연주함으로써 음량의 극적 대비로 긴장감을 일으키고 있다. 마지막은 스타카토의 총주로 힘차게 마친다.

[제27곡] 합창

D장조의 밝은 4부 합창곡으로 가사는 출애굽기 15장 8절 "주의 세찬 콧김에 물이 쌓였다"(And with the blast of thy nostril)이다. 형식은 3가지 선율이 각 성부에 반복되어 사용되는 자유로운 형식이며 곡의 구성은 대위법적인 것과 호모포닉한 것을 교차시켜 극적인 대비를 이루고 있다. 곡의 시작은 물결치는 리듬을 타고 테너가 먼저 약박으로 시작하는 노래를 부르면 이를 알토, 베이스, 소프라노 순으로 모방해 간다. 이번에는 같은 선율을 소프라노부터 시작하고 이를 알토, 테너, 베이스 순으로 모방하여 간다. 소프라노가 약동하는 새로운 동기를 시작하여 높은 음을 길게 지속하는 동안 다른 성부는 성큼성큼 호모포닉한 진행을 한다. 이번에는 알토가 약동하는 동기를 부르며 상성부를 지속해 끌면 다른 성부가 호모포닉하게 반응한다. 후반에 새로운 동기가 다시 나타나고 이를 다른 성부가 모방하면서 발전시켜 나간다. 마지막은 멋진 기악 후주가 따른다.

[제28곡] 아리아(테너)

출애굽기 15장 9절의 가사를 테너가 확신에 찬 노래를 부른다. 단호한 분위기의 현의 전주가 있고 나서 "원수 말하길, 뒤쫓아 가, 따라잡아서, 탈취물을 나누리라"(The enemy said, I will persue, I will overtake, I will divide)를 몇 번씩이나 반복하면서 확신에 찬 매우 기교적인 노래를 힘차게 부른다.

[제29곡] 아리아 (소프라노)

출애굽기 15장 10절, 가사는 "주께서 바람을 일으켜 바다가 그들을 덮으시니"(Thou didst blow with the wind, the see covered them)이다. 오보에의 선율을 실은 온화한 분위기의 전주 후에 소프라노가 경쾌한 노래를 부른다. 소프라노가 노래를 하고 있는 동안 계속되는 반주부의 16분음표의 연속 진행은 물결의 흐름을 표현하고 있는 듯하다. 기악의 후주가 따른다.

[제30곡] 합창

복합창으로 가사는 출애굽기 15장 11-12절에서 취하고 있다. "오, 주여. 모든 신들 중에 주와 같은 분 누구이니까?"(Who is like unto Thee, O Lord) 가사의 표현을 극명하게 하기 위해 온음계 진행의 호모포닉한 구성을 하고 있다. 가사 내용에서 "주여 누구이니까?"는 의문문의 진행처럼 점점 억양이 올라가게 하며, 후반부는 뜻을 강조하기 위해 쉼표를 두어 힘차게 부르게 함으로써 극적 효과를 내고 있다.

[제31곡] 합창

복합창곡으로 가사는 출애굽기 15장 12절 "땅이 그들을 삼켰도다"(The earth swallowed them)이며, 곡은 2부분 형식의 자유로운 대위법적인 구성을 하고 있다. 이 곡은 대위법적 구성이지만 매력적인 선율이 매우 풍부하고 아름답게 들린다.

[제32곡] 이중창(알토, 테너)

서정적인 이중창으로 가사는 출애굽기 15장 13절 "그 구속하신 백성을 은혜로 인도하시되"(Thou is thy mercy hast led forth thy people which thou hast redeemed)이다. 현의 전주 후에 알토가 주의 자비에 대한 감사의 노래를 시작하면, 테너가 같은 선율과 가사를 반복해 부른다. 이번에는 알토의 노래를 테너가 엄격하게 모방해 나가는 이중창이 전개되고 후반에는 테너의 노래를 알토가 모방해 가며 매우 아름다운 이중창이 계속된다. 짧은 후주가 따른다.

[제33곡] 합창

스타카토의 느린 복합창으로 짧은 전주를 포함하여 105 마디의 긴 곡이다. 가사는 출애굽기 15장 14-16절 "열방이 듣고 떨며"(The people shall hear, and be afraid)를 중심으로 하고 있다. 곡은 ABA의 3부분 형식으로 되어 있고 구성은 호모포닉한 것과 대위법적인 구성이 교체되며 나타나고 있는데, 처음은 "열방이 듣고"(The people shall hear)가 키워드가 되어 노래가 전개된다. 중반은 "낙담하나이다"(shall melt away)가 그리고 후반은 "주의 백성이 통과하기까지"(till thy people passover)가 키워드로 힘을 갖고 대위법적인 진행과 호모포닉한 것이 복잡하게 섞이면서 진행된다. 반주부의 역동적이고 긴장감이 감도는 부점 리듬은 곡 내내 지속적으로 사용되면서 모든 열방이 주를 두려워하는 심장의 고동을 표현하고 있다.

[제34곡] 아리아(알토)

가사는 출애굽기 15장 17절 "주께서 백성을 인도하사 그들을 주의 기업의 산에 심으리라"(Thou shalt bring them in)로, 매우 서정적이고 아름다운 곡이다. 목가적인 전주가 나온 후 알토가 위의 가사를 가슴에 듬뿍 담아 부르기 시작한다. 짧은 간주 후에 "주의 손으로 세우신 성소에서"(in the sanctuary which thy hands have established)가 시작되는데, 참으로 감동적인 노래이다. 아름다운 후주가 따른 후 곡이 끝난다.

[제35곡] 합창

복합창곡으로 2부분 형식이며 호모포닉한 웅장한 구성으로 되어 있다. 가사는 출애굽기 15장 18절 "주의 다스림이 영원하도다"(The Lord shall reign for ever and ever)로 처음은 제1과 제2창의 알토와 테너 파트가 주를 힘차게 찬양하기 시작하면 곧 베이스와 소프라노 파트로 가담하여 장대한 찬양이 된다. 이 곡은 조성의 변화가 없고, 제37곡과 제39곡에 다시 사용하고 있는 점, 반주부의 리듬 형태가 제18곡의 것이라는 점 등이 특기할 만하다. 이러한 구상은 제2부 전체에 통일감을 부여하기 위한 것으로 생각되며, 마지막 3곡의 합창에 반복 사용함으로써 결국 오라토리오 전체 곡의 클라이맥스로 자연스럽게 유도하기 위한 포석으로 보인다.

[제36곡] 레치타티보(테너)

출애굽기 15장 19절 "바로의 말과 병거와 마병이 함께 바다에 들어가매"(For the horse of Pharaoh)를 말한다.

[제37곡] 합창

제35곡 합창이 다시 한번 "주의 다스림이 영원하도다" 장엄하게 되풀이된다.

[제38곡] 레치타티보(테너)

출애굽기 15장 20절 "선지자 미리암이 손에 소고를 잡으매(And Miriam the prophetess), 모든 여인도 소고를 잡고 춤추니"라고 말한다.

[제39곡] 독창과 합창

소프라노 독창을 동반한 복합창곡으로 이 오라토리오의 마지막을 장식하는 장대한 대합창곡이다. 가사는 출애굽기 15장 21절을 사용하고 있다. 이 곡은 크게 전반부와 후반부로 구별할 수 있는데 전반부는 제35곡의 "주의 다스림이 영원무궁하시도다"(The Lord shall reign for ever and ever)에서 차용한 것이며, 후반부는 제18곡의 "너희는 주를 찬양하라, 그는 높고 영화로우심이요!"(Sing ye to the Lord, for he hath triumphed gloriously!)를 차용한 것이다.

먼저 소프라노의 무반주 솔로가 있고 나서 팀파니까지 가담한 전 합창이 "주의 다스림이 영원무궁하시도다"(The Lord shall reign for ever and ever)라고 힘차게 외친다. 이 부분은 제35곡의 합창을 거의 그대로 차용한 것이다. 다시 소프라노 독창이 나오고 다시 한번 전 합창의 웅장한 외침이 있고 난 뒤 곡은 빠른 리듬의 경쾌한 대위법적으로 바뀐다. 이것은 제18곡의 "내가 주를 찬송하리니"(I will sing unto the Lord)의 합창 선율이 그대로 차용되어 곡의 끝까지 진행되며, 밝은 C장조로 주님의 은혜를 감사하면서 힘찬 효과로 오라토리오가 끝난다.

사족이지만 필자의 생각에 이 훌륭한 오라토리오의 마지막을 장식하는 대합창을 자신의 기존 작품에서 차용한 것이 못내 아쉽기만 하다.

♪ 연주 관행

이 곡의 연주에는 원래 제1부로 계획했다가 갑자기 취소된 〈슬픔에 가득 찬 시온의 길〉 서곡을 곡의 첫 곡으로 사용하는 연주, 그리고 초연 당시 함께 연주된 헨델의 오르간 협주곡을 첫 곡으로 하는 연주와 〈슬픔에 가득 찬 시온의 길〉 전체를 제1부로 하고 제2부를 〈출애굽기〉, 제3부를 〈모세의 노래〉로 한 연주들이 있다. 앤드류 패롯의 연주는 원래 헨델이 계획한 대로 〈요셉의 죽음에 대한 이스라엘인의 애가〉를 제1부로 연주하고 있다.

♪ 연주와 음반

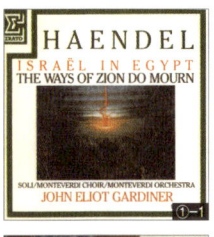

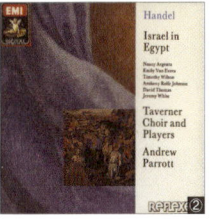
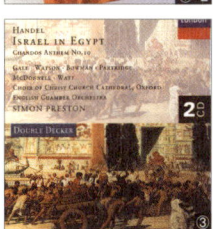

①-1, ①-2 존 엘리엇 가디너(John Eliot Gardiner)는 이 오라토리오를 몬테베르디 합창단과 오케스트라의 연주(Erato, 1980년)와 몬테베르디 합

창단과 잉글리시 바로크 솔로이스츠의 연주(Decca, 1995년)로 2차례 녹음하였다. 영국 작곡가 헨델에 대한 가디너의 경외심이 잘 나타난 최고의 명연이며, 두 음반의 녹음 연도가 15년이란 세월의 차이가 있지만 연주 자체는 우열을 가리기 어려울 정도로 비슷하다. 두 음반 모두 합창 위주인 이 오라토리오에서 합창 연주가 특별히 뛰어나며, 서곡으로는 헨델 자신이 원래 제1부로 작곡하기로 계획했다가 취소해버린 원곡 〈요셉의 죽음에 대한 이스라엘인의 애가〉(Lamentations of the Israelites for the death of Joseph)를 첫 곡인 서곡으로 사용하고 있다.

구태여 두 음반을 구별해 본다면, 두 번째 녹음의 합창이 보다 원숙하면서도 자신감 넘치는 연주라고 할 수 있는데, 합창의 앙상블이 완벽할 뿐만 아니라 한 곡 내에서 강약의 대조가 매우 극명하게 드러나는 정교한 연주를 펼치고 있다. 두 번째 녹음의 솔리스트로는 알토 대신에 여러 명의 카운터테너를 기용하고 있는데 하나같이 훌륭한 연주를 펼치고 있다. 특히 제5곡 '그 땅에 개구리가 번성하여'를 부르는 카운터테너 스태포드(Ashley Stafford)와 제34곡 '주님의 백성'을 부르는 마이클 챈스의 노래가 매우 뛰어나다. 그러나 그 외 솔리스트들의 가창력은 첫 번째 녹음 때의 가수들보다 떨어진다.

② 앤드류 패롯(Andrew Parrott)이 지휘하는 태버너 합창단과 연주자들(Taverner Choir & Players)의 연주(EMI, 1990년)는 〈요셉의 죽음에 대한 이스라엘인의 애가〉를 전곡의 제1부로 하고, 제2부를 〈출애굽〉, 그리고 〈모세의 노래〉 전체를 제3부로 연주하는, 좀처럼 만나기 어려운 특이한 구성의 연주이다. 연주의 완성도가 매우 높아 이 곡의 새로운 명연으로 등장했다.

이 연주의 전체적인 템포는 가디너보다 느리며, 프레스턴의 연주보다는 빠르다. 매우 쾌적한 템포를 시종일관 유지하면서 훌륭한 연주를 들려준다. 이 연주는 합창의 연주가 압도적으로 훌륭하다. 합창의 울림이 투명하면서도 풍성하며, 선율 라인도 잘 드러나는 탁월한 연주를 들려준다. 오케스트라는 원전악기 연주로 격조 있는 연주를 들려주지만 때로는 장려한 사운드도 들려준다. 이 연주에서는 솔리스트들의 연주가 하나같이 뛰어났는데, 제29곡 '주께서 바람을 일으켜'를 부르는 소프라노 낸시 아르젠타의 해맑은 목소리의 절창은 깊은 감동을 준다. 그리고 제5곡 '그 땅에 개구리가 번성하여'와 제34곡 '주님의 백성'을 부르는 알토 티모시 윌슨(Timothy Wilson)의 기품 있는 목소리와 감동적인 연주가 가슴에 깊이 와닿는다. 테너 롤프-존슨의 연주도 훌륭하기 그지없다.

③ 사이먼 프레스턴(Simon Preston)이 지휘하는 잉글리시 체임버 오케스트라와 옥스퍼드 그리스도교회 성당 합창단(Choir of Christ Church Cathedral, Oxford)의 연주(London, 1975년)는 이 곡 최고의 명연이다. 이 곡의 서곡으로 초연 당시 함께 연주되었다는 헨델의 오르간 협주곡 제13번의 2악장(라르고-알레그로)을 서곡으로 사용하고 있다. 이 연주는 한마디로 스케일이 큰 매우 낭만적인 연주이다. 전체적으로 템포를 넉넉하게 잡아 스케일이 큰 감정 표현을 하고 있다. 따라서 합창의 표현이 장려하고 웅혼한 맛이 나는 낭만적인 연주이다. 다른 연주와 달리 최상성부를 소프라노 대신에 소년 합창단이 맡고 있는 점이 특기할 만하다. 이러한 연주는 상성부 선율의 신선한 아름다움과 멜로디라인이 극명하게 잘 드러나는 장점이 있지만 지속되는 고음의 외침은 듣는 사람에게 피로감을 조성할 수 있으며, 성인에 비해 음악적 성숙도가 떨어지는 단

점이 있다. 여기에서는 단점보다는 장점이 크게 부각된 연주로 보인다. 오케스트라의 연주도 합창에 걸맞게 합창과 함께 어우러져 헨델 음악의 웅혼함을 멋지게 표현하고 있다.

　이 연주에서는 솔리스트들이 뛰어나 연주의 완성도와 매력에 크게 공헌하고 있다. 테너 이안 패트리지는 제26곡의 '적이 말하기를'에서 뛰어난 가창력으로 감동적인 노래를, 알토를 부르는 전설적인 카운터테너 제임스 바우만은 매력적인 음색과 뛰어난 가창력으로 듣는 사람의 귀와 마음을 사로잡는다. 그리고 이들이 함께 부르는 제29곡의 이중창 역시 절창으로 깊은 감동을 선사해 준다. 그러나 이 연주는 느린 템포에다 스케일이 큰 낭만적 연주로 인해 바로크 음악의 참맛을 느끼기에는 다소 미흡하여 아쉬움이 있다.

〈주께서 말씀하셨다〉 HWV 232
Dixit Dominus

독일 할레라는 시골 마을에서 태어난 헨델은 젊은 시절 독일 북부 함부르크를 시작으로 당시 세계 음악의 중심지였던 이탈리아, 후에 정착하게 되는 영국에 이르기까지 음악적 순례의 대장정에 오른다. 젊은 시절 헨델은 3년 반 동안 이탈리아에 체류하면서 음악 후원자인 오토보니(Pietro Ottoboni) 추기경과 작곡가 코렐리(Arcangelo Corelli, 1653-1713), 알레산드로 스카를라티(Allessandro Scarlatti, 1660-1725)와 같은 거장들과의 만남을 통해 그의 창작적 발전에 결정적인 영향을 받았다. 이탈리아 체류 중 라틴어 가사에 의한 3편의 시편 〈주께서 말씀하셨다〉(Dixit Dominus), 〈주님이 집을 세우지 않으시면〉(Nisi Dominus), 〈주님을 찬양하라〉(Laudate Pueri Dominum)를 작곡했는데, 이 가운데 〈주께서 말씀하셨다〉는 규모가 가장 크고 단연 중요한 작품이다.

〈주께서 말씀하셨다〉는 구약성경의 시편 110편을 바탕으로 그의 나이 22세 때인 1707년 4월 로마에서 작곡되었다. 이 곡은 5성부 합창과 5부 현악을 위한 모두 8개의 악장으로 구성된 성악과 기악을 위한 합주 협주곡(Concerto Grosso)풍의 곡이라 할 수 있다. 헨델은 힘과 경쾌함, 정확성, 낭송적 힘과 서정적 표현 등을 통해 이 시편가를 열광적이고도 유쾌한 것으로 만들어 내고 있는데, 성악과 기악의 거장들이 가득한 이탈리아에 방금 도착한 젊은 헨델의 영감이 풍부하게 자극되었음을 추정해 볼 수 있다.

작곡 경위와 초연 시기는 현재 알 수 없지만, 많은 학자들은 그레고리오 성가의 인토네이션을 사용하여 곡의 시작과 마지막에 가톨릭 부활절 성가의 정선율(cantus firmus)을 사용한 점으로 미루어 오토보니 추기경의 의뢰에 의해 작곡되어 1707년 로마의 부활절에 초연되었을 가능성을 제시하고 있다.

예수 그리스도의 제사장적 직분을 표현한 시편 110편을 소재로 한 이 곡은 장중하고 위엄 있는 분위기와 화려한 곡들로 채워져 있다. 이 곡에는 특히 그의 솔로 칸타타나 합주 협주곡, 실내악곡 등에 나타나는 이탈리아 바로크 음악의 특징적 요소들이 과감하게 채용되었고, 이중 푸가의 사용 등 구조적인 면에서도 매우 발전된 양식의 곡이다. 〈주께서 말씀하셨다〉는 22살의 음악가가 쓴 작품이라고 상상하기 어려울 정도로 힘과 창의가 넘치고 매력적인 폴리포니의 구사, 생기 활발한 리듬으로 가득하며, 어느 부분에서도 미성숙하다는 느낌을 전혀 받을 수 없다는 사실이 참으로 경이롭다. 마치 깜깜한 어둠 가운데서 갑자기 솟아오른 태양 같은 작품이라고나 할까? 젊은 시절의 작품이지만 그의 어느 후기 걸작에 못지않은 초기의 대표작이다.

🌱 곡 해설

[제1곡] 합창과 독창 '주께서 말씀하셨다'(Dixit Dominus)

5성부 합창으로 현악 전주부가 곡의 중간과 후주에도 반복되는 리토르넬로 형식의 곡이다. 제1바이올린의 하강하는 아르페지오에 의해 시작되는 현악기의 경쾌한 전주를 타고 합창이 단호한 어조로 "말씀하셨다"(Dixit)를 반복적으로 힘차게 외치며 시작하여 모방 대위법 양식과 화성적 호모포니가 섞이면서 다이내믹하게 전개된다. 합창의 중간에 솔로로 "내 오른편에 앉으라"(Sede a dextris meis)가 나타나고 다시 합창과 합쳐지는데 이는 당시 코렐리에 의해 이탈리아에서 성행되던 콘체르토 그로소를 연상시킨다. 상성부가 가톨릭 부활절 성가 선율을 긴 호흡으로 노래하는 동안 저성부는 짧고 빠르게 반복하는 대비를 통해 곡을 더욱 극적인 상태로 몰아가는 등 헨델의 다양한 합창 기법이 도입된다. 젊은 시절의 작품답게 거침없는 흐름의 힘차고 드라마틱한 곡으로, 이 곡은 1732년 작곡된 오라토리오 〈드보라〉(Deborah)에 차용된다.

[제2곡] 아리아 '여호와께서 권능의 홀을 내어보내시리'(Virgam virtutis tuae)

알토 솔로 곡으로 이 아리아는 바로크 시대의 전형적인 다 카포 형식이 아닌 자유로운 형식으로 되어 있다. 거의 첼로 반주라고 할 수 있는 바소 콘티누오의 연주가 아름답다. 독창의 기교적인 콜로라투라의 노래도 들을 만한 아름다움이 있다.

[제3곡] 아리아 '주의 권능의 날에'(Tecum principium)

소프라노 솔로 곡으로 레치타티보의 다른 한 형태인 현악 반주에 의

한 레치타티보 아콤파냐토(관현악 반주) 양식의 곡이다. 전곡에 흐르는 셋잇단음표에 의한 3박 형태의 선율은 다분히 목가적인 분위기를 자아낸다.

[제4곡] 합창 '주께서 맹세하고'(Juravit Dominus)

4/4박자의 느리고 장중하게 시작된 합창이 3/4박자의 경쾌한 곡으로 바뀌는 특이한 곡이다. 즉 4/4박자의 느린 그라베와 3/4박자의 빠른 알레그로가 번갈아 등장한다. 이처럼 한 악장 안에서 4/4와 3/4박자의 템포에 변화를 주는 합창곡은 바로크 시대에는 매우 드문 경우이다. 시편 가사 중 "주께서 후회하지 않으셨다"(non poenitebit eum)의 몇 번씩 반복되는 "non"의 외침은 가사의 극적인 표현으로 일종의 가사 그리기(word painting)의 표현으로 볼 수 있다.

[제5곡] 독창과 합창 '당신은 제사장'(Tu es sacerdos)

2개의 주제를 가지고 변주하는 이중 푸가의 합창곡으로 현존하는 헨델의 작품 중 최초의 이중 푸가 작품이다. 1도씩 빠른 스케일로 중첩되어 진행하는 정교한 카논으로 대위법의 극치를 보여주며, 이어 테너부터 시작하는 1도씩 느리게 상행하는 제2푸가 선율이 나타나고 이를 알토, 나중엔 베이스가 받아나간다. 당당한 분위기의 남성 파트의 주제와 마치 대위법 선율처럼 보이는 짧은 성부들의 주제가 서로 상승하며 가사 내용을 그림 그리듯 수놓는다.

[제6곡] 독창과 합창 '주의 우편에 계신 주께서'(Dominus a dextris tuis)

솔로와 합창의 변화가 많은 곡이다. 첫 부분은 솔로들, 처음은 제1,

제2소프라노, 그다음은 테너와 알토가 두 파트씩 짝을 지어 한 마디 간격으로 2도의 불협화음으로 주님의 위엄과 신비함을 나타내고 그다음은 베이스 솔로가 비슷한 선율을 노래 부른다. 후반부는 합창이 가세하는 3/4박자의 매우 강한 리듬과 다이내믹함을 요하는 곡으로서 가사의 내용을 매우 사실적으로 묘사하고 있다.

[제7곡] 독창과 합창 '열방 중에 판단하여'(Judicabit in nationibus)

전 합창이 마치 프랑스 서곡풍의 느리고 엄숙한 분위기의 외침으로 시작하는 이 곡은 템포가 알레그로로 바뀌면서 먼저 현이 질주하듯 달아난다. 성악이 이를 받아 좇아가면서 한참의 질주 후에 클라이맥스에 도달한다. 후반부 분위기는 완전히 돌변, 전 성부가 호흡을 가다듬은 후 마치 망치로 내려찍는 듯한 강한 부점 리듬과 무서운 힘으로 "그 통치자를 치셔서"(Con-qua-ssa-bit)를 절규하듯 무섭게 몰아친다. 이런 음악적 표현은 1세기 전 몬테베르디에 의해 창안된 '흥분/격앙양식'(stile concitato)의 반영으로 바로크 시대에서는 그 유래를 찾기 힘든 감정 표현의 극치라 할 수 있다.

[제8곡] 독창과 합창 '길가의 시냇물을 마시고'(De torrente in via bibet)

마치 비발디 교회음악의 느린 악장을 연상케 하는 분위기의 매우 서정적인 곡으로 솔로 반음계적 선율의 진행이 매우 독창적이다. 서정적인 소프라노 솔로 이중창이 진행되는 동안 합창의 남성 두 파트는 유니슨으로 부르며 두 여성 솔로가 부르는 가사의 표현을 지지하면서 극대화하는 역할을 하고 있다.

[제9곡] 합창 '아버지께 영광'(Gloria Patri)

이 곡을 마감하는 대영광송(doxology)이다. 바소 콘티누오가 부점이 있는 힘찬 리듬의 전주를 시작한 후, 제1소프라노가 "아버지께 영광"을 시작하면, 이어 제2소프라노-테너의 순으로 모방하는 푸가가 전개된다. 이렇게 시작한 곡은 점점 확장되면서 거대한 푸가의 향연을 펼치듯 3중 푸가의 형태로 발전된다. 이 거대한 푸가 이후 곡의 템포가 갑자기 바뀌면서 매우 역동적인 후반부의 소영광송의 "영원히 아멘"(Et in saecula saeculorum, Amen)이 전개된다. 처음은 제1, 제2소프라노가 유니슨으로 시작하고, 이를 테너 성부가 모방해 좇아가고, 나중엔 베이스가 좇아간다. 그사이에 소프라노의 상성부는 계속 변화와 전개를 펼쳐나간다. 이 마지막 푸가 역시 매우 다이내믹하고 장대한 스케일로 전개된 후 끝을 맺는다. 전곡을 마감하기에 걸맞은 힘차고도 찬란하게 빛나는 곡이다.

◆ 연주 관행

이 곡은 특히 합주 협주곡의 강한 영향을 받은 작품이다. 따라서 성악과 기악이 교대로 나타나기도 하고 합창이 투티와 솔로로 구분되어 있으며, 한 성부는 최소한 2명 이상으로 구성되어 있다. 이 곡은 대규모 합창단을 위해 작곡된 것이 아니므로 원전악기를 사용한 작은 규모의 합창단에 어울리는 곡으로 생각된다. 합창 중에 나오는 솔로를 합창단원 중에 부르는 음반도 있고 전문 솔리스트가 연주하는 음반도 있다. 따라서 그런 선택에 따른 연주 효과도 매우 달라질 수 있다.

♣ 연주와 음반

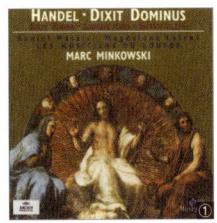  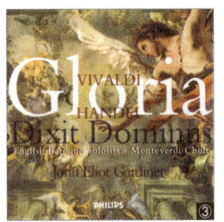

① 마크 민코프스키(Marc Minkowski)가 지휘하는 루브르 음악가들과 합창단의 연주(Archiv, 1999년)가 이 곡의 최고의 명연이다. 이 연주는 전체적으로 템포가 매우 빠르고 경쾌하기 그지없다. 이 연주는 합창의 연주가 압도적으로 훌륭한 연주를 들려주는데 매우 정치(精緻)하며 한 치의 흐트러짐이 없는 놀라운 앙상블을 들려준다. 빠르게 질주하여 휘몰아치지만 프레이징과 아티큘레이션이 절묘하고도 단호한 놀라운 연주이다. 빠른 가운데서도 선율 라인이 매우 잘 살아나 있다. 특히 상성부 선율의 윤곽이 너무도 선명하여 곡의 흐름을 잘 파악할 수 있게 해준다. '그 통치자를 치셔서'에서 음화적 표현의 연주는 불꽃이 튀는 것처럼 섬뜩하고 짜릿하다. 특히 이 연주에서는 솔리스트들의 연주도 하나같이 뛰어났는데 그 가운데서도 제1소프라노의 아니크 마시스와 제2소프라노의 막달레나 코제나(Magdalena Kožená) 모두 가창력이 뛰어났을 뿐만 아니라 제8곡 '길가의 시냇물을 마시고'에서 이들이 펼치는 앙상블은 매우 절묘하며 깊은 감동을 자아낸다. 알토를 부르는 사라 풀고니(Sara Fulgoni)와 베이스를 부르는 마르코스 푸졸(Marcos Pujol)의 노래도 모두 훌륭하다. 이 연주는 이탈리아 유학 시절의 20대 젊은 시절 헨델의 빛나는 음악을 멋지고 재현한 최고의 명연이다. 또한 바로크 음악의 참맛과 멋을 정말 훌륭하게 표현한 놀라운 연주로 경탄을 금할 수 없다.

② 라이오넬 모이니어(Lionel Meunier)가 지휘하는 복스 루미니스(Vox Luminis)의 연주(α, 2017년)는 이 곡 최고의 명연 중 하나로 새로이 등극한 놀라운 연주이다. 가장 최신의 연주로, 전혀 이름이 낯설기만 한 연주자와 연주 단체에 의해 이런 탁월한 연주가 태어났다는 사실이 믿기지 않을 정도다. 이 연주는 모이니어에 의해 2004년에 설립된 고음악 전문 보컬 앙상블 복스 루미니스의 연주로 고음악 전문 신생 레이블인 알파(α)에 의해 2017년에 발매된 새로운 음원이다. 필자는 이 곡 최고의 명연으로 알고 있던 가디너의 연주 음반 이후에 1999년에 출시된 알레산드리니의 충격적인 명연을 접하고 느꼈던 그런 흥분되었던 감동이 이 연주를 통해 되살아나는 느낌이었다. 빠른 템포에 생동감 넘치는 가디너의 놀라운 연주, 이보다 더 빠른 템포로 정치(精緻)하면서도 놀라운 앙상블을 들려주는 알레산드리니의 연주와는 전혀 다른, 느린 템포 가운데서 긴장감을 그대로 유지하면서 이처럼 훌륭한 연주를 들려줄 수 있다는 사실이 그저 놀라울 뿐이다. 게다가 지휘자나 연주단체의 이름은 낯설기만 하지만 오케스트라와 합창의 연주가 압도적으로 훌륭한 연주를 들려준다. 느린 템포 가운데서 한 음 한 음 또렷하게 짚어가면서 조금도 흐트러짐이 없는 놀라운 앙상블을 들려주고 있다. 합창은 여유로운 템포를 시종 유지하면서도 조금도 느슨하지 않은 정확한 연주를 통해 놀라운 앙상블을 들려준다.

곡 중 솔리스트들의 이름이 모두 생소하지만 모두 뛰어난 가창력을 들려준다. 알토 다니엘 엘저스마(Daniel Elgersma)는 매력적인 저음의 놀라운 가창력이 단연 빛을 발한다. 그러나 두 소프라노의 이중창은 민코프스키 연주의 두 소프라노의 절묘한 앙상블보다는 다소 미흡하여 아쉬움이 있다. 이런 훌륭한 연주의 배경에는 자신이 가수이자 지휘자인 모이니어의 리더십이 자리 잡고 있음을 간과해서는 안 될 것이다. 참으로 오랜만에 접하는 명연이다.

③ 존 엘리엇 가디너(John Eliot Gardiner)가 지휘하는 잉글리시 바로크 솔로이스츠와 몬테베르디 합창단의 연주(Philips, 1988년)는 빠른 템포의 생동감과 활력이 넘치는 뛰어난 연주로 이 곡의 또 다른 최고의 명연이다. 민코프스키의 새로운 혁신적인 연주가 나오기 전까지는 이 곡 최고의 명연이었다. 가디너는 1978년 에라토 레이블에서 동일한 합창단과 오케스트라와 함께 이 곡을 녹음한 바 있으며, 그 후 10년이 지난 이번(1988년)에도 자신의 수족과도 같은 몬테베르디 합창단과 잉글리시 바로크 솔로이스트를 이끌고 과거 녹음과는 모든 면에서 진일보한 뛰어난 연주를 통해 20대 헨델의 젊은 시절의 걸작을 멋지게 표출한 명연을 도출해 내고 있다. 합창은 힘이 있고, 솜털처럼 가볍게 움직이지만 이들의 앙상블은 정치하고 프레이징이 완벽하다. 전체적으로 빠른 템포 가운데 경쾌함과 신선함이 가득 찬 연주이다.

솔리스트 가운데는 알토 솔로를 부르는 카운터테너 리차드 윈 로버츠(Richard Wyn Roberts)가 뛰어난 가창력을 들려주며, 소프라노 안젤라 카지미어크즈크(Angela Kazimierczuk)의 훌륭한 연주를 들려주지만 다른 솔리스트들의 연주는 평범할 뿐이다. 이 연주는 전광석화처럼 빠른 민코프스키의 명연과 어깨를 나란히 할 정도로 합창이 뛰어난 명연이다. 그러나 민코프스키의 연주에 비해 솔리스트들의 연주력이 떨어지는 아쉬움이 있다.

대관식 앤섬
Coronation Anthem

헨델이 작곡한 4곡의 〈대관식 앤섬〉은 1727년 10월 11일 웨스트민스터 대사원에서 거행된 조지 2세와 그의 왕후 캐롤린의 대관식을 위해 작곡되었고 또 초연되었다. 왕실 음악가였던 헨델이 영국 왕실의 최대 행사인 대관식을 위한 음악을 작곡하라는 특별한 임무를 받아 작곡한 것이다.

헨델은 하노버 궁정 시절 당시 하노버 공이었던 선왕 조지 1세 몰래 영국으로 귀화해 그의 심기를 불편하게 한 적이 있었다. 그러나 그 후 영국 왕이 된 조지 1세는 헨델의 든든한 후원자가 되었으며, 그의 아들 조지 2세도 헨델의 훌륭한 음악적 후원자 역할을 하고 있었다. 1727년 6월, 조지 1세가 하노버 여행 중 갑자기 사망하자 그해 조지 2세가 영국 왕으로 즉위하게 되었다. 영국 국왕과 여왕의 대관식은 1685년 이후 처음이었고, 왕의 대관식은 그의 아버지 조지 1세의 1714년 대관식 이후 두 번째로, 1727년에 거행된 조지 2세의 대관식은 18세기 전반 런던에서 행해진 최대의 정치 사회적 이벤트였다. 헨델은 영국 왕실의 권위에 걸맞은 장대하면서도 엄숙한 음악을 만들기 위해 노력하였고, 영국 국

교회의 종교적 의식에 따라 진행되는 대관식을 위해 화려하고도 경건한 분위기의 4곡의 앤섬을 작곡했다.

앤섬은 원래 찬송가 또는 찬미가란 뜻을 가진 영국 국교회의 전례음악으로, 헨리 8세가 이혼 문제로 로마 가톨릭과 결별한 후 영국이 독자적으로 발전시킨 예배음악이다. 종래의 라틴어 가사 대신에 자국어 영어를 사용하는 앤섬은 영어의 악센트에 맞는 리듬과 선율을 가지는 영국 고유의 교회음악으로서 토마스 탈리스(Thomas Tallis), 윌리엄 버드(William Byrd), 헨리 퍼셀(Henry Purcell) 등이 전성기를 열었다. 그 뒤를 이은 헨델의 〈대관식 앤섬〉은 바로크 양식을 따라 한층 그 화려함과 정교함을 더했다.

각각의 곡은 대관식 예식의 순서로 작곡되었다. 영국 국교회의 전통의식에 따르면 대관식 순서는 먼저 대주교의 기도가 있고 난 뒤 국왕의 선서가 뒤따르고, 그 뒤에는 '새로운 왕은 신이 인정한 사람'이라는 의미로 국왕의 머리에 기름을 붓는 의식이 이어진다. 새로운 국왕이 의복과 검 등 왕의 고유한 징표를 건네받음으로써 대관식이 끝나며, 왕의 대관식 후에는 통상 왕비의 대관식이 이어졌다. 헨델은 이러한 영국 국교회의 의식에 따라 모두 4곡의 앤섬을 작곡했는데, 먼저 국왕의 선서 뒤에는 〈왕은 기뻐하리〉(The King shall rejoice)가 나오고, 이어서 제사장이 왕에게 기름 붓는 의식 뒤에는 〈대제사장 자독〉(Zadok the Priest)이, 왕이 정식으로 왕관을 쓴 후에는 〈그의 팔은 강하고〉(Let thy hand be strengthened)가 연주되고, 마지막 곡 〈나의 마음이 말하기를〉(My heart is inditing of a good matter)은 여왕의 대관식 때 불렸다. 대관식 당일은 의식과 음악이 조화를 이루어 장엄하게 행해졌다고 하며, 독창과 중창, 합창으로 구성된 이 곡은 영국 왕실의 공식적 음악으로 오늘날까지 그 권위를 유지하고 있는 합창음악의 진수로 평가되며 오늘날에도 널리 연주되고 있다.

곡 해설

1. 왕은 기뻐하리(The King shall rejoice)

국왕의 즉위 선서 뒤에 연주된 곡으로, 구약성서 시편 21편의 가사를 바탕으로 작곡된 모두 5개의 짧은 곡으로 구성되어 있고 마지막에 연주되는 화려한 알렐루야 합창이 유명하다.

[제1곡] 왕이 주의 힘을 인하여 기뻐하라(The King shall rejoice)

팀파니와 트럼펫이 가담한 관현악의 경쾌한 전주가 있고 난 뒤 "왕이 주의 힘을 인하여 기뻐하라"(The King shall rejoice)의 기쁨의 합창이 힘차게 노래 불린다. 후에 팀파니와 트럼펫이 가담한 관현악의 장쾌한 후주가 따른다.

[제2곡] 그가 크게 즐거워하리라(Exceeding glad shall he be)

부점 리듬의 종종걸음 같은 가벼운 오케스트라의 전주 후 합창이 "그가 크게 즐거워하리라"(Exceeding glad shall he be)를 평화롭게 노래한다. 중간 부분에 "당신의 구원을"(of thy salvation)의 상승하는 선율이 모방되면서 나타나고, 다시 "그가 크게 즐거워하리라"가 나타난다. 전체적으로 대위법적 진행과 호모포니가 잘 어우러져 밝은 분위기를 창출하고 있다. 경쾌한 후주가 따른다.

[제3곡] 그 영광을 크게 하소서(Glory and great worship)

"그 영광을 크게 하소서"는 간주곡과 같은 아주 짧은 장중한 합창이다.

[제4곡] 당신이 그를 보호하소서(Thou hast prevented him)

"당신이 그를 보호하소서"라는 가사로 밝은 표정의 합창이 멜리스마적인 진행으로 활기를 얻으며 계속되어나간다. 대위법적인 요소와 호모포닉한 것이 훌륭한 조화를 이루는 곡이다.

[제5곡] 알렐루야(Alleluia)

유명한 '알렐루야' 합창이다. "알렐루야!" 가사만을 대위법적으로 장대하게 전개한다. 〈메시아〉의 '할렐루야' 합창처럼 마지막에 호흡을 멈춘 후 "알렐루야!"를 힘차게 부르며 웅장하게 마친다.

2. 대제사장 자독(Zadok the Priest)

왕의 머리에 기름을 붓는 의식 후에 불리는 〈대제사장 자독〉은 4곡의 대관식 앤섬 중 가장 유명한 곡이며 헨델의 앤섬 중에서도 가장 잘 알려진 곡이다. 조지 2세의 대관식 이후 영국 왕실의 공식적인 대관식 음악으로 선정되어 있다. 〈대제사장 자독〉은 7부 합창의 독립된 3곡으로 되어 있으나 내용적으로는 오히려 연속된 3부분으로 보는 것이 낫다.

[제1곡] 대제사장 자독(Zadok the Priest)

첫 부분은 점점 고조되는 오케스트라의 전주를 통해 축적된 흥분이 마침내 "대제사장 자독"(Zadok the Priest)을 힘차게 부르짖는 합창으로 분출된다.

[제2곡] 모든 사람이 즐거워하다(And all the people rejoic'd)

3박자의 무곡풍으로 "모든 사람이 즐거워하다"가 흥겹게 노래 불리는데 후에 트럼펫이 가담하여 즐거움을 더하고 있다.

[제3곡] 하나님이 왕을 보호하소서(God save the King)

곡 시작 부분에 전 합창이 "하나님이 왕을 보호하소서"를 3번 힘차게 외친 후 "아멘 알렐루야"를 부점 리듬 위에 매우 힘차게 노래 부른다. 다시 전 합창이 "하나님이 왕을 보호하소서, 왕 만세"(God save the King, long live the King)를 두 번 외친 후 다시 부점 리듬의 화려한 합창이 전개된다. 다시 한번 국왕의 장수를 비는 외침이 있고 난 뒤 "아멘 할렐루야"가 화려하게 전개되며 끝맺는다.

3. 그의 팔은 강하고(Let thy hand be strengthened)

이 노래는 국왕으로 선포된 이후 신의 보호와 축복이 국왕과 왕실에게 임하게 해 달라는 축복의 노래로, 3개의 짧은 악곡으로 되어 있다.

[제1곡] 그의 팔은 강하고(Let thy hand be strengthened)

오케스트라의 경쾌한 전주가 있고 난 뒤 합창 "그의 팔은 강하고"가 대위법적인 진행으로 고조된 후 마지막은 호모포닉하게 진행된다. 오케스트라의 후주가 따른다.

[제2곡] 정의와 심판이 당신의 보좌 앞에 준비되게 하소서(Let justice and judgement)

크게 3부분으로 볼 수 있는데 느린 전주에 이어 "정의와 심판이 당신의 보좌 앞에 준비되게 하소서"가 다소 가라앉은 분위기 속에 장중하게 연주된다. 중간 부분에 "자비와 진리가 당신의 얼굴에 가득하기를"(Let mercy and truth)이 불린 후 다시 앞부분의 "정의와 심판이"가 되풀이되며 끝난다. 곡 내내 장중한 분위기가 이어진다.

[제3곡] 알렐루야!(Alleluia!)

"알렐루야!" 가사만으로 구성된 꽤 장대한 합창이다. 전제적으로 대위법적 구성으로 되어 있지만 호모포닉한 부분에서 음악은 더욱 장대하게 표현되고 있다. 순음악적 아름다움이 느껴지는 곡이다.

4. 나의 마음이 말하기를(My heart is inditing of a good matter)

여왕의 대관식 때 불린 곡으로 〈시편 45편〉을 바탕으로 한 4곡의 짧은 합창곡으로 구성되어 있다.

[제1곡] 마음이 말하기를(My heart is inditing)

오보에가 가담하는 오케스트라의 긴 전주 후에 먼저 베이스가 "마음이 말하기를"을 부르면 곧바로 알토가 받아서 매우 서정적으로 대화하듯 노래한다. 중간 부분은 짧은 간주 후에 "나의 마음이 말하기를"이 다시 반복되고 후반에는 호모포닉한 4부 합창이 일제히 "나의 마음이 말하기를"을 다시 힘차게 부른다.

[제2곡] 왕의 귀비(貴妃) 중에는 열왕의 딸이 있었네(King's daughters were among thy honorable women)

"왕의 귀비(貴妃) 중에는 열왕의 딸이 있었네"는 서정적인 전주 후에 소프라노가 "왕의 귀비 중에는 열왕의 딸이 있으며"라는 가사를 서정적으로 부르기 시작하면 이를 알토가 받아 모방하고 이어 베이스, 테너가 모방해 나가는 대위법적 방식으로 전개해간다. 후반부는 호모포니로 같은 가사를 부르며 그 의미를 강조하고 있다. 후주가 따른 후 마친다.

[제3곡] 여왕을 당신의 오른편에 세우소서(upon thy right hand did stand the queen)
전체적으로 호모포닉한 곡으로 물결치는 듯한 흥겨운 리듬의 관현악 전주 후 합창이 "여왕을 당신의 오른편에 세우소서"를 평화로운 가운데 간절하게 부른다.

[제4곡] 열왕은 당신의 양부(養父)가 되소서(Kings shall be thy nursing fathers)
빠르게 움직이는 관현악의 전주 후에 전 합창이 "열왕은 당신의 양부(養父)가 되소서"(이사야 49:23)라는 가사를 부점 리듬을 통해 강조한 후 파트가 나뉘어 노래한다. 다시 한번 강조하는 부점 리듬의 전 합창이 나오고, 후반에서 "왕비들은 네 유모가 될 것이며"(Queens thy nursing mothers)라는 가사를 전 오케스트라가 가담하여 빛나고 장중하게 노래하며 끝맺는다.

🌱 연주 관행

영국 왕실의 대관식 의식에 따라 작곡된 이 4곡의 앤섬은 오늘날 각 곡을 개별적으로 연주하기도 하며 무대와 상황에 따라 연주 순서를 달리하기도 한다. 그 가운데에서도 〈대제사장 자독〉이 가장 화려하고 웅장한 합창곡으로 이 곡만을 따로 연주하거나 녹음하는 경우가 많다. 4곡 모두를 연주하는 경우에도 연주 순서는 연주자마다 다르다.

🔸 연주와 음반

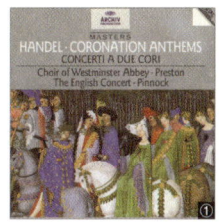 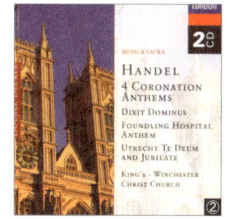 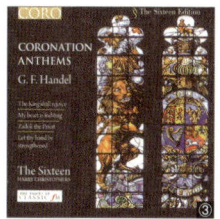

① 트레버 피노크(Trevor Pinnock)가 지휘하는 잉글리시 콘서트와 사이먼 프레스턴(Simon Preston)이 지휘하는 웨스트민스터 대사원 합창단(Choir of Westminster Abbey)의 연주(Archiv, 1982년)가 이 곡 최고의 명연이다. 고악기를 사용한 정격연주로서 합창도 뛰어나지만 특히 잉글리시 콘서트의 신선하면서도 날이 선 생동감 넘치는 오케스트라의 연주가 일품이다. 이런 오케스트라의 연주에 더해 사이먼 프레스턴이 조련한 웨스트민스터 대사원 합창단의 힘차고도 완벽한 앙상블이 함께 어우러져 백열등처럼 빛을 발하는 연주를 펼치고 있다. 바로크 합창음악의 참맛을 느끼게 해주는 그런 연주이다.

② 데이빗 윌콕스(David Wilcox)가 지휘하는 케임브리지 킹스 칼리지 합창단과 잉글리시 체임버 오케스트라의 연주(London, 1963년)도 명연주의 하나이다. 오케스트라는 현대적 악기를 사용함으로써 이 곡이 갖고 있는 장려한 분위기를 멋지게 살린 힘찬 명연주를 들려준다. 특히 곡 중에서 트럼펫의 통렬한 연주는 매우 인상적이다. 이 연주에서는 합창의 연주가 매우 힘차면서도 균형 잡힌 뛰어난 앙상블을 들려주고 있는데 특히 '마음이 말하기를'(My heart is inditing)의 연주가 각별하게 훌륭하다. 한마디로 축전적 성격을 잘 부각한 장려하고도 통렬한 연주를 들려

준다. 약 50년 전의 오래된 연주지만 녹음상태도 훌륭한 편이다.

③ 해리 크리스토퍼즈(Harry Christophers)가 지휘하는 더 식스틴(The Sixteen)의 연주(Coro, 2009년)도 훌륭한 연주이다. 빠르고 힘찬 피노크의 연주에 비해서는 다소 느리다. 이 연주는 흠잡을 것이 없이 무난하나 위의 연주에 비해 정치함이 부족해 다소 투박하다.

페르골레시

Giovanni Battista Pergolesi

1710-1736

페르골레시의 교회음악

페르골레시(Giovanni Battista Pergolesi, 1710-1736)는 26세의 나이로 요절한 초기 나폴리악파의 중요 작곡가로 오페라 부파(희가극) 양식의 선구자이다. 그의 이름을 영원히 남게 한 대표작으로는 〈스타바트 마테르〉(Stabat mater)와 오늘날도 세계 각국의 오페라 극장에서 상연되고 있는 희가극 〈마님이 된 하녀〉(La serva padrona)이다. 그는 오페라 외에도 협주곡과 소나타와 같은 매력적인 여러 기악곡을 남기기도 했다. 특히 그가 심혈을 기울였던 성악곡과 교회음악 작품은 오늘날에도 귀중한 음악적 유산으로 평가받고 있다. 그의 음악은 근본적으로 이탈리아 남부의 나폴리적 성향을 바탕에 깔고 있어 음악은 대체로 밝고 명랑, 쾌활하며 악상은 물 흐르듯 자연스럽고 서정성이 풍부하다.

페르골레시는 1710년 1월 4일 아드리아해에 가까운 중부 이탈리아의 소도시 예시(Jesi Ancona)에서 태어났다. 어려서부터 병약했던 그는 일찍부터 뛰어난 음악적 재능을 보여 그곳 영주의 후원으로 나폴리로 유학하게 된다. 1720-1725년 사이에 나폴리의 포베리 디 제수 크리스토 음악원(Conservatorio dei Poveri di Gesu Cristo)에 들어간 그는 음악원장인 그레코(Gaetano Greco, 1657-1728)와 두란테(Francesco Durante, 1684-1755)에게 작곡과 바이올린을 배웠다. 1731년 여름 성 안젤로 마조레 교회에서 처음 종교극을 발표하였고, 그해 늦여름 음악원을 떠나 교회음악과 오페라 작곡가로 활동을 시작했다. 1732-1734년 나폴리의 스틸리아노(F. C. Stigliano) 공작의 악장이 되어 트리오 소나타 30곡을 비롯하여 플루트 협주곡, 합주 협주곡, 칸타타 등을 대부분을 이때 작곡하였다.

1732년 12월 시 당국으로부터 나폴리를 덮친 대지진으로 희생된 영혼을 달래기 위한 미사곡의 작곡을 의뢰받은 그는, F장조의 미사곡(키리에와 글로리아만 작곡됨)을 써 호평을 얻으며 교회음악가로 주목받게 된다. 1733년 3막 오페라 〈자부심 강한 죄수〉(Il prigioner superbo)를 발표했는데, 이것은 성공하지 못하였으나 막간으로 상연한 〈마님이 된 하녀〉는 얼마 후 그의 이름을 온 유럽에 알리는 계기가 되었다. 1735년 몇 편의 오페라를 상연했으나 실패하였고, 건강의 악화로 요양을 위해 1736년 2월 나폴리 북쪽 포추올리(Pozzuoli)에 있는 프란체스코파 수도원에서 들어갔다. 이곳에서 요양생활 중에 〈스타바트 마테르〉와 〈살베 레지나〉를 완성한 직후인 3월 16일 지병인 폐결핵으로 26세의 짧은 생애를 마감했다. 그의 유해는 공동묘지에 매장되었다가 사후 백 년이 지나 포추올리 대성당에 그의 묘비가 세워졌다.

페르골레시의 명성은 그의 사후 〈마님이 된 하녀〉와 〈스타바트 마테르〉에 의해 높아졌다. 희가극 〈마님이 된 하녀〉는 음악적 구조가 치밀하고 우아한 선율과 생기에 넘치는 음악으로 인해 후일 베르디의 최말년의 〈팔스타프〉(Falstaff)에 이르기까지의 이탈리아 오페라 부파의 선구가 되었다. 그의 사후 페르골레시의 명성이 전 유럽에서 높아지면서 그의 곡에 수많은 편곡이 이루어졌으며, 그가 남긴 작품 수가 극히 적은 데다 그의 스승과 동료들, 그리고 〈스타바트 마테르〉의 단번의 성공을 부러워한 당대 음악가들에 의해 수많은 위조가 행해졌다. 그래서 엉뚱한 곡이 페르골레시의 작품으로 알려지는 일이 빈번하였다. 그나마 1940년에야 로마에서 처음 나온 페르골레시 작품 전집에서조차 148개의 작품 중 70% 이상이 위작으로 판명되었다. 그 후 미국의 저명한 음악학자 브룩(B. Brook, 1918-1997)이 이끄는 "페르골레시 연구소"(Pergolesi Research Center)는 30년에 걸친 과학적인 연구를 통해 전 세계 도서관들이 소장하고 있는 330여 개의 작품 중 33개만이 진품임을 확인하였다. 그의 작품으로 알려졌던 〈마니피카트〉(Magnificat)도 그의 스승 두란테(Durante, Francesco)의 것으로 판명되었다.

스타바트 마테르

Stabat Mater

십자가 곁에 서 계신 성모

페르골레시의 작품 가운데서 가장 유명한 〈스타바트 마테르〉는 작곡가가 26세의 나이로 요절한 1736년 포추올리 프란체스코 수도원에서 〈살베 레지나〉와 함께 짧은 기간에 작곡되었다. 1736년 '통곡의 성모 마리아 기사회'(Cavalieri della Vergine dei Dolori)라는 단체로부터 의뢰받은 이 곡은 매년 수난절에 행해지던 단체의 행사에 알레산드로 스카를라티의 〈스타바트 마테르〉가 사용되었는데 이를 대신하기 위해 페르골레시에게 의뢰한 것이다. 페르골레시의 이 작품이 발표되자마자 호평을 얻어 지속적으로 사용되자 스카를라티의 작품은 사용되지 않게 되었다.

페르골레시는 〈스타바트 마테르〉를 작곡함에 있어 스카를라티의 작품을 모델로 삼았다. 따라서 두 작품 간에는 유사점이 너무도 많다. 우선 음악적 구성에서 소프라노, 알토 독창과 현악과 바소 콘티누오 구성으로 되어 있으며, 아리아가 대부분 2부분 형식이라는 점과 마지막 아멘이 대위법적 구성으로 되어 있다. 다른 점은 스카를라티는 원시의 순서에 변화를 주어 곡을 쓴 반면, 페르골레시는 원시의 순서를 그대로 유지하면서 곡을 썼다. 전체 악곡 구성을 볼 때 전반부는 제5번을 제외하고는 가사의 한 연을 한 곡으로 작곡한 반면, 후반부는 여러 연을 하나의 곡으로 처리하였다.

이 곡의 구성은 대체로 이중창과 소프라노 독창 또는 알토 독창이 교대로 부르는 식으로 짜여 있다. 5개의 연을 하나의 곡으로 구성한 제9번만이 소프라노 독창과 알토 독창, 이중창이 함께 사용되고 있다. 또한 페르골레시는 각 곡이 다음 곡과 자연스럽게 연결되도록 모든 악곡에 후주를 사용하고 있다. 반면에 전주의 사용은 보다 자유로우며, 제3번, 제5번, 제8번은 전주 없이 바로 노래가 시작되도록 하고 있다. 가사의 분위기에 맞추어 주로 단조를 사용하고 있지만 장조를 사용한 곡도 4곡이나 된다. 또한 단조의 악곡도 참담하고 침울한 분위기가 아니라 전반적으로 서정적이면서 생동감이 넘치는 분위기인 경우도 많다.

페르골레시의 〈스타바트 마테르〉에서는 옛 양식인 바로크 시대의 대위법적 양식과 나폴리 오페라의 장식적인 새로운 어법, 즉 가사와 밀접한 관련성을 갖는 선율의 변화를 중시하는 새로운 양식이 자연스럽게 조화를 이루고 있다. 즉 신-구 양식을 결합한 새로운 영역을 열었다. 페르골레시의 이러한 점이 그다음 세대의 18세기의 하이든, 모차르트의 음악에 투영되어 있다. 구형식의 작곡기법은 이중창에서 엿볼 수 있는데, 첫 부분이 움직이는 저음위에 코렐리에서 볼 수 있는 불협화음의 충돌로서 시작하지만 독창은 별도의 세상에 거하는 듯하다. 페르골레시의 음악적 성공은 독창과 중창을 통해 감각적인 아름다움이라는 공통적인 언어를 통해 묘사하면서 독창과 중창의 기묘한 병렬, 이 두 가지 결합에 있다. 제11번 곡의 이중창 "정결한 성모 마리아 심판 날 나를 지키어"(Inflammatus et accensus)에서는 성숙된 고전파 양식을 예견케 하는 조성을 사용함으로써 세련된 극적 장면을 창조했다. 이러한 점에서 〈스타바트 마테르〉가 음악사에서 가장 영향력 있는 작품의 하나로 평가되는 것은 결코 과장이 아니다.

이 곡은 매우 짧은 기간에 작곡되었으며, 장대한 구성력이 모자란다는 지적이 있지만, 유려한 선율, 비장한 감정 표현의 깊이, 신선한 생동감과 매력이 넘치는 곡이다. 〈스타바트 마테르〉는 "슬픔의 성모가 서 계신다"라는 뜻으로 현행의 공교회 기도서에서는 "슬퍼하는 성모의 기도"로 되어 있다. 〈스타바트 마테르〉는 속송(Sequentia)으로 한때 가사는 토디(Jacopone do Todi, 1306년경)의 작으로 전해졌으나 지금은 13세기 프란시스파의 종교시로 생각되고 있다. 십자가에 못 박힌 그리스도를 우러러보는 성모 마리아의 비탄에 젖은 모습과 그 기도를 내용으로 한 것이다. 현재는 9월 15일의 〈성모의 일곱 가지 슬픔의 축일〉과 종려주일 전의 금요일의 미사에 사용된다. 〈스타바트 마테르〉 같은 장르의 곡으로는 르네상스 시대의 조스캥 데프레, 팔레스트리나를 위시하여 근대에 들어서는 하이든, 로시니, 드보르자크, 베르디, 풀랑크 등의 명작이 있지만 페르골레시의 것이 최고의 걸작으로 평가되고 있다.

곡 해설

[제1곡] 이중창, 그라베로

여리고 느린 현악기의 구슬픈 서주가 나온 후 마침내 알토가 "슬픔의 성모가 서 계신다"(Stabat Mater dolorosa)를 부르기 시작하면 2도 위에서 소프라노가 같은 음형을 부르며 좇아간다. 이번에는 소프라노가 먼저 "십자가 옆에서 우시네"(Juxta crucem lacromosa)를 부르면 알토가 비슷한 음형을 따라 부른다. 두 사람이 합쳐져 부르다가 서로 주고받으며 노래를 진행해 간다. 페르골레시 특유의 슬픔과 아름다움이 묘하게 승화되어 표현되어 있다.

[제2곡] 소프라노, 아리아, 안단테

곡은 매우 비통한 감정을 표현한 현의 전주 후에 소프라노의 독창으로 "주 예수 높이 달리신"(Cuius animam gementem)을 비통하게 노래한다. 후반에 소프라노의 절규 "수난 칼에 깊이 찔려"(Pertransivit gladius)에서 연속되는 트레몰로는 참을 수 없는 극도의 슬픔을 표현하고 있다. 이와 같은 트레몰로는 전주를 포함 전곡을 통해 여러 곳에서 나타난다.

[제3곡] 이중창, 라르게토

곡은 다시 느리게 되어 소프라노와 알토가 동시에 "얼마나 슬프고, 괴로우실까"(O quam tristis et afflicta)라고 노래한다. 짧은 간주 후에 "얼마나 슬프고 괴로우실까"를 다시 반복하여 노래한다. 가사 "어머니"(Mater)는 p로 연주하여 자애로운 어머니를 표현하고 "외아들"(Unigenite)은 f를 사용하여 인류 구원의 대업을 수행하는 인물의 이미지를 표현하고 있다.

[제4곡] 알토, 아리아

특히 현악기의 전주가 매우 신선하면서도 아름답다. 리드믹한 알토의 독창으로 "아들 수난 보는 비통"(Quae moerebat et dolebat)을 감정을 담아 부른다.

[제5곡] 이중창, 라르고

소프라노가 "예수 모친 이런 통고받으심을 보고 누가 울지 아니하리오"(Quis est homo, qui non fleret)라고 노래하기 시작하고, 알토가 이어 이중창이 되어 노래한다. 후반부는 알레그로로 템포가 바뀌어 "아들 예수 우리 위해 모욕 채찍 감수함을"이라고 불린다.

[제6곡] 소프라노, 아리아, 템포·주스토(규정된 빠르기로)

앞 곡을 받아, "사랑스러운 아들 십자가상에서 죽어가는 모습 보는 성모"(Vidit suum dulcem natum)를 소프라노가 꾸밈음이 많은 가락으로 부른다. 사라지듯 곡을 마친다.

[제7곡] 알토, 아리아, 안단티노

알토가 노래하는 "사랑의 샘인 성모"(Eia, mater, fons amoris)를 비통하면서도 힘 있게 부른다.

[제8곡] 이중창

알레그로의 빠르고 경쾌한 이중창으로 슬픔을 표현하는 트레몰로가 많이 등장하고 있다. "내 마음에 천주 예수 사랑하는 불을 놓아 타오르게 하소서"(Fac, ut ardeat cor meum)라는 가사를 소프라노가 힘차게 노래하기 시작한다. 이어 알토는 낮은 성역에서 소프라노 선율을 모방해 가는 푸가토 형식이다. 소프라노가 상승하는 선율을 부르는 동안 알토는 저음의 트레몰로로 슬픔을 노래하고, 이내 두 성부가 함께 트레몰로를 부른다. 후반부는 두 성부가 서로 역할을 바꾸어 노래하며 훌륭한 대위법을 펼쳐간다.

[제9곡] 이중창, 템포·주스토

생동감 넘치는 전주 뒤에 먼저 소프라노 독창이 먼저 "아 성모여, 못 박히신 주의 상처로 내 마음에 깊이 새겨 주소서"(Sancta Mater, istud agas, Crucifixi fige plagas)를 간절하게 부르고 나면, 이번에는 알토가 "나를 위해 상처 입고"(Tui nati vulnerati) 가사로 비슷한 선율을 노래한 후 소프라노와 알토의 이중창이 되어 "사는 동안 내가 울고"(Fac me vere tecum flere)로 시작하는 노래를 계속해 부른다.

[제10곡] 알토, 아리아, 라르고

느리고 장중한 전주가 있고 나서 알토가 장식음을 가진 콜로라투라 풍의 독창으로서 "예수의 죽음 수난을 마음 새겨"(Fac, ut portem Christi mortem)를 격정적으로 노래한다.

[제11곡] 이중창, 알레그로

경쾌하고 아름다운 전주가 나온 후 소프라노가 "정결한 성모 마리아 심판 날 나를 지키어"(Inflammatus et accensus)라고 아름답고도 정겹게 노래한다. 이를 알토가 받은 후 이중창이 이어진다.

[제12곡] 이중창, 라르고

현의 펼침 화음을 지속하는 가운데 바이올린이 상성부에 감성 풍부한 선율을 끌어내고 소프라노와 알토가 "예수의 육신 죽어도 영혼이 천당 영복을 누리게 하소서"(Quando corpus morietur)라고 주고받으며 장중하게 노래해 간다. 후반부에 갑자기 템포가 바뀌면서 급박해져 마지막 "아멘"이 대위법적으로 힘차게 전개되면서 클라이맥스에 도달한다.

🔹 연주 관행

이 곡은 원래 2개의 여성 성부와 현악 오케스트라를 위한 곡이다. 과거 70-80년대는 주로 대규모 오케스트라의 현악 파트가 가담한 이 곡의 낭만적 연주가 주류를 이루었으나 90년대 이후부터는 고악기를 사용한 고음악의 부활로 바로크적 정격연주가 성행되는 추세에 있다. 솔로로는 전통적인 소프라노와 알토가 주류를 이루고 있으나, 소프라노와 카운터테너, 드물게는 보이소프라노와 카운터테너가 부르는 경우도 있다.

🔹 연주와 음반

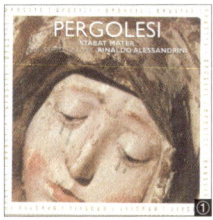

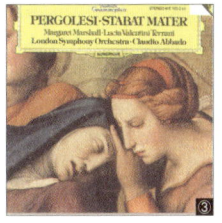

① 리날도 알레산드리니(Rinaldo Alessandrini)가 지휘하는 콘체르토 이탈리아노의 연주(Opus 111, 2000년)는 이 곡의 혁신적 새로운 연주로서 지금까지 최고의 명연으로 인정되어온 아바도의 연주를 뛰어넘는 최고의 명연이라 감히 말할 수 있다. 바로크 음악 전문가, 특히 자국 이탈리아 바로크 음악가의 작품의 재연에 자긍심을 가지고 연주에 임하는 알레산드리니의 리더십과 탁월한 음악적 감각이 빛을 발하고 있다. 이 연

주는 한마디로 새로움과 바로크 음악의 멋과 맛을 추구한 명연주이다. 그동안 이 곡의 명연으로 그 성가가 높았던 아바도의 연주와는 여러 면에서 다르다. 원전악기를 사용한 소규모 실내악 앙상블의 연주이지만 알레산드리니의 탁월한 감각에 의해 지고(至高)한 슬픔을 정말 훌륭하게 표현하고 있다. 아바도(Claudio Abbado)의 연주가 낭만적인 유려한 연주라면 알레산드리니의 연주는 고악기 사용으로 인해 다소 날카롭고 투박하게 들리지만 매우 바로크적인 연주이다. 알레산드리니는 느린 부분은 더욱 느리게, 그리고 빠른 부분은 전광석화처럼 빨리 연주하는 템포의 극명한 대조를 통해 음악에 생기를 불어넣고 있다.

솔리스트 콘트랄토 사라 민가르도는 오랜 경험과 완숙한 경지에 도달한 가창력을 바탕으로 자유자재의 절창을 들려주고 있다. 특히 제10곡에서 매력적인 음색과 호소력 넘치는 절창은 듣는 사람의 가슴에 깊은 인상을 각인시켜준다. 여기에 비해 소프라노 젬마 베르타놀리(Gemma Bertagnolli)는 다소 가창력이 떨어지며 고음이 날카롭게 들리는 아쉬움이 있지만, 두 사람은 음색의 대비와 절묘한 앙상블로 바로크 음악의 참맛을 제대로 들려준다. 이 음반에는 이 곡 작곡의 직접 동기와 모델이 된 알레산드로 스카를라티(Alessandro Scarlatti)의 〈스타바트 마테르〉가 함께 수록되어 있다.

② 클라우디오 아바도(Claudio Abbado)가 지휘하는 모차르트 오케스트라(Orchestra Mozart)의 연주(Archiv, 2010년)는 이 곡의 새로운 최고 명연으로 최근 등장했다. 이 연주는 페르골레시 탄생 300주년을 기념하는 최근의 실황녹음으로 환상적인 두 솔리스트, 소프라노 레이첼 하니쉬(Rachel Harnisch), 콘트랄토 사라 민가르도와 함께 이 곡의 새로운 명

연을 창출했다. 다소 이름이 낯선 모차르트 오케스트라는 2004년에 창설된 이탈리아 볼로냐에 기반을 둔 신생 체임버 오케스트라로 아바도가 감독직을 맡으면서 그 빛을 발하고 있다. 아바도는 1985년 런던 심포니 오케스트라와 이 곡을 연주하여 각종 음반상을 휩쓰는 명연을 남긴 바 있는데, 이번에는 규모가 작은 체임버 오케스트라를 통해 실내악과 같은 섬세한 사운드와 표현을 통해 바로크 음악의 참맛을 멋지게 표현하고 있다. 전체적으로 템포는 그전 연주보다 빨라졌으며 경쾌한 연주는 일품이다. 여기에 더해 소프라노 레이첼 하니쉬와 콘트랄토 사라 민가르도, 두 솔리스트의 뛰어난 가창력이 그 빛을 발하며 최고의 명연을 만들어 내고 있다. 이 시대 최고의 콘트랄토 사라 민가르도의 절창은 이 연주에서도 그 빛을 발할 뿐만 아니라, 소프라노 하니쉬와 함께 놀라운 앙상블을 들려주며 이 연주의 완성도에 크게 기여하고 있다. 소프라노 레이첼 하니쉬의 연주는 간혹 고음에서 날카롭게 들리는 경우가 있어 이전 녹음의 소프라노 마가렛 마샬의 따뜻하고도 뛰어난 가창력에 비해 다소 뒤떨어지는 느낌이 든다. 그러나 이 시대 최고의 콘트랄토 민가르도는 그전 연주의 알토 루치아 발렌티니 테라니의 연주와는 비교가 되지 않을 정도의 저음의 깊은 음색과 압도적인 가창력으로 부르는 그녀의 노래는 절창이라는 말로밖에는 표현할 수 없을 정도로 완벽하며 감동적이다.

③ 클라우디오 아바도(Claudio Abbado)가 지휘하는 런던 심포니 오케스트라(London Symphony Orchestra)의 연주(DG, 1985년)는 이 곡의 대표적인 명연으로 발매 당시 이 음반은 일본의 레코드 아카데미상을 비롯하여 많은 레코드 음반 상을 수상했다. 아바도의 완벽한 통제하에서 런

던 심포니 오케스트라 현악 파트의 섬세하고도 유려한 연주는 이 곡의 비통한 감정을 격조 있게 잘 표현하였다. 현악 연주 자체로도 감동을 주지만 독창과 이중창을 매우 조화롭게 지원하고 있다. 솔리스트로는 소프라노 마가렛 마샬은 깨끗한 음색과 뛰어난 가창력을 통해 음악을 주도한다. 알토를 부르는 루치아 발렌티니 테라니도 매력적인 음색과 훌륭한 가창력을 들려주지만 알레산드리니 음반의 사라 민가르도에는 미치지 못한다. 그러나 두 사람의 음색의 대비와 절묘한 앙상블을 통해 이 곡의 신비스러운 아름다움과 묘미를 절묘하게 표현하고 있다.

④ 크리스토퍼 호그우드(Christopher Hogwood)가 지휘하고 고음악 아카데미와 함께하는 소프라노 엠마 커크비와 카운터테너 제임스 바우만의 연주(L'Oiseau-Lyre, 1988년)는 이 곡 최고의 명연이다. 이 연주에서 엠마 커크비는 청순하고도 해맑은 목소리로 최상의 노래를 들려준다. 알토를 부르는 전설적인 카운터테너 바우만은 단독 연주로도 뛰어난 가창력을 자유자재로 구사하며 절창을 들려줄 뿐만 아니라 엠마 커크비와의 이중창에서 절묘한 앙상블을 만들며 더욱 그 진가를 발휘하여 놀라움을 준다. 호그우드가 지휘하는 고음악 아카데미의 연주는 위 두 연주에 비해서 소박한 편으로 강약의 대조와 섬세한 세부적인 표현을 통해 페르골레시의 독특한 음향과 음악세계를 만들어 내고 있다.

살베 레지나
Salve Regina

〈살베 레지나〉는 예부터 삼위일체의 축일부터 강림절까지, 다르게 말하면 부활절부터 6개월간의 종과(終課) 때 불렀다. 〈구세주의 존귀하신 어머니〉(Alma Redemptoris Mater), 〈하늘의 영원한 여왕〉(Ave regina caelorum), 〈하늘의 여왕이시여 기뻐하소서〉(Regina caeli laetare) 등이 6개월 동안 나뉘어 불린다. 이 분야의 명곡으로는 르네상스 시대의 오브레히트, 조스캥의 것이 유명하고, 낭만주의 시대의 슈베르트의 다섯 작품이 있다.

〈살베 레지나〉의 가사는 11세기 전반에 쓰였으나 다음 세기가 되어서 전례 음악으로 사용되기 시작했으며, 15세기가 되어서야 성모 마리아의 4개의 안티포나(交唱) 중의 하나로 되었다. 다른 3개의 안티포나에 비해 대중적 인기가 높아 비전례적 행사에서도 불렸으며, 전 이탈리아를 통해 성모 마리아에 대한 대중의 헌신으로 발전되어 갔다. 17세기부터는 대부분 교구에서는 토요일 저녁에 행사를 마련하여 성처녀 마리아에 대한 연도(連禱)와 함께 〈살베 레지나〉를 불렀다. 그리고 저녁기도(만과)의 마지막에 부름으로써 모든 일과가 끝났음을 알렸다. 이런 이유로 많은 작곡가들이 저녁기도의 시편송이나 마니피카트의 끝에 〈살베 레지나〉를 붙였다. 초기 바로크 시기에는 〈살베 레지나〉는 복합창으로 작곡되었으나 17세기가 되면서 그런 관행은 사라지기 시작해, 18세기에는 복합창은 완전히 없어지고 대신 독창과 기악 반주 형태로 발전되었다. 특히 나폴리와 베네치아에서 〈살베 레지나〉가 많이 성행되었다.

페르골레시의 이름으로 여러 곡의 〈살베 레지나〉가 전해지고 있지만 진짜 페르골레시의 것은 f단조와 a단조 2곡이다. a단조는 그의 초기작으로 여겨져 잘 연주되지 않으나 f단조는 〈스타바트 마테르〉와 같은 말년에 포촐리에서 작곡되어 음악적 성향이 매우 비슷하다. 그러나 이 곡은 〈스타바트 마테르〉와는 달리 음악적 분위기가 어둡지 않다. 이 곡은 전형적인 바로크 양식으로 작곡되었으며, 자유로운 콘체르탄테 양식과 엄격한 대위법적 구성, 지속되는 화성적 긴장과 휴지부를 통한 음악적 흐름의 중단, 생동하는 유려한 선율과 낭송조의 가사와의 미묘한 균형감을 이루고 있는 점이 매력이다. 상성부의 선율이 깊이와 호소력 넘치게 노래하면 바소 콘티누오는 이를 받쳐주고 있다. 이 곡은 원래 c단조의 소프라노 독창을 위한 곡이었으나 그 후 알토 버전의 f단조로 바뀌어 연주된다.

이 곡은 비교적 짧은 5곡 '1. 성모 찬송(Salve Regina) 2. 당신 우러러(Ad te clamanus) 3. 우리들의 보호자 성모님(Eja ergo, advocata nostra) 4. 우리 주 예수님(Et Jesum) 5. 오 자비로우신(O clemens)'으로 구성되어 있다.

연주와 음반

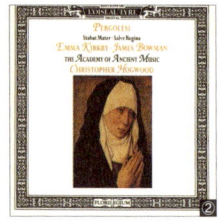

① 클라우디오 아바도(Claudio Abbado)가 지휘하는 모차르트 오케스트라(Orchestra Mozart)와 소프라노 율리아 클라이터(Julia Kleiter)의 연주(Archiv, 2010년)는 페르골레시 탄생 300주년을 기념하는 실황 연주로 이 곡 최고의 명연이다. 해맑고 강인한 목소리의 소프라노 클라이터는 뛰어난 가창력을 바탕으로 감정을 자유자재로 절묘하게 조절하면서 깊은 감동을 끌어냈다. 오케스트라는 생동감 넘치는 연주로 솔로와의 깊은 대화와 서포트를 멋지게 해주고 있다.

② 크리스토퍼 호그우드(Christopher Hogwood)가 지휘하는 고음악 아카데미와 소프라노 엠마 커크비의 연주(L'Oiseau-Lyre, 1988년)도 이 음악 최고의 명연주이다. 엠마 커크비는 청순하고도 해맑은, 그리고 바이브레이션이 없는 목소리로 최고의 노래를 들려준다. 호그우드가 지휘하는 고음악 아카데미의 연주도 페르골레시의 독특한 음향과 음악세계를 만들면서 커크비의 노래와 훌륭한 앙상블을 만들고 있다.

③ 파비오 비온디(Fabio Biondi)가 지휘하는 유로파 갈란테(Europa Galante)와 소프라노 바바라 슐릭의 연주(Opus 111, 1995년)는 이 곡의 명연주 중 하나이다. 파비오 비온디와 유로파 갈란테의 연주는 정격연주로, 최소 규모의 실내악적 연주로 음악적 군살을 모두 제거한 담백하고도 단순함을 추구한 연주이다. 소프라노 바바라 슐릭도 맑고 투명한 목소리로 절도 있고 집중도 높은 훌륭한 연주를 들려주고 있다.

참고문헌

단행본

김미애,『서양의 교회음악』. 삼호출판사, 1989

김현철,『내가 사랑한 몬테베르디』. 음악세계, 2012

최훈차,『합창음악연구』. 세광음악출판사, 1992

『작곡가별 명곡해설 라이브러리 4 바흐』. 음악세계, 2001

음악 잡지

김효진, "Dietrich Buxtehude Membrana Jesu nostri"「CHOIR & ORGAN」. 2007년 7월호, p.32-43

백정진, "바흐의 교회 칸타타 개관. 역사적 예전적 기원"「CHOIR & ORGAN」. 2013년 5월호, p.114-117

백정진, "바흐의 교회 칸타타 개관. 역사적 예전적 기원"「CHOIR & ORGAN」. 2013년 7월호, p.117-121

양현호, "J. S. 바흐/마태 수난곡 BWV244. 인류 구원을 위한 저항정신의 복음서"「객석」. 1999년 3월호, p.149-158

양현호, "J. S. 바흐/미사 B단조, BWV232. 영원히 부식되지 않을 장엄한 음의 건축물"「객석」. 1998년 7월호, p.116-123

최지영, "Johann Sebastian Bach Die Moteten"「CHOIR & ORGAN」. 2006년 10월호, p.38-47

최지영, "Georg Friedrich Handel Dixit Dominus, HWV232"「CHOIR & ORGAN」. 2006년 8월호, p.50-61

최지영, "Francois Couperin 'Le Grand" Trois Lecons de tenebres pour le Mecredi saint"「CHOIR & ORGAN」. 2006년 6월호, p.40-51

학위 논문

박미선, 「M. A. 샤르팡티에의 〈테 데움〉(H.146) 분석연구」(음악석사학위 논문). 2010

안 민, 「헨델의 오라토리오에 관한 연구」『고신대학 논문집 제14권』. 1986년, p.389-420

우윤주, 「Antonio Vivaldi Gloria(RV588, RV589)의 비교분석」(음악석사학위 논문). 2016

이요섭, 「"Christ lag in Todesbanden BWV 4"의 구성에 관한 고찰」(음악석사학위 논문). 2001

외국 단행본

Alan Blyth, *Choral music on record*. Cambridge University Press, 1991

Michael Steinberg, *Choral masterworks*. Oxford Press, 2005

Homer Ulrich. *A Survey of Choral Music, Schimer*. Thomson Learning, 1973

The New Grove Dictionary of Music and musician(2nd Ed), ed. by Stanley Sadie. London. Mcmillan Publishers, 1999

찾아보기

b단조 미사, 바흐 Messe en si mineur, Bach 359-380

ㄱ

가브리엘리, 지오바니 Gabrielli, Giovanni 37
갈리아주의 Gallicanism 95
게다, 니콜라이 Gedda, Nicolai 376
결혼 칸타타, 바흐 Wedding Cantata, Bach 184
괴르네, 마티아스 Görne, Matthias 224
괴벨, 라인하르트 Goebel, Reinhard 90
교회 칸타타 Church Cantata 15
구빈원(救貧院) Ospidale Della Pieta 133
구센, 이반 Goossens, Ivan 119
구센즈, 유진 Goossens, Eugene 431
그리스도는 죽음의 사슬에 매여, 바흐 Christ lag in Todesbanden, Bach 183
그리톤, 수잔 Gritton, Susan 157
그림, 앤 Grimm, Anne 82
글로리아 D장조, RV 588, 비발디 Gloria in D, RV 588, Vivaldi 145-148
기벨, 아그네스 Giebel, Agnes 376

ㄴ

나는 만족하도다, 바흐 Ich habe genug, Bach 219-224
내겔리, 한스 게오르크 Nägeli, Hans Georg 359
내 주는 강한 성, 루터 Ein feste Burg ist unser Gott, M. Luther 212
네그리, 비토리오 Negri, Vittorio 143, 148, 158, 160, 166
네리, 성 필립 Neri, St. Philip 16
노링턴, 로저 Norrington, Roger 224

노이마이스터, 에르트만 Neumeister, Erdmann 176
눈뜨라고 부르는 소리 있도다, 바흐 Wachet auf, ruft uns die Stimme, Bach 232-237

ㄷ

다라스, 빈센트 Darras, Vincent 129
대관식 앤섬, 헨델 Coronation Anthem, Händel 492-500
대제사장 자독, 헨델 Zadok the Priest, Händel 495
도나트, 헬렌 Donath, Helen 286, 327
도밍게즈, 로자 Dominguez, Rosa 83
두란테, 프란체스코 Durante, Francesco 503
두려워 말라, 바흐 Fürchte dich nicht, Bach 344-346
뒤벤, 구스타프 Düben, Gustaf 68
디 그루트, 피터 de Groot, Peter 82

ㄹ

라데만, 한스 크리스토프 Rademann, Hans-Christoph 62
라르손, 리사 Larsson, Lisa 255
라민, 귄터 Ramin, Günther 322, 351
람세라, 바스 Ramselaar, Bas 82
레만, 프리츠 Lehmann, Fritz 195
레온하르트, 구스타프 Leonhardt, Gustav 326, 376
레이놀즈, 안나 Reynolds, Anna 434
레저, 필립 Ledger, Philip 105, 158
레즈네바, 율리아 Lezhneva, Julia 169
레퀴엠, 캉프라 Requiem, Campra 116-120
로버츠, 스테판 Roberts, Stephen 119
롤랑, 로맹 Roland, Romain 463
루뱅의 아르눌프 Arnulf de Louvain 69
루벤스, 시빌라 Rubens, Sibylla 285
루터, 마르틴 Luther, Martin 18, 189, 336, 349
리스텐파트, 칼 Ristenpart, Karl 204, 222

리프킨, 조슈아 Rifkin, Joshua 200, 204, 211, 237
리히터, 칼 Richter, Karl 194, 203, 216, 223, 235, 244, 253, 281, 286, 321, 327, 374, 379, 402, 434

ㅁ

마니피카트, g단조, 비발디 Magnificat, Vivaldi 154-158
마니피카트, 몬테베르디 Magnificat, Monteverdi 29-30
마님이 된 하녀, 페르골레시 La serva padrona, Pergolesi 502
마우에르스베르거, 루돌프 Mauersberger, Rudolf 42, 51, 323
마음과 입과 행동과 생명으로, 바흐 Herz und Mund und Tat und Leben, Bach 238-246
마태 수난곡, 바흐 St. Mattew Passion, Bach 19, 41, 42, 287-320
말론, 케빈 Mallon, Kevin 104, 113
맥케라스, 찰스 Mackerras, Charles 458
머레이, 앤 Murray, Anne 144
메라, 요시카즈 Mera, Yoshikazu 81
메스탈러, 울리히 Messthaler, Ulrich 83
메시아, 헨델 Messiah, Händel 411-435
메트거, 토비아스 Mäthger, Tobias 62
멩겔베르크, 빌렘 Mengelberg, Willem 324
모이니어, 라이오넬 Meunier, Lionel 490
모테트 Motett 20, 328-331
몬테베르디, 클라우디오 Monteverdi, Claudio 22
몰리에르, 장 밥티스트 Molieres, Jean-Baptiste 95
무티, 리카르도 Muti, Riccardo 161
묵주 소나타(로자리오 소나타), 비버 Rosenkranz-Sonaten, Biber 87
민코프스키, 마크 Minkowski, Marc 104, 112, 378, 489

ㅂ

바르, 올라프 Bär, Olaf 405
바우만, 제임스 Bowman, James 113, 514
바흐, 요한 세바스찬 Bach, Johann Sebastian 173-188
바흐, 요한 크리스토프 Bach, Johann Christoph 174

바흐의 칸타타 Bach cantatas 182-188
반 데르 캄프, 해리 van der Kamp, Harry 284
발터, 요한 Walter, Johann 256, 384
버로우즈, 스튜어트 Burrows, Stuart 434
베네볼리, 오라지오 Benevoli, Orazio 88
베르간자, 테레자 Berganza, Teresa 161
베르니우스, 프리더 Bernius, Frieder 353
베리, 발터 Berry, Walter 327
베어드, 줄리안 Baird, Julianne 200
베이커, 자넷 Baker, Janet 376
벨트호벤, 요스 반 Veldhoven, Jos van 82
보덴, 바바라 Borden, Barbara 33
보이스, 윌리엄 Boyce, William 463
보트, 캐서린 Bott, Catherine 148
볼프, 크리스토프 Wolff, Christoph 279
북스테후데, 디트리히 Buxtehude, Dietrich 66
브로케스, 바르톨트 하인리히 Brockes, Barthold Heinrich 260
비발디, 안토니오 Vivaldi, Antonio 132-134
비버, 하인리히 Biber, Heinrich 86
비비안, 제니퍼 Vyvyan, Jennifer 432
비온디, 파비오 Biondi, Fabio 517
비첨, 토마스 Beecham, Thomas 431
비커스, 존 Vickers, Jon 432
빈스, 에디트 Wiens, Edith 195
빌러, 게오르그 크리스토프 Biller, Georg Christoph 354

ㅅ

사냥 칸타타, 바흐 Hunting Cantata, Bach 183
사발, 조르디 Savall, Jordi 30, 91
살베 레지나, 페르골레시 Salve Regina, Pergolesi 515-517
새 노래로 여호와께 노래하라, 바흐 Singet dem Herrn ein neues Lied, Bach 332-335
샤르팡티에, 마르크 앙투안 Charpentier, Marc-Antoine 94-97

샤이데만, 하인리히 Scheidemann, Heinrich 67
서덜랜드, 조안 Sutherland, Joan 243
성모 마리아의 저녁기도, 몬테베르디 Vespro della Beata Virgine, Monteverdi 22-33
셜리-쿼크, 존 Shirley-Quirk, John 459
소마리, 요하네스 Somary, Johannes 459
숄, 안드레아스 Scholl, Andreas 83, 285, 378
수난곡 Passion 17-20
쉬츠, 하인리히 Schütz, Heinrich 17, 18, 19, 37-39, 256
슈나이트, 한스 마르틴 Schneidt, Hanns-Martin 352
슈바르츠코프, 엘리자베트 Schwarzkopf, Elisabeth 435
슈타더, 마리아 Stader, Maria 254, 374
슈타이니츠, 폴 Steinitz, Paul 44
슈트라우베, 칼 Straube, Karl 351
슈피타, 필립 Spitta, Philipp 196, 330, 331
슐릭, 바바라 Schlick, Barbara 217, 284, 403, 517
스벨링크, 얀 Sweelinck, Jan 67
스즈키, 마사아키 Suzuki, Masaaki 80, 230, 282
스타바르 마테르, 비발디 Stabat Mater, Vivaldi 162-166
스타바트 마테르, 페르골레시 Stabat Mater, Pergolesi 505-514
스톨테, 아델 Stolte, Adele 324
시므온의 노래 Nunc dimitis 46, 50
신성한 교향곡, 쉬츠 Symphoni Sacre, Schütz 38
실내 칸타타 cantata da camera 16
십자가 위의 일곱 말씀, 쉬츠 Die Sieben Worte Jesu Christi am Kreuz, Schütz 19, 38, 40-44
십자가 칸타타, 바흐 Ich will den Kreuzstab gerne tragen, Bach 201-205
싱클레어, 모니카 Sinclair, Monica 432

ㅇ

아담, 테오 Adam, Theo 324
아르젠타, 낸시 Argenta, Nancy 199, 229, 254, 284, 379, 404
아믈러, 콘라드 Amler, Konrad 330
아바도, 클라우디오 Abbado, Claudio 513, 517

알레산드리니, 리날도 Alessandrini, Rinaldo 31, 142, 147, 160, 165, 511
얀센스, 귀이 Janssens, Guy 118
얀체크, 이사벨 Jantschek, Isabel 63
에르프, 칼 Erb, Karl 322
에반스, 윈포드 Evans, Wynford 119
에크빌루츠, 쿠르트 Equiluz, Kurt 403
엣킨손, 린튼 Atkinson, Lynton 157
예수, 나의 기쁨, 바흐 Jesu, meine Freude, Bach 338-343
오라토리오 Oratorio 16-17
오라토리오 수난곡 Oratorio Passion 19
오소서, 예수여, 오소서, 바흐 Komm, Jesu, Komm, Bach 347-348
오제, 아를린 Auger, Arleen 218, 433
오팔라흐, 얀 Opalach, Jan 237
왓킨슨, 캐롤린 Watkinson, Carolyn 195, 403
요크, 데보라 York, Deborah 142
요한 수난곡, 바흐 St. John Passion 19, 259-286
우리 예수의 지체, 북스테후데 Membra Jesu Nostri, Buxtehude 66-83
울니, 피터 Wollny, Peter 328
윌콕스, 데이빗 Wilcox, David 113, 499
유다스 마카베우스, 헨델 Judas Maccabaeus, Händel 436-460
융헤넬, 콘라드 Junghänel, Konrad 128
이 세상엔 참된 평화 없으리, 비발디 Nulla in mundo pax sincera, Vivaldi 167-170
이집트의 이스라엘인, 헨델 Israel in Egypt, Händel 461-482
입다, 카리시미 Jephta, Carissimi 17

ㅈ

자정 미사, 샤르팡티에 Messe de Minuit, Charpentier 106-113
잘츠부르크 미사, 비버 Missa Salisburgensis, Biber 86-91
장송 음악, 쉬츠 Musicalische Exequien, Schütz 45-53
저녁기도 Vesper 23
제넨스, 찰스 Jennens, Charles 413, 462
조머, 요하네트 Zomer, Johannette 82, 378

존스, 게랭 Jones, Geraint 243
종교합창곡집, 쉬츠 Geistliche Choromusik, Schütz 38
죄블리, 한스 루돌프 Zöbeley, Hans Rudolf 63
주께서 말씀하셨다, 헨델 Dixit Dominus, Händel 483-491
주를 칭송하라, 모든 이방인들아, 바흐 Lobet den Herrn, alle Heiden, Bach 330, 349-358

ㅊ

챈스, 마이클 Chance, Michael 53, 284, 379

ㅋ

카리시미, 지아코모 Carissimi, Giacomo 16, 70, 96
카셀라, 알프레도 Casella, Alfredo 133, 135
카터, 엘리노어 Carter, Elinor 143
칸타타 Cantata 15-16
캉프라, 앙드레 Campra, André 95, 116
커크비, 엠마 Kirkby, Emma 128, 198, 458
켈버, 볼프강 Kelber, Wolfgang 63
코르보, 미셸 Corboz, Michel 403
코왈스키, 요헨 Kowalski, Jochen 166
코제나, 막달레나 Kožená, Magdalena 489
콘체르토 Concerto 25, 26, 27
콜레기움 무지쿰 Collegium Musicum 179-180
쿠이, 피터 Kooy, Peter 356, 378
쿠이켄, 지기스발트 Kuijken, Sigiswald 284
쿠프랭, 프랑시스 Couperin, Francois 122-123
쿠프만, 톤 Koopman, Ton 90, 229, 231, 245, 255, 355
크라스, 프란츠 Crass, Franz 376, 402
크렙스, 헬무트 Krebs, Helmut 195
크뤼거, 요한 Crüger, Johann 338
크리스마스 오라토리오, 바흐 Oratorio de Noël, Bach 381-406
크리스마스 히스토리아, 쉬츠 Weihnachtshistorie, Schütz 54-64

크리스토퍼즈, 해리 Christophers, Harry 500
크리스티, 윌리엄 Christie, William 127
클라이터, 율리아 Kleiter, Julia 517
클렘페러, 오토 Klemperer, Otto 376, 435
키에르, 마리아 크리스티나 Kiehr, Maria Cristina 31, 83
킹, 로버트 King, Robert 157, 457

ㅌ

태블러처 Tablature 71
테 데움, 샤르팡티에 Te Deum, Charpentier 98-105
테라니, 루치아 발렌티니 Terrani, Lucia Valentini 161
토디, 야코포네 다 Todi, Jacopone da 162
토마스, 쿠르트 Thomas, Kurt 351
퇴퍼, 헤르타 Töpper, Hertha 244, 254, 322, 374
툰더, 프란츠 Tunder, Franz 67
튀르크, 게르트 Türk, Gerd 31, 83, 230, 255, 282, 356

ㅍ

파졸리스, 디에고 Fasolis, Diego 152, 169
파지올리, 프랑코 Fagioli, Franco 152
파헬벨, 요한 Pachelbel, Johann 189
패롯, 앤드류 Parrott, Andrew 480
패트리지, 이안 Partridge, Ian 105
페르골레시, 조반니 바티스타 Pergolesi, Giovanni Battista 502-504
포르켈, 요한 니콜라우스 Forkel, Johann Nikolaus 71, 328, 331
폰 마그누스, 엘리자베스 von Magnus, Elisabeth 255
폰 오터, 안네 소피 von Otter, Anne Sofie 404, 433
퓨지, 캐서린 Fuge, Katharine 143
프라이, 헤르만 Prey, Hermann 282, 380
프랑크, 요한 Franck, Johann 203, 339
프랑크, 잘로몬 Franck, Salomon 183, 239

프레모, 루이 Frémaux, Louise 120
프레스턴, 사이먼 Preston, Simon 170, 481, 499
프티봉, 파트리샤 Petibon, Patricia 127
피구에라스, 몽세라 Figueras, Montserrat 31
피노크, 트레버 Pinnock, Trevor 152, 166, 433, 499
피니, 린다 Finnie, Linda 148
피닐레, 비르기트 Finnilä, Birgit 144
피치니니, 모니카 Piccini, Monica 32
피칸더 Picander 287
피케트, 필립 Pickett, Philip 148
핑크, 베르나르다 Fink, Bernarda 356

ㅎ

하나님의 때 Actus Tragicus 225-231
하마리, 율리아 Hamari, Julia 286, 327
하슬러, 한스 레오 Hassler, Hans Leo 297, 331, 384
하인즈, 제롬 Hines, Jerome 435
헤레베헤, 필립 Herreweghe, Philippe 119, 210, 217, 285, 328, 354, 377
헤스, 마이라 Hess, Myra 241
헤플리거, 에른스트 Haefliger, Ernst 254, 281, 322, 374
헨델, 게오르크 프리드리히 Händel, Georg Friedrich 17, 408-410
헨리치, 크리스티안 프리드리히 Henrici, Christian Fridrich 287
헬비히, 볼프강 Helbich, Wolfgang 43
호터, 한스 Hotter, Hans 223
호프너, 하이너 Hopfner, Heiner 64
홀튼, 루스 Holton, Ruth 236, 245
휘슈, 게르하르트 Hüsch, Gerhard 323
휴게트, 모니카 Huggett, Monica 199
히르트라이터, 베른하르트 Hirtreiter, Bernhard 63
힌테마이어, 에른스트 Hintermaier, Ernst 88